U0630164

邵六益 著

政法传统研究

理论、方法与论题

人民东方出版传媒
People's Oriental Publishing & Media

東方出版社
The Oriental Press

图书在版编目（CIP）数据

政法传统研究：理论、方法与论题/邵六益著．--北京：东方出版社，2022.10

ISBN 978-7-5207-2813-3

Ⅰ.①政… Ⅱ.①邵… Ⅲ.①法学-中国-文集 Ⅳ.①D920.0-53

中国版本图书馆 CIP 数据核字（2022）第 093068 号

政法传统研究：理论、方法与论题

ZHENGFA CHUANTONG YANJIU LILUN FANGFA YU LUNTI

作　　者：邵六益
策划编辑：姚　恋　李志刚
责任编辑：朱兆瑞　李志刚
出　　版：東方出版社
发　　行：人民东方出版传媒有限公司
地　　址：北京市东城区朝阳门内大街 166 号
邮　　编：100010
印　　刷：北京明恒达印务有限公司
版　　次：2022 年 10 月第 1 版
印　　次：2022 年 10 月北京第 1 次印刷
开　　本：710 毫米×1000 毫米　1/16
印　　张：21.5
字　　数：375 千字
书　　号：ISBN 978-7-5207-2813-3
定　　价：88.00 元
发行电话：（010）85924663　85924644　85924641

如有印装质量问题，请拨打电话：（010）85924725

政法——中国与世界

政法——中国与世界文丛已出版著作

1. 章永乐 《旧邦新造：1911—1917》
2. 王绍光主编 《选主批判：对当代西方民主的反思》
3. 丁晓东 《美国宪法中的德先生与赛先生》
4. 徐　斌 《为什么大法官说了算》
5. 张广生 《返本开新：近世今文经与儒家政教》
6. 赵晓力 《代表制研究》
7. 殷之光 《新世界：亚非团结的中国实践与渊源》
8. 邵六益 《政法传统研究：理论、方法与论题》

丛书总序

自古以来，中国就以“修身齐家治国平天下”作为最高政治理想。中国人始终致力于建构一整套文明秩序来囊括和整合不同的地理空间和社会风俗，由此形成一套独特的政教体系。革故鼎新，生生不息，天下一家，万物一体。这一切始终构成着中国文明的精神，体现了中国人的核心价值观。由此，中国文明的生成演化过程是不断传播、不断吸收和不断上升的过程。用今天时髦的话来说，这个过程也就是不断推动走向全球化、一体化的过程。商周帝国的视野差不多囊括了整个东亚地区，从秦汉以来的丝绸之路到宋代以来南洋贸易圈的逐渐形成，直至明清朝贡贸易体系卷入全球贸易体系中来，中国逐渐成为全球化的积极推动者、参与者和建设者。由是观之，辛亥革命以来中国不断探索国家治理体系和治理能力的现代化，到今天“一带一路”倡议的提出和积极参与全球治理，都是中国文明在推动全球化的历史进程中不断自我更新、自我发展、自我提升的内在环节。

在这样的历史时空中，我们不可避免地要面对过去500年来中国文明秩序和西方文明秩序相互接触、沟通、学习、冲突、征服和更新的历史。就政治而言，这可以看作西方威斯特伐利亚体系和中国天下体系之间的冲突，这无疑是两种文明秩序之间的冲突。从目前流行的西方中心主义的历史叙述来看，这一冲突过程被描述为西方文明的普适主义不断扩张，将中国天下体系及其背后的文明秩序降格为一种作为文化传统的“地方性知识”，将中国从一个文明秩序改造为威斯特伐利亚体系所要求的民族国家，从而纳入西方文明秩序，以完成普适主义进程的历史终结。这个过程也是一些人所说的现代化过程，即中国人必须抛弃中国古典天下秩序的文明构想，系统接受西方文明秩序中形成的资本主义经济秩序和民族国家体系的政治秩序，以及由此形成的市场经济、自由人权、民主法治等普适价值，并按照这些普适价值来系统地改造中国。

从这个角度看问题，全球化的历史很容易被理解为西方文明的扩张史。对中国而言，这样的现代化无不打上西方化的烙印，从器物技术、法律制度到政教体系莫不如此。因此，法律移植、法律现代化很容易在“冲击—回应”的框架下沦为西方中心主义的意识形态教条。而与此同时，基于法律地方性想象的“本土资源”论说，也不过是在相反的方向上与西方中心主义的法律全球化叙述构成合谋，以至于法学界虽然一直为“刀制”（“法制”）与“水治”（“法治”）的区分争论不休，但二者似乎分享了对法律的规则化、技术化和中立化的普遍理解。法律主义（legalism）的技术化思路正随着法律共同体的成长在思想意识形态领域日益获得其普遍的正当性，并逐渐渗透到政治和文化思想领域，从而侵蚀着政治和文化思想领域的独立性和自主性。以至于中国文明除了放弃自身的历史传统和价值追求，按照所谓西方普适价值的要求与西方“接轨”之外，不可能有任何正当的前途。

这种西方中心主义背景下的“普适价值论”和“接轨论”不仅造成了对中国文明传统的漠视，而且包含了对西方文明传统的简单化误解。为此，我们必须区分作为过去500多年真实历史中的“全球化进程”与冷战结束后作为意识形态宣传的“全球化理念”。如果用西方政治哲学中的基调来概括，前者是主人的世界，即全球不同文明秩序相互碰撞、相互搏斗、相互征服、相互学习、相互形塑的过程，这构成了全球历史活生生的、动态的政治进程，而后者则是末人的世界，即试图以技术化、中立化因而普遍化的面目出现，试图将西方文明要求变成一项普遍主义的正当性要求，以历史终结的态度拒绝回应当下的历史进程，拒绝思考人类文明未来发展的任何可能性。

由此可见，全球化在今天展现出前所未有的内在矛盾：一方面全球化正以生机勃勃的历史面貌展现出来，特别是全球秩序因为技术革命、阶级冲突、政治冲突以及文明冲突释放出新的活力，激活了每个文明来构思全球秩序的活力；而另一方面，西方启蒙运动以来形成的普适主义叙事已变成历史终结论的教条，窒息着对全球化进程和人类文明未来的思考。由此，西方启蒙思想正在滋生一种新的迷信，也就是对西方文明秩序中普遍主义叙述的迷信。这不仅无法面对全球化带来的挑战，而且丧失了探索重构全球文明秩序、追求更好生活方式的动力，以至于我们似乎进入了一个追求表面浮华但内心空荡的时代，一个看似自由独立却身陷全球资本主义秩序不能自已、无力自拔的时代。

“启蒙就是从迷信中解放出来。”启蒙运动曾经勇敢地把欧洲人从中世纪基督教神学构想的普适价值和普遍秩序的迷信中解放出来，从而塑造了西方现代文明。而今天我们能否从西方中心主义的迷信中解放出来，从法律主义的迷信中解放出来，从对法律的技术化理解中解放出来，则意味着我们在全球化陷入经济危机、债务危机、福利社会危机和政治危机的时刻，在西方文明塑造的世界体系因文明冲突和地缘冲突趋于崩塌之际，在西方文明不断引发虚无主义阵痛的时刻，能否重新思考人类文明的未来，重建天下文明秩序。

政教秩序乃是文明秩序的核心。在现代西方文明秩序中，法律乃是建构政教秩序的重要工具。法律不仅建构了国家秩序，而且建构了社会生活秩序，由此产生了与之相匹配的价值体系。然而，在现代法律高度发达所推动专业化和技术化的过程中，滋生出一种“法律主义”倾向，其以为通过法律主义的技术化思路可以解决一切社会问题，甚至试图用法律来解决政治问题和文化价值问题。由此，不少法律学人开始弃“政法”而张“法政”，陷入法律规则不断自我繁殖、法律人不断膨胀扩张、制度沦为空转的“恶循环”之中。这恰恰是西方现代文明试图通过技术化手段来推动西方文明普适主义扩张的产物。

“法令滋章，盗贼多有。”试图用法律技术来解决社会问题等于砍“九头蛇”的脑袋。中西古典文明的伟大哲人很早就对“法律主义”提出了警告。我们对法律的理解需要反思技术化的“法律主义”，反思西方普适主义的法治理念，反思西方文明秩序中理解普适主义的路径。这意味着我们不是把法律从政教秩序中抽离出来进行简单的技术化思考，而是应当恢复法律的本来面目，将其作为构建社会关系和安排政治秩序的有机纽带，重新安置在政教秩序和全球文明秩序中。法律需要扎根于政治社会文化生活中，扎根于心灵秩序中，成为政教秩序的一部分，成为人们生活方式的一部分。这意味着我们需要重新思考中国古老的礼法传统和现代的政法传统，中国文明如此，西方文明亦如此。无论礼法还是政法，这些概念可能是来自中国的，而其意义恰恰是普适的。柏拉图和亚里士多德无疑是西方礼法传统的典范，而现代政法传统原本就是西方启蒙思想家开创的。

“法是由事物的性质产生出来的必然关系。”以政法的眼光来思考法律问题，恰恰是恢复到“法”的本来意涵。“天命之谓性，率性之谓道，修道之谓教。”“命—性—道—教”的广大世界必然有其内在的“法”，而法律不过是对其内在法则的记载，只有重返这个广大世界中，才能真正找回它本源的活力。这不仅是政法学人的治学路径，也是思考中国文明秩序和重构全球文明秩序的必经之途。唯有对西方政法传统有深刻的理解，才能对中国文明秩序的正当性有更深切的体会，而唯有对中国礼法传统有真正的理解，才能对当代西方文明秩序陷入困境有更真切的感悟。一个成熟的文明秩序就在于能够在“命—性—道—教”的世界中将一套完整普遍的最高理想落实到具体的政教制度、器物技术、日常伦理和生活实践之中。

然而，在全球化的历史进程中，当代中国文明由于受到西方文明的冲击，不仅在价值理想上存在内在的紧张和冲突，而且在制度、器物、风俗、生活层面上都呈现出拼盘特征，虽然丰富多彩但缺乏有机整合。我们不断引进西方各国的“先进制度”，但由于相互不配套，以及与中国社会的张力，其日常运作充满了矛盾、摩擦和不协调，因为每一种技术、制度原本就镶嵌在不同的政教体系和文明秩序中。如果说，近代以来我们在不断“拿来”西方政教法律制度，那么在今后相当长的时间里，我们面临的问题则是如何系统地“消化”这些制度，如何合理组装，如何逐渐把这些西方文明中的有益要素吸收在中国文明的有机体中，生长出新的文明秩序。这就意味着我们必须直面全球化，重新以中国文明的天下视角来思考全球秩序，将西方文明所提供的普遍主义吸纳到中国文明对全球秩序的思考和建构中。

全球秩序正处于动荡中。从过往西方中心主义的视角看，全球秩序发展距离“历史终结”似乎只有一步之遥，目前已进入了“最后的斗争”。然而，从中国文明漫长的历史发展进程来看，过去一百多年来的动荡不安不过是中国文明在全球化进程中自我更新的一段插曲。“风物长宜放眼量”，对当下西方文明的认识无疑要放在整个西方文明的漫长历史中，而对中国文明未来的理解则更需要放在整个人类文明的历史中来理解。“旧邦新命”的展开，无疑需要中国的政法学人持续推进并贯通古今中西的工作。我们编辑出版《政法——中国与世界》文丛，无疑希望在此伟业中尽微薄之力：鼓励原创思考、精译域外学术、整理政法“国故”、建构研讨平台，将学人的思想火花凝聚成可代代传递的文明火把。

是为序。

丛书编委会

思考政法（代序）

强世功

我国现代法学传统是随着清末法律改革和现代法治建设而建立起来的，当然还可以进一步上溯到鸦片战争以来不平等条约的签订和国际法的传入。晚清宪制改革和法律改革以来，从西方移植的不仅是政治法律制度，还有现代教育和法律学堂。西方法学教科书以及相关的理论著作随着“西学东渐”被大规模翻译，由此奠定了现代法学的基础。要理解现代法学的品格，理解政法法学在现代法学的地位和演变，则必须将法律问题放在古典文明秩序被毁灭而现代文明秩序建构处于艰难探索中这个古今中西之辨的大背景下来进行。

一、法律革命与政法法学

清末法律改革通常被看作一场大规模的法律移植运动。这意味着“法律”被想象为一个独立自足的存在，一套完备自足的规则体系、制度运作及其相关知识，因此“法律”可以跨越历史、社会乃至文明进行移植，就像罗马法发展为民法法系、普通法发展为普通法法系一样。“法系”概念实际上是对法律移植历史的概括和总结。然而，对法律移植论的批判往往强调法律与政治、经济、社会、文化乃至自然地理的内在有机的整体性联系，意味着法律不可能脱离“法的精神”而存在，法律移植必然牵动整个政治、经济和文化秩序的移植和重建。

罗马法的移植运动首先通过欧洲大陆国家对罗马法的继受形成了大陆

法系，这不过是发生在欧洲文明内部的法律复兴运动。普通法的移植主要通过在初民社会建立殖民帝国而顺势扩展。比较之下，晚清以来发生在中国的法律移植运动要复杂得多，因为中国不属于欧洲文明，也非初民社会，而是具有历史悠久、幅员广阔且高度发达的文明体系。从这个角度看，晚清以来的法律移植无疑是法学研究的重大题材，成为法律移植逐渐引发文明秩序的整体移植和重建的经典案例。这恰恰证明了孟德斯鸠关于“法的精神”的洞见：法律移植必然引发社会秩序乃至文明秩序的重建。鸦片战争带来了不平等条约从而引发国际法被引入中国，推动了国家管理体制和经济体制改革和文化观念的变迁。晚清中国不仅建立了总理衙门、翻译了国际法和西方理论文献，而且建立了现代海关体系，实现了财税体系变革，更重要的是将中国的小农经济纳入全球资本主义经济体系，促使中国小农经济逐步解体，形成沿海口岸城市与内地农村的二元体系。为了废除不平等条约并作为平等的主体加入欧洲威斯特伐利亚体系，中国被迫放弃传统天下体系而将自己转变为欧洲式的现代主权国家/民族国家，这就推动了晚清宪制改革、法律改革乃至革命，最终建立西方模式的共和国。然而，帝制复辟和共和国不稳固又被追溯到其文化基础，法律移植运动引发文化革命，从而废除中国传统教育和知识体系，引入西方现代的教育和知识体系。由此，法律移植与经济革命、政治革命乃至文化革命紧密联系在一起，构成整个文明秩序大转型中的内在环节。

在这样的历史背景下，法律移植实际上是一场漫长革命进程中的法律革命，即摧毁中国传统文明塑造的中华法系，引入西方法律体系并在此基础上逐渐生长出现代政治法律秩序。可以说，我们今天依然处在这场法律革命的历史进程中。在这个法律与“法的精神”互动的法律移植进程中，一方面法律作为一套相对独立完备的规则体系、制度体系和知识体系，有其自身的独立性和稳定性，一旦确立就会形成一个自动运转的系统，既是一种摧毁性力量，也是一种建构性力量，作用于其他社会系统。另一方面，法律系统并不非自足的，法律移植、制度创设到法律制度的运行高度依赖于具体历史情境中的政治实践，包括政治观念、政治决断、政治利益和政治力量的推动等。无论在何种意义上说，法律始终都是活生生的政治活动的结晶。法律的诞生意味着规则和秩序的建立，意味着活生生的流变中的政治的消亡。然而，新的政治活动又必须摧毁旧的法律秩序而建立新的法律秩序。在这个意义上，“法律革命”这个概念本身包含法律与政治之间的内在冲突和张力，活生生的政治往往展现为生机勃勃的革命，而法律虽然可以成为革命的工具和手段，但它本身包含着对革命的约束和消减。因此，理解近代以来这场漫长的法律革命，乃至世界范围内法律移植运动引发的法律革命，首先必须考察政治与法律、法律与革命的内在关联。如果说法律的生命在于“法的精神”，那么将政体、经济、文化、地理等要素统合在一起的活生生的力量乃是政治。在这个意义上，法律的生命就在于政治，法律的创生来源于政治，法律的死亡归因于政治，法律的运作也离不开政治。从最广泛意义上说，法学从一开始就是政法法学，无论服务于法秩序的建构，还是服务于法律职业技术操作，无论服务于法律的正当性思考，还是服务于法律的运作分析，都需要从政治视角来理解法律。

二、政法的根基：承认政治与革命政治

由于近代以来法律制度、法学教育和法学研究的移植品格，法学研究从一开始就实现了与西方接轨。当时西方法学理论的思想主流乃是自然法学派、社会法学派和实证主义法学派。而在中国法学界，吴经熊可以在美国法学院开设自然法的系列讲座并出版学术著作，而瞿同祖的《中国法律与中国社会》至今依然是法律社会学的经典之作，至于法律实证主义学派，它依凭的成文立法体现在民国的《六法全书》中，但就理论而言，最终体现在马克思主义法理学中。

新中国成立后，伴随着《六法全书》的废除和政法体系的建立，曾经的自然法学派、社会法学派等被看作资本主义法学理论遭到批判，马克思主义法学取得了唯一的正统地位。这在相当程度上是由于马克思主义理论本身所具有的综合性和贯通性，它统合了自然法学、社会法学和实证主义法学的相关要素。比如，共产主义理想本身就具有自然法的痕迹，基于阶级划分、阶级斗争和国家统治来认识法的本质本身就是一套社会学法学的路径，而强调法律的暴力镇压职能无疑是法律实证主义的理论核心。由于马克思主义与新中国建构的内在联系，马克思主义法学理论首先是一种现

代国家建构的理论，其法学理论服务于现代主权国家的建构。由此，与党领导国家的政治制度和政法体系相适应，马克思主义法学在中国也就形成政法理论，是关于国家和法的理论。可以说，政法理论乃是西方法学理论进入中国之后，与中国的国家建构和法制建构实践相结合，形成的一套扎根中国大地的现代法学理论。

马克思主义的政法法学之所以吸收并取代三大法学流派而取得“罢黜百家，独尊一家”的局面，不仅仅是因其思想的综合性和贯通性，更多的是由于近代以来的中国革命进程经历了从“承认政治”到“革命政治”的转向。众所周知，晚清的宪制法律改革乃至革命，无非是将自己从一个帝国文明秩序改造为主权国家，宪制法律移植与“改土归流”以及新疆、东北设行省的政治举措同出一辙。这场宪制法律移植与其说是枪炮下的被动接受，不如说是中国人在接受西方关于文明与野蛮观念的新尺度之后，展开的一场积极主动的革命运动。在西方理论话语中，中国传统被描绘为一个愚昧、野蛮的国度，而西方被塑造为文明、开化的国度。在这种文明与野蛮的话语塑造中，如何全面学习西方的技术、器物、制度和文化就成为中国走出愚昧迈向文明的必由道路。在这种背景下，戊戌变法、辛亥革命乃至国民革命始终秉持“承认政治”的逻辑，即以西方文明为尺度和标准，对“野蛮愚昧”的中国进行全盘改造，从而将中国变成西式的文明国家，获得西方文明国家的认可，加入到西方主导的“国际社会”这个俱乐部中。“承认政治”的典范就是作为文明“优等生”的日本，因此，甲午战败后的中国的政治改良和革命乃至法律移植实际上是以日本作为样板，而日本又是以欧洲为样板，今天很多西方法律概念的中文翻译是由当年日本人完成的。正是在“承认政治”背景下，先是日本的法学家、后来是英美的法学家直接指导中国的法律改革和法律教育，推动中国法学与当时西方的法学研究接轨。

然而，巴黎和会沉重地打击了几代中国人期盼获得西方认可的“承认政治”，由此引发五四运动并加速马克思主义在中国的传播。马克思主义恰恰是从政治经济学视角来分析法律，从而揭露西方所谓的“文明”话语，指出包括清末法律移植而来的一套法律话语和法学理论，最终不过是服务于其帝国主义和殖民主义的经济掠夺和政治压迫的工具。中国人要想获得真正的独立解放就必须从“承认政治”转向“革命政治”，将人民大众凝聚为真正的政治主体，彻底推翻历史上封建主义、资本主义和帝国主义通过法律支配建立起来的阶级压迫制度，实现人民当家作主的社会主义制度。中国共产党领导中国人民建立新中国并确立马克思主义的正统地位，无疑是这种“革命政治”的产物。因此，“承认政治”和“革命政治”的根本区别在于中国人的政治主体性和独立性问题。“承认政治”实际上否定了中国人的政治主体性，中国在国际上只能作为殖民地或半殖民地依附于西方主导的世界帝国秩序，在思想文化上必须认同西方人确立起来的价值观念和生活方式。一句话，西方人作为政治主体展开文明创造和文明秩序的建构，而中国人作为尾随者只能努力学习西方成果而争取获得西方的认可。在这个意义上，“承认政治”从一开始就假定了历史终结，全面的法律移植以及由此带来的文化改造就成为必然。然而，“革命政治”肯定了中国人的政治主体性，即中国人有确立自己的价值观、选择自己迈向现代化的发展道路乃至生活方式的能力。“其实地上本没有路，走的人多了，也便成了路。”由此，人民为自己立法的自由精神恰恰是“革命政治”的核心。

在“承认政治”下，立法工作基本上采取法律移植，传统社会中形成的礼法习俗唯有符合西方法律标准才被吸纳为法律，不符合西方法律标准的就被看作“非法”而被废除，而在司法过程中形成“法言法语”的法律职业主义的专制。然而，在“革命政治”下，人民的主体性首先就体现在立法中，即唯有在生活实践中经过人民的检验行之有效之后，再总结经验将其上升到法律，在实践中检验的过程恰恰是用党的政策和国家的政策来摸索、实验的过程。因此，采用一种实验主义的思路，将成熟的政策上升为法律，让政策和法律形成有机的互动，乃是人民自下而上作为立法者来立法的重要途径。这种人民立法的模式与法律移植采取的自上而下专家立法的模式形成了鲜明对比。在后一种立法模式中，真正的立法者其实是创造这些法律的外国人民，而中国人面对移植法往往变成被动的有待驯服的客体，由此引发“秋菊的困惑”。同样，在司法过程中，司法判决也不是专业化的法律机器运作，而是创造出马锡五审判方式这种独特的法律调解制度，其要义无非是让普通百姓的意见与职业法律人的意见、传统习惯法与国家法，进入一个平等交流的民主政治空间中，形成法律的人民性与民主性、法律的科学性与专业性之间的平衡。今天司法活动中强调的司法判决实现法律效果与社会效果的统一，依然秉承了马锡五审判方式所强调的人民主体性的精神。而这一切意味着新中国不仅在开辟自己的现代化道路，而且也在开辟“人民立法”与“人民司法”的独特法律道路，逐渐在实践中探索和创造出不同于西方的法治模式。

三、从政法理论到新政法理论

在法律革命的背景下，政法理论必然包含了法律与革命之间的矛盾。这就意味着政法理论所建构的法秩序始终处在一种动态运动和变革状态中。恰恰在这种活生生的政治运动和变革中，法律在不同的时代因应不同的政治环境和政治理念而呈现出不断变化的面貌。因此，我们不能简单地将改革开放之前的法制建设与改革开放之后的法治建设割裂开来，将所谓“刀制”的“法制”建设与所谓“水制”的“法治”运作割裂开来，没有完善的法律制度，就无法实行法律的治理。相反，我们恰恰需要在政法理论的视野中，将这两个不同的历史阶段纳入革命（改革）与法治内在辩证运动的连续体，理解法律在不同历史阶段上不同面貌和不同功能（比如前三十年致力于发挥法律的惩罚功能，后三十年强调法律的社会恢复功能）。事实上，改革开放的提出和推动本身就是一场革命，我们唯有在政法理论基础上才能理解这场政治革命所要奠定的法秩序。

改革开放致力于推动建立与全球资本主义秩序相兼容的市场经济体系。这场政治革命无疑推动了一场声势浩大的法律革命。不仅市场经济建设需要一套相适应的法律制度，而且市场经济必然推动整个国家治理体系的变革，从而需要建构与国家治理体系和国家治理能力现代化相匹配的法律制度。这场法律革命无疑是一场大规模的法律移植运动，以至于曾经遭到批判的资本主义法律制度和法学理论又重新回到法律革命的舞台中央。晚清以来三大法学流派又以新的面目出现了。自然法理论通过法律文化理论这个中介环节演变为一套基于市场经济的权利理论，由此形成了法律的权利本位说。社会法学派也从当年庞德来中国传授的法律社会控制理论演变为后现代法学影响下的法律与社会的交叉学科，尤其在美国推动法律全球化的新自由主义理念的影响下，法律经济学在其中扮演着越来越重要的角色。而法律实证主义则随着立法和司法的完善而逐渐蜕变为面向司法实践的技术化的法律教义学。随着人权（权利）自然法思想、法律与社会科学和法律教义学变成当代中国法学的三大主流，曾经扎根本土的马克思主义政法法学逐渐边缘化。

与这场法律移植相伴随的是"承认政治"在相当程度上的复归。在后冷战历史终结的全球意识形态中，革命政治的衰退和马克思主义的边缘化乃是普遍现象，整个世界在不知不觉中被编织进美国建构的世界帝国体系中。改革开放实际上处理的就是中国如何重新融入这个世界体系中。法律革命蜕变为一项简单的法律移植运动，其底层逻辑就是与世界体系实现"接轨"。正是在"接轨"的政治逻辑下，法律制度乃至法治建设似乎变成不需要政治思考就能完成的中立化、技术性和专业化的操作。可以说，三大主流法学理论虽然有方法论上的分歧，但在"去政治化"这一点上形成了默契。比如在宪法问题上，权利自然法理论会强调用一套作为标准和尺度的"规范宪法"来衡量"宪法规范"；在法律教义学的思路中，则需要按照"规范宪法"对"宪法规范"展开解释甚至变成"宪法司法化"下的法官解释。在社会科学路径下，唯有这套"规范宪法"才符合公共选择所达成的重叠共识，并将研究重心放在司法制度和乡村法治这些"剩余范畴"上。

然而，"去政治化"并不意味着没有政治，而是在历史终结的意识形态下，认为政治问题随着世界帝国的降临而终结。这种政治终结意味着中国不需要（或者不配）思考政治，更不需要参与政治，需要的只是移植作为现代文明唯一成果的西方自由民主法治等，这无疑遵循的是"承认政治"逻辑。因此，这种"去政治化的政治"恰恰是在世界帝国的历史终结意识形态下形成的一种新的政法理论，那就是颇为高深的一套关于"法政"的学说，将"政法"这个概念的次序做一个颠倒，认为"法"是一种高于政治的放之四海而皆准的规则（无非是西方政治生活中凝练的自由民主法治之类的口号），而"政"就是中国人的政治生活和政治实现，必须将其置于与西方接轨的"法"的约束之下。这就意味着用与西方接轨的"法"在潜移默化中瓦解国家建构的政治基础。由此，这种"承认政治"以及由此形成的"法政"新说必然与"革命政治"以及由此形成政法理论形成紧张乃至冲突。

在这种背景下，处于边缘地带的政法法学面对三大主流学说的压力，因应时代政治变化，与时俱进展开了艰苦的理论革新，不仅提出新的问题意识，更重要的借助新的学科理论，提出新的政法理论命题。法治本土资源论的提出以及由此形成的批判法律运动展现了全新的政治意识，揭露法律移植运动强调的法律职业化不过在争取成为“资本的语言和权势的工具”，法治建设不过是成为“资本帝国”的行省。面对“去政治化”的职业法律人的法理学，有意识地建构具有政治自觉和文明自觉的“立法者的法理学”，这就需要首先从最具有政治性的宪法问题开始，建构一套政治宪法学。比如，围绕制宪权问题开辟出新的研究领域和问题意识并以此对抗解释主义的规范宪法学，围绕“代表制”问题展开的政治哲学研究直接触及“党的领导”这个政法理论的核心主题，围绕古代礼法传统的研究为理解当代中国的政法传统奠定历史文化基础，围绕党章和宪法问题展开的政党法治国家的理论建构直接回应国家政治建构的关键问题等。在此基础上，政法法学围绕帝国与国际法问题展开对帝国乃至全球法秩序建构的思考，进一步拓展了政法法学的理论视野。当然，我们不要忘记在批判主流三大法学理论基础上，需要思考建构“自主性中国”的法哲学，虽然这是一项未完成的任务。至于用法律社会学方法来研究传统政法问题，则是让政法问题保持更为具体鲜活的经验现实的理论呈现。

可见，这种新政法理论与传统政法理论在问题意识和理论方法上具有很大不同。就问题意识而言，传统政法理论关注如何按照经典作家构想来推动国家建设，包括政法体制的建设，而这种问题意识受到冷战影响，强调政法制度的社会主义性质，既区别于封建法制又区别于资本主义法律制度。新政法法学的问题意识完全突破了冷战意识形态的框架，更突破了经典作家的理论构想，将国家制度的建设深入到文明秩序的建构上来，在全球化时代重新思考现代中国文明与人类文明的关系，在吸纳资本主义现代文明和传统文明的基础上，建构一种新的现代中国文明。因此，新政法理论实际上在致力于构思新文明秩序中的新政法秩序。就理论方法而言，新政法法学思考打破了旧政法理论的意识形态窠臼，采取不同的、多学科的理论话语来思考政法问题，从而将政法法学从意识形态教条中解放出来，让古今中西的不同理论面对未来新文明秩序和政治秩序的建构展开有益的对话，使其真正获得了理论思考的持久生命力。新政法法学理论的革新虽然并不一定将自己归入传统的“政法法学”这个标签之下，但无疑大大开拓了政法法学的视野和理论边疆。新政法理论无疑是伴随着中国特色社会主义法治的建构而成长起来的。可以说，当三大主流法学理论逐渐沦为法律制度和法律职业的附属品，丧失理论思考的动力和能力而日益技术化、教条化、碎片化乃至平庸化的时候，唯有新政法法学始终保持着理论思考的品格和理论创新的能力，通过边缘地带的学术革命而逐渐成为法学理论思考的中坚力量。

四、“小政法”到“大政法”

邵六益博士的这本著作是在其博士论文的基础上形成的。他进入博士学习阶段正是政法法学处于低谷时期，选择这样一个主题作为研究对象无疑需要很大的理论勇气。这本著作无疑是新政法法学领域的重要著作，而且是继《政法笔记》之后为数不多的直接用“政法”来命名的学术著作。他用新政法法学的理论框架和研究思路，激活了传统政法学说中的诸多重要主题。因此，本书的内容很大程度上是针对政法理论重大问题与其他三大主流法学理论展开对话的产物，具有鲜明的问题意识和时代特征。作者有意识地从研究对象的建构到研究路径的选择展示出政法法学与其他三大主流法学理论的差异与关联。

就研究对象的建构而言，除了上篇围绕“党的领导”这个主题来研究作为制度基础的政法体制，更重要的是下篇进一步将政法问题深入具体部门法领域，比如行政法问题和民法典问题等，试图与部门法的专业技术研究展开对话。法律生活原本就是具体而微的，政法法学的理论魅力不仅在于关于国家制度和宪法体制的宏观叙事，而且要深入具体的法律实践乃至司法个案，从而展现政法理论的视角如何用新的方式照亮法律生活，让其他法学研究从中获得教益和启发。这实际上将政法法学从“立法者的法理学”推进到“法律人的法理学”，从而围绕具体的法律问题审视政法法学与社科法学、法教义学的关系。本书的中篇特别提出从研究路径的建构与社科法学和法教义学展开对话。比如针对刑法学界法教义学的“去苏俄化”浪潮的研究表明，一种以科学化、中立性名义展开的“去政治化”的专业研究是以“私权至上”“公权为恶”的自由主义法学理论为基础的，以至于刑法学说的“去苏俄化”反过来变成了无意识中的美国化和西方化。比较之下，他关于政法法学与社科法学的对话，更强调社科法学作为一种独特的理论范式变成一种学科共享的基础性研究方法，从而强调社科法学研究中政法议题的回归。

如果从技术性、中立化的角度看，不仅社科法学，包括法教义学在内，都始终在政法法学的影响之下，毕竟政法法学是一个更为宏观的视角，无论社科法学关注的法律运作逻辑，还是法教义学关注的文本解释，都是在特定的政治法律制度中展开的，最终都会指向特定的政治利益和政治理念。如果说用社科法学方法研究政法主题可以纳入政法法学传统中，那么阐释法律文本的法教义学无疑也是政法传统的重要组成部分。比如，对中国宪法文本的法教义学研究，尤其对宪法序言的教义学解释，始终是政法法学平衡规范法学的重要研究领域。因此，问题不在于解释，而在于如何解释。法教义学不仅可以阐释宪法，而且可以阐释党章，而如何将党的路线、方针和政策乃至党规党纪阐释到国家法体系中，形成政策与法律、党规党纪体系与国家法律体系的有机互动，无疑是政法法学未来努力的重要方向。这意味我们的核心价值、国家制度乃至政法传统不仅需要政法法学的理论阐释，更需要法教义学对法律文本的精心阐释。一个文明秩序不仅有其道统和正统，而且也必然有其法统。从这个角度看，法律教义学实际上复兴中国传统的律学，但中国传统律学的灵魂乃是经学，如何从法律教义学上升到新的经学无疑是政法法学面临的重大主题。如果单纯因为研究方法的不同，而将政法法学与社科法学、法教义学区别开来，无疑是政法法学的误读。近些年来，社科法学与法教义学之间吵吵嚷嚷，数据库里增加了不少相关的文章，政法法学显然没有兴趣卷入这些画地为牢的方法论争论中。

就研究方法而言，政法法学绝不能将自己局限在某种方法上，因此它从一开始就不是因为某种研究方法或研究论域而画地为牢的学派，而这恰恰是社科法学和法教义学的基本特征，前者离开科学分析和理性计算推理就不会思考问题，后者离开法律文本也不知从何谈起。而政法法学的要义在于政治处于生生不息的千变万化之中，因此政法法学的最高境界恰恰是“法无定法”，可以在不同的时代、针对不同的问题借用所有学派的不同方法来思考和解决这些问题。在这个意义上，其他任何学派的理论概念和分析方法都可以成为政法法学工具箱里的有用工具。如果想要钉钉子，当然可以抡起锤子，但如果想要上月球，那就必须建造飞船。如果处理个案问题，当然不能抛开法条的解释，但如果是思考政治认同和法律认同这样的人心问题，怎么可能抛开艺术、文学、诗歌等文教体系建构的政治想象呢？正因为如此，我们看到近代以来的三大法学派的内容能够被政法法学所吸收，哪怕它是一种“承认政治”，那也是特定历史时代政治生活的必然产物，如今不也成为新时代中国特色社会主义法治的有机组成部分，不也成为新政法法学的有机组成部分？在这个意义上，法律移植当然也可以成为“革命政治”的一部分，这就是鲁迅所说的“拿来主义”。

政法法学对研究方法的这种包容性，这种“法无定法”对具体研究方法的超越性，恰恰源于政法法学研究领域的整全性和涵盖性。现代理论按照分化社会的理论将整个社会划分为政治、经济、社会和文化等，形成所谓的分化的系统，然而能够将这种分化的系统整合起来的力量无疑只能是政治。这就意味着我们要区分分化社会中的“小政治”和将分化社会整合在一起的“大政治”。“小政治”有其内在规则和运行逻辑，但“大政治”恰恰要将政治、经济、社会和文化整合在一起，需要借用这些分化领域的各种方法，从而成为“法无定法”。如果说其他学派是思考社会法律生活中的某一类问题或者某一个领域，那么真正的政法法学则以思考人类文明秩序建构作为其核心主题。如果说其他学派研究关注的都是某一种独特的树木、花草，那么政法法学关注思考的却是整个森林。如果说其他学派关注的是一个大厦建造中的砖瓦、房间、装修等具体问题，那么政法法学要关注的恰恰是整个大厦的设计、建造、使用和保养。在这个意义上，唯有文明秩序建构时代的经典理论家才具有这样的理论雄心，将法律秩序纳入整个文明秩序的思考，而一旦文明秩序建构完成之后，往往是经典作家隐去，而各种工匠式的学派纷纷兴起，一时间热闹非凡，但无法从不同的领域、不同的角度来填补经典作家留下的空白。就像近代以来，三大法学流派在中国的起伏，都是假定现代文明秩序建构已经被西方启蒙时代的经典作家构思完毕，剩下的工作就是如何展开社会科学的或者教义学的技术化的操作，甚至连权利自然法学也将启蒙思想家对现代文明秩序的丰富思考变成了僵死的教条，出现了自然法学与法律实证主义的合流趋势。如果从这个角度看，政法法学在中国的意义并非在西方建构的现代文明大厦中争取到一块领地，而是面对人类文明秩序转型的大变局，思考中国崛起对于未来人类文明秩序建构的意义。新的文明秩序建构必然需要新的政法法学。政法法学才刚刚开始，而且永远在路上。

如果从这个角度看，我们可以区分出两种政法法学。一种就是围绕“小政治”所建构的独特政法体制，从政治角度来解读法律，从而将自己与其他法学流派，尤其是目前流行的法学流派区别开来，在法学学科中挣得一席之地，但也意味着将政法法学研究局限在法学院和法律人职业群体中。这种研究可以称之为“小政法”法学。然而，一旦超越法学院和职业法律人的小圈子，就会发现不同学科最终围绕文明秩序建构展开，由此从不同学科视角来构思一种美好的生活方式，针对不同问题采用不同理论方法，就会围绕“大政治”形成一种“大政法”的思考方式。新政法法学的目标不能局限于在法学院和职业法律人的小圈子中展开对话，更要从政法视角出发，着眼于文明秩序的建构，代表法学与整个人文学科和社会科学展开对话，从而展现出法学作为一门学科（而非职业）不同于理学（科学）、经学对于人类知识和智慧的贡献。政法法学不仅要思考“什么是你的贡献”，而且要思考在哪个领域中做出贡献。唯有在“大政治”与“小政治”、“大政法”与“小政法”之间形成的相互接力和对话中，才能让政法体系的运作与整个文明秩序建构建立起内在的关联。

如果从这个角度看，本书的研究内容无疑属于“小政法”的范畴。然而，在本书导言探讨“如何研究政法问题”中，邵六益博士展现出一种“大政法”的视野，探讨中国法秩序建构中的“合众为一”问题，从而将研究的时段拉长到源于欧洲崛起所推动的现代文明秩序转型。这个导言虽然放在全书的最前面，但肯定是在全书完成之后才写的，无疑代表着作者完成“小政法”研究之后的最新想法。因此，我们有理由期待邵六益博士在政法法学领域中推出新的研究，让“小政法”主题与“大政法”视野形成有机的互动。

目录 CONTENTS

中篇　作为研究进路的政法法学

下篇　作为研究领域的政法问题

导 言
如何研究政法问题？

问题意识是学术研究的起点，好的问题意识决定了研究的可能意义。伟大的时代孕育伟大的问题，在百年未有之大变局的今天，法学研究中不缺这样的问题。但问题并不等于问题意识，从问题到问题意识需要经历学术转化。发现和构造研究议题，需要在遵循学术传统和一定的研究范式的基础上展开，从理论与现实的张力、冲突、悖论之中寻找理论创新点是常见的切入口。近年来，法学研究中热点很多、争论不断，孕育着众多可能被研究的领域。比如，宪法学界从宪法司法化争论开始的关于谁是中国宪法的守护者的讨论；民法学界十多年前关于《物权法（草案）》是否违宪的争论，引发了民法与宪法关系的讨论；刑法学界围绕犯罪论体系重构所开展的“去苏俄化”辩论，最终德日刑法学与苏俄刑法学的对垒成为刑法学的基本图景；劳动法学界对劳动者的“主人翁 vs 打工人”之争难以回答，进而无法对劳动者的合法权益进行恰当的保护；司法研究中始终存在的专业化、精英化进路与大众化进路的矛盾，无法对党领导司法进行学术化解析。这些争论的背后都包含一个根本性的追问：中国特色的社会主义政法体制是否符合法治的基本要求？背后甚至涉及中国法治的理论自信的命题，这是法学研究中始终无法回避的根本问题。

2019 年中央政法工作会议上首次提出“坚持和完善中国特色社会主义政法工作体系”，特别是 2020 年习近平法治思想的提出，使得政法体制研究具有重大的现实意义，党的领导、以人民为中心、中国特色社会主义法治道路等也逐渐成为学术热点议题。不少研究侧重于对官方话语的政策性解读，缺乏足够的学术性。相较之下，社科法学的研究值得关注，有关学者采用法律与社会科学交叉研究的进路，试图去描述政法体制的真实图景。比如，借助丰富的档案材料或实证素材，努力发现“党管政法”的历史生成或党政体制的真实状态。不过，在社科法学的政法议题研究中，描述有余而理论性尚有不足。对政法体制的研究必须超越中立化的社会科学描述，回到其自身的理论脉络之中，重新发现政法体制的历史含义与时间维度。强世功教授认为，中国法理学如果想要回答法治理想图景等基石命题，就“需要从社科法学转向政法法学，摆脱法律实证主义影响下对‘法’所做的种种技术化的规范理解，将‘法’放在完整的文明秩序建构中加以理解”①。

政法体制不同于西方法治的关键在于中国革命对其的塑造，中国特色社会主义政法体制植根于20世纪中国的根本议题，中国共产党借助社会革命重构了革命的动力，通过打造先锋队政党并塑造无产阶级取得革命成功，对群众进行政治动员的需要促生了司法为民的基本要求，由此形成了党管政法、司法为民等基本要求。② 政法体制包含了革命性的动力机制，在借助党的领导动员与教育人民的过程中，形成独特的党管政法格局，即横向的以块块管理为主的同级党委领导体制、纵向的党内分级归口管理和中央集中统一领导体制，以及特色的党法关系与法民关系。③ 其中，党的领导是政法体制的关键，是推进依法治国的根本保障。党的领导是政法传统的一大特征，这已经被绝大多数的研究者发现，本书在后面的很多章节中都有所回应。研究政法传统还需要关注另一个关键词——社会主义，中国政法体制的形成离不开社会主义革命的塑造，政法体制的几项内容及其与经典法治理论的区别，也标识出社会主义法治与自由主义法治的重大区别，而这也是西方观察者等最为关注的问题，讲清楚这些问题才能够真正建立起社会主义法治理论的内在自洽性和学术自信力。

现代化是20世纪中国的核心议题，社会主义是中国走向现代化的必然选择，政法体制源于社会主义革命，成熟于社会主义建设实践。中国作为落后的政治经济文化发展不平衡的国家，既无法独立地追求国家的现代

---

① 强世功：《批评法律理论的场域——从〈秋菊打官司〉看批判法律理论的转向》，《学术月刊》2019年第10期。

② 邵六益：《政法体制的政治历史解读》，《东方学刊》2021年第2期。

③ 刘忠：《条条与块块关系下的法院院长产生》，《环球法律评论》2012年第1期；凌斌：《当代中国法治实践中的“法民关系”》，《中国社会科学》2013年第1期。

化，又不具备采取资本主义经济发展模式的条件。第一次世界大战的爆发使得欧洲资本主义模式丧失了信誉，也在资本主义薄弱环节的俄国爆发了社会主义革命，此时俄国的社会主义思想传入中国，影响深远，无论是改组后的国民党还是新成立的共产党，都在相当程度上采取了社会革命的现代化模式。① 汪晖先生指出："20 世纪中国革命所带来的一个世界历史问题是：由于帝国主义时代的降临，世界上不同地区均被卷入了同一个世界进程；19 世纪欧洲社会主义运动无法突破资本主义的内在矛盾，现在这一使命需要通过所谓'前资本主义的''非西方的''农业的'社会的革命来完成，而爆发这一革命的国度同时面临着经济、政治和文化的 19 世纪式的变革。"② 社会主义是落后的中国在 20 世纪追求民族解放、国家富强的必然选择，政法体制则是社会主义道路在法律方面的制度概括。政法体制不仅是某种政治与法律的关系的理论、制度和实践，更是国家的政治整合机制的组成部分，与政党模式、政权形式、经济模式、国家治理、法律体系、社会结构等一系列的宪制议题有着紧密的关联。因而，在某种意义上"政法"也是一个总体性概念。

当我们采取总体性的视角来看待政法体制时就会发现，选择社会主义政法体制的方式完成现代中国的构建，与中国 20 世纪的政治议程紧密相关，政法体制是回应中国 20 世纪核心命题的产物。在追求现代化的过程中，中国无法采取 19 世纪的政治模式，在借助先锋队政党动员群众完成社会革命的过程中形成了政法体制，并在新中国成立后得以继续。社会主义对人的理解是阶级化的，以区分化逻辑不断塑造社会主义的同质性基础。无论是在宪法法律的规定中，还是在具体的司法过程中，都贯彻着对法律主体的区分化逻辑，最终借助相关机制完成对人民的实质代表与主体再造，实现以人民为中心的政治理想。同时，社会主义本身所蕴含的过渡性与丰富性，不仅为政法改革提供共识性的基础，也为 20 世纪中国并存的多

① 章永乐教授发现，两次世界大战严重打击了西方的线性时间观和文明等级论，社会主义理论开始在全球推广自己的普适价值。参见章永乐：《此疆尔界："门罗主义"与近代空间政治》，生活·读书·新知三联书店 2021 年版，第 3 页。

② 汪晖：《世纪的诞生：中国革命与政治的逻辑》，生活·读书·新知三联书店 2020 年版，第 70 页。

种法治传统提供了整合的技术手段，这也是解释中国法治理论与实践中多种现象的关键所在。理解政法体制的社会主义性质，需要重新找回时间维度，只有放在中国共产党成立100多年、新中国成立70多年的时间维度中，我们才能够理解政法体制的社会主义底色，也唯此才能够实现法律传统上的“通三统”命题，尤其是处理新中国成立后前30年的社会主义传统与改革开放后逐渐形成的自由主义法治传统的整合命题，如此才能更好地理解新时代所开启的政法工作全新议题。

一、政法体制的时间维度

欧洲的现代国家是在长期的战争中逐渐形成的，借助国家能力建设和资本增值扩张的双重促动，现代民族国家逐渐形成；再经过英国工业革命和法国大革命，确立了基本的经济道路和政治法律模式，欧洲国家的政治现代化在19世纪基本完成。① 社会契约建国的假设在一定程度上得到了实践的“印证”，关于国家形式的基本政治决断已经终结，政党作为人民的“代表”仅仅是一种行政性力量，很难再以政治的方式去关注政治议题。② 此后学术研究的重点也从政治哲学转向社会学，自然法让位于社会法则，专注于描述欧洲社会的“自生自发”演进过程。③ 然而，在19世纪正式进入现代世界体系时，处在全球秩序边缘的中国不可能采取欧洲模式——现代中国的创造是在20世纪借助革命逐渐完成的，因此中国的现代化议题也不同于欧洲。无论是晚清“主权在君”与“主权在国”的争论，还是民国时期国共两党的竞争，核心都是为了寻求一种实现国家政治整合的手段。就政党模式而言，必须采取指向社会动员和社会革命的20世纪政党模式，“不是19世纪的政党，而是20世纪的同样叫作政党的政治发明，不但占据了主要的政治舞台，而且也极大地改变了官僚制国家的性质。这

---

① 参见［美］查尔斯·蒂利：《强制、资本和欧洲国家（公元990—1992年）》，魏洪钟译，上海人民出版社2007年版。

② 西方代表概念理论背后的核心争议便是“遵命vs独立”之争，其实质争论在于，代表是否能够超越被代表者的人民进行独立决断，这也表明政党实际上丧失了政治代表性。参见［美］汉娜·费尼切尔·皮特金：《代表的概念》，唐海华译，吉林出版集团有限责任公司2014年版。

③ 参见陈涛：《法则与任意——从社会契约论到实证主义社会学》，载强世功主编：《政治与法律评论》第4辑，法律出版社2014年版。

一特殊的政党——国民党和共产党——类型偶尔也会三心二意地参与议会斗争，但更加注重直接的社会动员，以对抗性政治的方式推进政治整合，最终将行政权力与政治整合（政治动员）结合起来”①。政法体制内在于中国现代化的特殊语境，党领导司法、政治动员借助司法、司法为民构成了政法体制的基本内容。新中国成立后，政法工作在服务大局中形成革命与法制的辩证法。而在今天，为了保证广大群众在法律过程中不被忽视，应对不平衡不均衡发展所带来的问题，党需要借助司法为民等政策，弥合统一法律规则在分化社会的隔膜，形成了司法过程在专业化与大众化之间摇摆的印象。

按照19世纪的民主法治国家的基本预设，国家政权建立在人人平等的自然状态假设之上，并借助“19世纪民法典”将形式平等、私有财产权至上、契约自由等确立为基本原则，从而实现限制公权力的理论预设。② 但这种建国理论并非唯一，在马克思主义看来，原始社会之后人类进入阶级社会，两个相互对立的阶级及其核心矛盾形成了社会的基本框架，一个阶级取代另一个阶级的统治是社会演进的实质所在，由此贡献了完全不同于社会契约论的国家理论。更为重要的是，自由主义国家和法律理论不符合中国通过革命手段成立新中国的历史经验，在严峻的国内外背景下，需要组织和动员人民参与斗争，即便在新中国成立后革命议题也未终结。政法体制才是这一历史实践的理论概括——既是分析中国法律制度的前提假设，也是理解各个时期的司法政策的基础。陕甘宁边区时期的司法并不严格依照法律审判，而是以马锡五审判的方式将共产党的政策引入司法之中。③ 革命时期的人民司法路线服务于整个政治权力建构，司法与其他制度一起构建起权力的组织网络。④ 新中国成立不久就在全国范围进行司法

① 汪晖：《世纪的诞生：中国革命与政治的逻辑》，生活·读书·新知三联书店2020年版，第192—193页。

② 关于“19世纪民法典”“20世纪民法典”的讨论，参见邵六益：《中国民法典的社会主义性质研究》，《毛泽东邓小平理论研究》2020年第12期。

③ 参见［美］黄宗智：《过去和现在：中国民事法律实践的探索》，法律出版社2009年版。

④ 强世功：《权力的组织网络与法律的治理化——马锡五审判方式与中国法律的新传统》，《北大法律评论》第3卷第2辑，法律出版社2001年版。

改革，改变了国民党时期的坐堂办案、教条化理解和适用法律的做法。[①] 在新的政法逻辑中，法院和公安、监狱、军队在性质上没有差别，都是国家实行专政的“刀把子”，政法战线就是“一条同反革命分子和其他犯罪分子作斗争、维护国家和人民利益的战线”，法院所审理的最重要的案件就是反革命罪。[②] 以法律服务于国家大局成为政法传统的重要组成部分。与此同时，在提倡司法为民的过程中形成了与司法精英化、专业化相对立的大众司法，人民司法传统从另一个方面汇入政法体制。

政法体制是内在于国家政治经济文化的总体性概念，但从法学研究的视角来说更为关注政治法律实践。从分散在具体问题的政法研究中，我们也可以提炼出政法体制的基本框架和内在结构。第一，党与法治过程的关系，即党如何领导法治的问题，这是中国法治不同于西方法治的最具有识别度的标志，也是拷问研究者的一大难题，即在党的领导下如何实现法律至上？第二，司法为民与专业化法治之间的关系，即法律如何回应人民的问题。法律是听从自身的逻辑，还是要回应民众的呼声，尤其是今天社会分化加剧的情况下，不同人的诉求差异巨大，法律到底要为谁服务？大部分研究割裂两组关系，未能从全局的角度去思考问题。比如，“法民关系”理论揭示了司法之中人民的不同及其对司法模式的影响，但是对司法的政党因素关注不够；[③] 而对党领导法治的讨论鲜有回到人民的维度，多停留在党要不要管法治的非此即彼的选择之中。[④] 因此，有必要回到更大的语

---

① 1952 年 6 月 20 日、24 日，董必武在中央政务院政治法律委员会第二十次委务会议和全国政法干部训练会议上分别作了题为《关于整顿和改造司法部门的一些意见》《关于改革司法机关及政法干部补充、训练诸问题》的讲话，就司法改革作了总体安排和相关部署，改革主要包括三个方面：首先是对旧法观点的批判，其次是将旧法人员清理出审判员队伍，最后对所有的司法人员进行了思想改造。参见何勤华：《论新中国法和法学的起步——以“废除国民党六法全书”与“司法改革运动”为线索》，《中国法学》2009 年第 4 期。

② 张鼎丞：《张鼎丞检察长在全国公安、检察、司法先进工作者大会上的讲话》，《人民司法》1959 年第 10 期。

③ 邵六益：《法治的时间维度与政治维度》，载强世功主编：《政治与法律评论》第 5 辑，法律出版社 2014 年版，第 223—244 页。

④ 李在全对民国时期“党化司法”的研究，对国民党为什么无法领导管理司法的理解停留在粗线条的党法关系与思想梳理中，却未能比较性地认识到其失败部分源于群众基础的丧失。参见李在全：《法治与党治：国民党政权的司法党化（1923—1948）》，社会科学文献出版社 2012 年版。

境之中去理解总体性的政法体制，将政党、人民和法律结合起来考虑的政法体制，乃是为了回应20世纪中国的社会革命议题的必然选择。中国共产党“不仅是推动和引导社会变革的主导力量，而且是近现代中国社会的一种重要的制度替代”，既是社会动员和组织机制，也是官僚制的替代。[①]

在20世纪80年代之后的市场与法治化的过程中，政党从政治整合功能中逐渐收缩，由先锋队政党逐渐转变为依法行政的官僚体系，政党合法性受到现代法治的束缚。这种趋势发展到极致便会产生“党大还是法大”这一伪命题，带来党的领导与依法治国之间的虚假张力。“不能把坚持党的领导同人民当家作主、依法治国对立起来，更不能用人民当家作主、依法治国来动摇和否定党的领导。”[②] 如何对上述政治判断作出学术上的阐释？其实，中国共产党所承担的绝不仅仅是依法行政的职能，借用“政治”与“行政”的二分法，中国共产党在宪制中行使表达意志的政治性权力，国家机关行使执行性权力——法治乃是政党意志的法律化表达。[③] 不仅如此，中国共产党还通过“党政体制”将自身组织、行动逻辑、意识形态、价值导向植入政府体系，使得中国的国家机关成为承载党的初心使命的科层制，法治领域亦然：一方面，需要借助依法行政的基本原则抑制法治中的政治性因素，如运动式治理；另一方面，也需要发挥政党在国家治理中的优势，防止科层式法治的教条束缚，保持党治与法治之间的均衡。[④]

就中国的现代化过程而言，超越了欧洲自生自发演进的模式而转向社会革命进路。新的政党政治则指向更为广泛的主体的塑造和新政治过程的诞生，这种孕育着社会主义过程的新思想文化潮流，以及借助社会革命的方式探索不同于19世纪欧洲政治模式和经济制度的演进，意味着20世纪的诞生。[⑤] 从国内的角度来说，不平衡的政治经济文化秩序决定了需要有

---

① 苏力：《中国司法中的政党》，载苏力主编：《法律和社会科学》第1卷，法律出版社2006年版，第275—276页。

② 习近平：《论坚持党对一切工作的领导》，中央文献出版社2019年版，第44页。

③ ［美］弗兰克·J. 古德诺：《政治与行政：一个对政府的研究》，王元译，复旦大学出版社2011年版，第12—13页。

④ 陈明明：《双重逻辑交互作用中的党治与法治》，《学术月刊》2019年第1期。

⑤ 参见汪晖：《世纪的诞生：中国革命与政治的逻辑》，生活·读书·新知三联书店2020年版。

一个彻底的社会的过程，否则难以实现国家的现代构建。自由主义的形式平等预设无法改造底层群众，议会制政党政治仅仅是少数上层能够参与的政治，围绕上层建筑的国家制度的讨论不足以满足当时的需要——无论是君主立宪还是共和制，均为19世纪民主政治的外在形式而已，并未触及更为根本的国体问题。现代中国的诞生与社会革命联系在一起，无论是改组后的国民党还是新成立的共产党，都以反思形式上的选举、议会制的政党制度为特色，而转为更加关注实质意义上的底层动员，这是20世纪革命在应对三千年未有之大变局的必然选择。俄国十月革命及其所代表的社会主义道路不仅突破了资本主义的框架，而且将动员工人阶级作为核心，中国选择俄国模式是一种必然。在救亡图存以求现代化的过程中，现代化的伦理追求由政党承担，无论是国民党还是共产党，都试图以“社会化”的方式将自身的政党伦理推广到全体人民，但只有通过社会革命发动广大人民群众才有可能推翻“三座大山”，这也是共产党打败国民党、完成晚清以来大变局的关键所在。[①] 就我们熟悉的政法议题而言，国家的政治法律机制都共同服务于革命的需要，投射到法学研究上来形成了“革命—阶级斗争—敌我矛盾”的思维链条，所有法律部门都披上了阶级性、革命性的外衣，也使得“反革命”这种政治话语经由《惩治反革命条例》等慢慢进入法制化的轨道，甚至扩散到各个法律部门。[②] 而一旦我们理解了革命话语本身的逻辑与活力，就会对此有完全不同的认识，调用革命表述本身就是特定时期的政治正确，与当下各国普遍存在的政治正确无异。[③]

二、政法体制中的合众为一

中国共产党成立后的近30年间，敌我之分没有常势，因此，不断调整革命路线重组政治联盟，联合一部分人去打击另一部分人成为中国革命的首要问题。比如，由于日本帝国主义的武装侵略导致国内阶级关系的变

① 刘小枫：《现代性社会理论绪论》，华东师范大学出版社2018年版，第170—171页。

② 邵六益：《法学知识“去苏俄化”的表达与实质——以刑法学为分析重点》，《开放时代》2019年第3期。

③ 关于“革命”“反革命”的一个参考性研究，参见王奇生：《革命与反革命：社会文化视野下的民国政治》，社会科学文献出版社2010年版。

化，为了团结更多的人去反对日本帝国主义，共产党取消工农民主专政的提法、停止没收地主土地的政策。在新中国成立前夕，中国共产党对人民的范围作了新的划定。毛泽东指出："人民是什么？在中国，在现阶段，是工人阶级，农民阶级，城市小资产阶级和民族资产阶级。"① 在人民内部与外部采取不同的政策，民主制度只在人民内部实施，这一划分标准为后来的《中国人民政治协商会议共同纲领》（简称《共同纲领》）所延续。在"临时宪法"《共同纲领》和作为"事实民法"的《土地法》和《婚姻法》中，都贯彻了社会主义的区分化原则，"借助与政治密切相关的经济利益分配方式，巩固了以工农为基础的社会主义政权，这其中贯彻着社会主义的差别化原则。新中国成立之初的'民法'通过身份划分来界定社会关系，进而通过身份改造来巩固社会主义经济基础"②。这是政法体制的社会主义性质的基本特征，这种区分化逻辑在今天的政法工作中也得到了很好的体现——不仅体现在宪法法律的规定中，也贯彻在法律的实施过程中：无论是法律规定中的阶级区分，还是司法实践中的实质追求，最终都是为了夯实无产阶级的社会同质性基础。

社会主义作为四项基本原则之一，在"八二宪法"中被确定下来，成为我国立法的基本原则之一。现行《宪法》文本中"社会主义"出现50多次。《立法法》第3条在立法原则中明确规定，"立法应当遵循宪法的基本原则，以经济建设为中心，坚持社会主义道路、坚持人民民主专政、坚持中国共产党的领导、坚持马克思列宁主义毛泽东思想邓小平理论，坚持改革开放"。那么，什么是法律中的社会主义原则？就公法而言，社会主义原则的体现是对19世纪自由主义法治的超越，对财产权的社会义务、社会主义民族关系等议题做出了非常有力的探索。③ 在刑法中，社会主义原则体现得更为明显。比如，尽管有刑法学者基于自由主义的理念，认为聚众淫乱罪并未侵犯个人法益而应该去罪化，但是中国刑法坚持了公共法益

① 《毛泽东选集》第4卷，人民出版社1991年版，第1475页。其实，《毛泽东选集》开篇就以"划分敌友"问题开始，参见《毛泽东选集》第1卷，人民出版社1991年版，第3页。

② 邵六益：《民法典编纂的政法叙事》，《地方立法研究》2020年第5期。

③ 张翔：《财产权的社会义务》，《中国社会科学》2012年第9期；常安：《社会主义与统一多民族国家的国家建设（1947—1965）》，《开放时代》2020年第1期。

的概念，维持了社会主义家庭婚姻观的基石概念——将爱情及其排他性作为婚姻的基础。在中国刑法学研究中则体现为苏俄式四要件犯罪构成体系的基石地位。[①] 从私法的角度来说，尽管民法以身份平等为基本指针，但是从新中国成立之始民法就带有明显的身份性，这在当前的《民法典》中体现得也很明显。比如，在社会上关注较多的婚姻家庭编中，中国民法典并未接受有些研究者所提出的接纳事实婚姻、将彩礼法律化的建议，以避免背后事实上的阶级分化，从而维护弱者在婚姻中的平等选择权，竭力以社会主义的婚姻家庭观抵制过度的自由主义化。[②]

在中国，法治程序也同样贯彻着差别化的基本逻辑。精致的法律程序更有可能成为限制人们的门槛，高度专业化的司法制度已经有蜕化为既得利益者的保护机制之嫌，不同群体对待法律诉讼的态度是不同的，统治精英和社会上层更倾向于采取法律途径来解决纠纷，而中下社会阶层成员——在数量上占据多数，文化程度不高——更信赖党政机关，进入诉讼之后也更期待法院能够帮他们维护实质正义。[③] 政治学者发现，“单纯依靠法治可能会面临许多障碍，如无力迅速有效解决社会冲突引发的危机，或因缺乏合宪性审查机制而不能及时纠正立法权、行政权运用不当的后果，或耽于完备而繁琐的程序而贻误民生所需之公共物品的开发和供给的时机”[④]。已有实证研究证实了我们的担忧。比如，在死刑案件的辩护中，有钱人委托优秀辩护律师的比例比穷人高出很多，经济实力直接影响刑事辩护资源的分配。[⑤] 其实，冯象先生早就发现，“法律……很容易被人操纵利用，常常服务于金钱和权势”[⑥]，进而冷峻地指出，现代法治已经蜕化为个别群体利益的代表，依法治国与人民的当家作主有可能发生抵牾。[⑦] 现实也一再证明这种担忧不是多余的。有研究报告直接指出，资本市场的精英

---

① 邵六益：《法学知识“去苏俄化”的表达与实质——以刑法学为分析重点》，《开放时代》2019年第3期。

② 邵六益：《中国民法典的社会主义性质研究》，《毛泽东邓小平理论研究》2020年第12期。

③ 程金华、吴晓刚：《社会阶层与民事纠纷的解决——转型时期中国的社会分化与法治发展》，《社会学研究》2010年第2期。

④ 陈明明：《双重逻辑交互作用中的党治与法治》，《学术月刊》2019年第1期。

⑤ 左卫民：《刑事辩护率：差异化及其经济因素分析》，《法学研究》2019年第3期。

⑥ 冯象：《木腿正义》，北京大学出版社2007年版，第58页。

⑦ 冯象：《我是阿尔法：论法和人工智能》，中国政法大学出版社2018年版，第84—87页。

群体同法学界形成了一个隐秘联盟，前者为后者提供资财和报酬，后者则致力于论证前者行为的合法性和正当性，而他们小心提防和口诛笔伐的对象，恰恰是对其自身利益有潜在威胁的执政党和人民大众。总之，现代法治理念所预设的形式平等之个人想象已经瓦解，政法体制下的程序法则更为关注社会底层，关注那些难以在专业化的程序中发声的底层群众，关注法治的实质正义。在市场经济条件下，资本的力量日益强大，“如果共产党不能在实质层面上兑现这种承诺，而只是强调形式法治，片面地用形式法治界定党（以及国家）与人民之间的权责边界，那么就可能引发人民对党的认同和信任危机，或者会使得法治成为官僚体系抑或资本权力的单纯的管控工具”①。

当然，政法体制所贯彻的区分化原则也不以固化这种区分为目标，我国宪法法律和司法实践中的差别化对待贯彻着社会主义的基本原则，也就必然带有一种目标性指向，在当代中国毫无疑问便是“以人民为中心”的立场。从司法政策的角度来说，在专业化的审判之外维持调解等多元化纠纷解决方式的繁荣，司法政策在判决与调解的钟摆中保证了纠纷解决这一“法治刚需”能够为人们方便地获得，进而维持司法过程的多维合法性构建。② 在具体的司法过程中，坚持在法律效果之外追求政治效果与社会效果，避免单纯追求法律效果的形式平等背后的实质不平等，审判委员会使得政治性的实质考虑进入审判之中，使得无法委托优秀律师参与诉讼的弱势群体获得了“不在场的在场”。③ 无论是宏观的司法政策还是微观的司法过程，最终都要实现司法以人民为中心，以避免美国式的律师之治下的败坏——律师职业“商业化”所导致的制度性腐败，避免只服务企业家而不服务主人翁/打工人的蜕化，④ 也实现了社会主义追求实质平等的基本设定，“中国始终秉持社会主义的基本价值观，在市场经济的条件下依然不遗余力地捍卫‘经济平等’和‘经济民主’这个价值，从而不断缩小阶层

① 刘磊：《中国法治四十年——社会主义与法治的变奏》，《文化纵横》2018 年第 3 期。

② 邵六益：《悖论与必然：法院调解的回归（2003—2012）》，《华东政法大学学报》2013 年第 5 期。

③ 邵六益：《审委会与合议庭：司法判决中的隐匿对话》，《中外法学》2019 年第 3 期。

④ ［美］玛丽·安·格伦顿：《法律人统治下的国度：法律职业危机如何改变美国社会》，沈国琴、胡鸿雁译，中国政法大学出版社 2010 年版，第 69—78 页。

之间、城乡之间、地区之间和民族之间的经济差距"[1]。换句话说，社会主义的基本价值，能够统合阶层之间、城乡之间、地区之间、民族之间的经济差异，进而为政治上的同质性奠定社会经济基础，完成宪制上的合众为一。

多元与一体关系是国家建构的核心命题，费孝通先生将之作为理解中国统一多民族国家政治认同的核心概念。[2] 在宪制过程中，美国也不断借助民主精神，通过"我们人民"概念的不断扩张，将越来越多的人纳入美国人民的范畴，从而实现美国人民的一体化构建。[3] 也有学者将之直接归纳为美国宪法中的"合众为一"过程，"不但在空间上统合广土众民，而且在时间上弥合代际断裂"[4]。政法体制对人的理解是分阶级的，贯彻着差别化的原则，但并不以固化这种差别为目的，而是希望借助社会主义改造将不同身份的主体转化为具有社会主义同质性的劳动者，从而实现了合众为一的政治塑造。中国共产党对阶级身份的看法从来不是固定僵化的，而是持向前看的、发展的观点，对阶级身份并未采取本质主义、唯出身论的立场，而是灵活多变、实事求是的标准。在新民主主义革命过程中，中国共产党娴熟地使用社会主义作为统合的工具，驯化不同群体彼此相异的诉求，将大家整合到一起，以此实现合众为一的政治塑造。"社会主义"不仅是一种定性，也是一个政治过程——将多元的个体转换为统一的人民。[5]

在这种多元一体的塑造中，最困难的便是要解决不同人的利益诉求上的差异和分歧，此时就需要利用我们所说的社会主义的统合机制，调用无产阶级的理念、价值去消化个人的、性别的、民族的或阶级的诉求，也就是说，在底层动员以完成社会革命的过程中，农民翻身、女性解放、少数

---

① 强世功：《经济发展道路的中美分歧与中国方案》，《中央社会主义学院学报》2019年第6期。

② 费孝通主编：《中华民族多元一体格局》，中央民族大学出版社2018年版，第17—46页。

③ 参见 Bruce Ackerman，*We The People*（*Volume* 3）：*The Civil Rights Revolution*，The Belknap Press of Harvard University Press，2014。

④ 刘晗：《合众为一：美国宪法的深层结构》，中国政法大学出版社2018年版，第10页。

⑤ 邵六益：《社会主义与"中国人民"的政治生成（1949—1954）》，《开放时代》2022年待刊。

民族解放等都要服务于无产阶级大联合的社会主义议题。[①] 中国共产党对落后分子不是采取简单的消灭策略，而是采取转化的方式。比如，对民族资产阶级并不是肉体消灭，而是要将他们培养成社会主义的劳动者，实现阶级身份的转化。这也是新中国的社会主义改造不同于苏联的一大创新。社会主义的区别化待遇其实并不以敌我划分为最终目标，而是希望借助阶级身份转化的技艺，将敌人转变为社会主义的劳动者，以便将他们都纳入社会主义劳动生产，劳动成为判断阶级身份的关键。[②] 对于不直接参与体力劳动的知识分子而言，判断其阶级立场的关键在于其精神气质而非出身，只要能够采取无产阶级的立场，即便是地主家庭出身的人同样可以成为无产阶级，“政治性的无产阶级”比原初身份的无产阶级更为重要。[③] 1951 年，周恩来给北京大学以及京津两地的其他高校师生做知识分子改造的报告，高级知识分子大多数出身于资本家或者地主家庭，但精神气质、言行立场的转变才是识别个人的政治身份的关键，“站在工人阶级的立场上来看待一切问题、处理一切问题”成为判断知识分子的身份地位的关键。[④] 借助劳动的标准，在社会主义的政治塑造中，中国逐渐实现了多元一体的政治构造，打牢了社会主义的社会基础，也为中国政法体制中的区分化逻辑指明了方向。

合众为一的过程今天依旧在进行，我们可以以少数民族的多元一体关系为例进行分析。中华民族作为一个共同体，是在党领导下的革命与社会主义建设中形成的，社会主义是其内在规定性。多民族国家中民族认同与国家认同之间的多元与一体关系，是民族研究中的重要课题。从实践层面来说，民族工作的实际问题要求我们要重新思考国家认同命题，有学者明

① 黄文治：《“娜拉走后怎样”：妇女解放、婚姻自由及阶级革命——以鄂豫皖苏区为中心的历史考察（1922—1932）》，《开放时代》2013 年第 4 期；殷之光：《政治实践中的“中华民族”观念——从立宪到革命中国的三种自治》，《开放时代》2016 年第 2 期。

② 邵六益：《社会主义主人翁的政治塑造（1949—1956）》，《开放时代》2020 年第 5 期。

③ 关于“结构性阶级概念”与“政治性阶级概念”的区分，可参见汪晖：《去政治化的政治：短 20 世纪的终结与 90 年代》，生活 · 读书 · 新知三联书店 2008 年版，第 26—27 页。

④ 中共中央文献研究室编：《建国以来重要文献选编》第 2 册，中央文献出版社 1992 年版，第 441—448 页。

言我国的国家认同危机就出现在民族之间。[①] 实际上，当前民族工作中所遇到的问题是市场经济引发的社会分化在民族关系中的反映，从本质上来说是由发展不平衡导致的。这些问题是由社会主义的发展阶段决定的，解决之道也还在于社会主义。党的十九大报告明确提出要“铸牢中华民族共同体意识”，党的十九届四中全会将“铸牢中华民族共同体意识”作为中国特色社会主义制度、国家治理体系和治理能力现代化的重要环节。这也是习近平总书记在党的民族理论方面作出的重大原创性论断，成为做好新时代民族工作的主线，为塑造各民族的国家认同指明了方向。经济基础决定上层建筑，只有借助社会主义制度本身的优越性，我们才有可能在经济生活中避免市场的自发性，推动少数群体的跨越式发展，做到“全面实现小康，一个都不能少”，铸牢中华民族共同体意识。在“多元一体”的统一多民族国家中，构建国家民族的关键就是要通过社会、经济手段，推进社会主义的实质平等、共同繁荣，打造和睦相处、和衷共济、和谐发展的社会主义民族关系，塑造“中华民族”的政治认同。由此我们可以再次发现，社会主义政法体制的关键性整合手段在于社会主义本身。

三、政法体制中的价值整合

中国的现代法治存在时间的重叠和空间的压缩的特征，现代问题与前现代、后现代议题交错出现，法治过程既要解决送法下乡的问题，又要回应秋菊的困惑，还要防止李雪莲式的尴尬，进而带来多种法治传统的冲突与协调议题，法学界已经有不少研究关注到法治建设中的知识整合命题。[②] 在研究我国由“秋菊打官司”铺开的批判法学的谱系时，强世功教授洞察到古典礼法传统、社会主义政法传统和改革开放以来形成的法治传统之间的综合议题。[③] 在多重法治传统中，更为重要的问题是社会主义与资本主义两种传统的整合议题。以民法典编纂与研究为例，民法学界对自

① 周平：《多民族国家的国家认同问题分析》，《政治学研究》2013 年第 1 期。

② 黄宗智：《中国正义体系的三大传统与当前的民法典编纂》，《开放时代》2017 年第 6 期。

③ 强世功：《批评法律理论的场域——从〈秋菊打官司〉看批判法律理论的转向》，《学术月刊》2019 年第 10 期；强世功：《中国法治道路与法治模式——全球视野与中国经验》，《行政管理改革》2019 年第 8 期。

由主义传统非常熟悉，学者对传统中国的儒家思想与民法典的关系也多有研究。与此形成鲜明对比的是，大家对20世纪的社会主义的革命传统表现出较大的陌生感，祛除苏联社会主义传统的观点从刑法学界至民法学界无不如此。[①] 章永乐教授进一步认为，正是中国曾经拥有的社会主义革命传统和古代儒家文明传统，保证了中国改革开放后法律现代化的成功进行。[②] 因此，知识传统整合的关键在于如何将20世纪的革命传统纳入民法典的讨论，社会主义本身所具有的丰富性和过渡性，为这些不同价值的共存提供了可能，对20世纪革命的政法传统的找回，在当前具有非常直接的现实意义，“中国法治建设的危险就在于西方资本主义法治传统一支独大，若缺乏礼法传统和社会主义政法传统的制约，就会变成一种不受约束的‘资本—官僚—法治’的混合怪兽”[③]。

新中国成立之后，社会主义的基本诉求和远大目标并未完全实现，因此仍然需要坚持革命法制的政法理念，借助区分化不断夯实社会主义的同质性基础。国家的宪法法律和司法过程中都存在这一区分化逻辑，以此回应形式法治和公民逻辑所带来的实质差异问题，借助区分化最终实现政党对人民的实质代表，真正做到以人民为中心。改革开放后很长一段时间里的法治改革是建立在对社会主义的共识之下的，邓小平对“社会主义本质”的探索奠定了20世纪后20年法治改革的基础，但是进入21世纪之后社会贫富分化加剧，共识遭到侵蚀，法治建设中的“左右之争”、实质与形式法治之争都指向对“社会主义”的重新认识。[④] 社会主义在理论上的过渡性和实践中的丰富性，能够为20世纪中国的多种法治传统提供共存的可能。党的领导的全部合法性来自于人民的选择，在革命胜利后人民的选择的唯一理由是社会主义，而不是规划、GDP增长等。冯象认为，不搞社

---

① 邵六益:《法学知识“去苏俄化”的表达与实质——以刑法学为分析重点》,《开放时代》2019年第3期。

② 章永乐:《从秋菊到WTO：反思国际战略选择与国内法律秩序演变的关系》,《武汉大学学报（哲学社会科学版）》2017年第1期。更多的评论参见强世功:《批评法律理论的场域——从〈秋菊打官司〉看批判法律理论的转向》,《学术月刊》2019年第10期。

③ 强世功:《批判法律理论的谱系——以〈秋菊打官司〉引发的法学思考为例》,《中外法学》2019年第2期。

④ 刘磊:《中国法治四十年——社会主义与法治的变奏》,《文化纵横》2018年第3期。

会主义的话无法理解党的一元化领导，也无法证明党对政法战线的领导。[①]

从理论上来说，经济越发达的国家越有可能率先进行无产阶级革命，“如果不就内容而就形式来说，无产阶级反对资产阶级的斗争首先是一国范围内的斗争”[②]。英国、法国、德国是《共产党宣言》重点分析的国家。但在现实中的无产阶级革命不仅需要考虑理论上的经济基础的决定性，还要考虑到力量对比中的时势，任何国际秩序都有维持其存在的动力和能力，因而秩序网络上的薄弱地带更有可能爆发革命，产生颠覆性的新秩序，俄国就是资本主义国际秩序的薄弱点。[③] 历史与理论之间的张力导致了全新的政法伦理，诞生了新的理论。从资本主义社会到共产主义社会，需要经历长期的“无产阶级的革命专政”的过渡阶段。俄国的新经济政策就是一种探索，落后的俄国无法直接从小生产向社会主义直接过渡，而是要利用国家资本主义作为中间环节以提高生产力。中国的社会主义建设中面临类似议题，宏观上如计划与市场的关系，微观上如劳动者的地位问题，这些都对政法体制产生了直接的影响。

邓小平在改革开放之初就指出，区分社会主义与资本主义的关键不在于是否有市场经济，社会主义也可以搞市场经济。1992 年党的十二大正式提出了要建立社会主义市场经济体制，1993 年宪法修改时加入社会主义市场经济的条款，“社会主义市场经济”的新提法包含了传统上不能兼容的“社会主义”和“市场经济”两种因素，也完成了中国宪法法律体系中两大传统的融合。正是社会主义市场经济这种融合了社会主义与市场经济的组合，为我们解决法治建设中的不少难题提供了可能。比如，2006 年北京大学巩献田教授质疑《物权法（草案）》时，提出公有财产与私有财产地位的差异问题。2019 年制定《民法典》时并未直接回答这一难题，而是在第 206 条中以直接援引《宪法》关于社会主义市场经济条款——宪法第 6 条、第 11 条关于社会主义经济制度和分配制度的规定的方式予以回应，绕过《宪法》第 12 条中“社会主义的公共财产神圣不可侵犯”与第 14 条中

---

① 冯象：《我是阿尔法：论法和人工智能》，中国政法大学出版社 2018 年版，第 135—138 页。

② 《马克思恩格斯选集》第 1 卷，人民出版社 2012 年版，第 412 页。

③ 汪晖：《世纪的诞生：中国革命与政治的逻辑》，生活 · 读书 · 新知三联书店 2020 年版，第 30—35 页。

“公民的合法的私有财产不受侵犯”在表述上的差异，回避了敏感问题，以便实现知识整合，其中的关键在于释放社会主义经济制度背后的丰富解释力和弹性。

再如，对劳动者的双重身份问题——主人翁还是“打工人”的回答也需要回到社会主义具体实践之中。工人阶级和广大劳动群众毫无疑问是社会主义的主人翁、建设者和接班人，因为劳动创造财富，这不仅是马克思主义政治经济学的基础，也是我国的政治理论和宪法法律确定下来的。既然如此，应该怎样去理解当前中国政治法律实践中屡见不鲜的“996”等现象？对此的回答也需要具体地理解社会主义的含义：第一，从理论上来说，社会主义本身就是一个长期存在的过渡阶段，而社会主义实践更具有复杂性，不可能简单地根据某些教条的观点去理解或批判某种现象。第二，从中国的现实来说，对于劳动者主体部分的绝大多数人来说，他们最关心的还是如何有一份收入不错的工作，而不是抽象的权利保障，这是一个阶段性问题。因此在官方的很多文件中，就一定会出现不同价值之间的整合议题。比如，习近平总书记 2020 年 11 月 24 日在全国劳动模范和先进工作者表彰大会上强调，要维护好工人阶级和广大劳动群众的合法权益，健全劳动法律法规体系。当然，这种维权服务机制必然是党主导的，党主导的关键意义在于以无产阶级整体观念去统合个人的或工人团体的利益，就如同在新中国成立之后所采取的措施一样，国家并未将纯粹的无产阶级化作为方向，而是借助社会主义的政治塑造，将单个工人的诉求、工人群体的集体主张纳入国家大局，进而短暂接受民族资本家的剥削或者服从于更为严格的劳动纪律，都不会影响工人阶级主人翁地位的实现，反而成为社会主义主人翁承担光荣使命的体现。①

党的十九大报告指出：“我国仍处于并将长期处于社会主义初级阶段的国情没有变，我国是世界最大发展中国家的国际地位没有变。”② 社会主义初级阶段的判断，决定了各种知识传统的整合在所难免，而关键之处依旧在于社会主义的强大的解释能力和塑造过程。西方法治是一种形式法治

① 邵六益：《社会主义主人翁的政治塑造（1949—1956）》，《开放时代》2020 年第 5 期。

② 《习近平谈治国理政》第 3 卷，外文出版社 2020 年版，第 10 页。

逻辑，在理想的人人平等的基础上建立国家和法律的基础，在具体的法治运作过程中，法律给公民提供一个平等的舞台，执行法律的政府部门和法官也被要求消极、中立、客观，在不同的当事人之间不偏不倚。这些要求本质上只是一种法律的理想。中国传统法律将乡情、社会关系都考虑进来，比如法律在对某些事件进行评价时，从来都不会一视同仁地看待双方当事人，而是会根据双方的身份、关系的亲密来调整思路。[①] 在新中国成立后的社会主义法律传统中，实质平等具有重要的指向性作用，所以法律不仅要贯彻男女平等，还要在《婚姻法》等家事法中更加注重对弱者的保护。比如，对老人、妇女、小孩的优待，明确规定在我们的《婚姻法》之中，2019 年颁布的《民法典》努力在社会主义传统与个人主义的价值理念之间寻求平衡。[②] 西方经验理解下的法治恰恰无法安顿弱者，而中国的政法体制恰恰提供了一种追求实质平等的可能。

政法体制对法治的影响体现在法治过程的各个环节，司法与行政同样都是在执行党的意志。尽管不同时期的“好法官”意象不同，但是在司法机关参与社会治理实践时，法院、检察院共同服务于党和国家的大局，践行为以人民为中心改革的初心，法官和检察官也同样需要去清理街头的小广告、帮农民工讨薪甚至要“驻村扶贫”，“马锡五审判”“宋鱼水经验”“枫桥经验”在中国长盛不衰。而且，法官在处理当事人的纠纷时也是后果主义的，不能仅仅以法律规定为由拒绝审判，反而需要采取积极能动的立场，调动各种资源实现“案结事了”，这种超越法律形式主义的思路也源于司法之中人民的非同质性与多元性，而这种多元化的法律诉求最终需要依赖党实现实质代表。在西方的现代法治理念中，政治与行政是截然分开的，政治代表的是意志的形成过程，主要是由代议机关来主导的；行政则是政府去实施执行意志的，主要由政府来主导。而在政法体制下，政法与行政的上述二分法并不适用，最重要的意志形成机制不是作为立法机关的全国人大，而是中国共产党。作为长期执政的政党，党的路线方针政策一定会成为国家法律，而包括全国人大在内的国家机关都是在执行党的决

① 参见瞿同祖：《中国法律与中国社会》，中华书局 2003 年版。

② 邵六益：《中国民法典的社会主义性质研究》，《毛泽东邓小平理论研究》2020 年第 12 期。

议，这是中国的政治与行政分权模式。政法工作与其他的国家活动一样，都要在政党的领导下进行，而党的领导则致力于实现对人民的实质代表，借以沟通法律与民意的机制，回应当前日益严重的社会分化和资本的无序扩张，保持政法体制的社会主义性质，这也是回应新时代社会主要矛盾变化的必然选择。

对很多问题的思考需要放在中国共产党成立100多年、新中国成立70多年的历史中去理解，越来越多的研究将这段伟大的历史分为3个“30年”，分别代表了毛泽东时代、邓小平时代和新时代，“如果说毛泽东时代是共和国的第一个周期，邓小平时代是共和国的第二个周期，那么十八大以来的中国，是否正在步向一个新的周期?”[①] 我国进入社会主义新时代是党的十九大作出的重要判断。新中国成立后，社会主义建设经历了不同的发展阶段，已经从“两个30年”进入到第三个“30年”。党的十八大作出了“前后两个30年不能相互否定”的政治论断，试图将毛泽东时期与邓小平时期融贯起来考虑。[②] 党的十九大则开启了第三个政治周期。[③] 在新中国成立后的前30年间，国家建设的重心放在了上层建筑上，试图通过政治运动最大限度地发挥人们的主观能动性，这一改革被证明是行不通的。党的十一届三中全会后，我国坚持“发展是硬道理”的战略思想，坚持以经济建设为中心，在意识形态领域采取“不争论”。改革开放30多年，少数人的确先富起来了，但是并没有成功地带动后富，反而积累了一定的社会矛盾。党的十九大对中国社会主要矛盾的重述，便是致力于解决这一问题。社会的主要矛盾不在于物质上的紧缺，也不在于生产力总体水平低下，而是发展不平衡不充分——“人民日益增长的美好生活需要和不平衡不充分的发展之间的矛盾”。未来的发展方向便是重塑平衡，实现城市与农村、中部与西部、商业工业与农业的平衡发展，这是社会主义的根本要求。也正是在这一判断下，共同富裕成为新时代最重要的课题之一。[④]

① 陶庆梅、柯贵福：《探索中国发展的新周期》，《文化纵横》2016年第4期。

② 甘阳：《中国道路：三十年与六十年》，《读书》2007年第6期。

③ 陶庆梅、柯贵福：《探索中国发展的新周期》，《文化纵横》2016年第4期。

④ 邵六益：《社会主义共同富裕的政法逻辑》，《法律科学》2022年第5期。

四、本书的研究内容

政法问题既不是法理学研究者的专利，也不应该囿于某种保留领域。政法是理解中国特色社会主义法治模式的基本框架，本书希望将政法视角作为思考中国法治的一个普遍性的学术范式，尽力将相关的讨论扩展到多个层面。政法传统是法学界最为常用的词语之一，但政法传统似乎更为指向某种知识传统、学术话语。其实，话语背后重要的是制度逻辑，正是制度赋予了话语以生命力。本书在上篇关注政法传统的历史生成及其制度构成问题：政法体制。

政法体制是党与国家制度在法治领域的体现，本身内置于中国20世纪的时代使命，在发动群众、实现社会革命的过程中形成了党领导政法、司法为民等基本框架，这两条也是讨论中国政法体制最为重要的因素。第一章从近代中国的现代化历程中去理解政法体制的形成，这种回溯性研究不同于大多数基于文本、档案的静态研究——更多是描述性的而非规范性的。本书的分析试图说明为什么形成了政法体制，而不仅仅描述政法体制是什么样的。随着时代的发展，这两项要求也会发生改变，因此需要我们更新对这两个要素的理解和看法。改革开放后，形式主义法治理念在中国盛行，党的领导也被要求接受法治的限定，由此带来我们所说的从政法到法政的转型，但形式主义法治无法回应所有的问题，法治过程中的整合需要有党的存在，政法体制中的党的领导既是为了实现一体多元的整合，也是当前政法改革的抓手。第二章专门以人大立法为例，讨论了党领导立法在何种意义上能够有助于解决其中的两大新议题，由此对法治中政党的功能和角色进行了分析，从而回答了党为何要领导政法的问题：党的领导是为了回应法治过程中分化的人民的需要。第三章专门就人民的分化与实质代表问题进行研究。“以人民为中心”是我国司法理论与实践中的基本价值理念，但是人民本身不是一个抽象的概念，而是具体的活生生的人。在20世纪90年代以来的司法理论中，人民被学术裁剪为同质化的主体：实体法上的自然人、程序法上的当事人，司法的很多假设就是建立在当事人的想象之上的。然而，现实中的人民并非如司法制度想象的那样抽象，而是具体的、分化的人民群众，大家的诉求在司法过程中也是分化的，形式平等背后可能带来实质上的不平等，因此需要借助政法体制实现对人民的实质代表，其中党对政法工作的领导起到了价值整合的作用，避免了程序主义带来的现实分化。

政法逻辑要求超越抽象地谈论法治，将法律与人民群众的具体诉求结合起来，借助党的工作机制予以整合。比如，有研究将基层执法中的政法逻辑概括为“条条推进执法、块块协同治理、政治伦理嵌入”——多元化的诉求借助党的领导植入了法律框架下的条块治理。[①] 本书所说的政法逻辑研究进路也包含了上述两重关系，但对政法体制内在逻辑的解读不限于基层执法的领域，以超越法律条文内部的推理为基本立场，一方面从党治国理政的政制实践去理解党法关系，另一方面则要关注党政关系变迁所回应的人民群众的诉求。

本书所关注的政法议题还有研究范式上的含义。当下的法学研究范式基本上分为法教义学、社科法学与政法法学三种。法教义学以其严密的逻辑和技巧长于法律概念的分析，社科法学借助社会科学方法力图更好地揭示“活法”。相对而言，法教义学、社科法学的研究方法是比较清晰的，而政法法学的研究风格迥异，不同学者在研究旨趣、理论资源、表述风格上都有较大的差异。本书在中篇中对研究方法的探讨，也带有个人特色，但笔者认为除教科书式的写作外，说理和范例应该具体而非抽象，正是在一些具体的、私人的且研究者最能娴熟驾驭的研究中，能够更好地体现这类研究的特色。本书认为，法教义学的宽泛目的论解释使得其边界模糊，[②] 而社科法学则难免有忘却核心议题而流于方法论之争的嫌疑。[③] 政法法学重提意识形态的研究方法，将党和国家关系作为研究中心，试图在研究中重新找回和安顿“政党”，以此呼应当下公法研究中的核心命题，这构成了政法逻辑的关键标志，[④] 也是弥补法教义学与社科法学之不足的重要理论资源。政法法学是一种学术范式和流派。目前，这一研究范式更多

---

① 陈柏峰:《党政体制如何塑造基层执法》,《法学研究》2017 年第 4 期。

② 苏力:《中国法学研究格局的流变》,《法商研究》2014 年第 5 期。

③ 强世功:《批判法律理论的谱系——以〈秋菊打官司〉引发的法学思考为例》,《中外法学》2019 年第 2 期。

④ 关于政法体制的思想、理论资源及制度、实践变迁，可参见邵六益:《政法与法政：司法话语的变迁（1998—2008）》，博士学位论文，北京大学，2016 年。

的是经典的个案研究，缺乏一些体系性的研究。本书在中篇第四章、第五章分别对社科法学研究、法教义学研究进行了知识反思，回答了为什么要在这两种最热门的学术研究进路之外，更为重视政法法学研究的问题，同时提供了一个研究范例，即如何借助政法的视角去理解法官裁判问题。

在我国的法教义学研究中，比较强盛的有宪法教义学、民法教义学、刑法教义学等学科。其中，刑法教义学的兴起恰好与刑法的“去苏俄化”、知识转型命题联系在一起，在过去十年引发了很多的讨论，成为刑法学最重要的知识推动力。当前的几所知名院校的刑法学者都以刑法教义学作为自身最显著的标签。笔者在中篇中以刑法教义学的发展为例进行研究，分析教义学形式推理自身可能存在的问题。主张刑法教义学的学者认为，传统刑法学太过于关注政治影响，尤其是社会危害性理论使得政治与法律难以区分，刑法学专业化的发展需要建立在政治的归政治、法律的归法律的前提下，由此提出刑法学的“去苏俄化”命题，在研究方法上则以刑法教义学来加深刑法思维的“专业槽”。笔者通过对罪刑法定、犯罪论体系、刑法教义学等问题的研究发现，去政治化只是刑法“去苏俄化”的表象，内核在于接受以自由主义为底色的德日刑法学基本理论，而这一自由主义化本身也蕴含一定的风险，本书进而主张不应该简单地“去苏俄化”而自由主义化，而更应该关注法治传统的“通三统”命题。

与法教义学相比，社科法学借助于社会科学的“深描”，从法律条文进入“生活中的法”的领域，借助对抽象法条的具体化或实证研究，有助于发现丰富的法律生活。然而本书在研究中发现，社科法学的基本方法蕴含着比较明显的“政治无涉”的想象，在社科法学逐渐从一种法理学思潮转变为法学基本方法的过程中，法律人类学、法律社会学的学术穿透力逐渐减弱，而法律经济学自身带有比较严重的局限性——建立在自由主义、个人财富的基础之上的最大化逻辑。本书认为，社科法学应该超越中性的描述，回到法律的政治语境，以此实现社科法学的更新换代、知识升级。不仅如此，本书在中篇还以司法审判过程中的审判委员会与合议庭关系为例，揭示了司法之中“政”“法”互动，试图为政法法学研究提供一个可能的范例。通常对法院如何裁判的研究由法教义学和社科法学垄断。比如，一些研究者借助西方法理学的资源去谈论案件的裁判逻辑，并试图在语义和逻辑的空间中讨论法官如何裁判，这种研究对中国现实的影响力很低。也有一些研究者借助实证调研去关注法官裁判时真实的依据和判案的逻辑。本书第六章在社科法学研究的基础上更进一步，试图提炼出一种新的理论框架来分析中国最具特色的司法审判制度——审判委员会问题。

司法制度是几乎所有法学研究者都可以涉足的领域，而“法官如何思考”是其中的知识界碑，不同流派都可以对此给出相应的解释。法教义学从法律语言的明晰性、法律推理的内在视角出发，试图将疑难案件限定在法解释学的框架，而这显然无法回答法律简单但棘手的案件问题。社科法学引入更多因素重塑了“难办案件”的面貌，在司法裁判中借助社会科学判断呈现案件真实，但是这种描述性辩护稍显薄弱，无法应对法官法外裁判的质疑。笔者发现，无论是法教义学还是社科法学的分析，都有一个基本的限定，那就是将分析对象束缚在判决书中。但现实情况是中国法官的判决理由很多不体现在判决书之中，“能做不能说”是一个常见现象，法官和法院的真实做法总结在审判委员会的记录之中。笔者借助大量的审判委员会记录，超越了判决书中心主义的司法研究范式，试图呈现出法官判决的真实样态——审判委员会与合议庭之间存在一种隐秘的互动机制，这更接近于社科法学的描述。不仅如此，第六章的研究中还进一步对审判委员会与合议庭的这种“隐匿对话”机制的正当性进行了分析，从而在深描的基础上提升政治正当性。这一部分的研究带有一定的政治哲学的痕迹，“隐匿对话”概念本身来源于对施特劳斯的一个不算太有创新的模仿和致敬，但是引入司法裁判研究，能够代表一个很高的智识水平。

下篇试图拓展政法研究的领域，探讨如何以政法法学进路去关注具体的法律问题，从通常熟悉的司法领域、乡村领域进入部门法研究。比如，行政诉讼的转型、民法典制定与精神品质等。这样的开疆拓土肯定不是完备的，也不是在划定政法研究的范围，毋宁说是在示范如何开放政法法学的空间，以改变大家通常的一个误解：政法研究就是一些高大上的、涉及政治和国家的研究。本书要表明的是，政法法学作为一种研究思路能够对我们分析具体问题提供新的视角。

对行政诉讼的研究大部分侧重于法律内部逻辑，从教义学方面入手可以关注如何通过修改法律实现受案范围的扩展，也有一些研究从社科法学的角度关注实践中的行政诉讼，如行政诉讼原告的胜诉率、被告出庭率等。本书第七章认为，在理解行政诉讼的时候，需要将其纳入政治语境。教义学关注的扩大受案范围，实际上希望借助“民告官”实现对公权力的限定。社科法学关注的原告胜诉率同样也是从权利—权力二元关系的角度切入的。一旦我们真正回到行政诉讼的政法语境就会发现，“公私对峙”逻辑仅仅是对行政诉讼的一种理解，这带有比较明显的理论想象的成分。中国的行政诉讼在诞生之时，“民告官”并不是重要的诉讼类型，而是作为助力经济改革中权力重组的一种方式，侵犯企业经营自主权案件才是行政诉讼的重心：通过引入司法权力，对地方经济活动中政府干预经济行为予以调整，司法权是政府转变经济管理模式、央地关系转变的助推器。当企业的自主经营权基本确立之后，类似案件才逐渐减少。21 世纪之后，公民个人才成为行政诉讼中的重要原告类别，也只是在这个阶段，法教义学、社科法学所关注的行政诉讼的议题才成为重要的学术命题。虽然说公民、法人、其他组织都是行政诉讼中的“民”，但从现实层面上我们更能看到行政诉讼的真实面貌，同时也会发现公民权保护并非一开始就那么重要，这是我们理解改革开放以来法治话语变迁的一个很好的例子，有助于摆脱西方自由主义叙事的束缚。

对民法典的关注更具有直接的现实意义。民法典研究是近几年的最大热点之一，但大部分的研究未能洞悉民法典编纂的政法环境。本书第八章指出，前几次民法典编纂的失利并不仅仅是计划经济的缘故，更是因为当时的政法体制与民法逻辑之间的张力。民法理论中带有比较强的 19 世纪的想象，而中国政法体制带有明显的 20 世纪特色，两者之间的张力是明显的：新中国成立之初的国民并非民法想象的同质化的公民，而是带有阶级身份区分的，这种以政治身份为标准所进行的区分在经济生活中影响深远，与经典民法的想象之间方枘圆凿，正是政法理论上的差异决定了民法典的编纂将会带来的巨大影响。此次民法典编纂成功在很大程度上也是因为能够将民法经典理论与现实予以整合，而这需要借助社会主义的价值机制。社会主义既是一种历史阶段，也是价值整合的技术手段，借助宪法中社会主义市场经济等规定，进而将社会主义与民法逻辑黏合起来。不仅如此，中国民法典的精神品质也在于社会主义，而不仅仅是似是而非的 21 世纪精神或人权保障，社会主义本身就是20世纪中国的一种必然选择，这在法律中体现为政法体制，在民法典中体现为超越个人主义的19世纪民法理论，正视人民的分化和阶级利益，实现多重理论之间的平衡，尽力维持民法典的人民性。第九章将以民法典的公法基础、人格权争议、《民法典》婚姻家庭编的讨论为例，从政法的视角去解释，为什么说中国民法典首先是一部社会主义的法典。

自从苏力教授在20年前将法学研究划分为法教义学、社科法学、政法法学的三分法后,[①] 法教义学在学术上走向精致化，占据法学研究的正统地位。社科法学也有步骤地进入诸多问题的讨论之中，借助其多样化的分析视角、鲜活的材料和令人耳目一新的灵动的文风，逐渐成为了法学界的新宠，能够在诸多的学术争论中获得自己的定位。与此形成鲜明对比的是，政法法学虽有“浴火重生”之势,[②] 但政法研究中还没有出现一部代表作，一部厘定政法法学的核心理论、核心命题，展现政法法学基本研究方法的著作。也正是因为政法法学的这一研究现状，政法研究依旧局限在少数重大或敏感选题上，这只能是成熟学者的领地，一般研究者无法很好地对这些问题进行学术化的讨论，由此极大地限制了政法法学的发展。这不能不说是一个遗憾。本书所做的探索，希望让政法研究从一个敏感议题还原成为一个学术问题。既然大家都说法律与政治紧密相关，那么在研究中人为地重复学术中立只能导致虚伪或失真，基本上所有好的研究，都带有一定的价值立场在其中。当然笔者也不赞同在研究中简单地重复相关政治判断，这些研究大大降低了政法研究在学术界的声誉——其实苏力教授所说的政法法学的衰落主要就是指这类研究。对于对政法问题感兴趣的研究者来说，不如以学术的方式来丰富这些判断，做出一个个具体的有贡献的研究，吸引越来越多的人加入这个研究团体。希望本书能够在一定程度上实现这样的目标。

---

① 苏力:《也许正在发生——中国当代法学发展的一个概览》,《比较法研究》2001年第3期。

② 苏力:《中国法学研究格局的流变》,《法商研究》2014年第5期。

上　篇

作为理论框架的政法体制

第一章

政法体制的历史生成

中国特色社会主义政法体制植根于20世纪中国的根本议题。“自生自发”的社会转型模式适用于西方“文明世界”的范畴内，落后国家只能通过革命的方式争得民族解放，实现国内政治秩序的重建。为了塑造强大的集权性政治力量以整合国家资源、维持国家的统一，近代中国的现代转型需要借助列宁式政党重塑和凝聚力量。国民党在1924年改组时选择了列宁式政党的组织模式，但是这种学习得形忘意。不同于国民党政治革命模式，共产党借助社会革命重构了中国革命的动力，通过打造先锋队并塑造无产阶级取得革命成功，对群众进行政治动员的需要促生了司法为民的基本要求。党际竞争不仅是组织形态的竞争，“力”的较量背后是政治正当性的“道义”竞争：共产党的阶级革命理论可以完成对农村的改造，发动农民，调动更多的资源完成革命和国家转型的任务，这种有利于最大限度平等的阶级革命才是共产党取胜的根本原因，在此过程中也塑造了新的革命主体，实现了政党与人民群众的互相塑造。从革命时期就开始形成的党管政法、司法为民等，构成了政法体制的基本内容。其中，党管政法提供了社会革命的领导者和方向，而大众司法则有助于培养社会主义新人，这一框架在今天依旧具有解释力。习近平法治思想将“坚持党对全面依法治国的领导”和“坚持以人民为中心”作为最重要的内容，接续了政法体制中党管政法、司法为民的两项要求，也代表了政法体制在新时代的最新发展。

“政法”不仅意味着政治与法律的关系，也表明某种政党—国家形式，对政法体制的理解不能仅仅局限在司法领域，政法体制在一定程度上乃是20世纪中国应对时代问题的必然选择。本章将从20世纪中国革命与国家建设的背景出发，为政法体制的形成提供一种融会贯通的解释进路——不是将政法实践作为推理的当然前提去寻找材料支撑，而是将其置于中国现代化与国家转型，为政法体制的内在结构提供一种理论的解读。其实，无论是近代西方所形成的自由主义式的现代化道路，还是中国的政法体制，都是现代化理论的组成部分。近代以来的国家学说建立在启蒙哲学的基础上，人民主权、社会契约赋予了国家由下而上的正当性，美国革命、法国革命使得这种理论变成了现实进而成为模式，此后政治哲学的根本性创新几乎终结，现代化进程简单表现为“自生自发”的社会转型，学术思考的核心转移到社会学研究上来。[①] 马克思主义和自由主义同样致力于将政治的正当性从神转移到人的事业，马克思主义对人的解放更为彻底，阶级范式打破了启蒙思想家原初状态下原子化个人的假象，使得社会契约摆脱了抽象主体的束缚，从属于特定阶级的具体人成为构建现代政治的更为坚实的基础。[②]

中国从19世纪开始探索走向现代化的道路，但是模仿西方的自由资本主义的方式未获得成功：一方面中国无法突破帝国主义的封锁，另一方面则无法实现国内的革命胜利，此时只能转向马克思主义的国家理论，实行

① 参见［法］雷蒙·阿隆：《社会学主要思潮》，葛智强、胡秉诚、王沪宁译，上海译文出版社2005年版。

② 甘阳先生认为，马基雅维利、霍布斯、洛克被当作现代性的“第一波浪潮”，而马克思、卢梭、康德、黑格尔同属于“第二波浪潮”，马克思主义是比启蒙哲学社会契约理论更为激进的学说浪潮。参见甘阳：《政治哲人施特劳斯：古典保守主义政治哲学的复兴》，载［美］列奥·施特劳斯：《自然权利与历史》，彭刚译，生活·读书·新知三联书店2003年版，第17页。

列宁主义的政党模式。然而，自由主义版本的社会进化模式只适用于欧美强国，对于受到外国压迫的中国而言，社会转型必须要以国家转型作为前提，救亡始终是高于启蒙的命题。在救亡图存以求现代化的过程中，现代化的伦理追求由政党承担，无论是国民党还是共产党，都试图以“社会化”的方式将自身的政党伦理推广到全体人民。但只有通过社会革命发动广大人民群众才有可能推翻“三座大山”，这也是共产党打败国民党、完成晚清以来大变局的关键所在。[①] 不同于国民党“党化司法”中政党与法律的两个要素，政法体制突出了对人民的动员及教育，构成了社会主义法治的独特品质。

20 世纪中国的特殊境遇决定了国家转型的路径，政法体制既可以说是关于法治建设的一种总结，也可以说是整个国家体制的一种选择。[②] 政法体制内在于中国现代化的特殊语境之中，党领导司法、党代表人民、司法为民构成了政法体制的基本内容。新中国成立后，政法工作在服务大局中形成革命与法制的辩证法。在现代法治过程中，为了保证广大群众在法治过程中不被忽视，党需要借助司法为民等政策，弥合法律的形式规则与分层化社会的间隙，由此形成了司法过程在专业化与大众化之间摇摆的印象。党领导司法、司法为民形成了政法体制中的三个要素：政党—法律—人民。习近平法治思想将“坚持党对全面依法治国的领导”“坚持以人民为中心”作为两项最基本的要求，这也在某种意义上表明了政法体制的生命力和创新性品质。

第一节 现代转型中的党和国家制度

近代政治哲学所许诺的社会契约建国，只适用于文明国家的范畴，无论是涂尔干发现的从机械团结到有机团结的转变，还是韦伯概括的从卡理斯玛型到传统型再到法理型的统治，都有一个欧洲中心主义的预设。[③]“法

① 刘小枫：《现代性社会理论绪论》，华东师范大学出版社 2018 年版，第 170—171 页。

② 参见汪晖：《世纪的诞生：中国革命与政治的逻辑》，生活 · 读书 · 新知三联书店 2020 年版。

③ 参见赖骏楠：《国际法与晚清中国：文本、事件与政治》，上海人民出版社 2015 年版。

的精神”这种看似中性的词汇，最终发展为具有欧洲地方特性的“资本主义精神”。“唯独西方才有”“除了西方之外”“只有在西方”“没有任何时代、任何国家，有如近代西方那样”等词汇充斥在韦伯的论述中，作为“欧洲文化之子”，他关心的是近代欧洲的独特性，或者更准确地说德国的独特性。① 对于大部分国家而言，无法跨入“文明”门槛开启“自生自发”的社会转型，近代的西方国际法也创造出文明国家、半开化国家、野蛮国家的的三分法，“文明”成为19世纪欧洲国际法的重要概念。在这个意义上，自由主义知识人眼中的西欧工业化、政治民主化、法治现代化不可能是普适的，将这种现代化理论推广为现代社会的正当秩序的模板，恰恰“可能忽略地缘政治结构中的不平等条件”②。总之，西方“自生自发”的现代化道路是国际关系中强者的特权，对于落后国家——如俄国、中国而言，问题的关键不在于解释世界、固化这种“文明—野蛮”秩序，而是改造世界，为其国家转型提供契机，列宁式政党成为必选项，而党管政法便是一种自然而然的结果。

一、边缘国家的现代转型

人类政治生活的最核心议题是国家问题——确定哪些人组成共同体，并在内部安排由谁来执掌共同体的公权力。这两个命题分别被概括为“社会契约”和“政治契约”。③ 近代以来的启蒙思想家重塑了政治哲学命题，个人成为正当性唯一的源泉，人民主权与社会契约是形成权力的关键。每个人都从造物主那里获得了天赋的权利，为了保护生命或财产，人们才决定以社会契约的方式组成国家，而政府的目的就是保护这些权利。④ 18世纪末的美国革命和法国革命使得近代国家理论从学说成为现实：美国实践

① 参见［德］马克斯·韦伯：《新教伦理与资本主义精神》，康乐、简惠美译，广西师范大学出版社2007年版。

② 刘小枫：《现代性社会理论绪论》，华东师范大学出版社2018年版，第32—33页。

③ 李猛：《自然社会：自然法与现代世界的形成》，生活·读书·新知三联书店2015年版，第431页。

④ 参见［英］洛克：《政府论（下篇）》，叶启芳、瞿菊农译，商务印书馆1964年版；［法］卢梭：《社会契约论》，何兆武译，商务印书馆2003年版。

了洛克的理论，而法国则验证了卢梭的人民主权学说。[①] 无论法国大革命最终境遇如何，拿破仑引以为傲的“拿破仑民法典”已经重塑了西方关于正当性的社会基础。[②] 从此，正当的国家都需要遵循相关的要求，《人权宣言》乐观、自信地宣称，“凡权利无保障和分权未确立的国家，就没有宪法”。权利保护与权力分立成功地从一种地方性知识变成一种普适性真理，塑造了后世自由民主法治国的基本框架，[③] 进而成为 19 世纪的普遍原则。

当资产阶级革命胜利、近代政治哲学所追求的人民主权和社会契约等诉求被现实政治确立下来之后，近代自然法的使命就完成了，其所包含的激进性就被主权国家所驯服。[④] 19 世纪兴起的则正是以分析实证主义法学、哲理法学和历史法学为代表的三大法学流派，自然法被重构为民族国家的法律。现代化学术努力从政治理论转到社会学上来，探讨“社会法则”成为 19 世纪之后欧洲学术的重心，无论是圣西门还是孔德，都试图以不受人的意志所控制的“法则”的概念取代“自然法”，以此对抗法国大革命的理论基础——社会契约论的任意性。[⑤] 核心命题变成了如何看待社会转型而非国家建构，学者所热衷的也是描述这种社会变化，无论是孔德、托克维尔，还是马克思，都关注欧洲王朝革命之后的社会状态，然后分别给出工业社会、民主社会和资本主义社会的结论。[⑥]

西方“自生自发”的现代化建立在人的平等性基础之上，真实世界中的个人恰恰是不平等的。由于每个人在经济、文化等方面的差异，社会契约最终所得到的结果也很难说是公平的，卢梭等人的社会契约论在现实中会因为各种原初性的差别而难以实现，所以国家也就不可能是实现人民主

---

① 关于美国革命与自然权利学说的关系，可参见［美］卡尔·贝克尔：《论〈独立宣言〉——政治思想史研究》，彭刚译，商务印书馆 2017 年版。

② 邵六益：《民法典编纂的政法叙事》，《地方立法研究》2020 年第 5 期。

③ ［德］卡尔·施米特：《宪法学说（修订译本）》，刘锋译，上海人民出版社 2016 年版，第 179—181 页。

④ 参见［意］登特列夫：《自然法：法律哲学导论》，李日章、梁捷、王利译，新星出版社 2008 年版。

⑤ 参见陈涛：《法则与任意——从社会契约论到实证主义社会学》，载强世功主编：《政治与法律评论》第 4 辑，法律出版社 2014 年版。

⑥ ［法］雷蒙·阿隆：《社会学主要思潮》，葛智强、胡秉诚、王沪宁译，上海译文出版社 2005 年版，第 249 页。

权的结果正义，而是“镇压被压迫被剥削阶级的机器”，法律也不过是阶级统治的工具而已，“你们的法只不过是被奉为法律的你们这个阶级的意志”。尽管任何的国家形式都是阶级统治的工具，每一次社会进步只不过是以新的阶级压迫取代旧的阶级压迫，但是资本主义阶段出现了一个重大变化，无产阶级与资产阶级的对抗成为人类历史上可以想见的最后的对抗，“最后的斗争”也会最终消灭国家本身。

在资本主义阶段，阶级压迫发生质变，资本的“物”的逻辑取代了“人”的伦理，成为凌驾于一切社会关系之上的支配形态。资产阶级对无产阶级的剥削不是人对人的压迫，而是资本对人的压迫；资本逻辑的扩张带来的劳动异化不仅适用于无产阶级，对资产阶级也同样适用。温情脉脉不仅在无产阶级的生活中消失，在资产阶级的生活中也消失了，资本家经营不善就会沦为无产者，即便是婚姻这种温情的最后庇护所，在资本主义时代也蜕变为扩大交际圈子、提升资本增殖空间的手段。[①] 无产阶级要推翻的不仅是资产阶级的统治，更是资本的支配本身：不仅解放无产阶级，也要解放资产阶级。马克思主义号召以革命手段推翻国家之后，最终所要实现的共产主义恰恰是要消灭这“凌驾于社会之上”的国家机器，实现每个人自由而自在的状态。无产阶级不仅仅是简单地使用自由主义的民主手段来进行统治，而是要消灭民主这种国家机器本身，消灭作为国家残余的民主制度——少数服从多数的民主原则不会消失。

从理论上来说，由于资本的剥削不分国界，无产阶级没有自己的祖国，因此革命也是全球范围的。在《共产党宣言》发表之前，恩格斯曾经以问答的形式讨论过“共产主义原理”，他也认为无产阶级革命不可能单独在某个国家内发生，而是将在一切文明国家同时发生。[②] 待到《共产党宣言》发表时，马克思、恩格斯已经意识到，“如果不就内容而就形式来说，无产阶级反对资产阶级的斗争首先是一国范围内的斗争”[③]。那么，首先在哪个国家实现呢？社会主义需要有一定的经济基础，经济越发达的国家越有可能率先进行无产阶级革命，恩格斯在上述“问答”中也是重点关

① 恩格斯：《家庭、私有制和国家的起源》，人民出版社 1999 年版，第 71—73 页。

② 《马克思恩格斯选集》第 1 卷，人民出版社 2012 年版，第 306 页。

③ 《马克思恩格斯选集》第 1 卷，人民出版社 2012 年版，第 412 页。

注英国、美国、法国、德国四个国家。但在现实中，为什么落后的俄国第一个在全国范围内成功进行了社会主义革命?

现代化不仅是上层建筑领域思想上的变化，更是实实在在的财富增值和社会变迁，任何国家在走向现代化的时候，都需要拥有更多的资源来重塑传统的城市与乡村关系。[①] 而财富的积累需要放在整个国际格局中去理解，当资本主义发展到帝国主义阶段以后，资本在全球范围寻求原料产地和产品市场。无论是洛克菲勒煤油托拉斯，还是通用电气公司，它们的业务是遍布全球的，借助银行这一金融工具，其剥削的触角和吸盘伸到全球每一寸土地，资本“瓜分世界”的野心慢慢变成现实，每个国家的无产阶级受到外国资产阶级的剥削。[②] 又由于资本集中在少数最强大的国家之中，最终落后国家在整体上受到了极少数最强国家的剥削。列宁特别以英国为例进行了说明，它不仅有能力剥削全世界，而且还收买了英国部分的工人阶级，使他们成为分享这种殖民利益的同谋。[③] 因此总体上比较弱小的国家更可能成为这套资本主义全球秩序中的薄弱地带，危机在这些地方更为严重，而革命也最可能在这些地方爆发。

在帝国主义的全球体系下，落后的俄国不可能遵循常规道路实现和平的大国崛起。1917 年，俄国走上社会主义道路意味着国内无产阶级的解放，抛弃了私有财产原则，为社会主义建设提供了可能，同时意味着跳出了帝国主义对其的剥削，使得其有可能寻找到国内发展的道路。这既是历史节点上的战略选择，也给世界秩序带来了新元素，开启了新的纪元。汪晖详细讨论了为什么社会主义首先在帝国主义的薄弱地带发生，并进而概括出时间与空间转换的辩证逻辑。[④] 近代中国的现代转型无疑也受到了国际形势的影响，有研究发现，英、法、美、德、日、俄在中国问题上的

---

① ［美］塞缪尔·P. 亨廷顿：《变化社会中的政治秩序》，王冠华、刘为译，沈宗美校，上海人民出版社 2008 年版，第 55—57 页。

② 列宁：《帝国主义是资本主义的最高阶段》，人民出版社 2014 年版，第 66—69 页。

③ 列宁：《帝国主义是资本主义的最高阶段》，人民出版社 2014 年版，第 104—106 页。

④ 参见汪晖：《世纪的诞生：中国革命与政治的逻辑》，生活·读书·新知三联书店 2020 年版。

“大国协调”是辛亥革命时国内各政治派别“大妥协”的关键性外因。[①] 在列强环伺下，中国只能采取革命的方式避免被瓜分的命运，重新整合国内的革命力量，才有可能追求国家转型与现代化。也正是因为俄国、中国的社会主义革命，在西方主导的漫长的19世纪末期孕育了变革的种子，迎来了社会革命的20世纪。[②] 与俄国不同的是，中国革命同样从国内的薄弱环节入手，开辟了农村包围城市的道路，也正是因为农村的重要性，依靠农民改造基层的中国共产党获得了革命的胜利。

二、民国政党政治的兴起

如果将民国以来的政治议题进行提炼，我们大体上可以将基本任务按阶段分为“破旧”和“立新”两个步骤。不同于以往农民起义或者军事将领政变，民国开启的是一种全新的政治实践。“三民主义”不再以皇帝为中心枢纽，无论是民族主义、民权主义还是民生主义，主要已经从人民这里面来寻求政治的正当性了。[③] 辛亥革命及其奠定的民国政治已经带来了对政治正当性的一次巨变，原本在皇帝保护下的“臣民”变成了主权者的“人民”，辛亥革命完成了推翻帝制的任务，并给人民带来了共和的观念。第二阶段是巩固制度成果，设计一套全新的政治制度来保障共和，完成政治整合。但是，辛亥革命后所设计的制度并不能够很好地捍卫共和，袁世凯、张勋的复辟足以表明“走向共和”的道路是漫长和曲折的。从封建帝制到“共和观念”的深入人心，背后蕴含的是正当性由君主向人民的“天命”流转。[④] 从帝制到民国的转变可以视为古今之变的完成，[⑤] 但这种转变需要有政治制度的保障。

---

① 章永乐：《“大国协调”与“大妥协”：条约网络、银行团与辛亥革命的路径》，《学术月刊》2018年第10期。

② 参见汪晖：《世纪的诞生：中国革命与政治的逻辑》，生活·读书·新知三联书店2020年版。

③ 当然在孙中山看来，单个人的自由固然重要，但是在当时的中国，整体的自由、国家的权利是更值得关注的。在“五四”前后，中国思想界经历了一场从“个人主义向集团主义（或集体主义）的演变大势”。参见王奇生：《革命与反革命：社会文化视野下的民国政治》，社会科学文献出版社2010年版，第39页。

④ 许纪霖：《近代中国政治正当性之历史转型》，《学海》2007年第5期。

⑤ 高全喜：《宪政时刻：论〈清帝逊位诏书〉》，广西师范大学出版社2011年版，第31页。

政治制度的构建需要在作为主权者的人民与行使主权的机构之间建立适当的比例关系，任何的政治架构都需要在同一性原则和代表性原则之间寻求恰当的平衡，两个原则的具体形式和比例决定了各个国家政体形式的不同。① 简单地说，同一性原则指示在人群中将具有同一特质、可以被归属为同一政治共同体的人标识开来，这种区分依赖于“强大的、有意识的同质性，并由于固定的自然疆域或其他任何原因”所划定的“直接给定性”②。同时，“直接给定性”恰恰是需要由国家的同一性来塑造，两者在一定程度上是相互转化的关系。很明显，民国初年，中国还不具备这样的“直接给定性”，国家分裂趋势日重，传统的儒教统一性也难以继续，尤其是废除科举制度后，“国家丧失了维系儒教意识形态和儒家价值体系的正统地位的根本手段”③。既然同一性原则无法诉诸，政治制度的建立只能依赖于代表性原则。④ 代表性原则的基本观点在于，人民的私人性难以消除，无法以同一性的方式直接表达自己，也就难以具备以主人的身份进入政治的直接政治行动能力，人民行使主权必须有代表的存在。⑤ 这些代表是具有人格化的主体，“不存在不实行代表原则的国家”⑥。

其实，无论是在人民主权思想浸润下的民国，还是在此之前的封建时代，都有实现社会流动、代表臣民或者人民的意志的要求，当然两者的逻辑截然不同。封建时代听取民意是为了服务于君主的统治，作为统治对象的臣民不是目的，而民国以降，来自人民的正当性成为了政治的唯一保证。⑦ 科举制度被废除后，传统士绅阶层瓦解，国家与人民之间的传导机

---

① 参见［法］卢梭：《社会契约论》，何兆武译，商务印书馆 2003 年版。

② ［德］卡尔·施米特：《宪法学说（修订译本）》，刘锋译，上海人民出版社 2005 年版，第 219 页。

③ 萧功秦：《从科举制度的废除看近代以来的文化断裂》，《战略与管理》1996 年第 4 期。

④ 代表概念的出现是现代政治理论思考的重大转折，足以解决以人民主权为基础的社会契约理论中出现的（公）权力无法出现的悖论，也是将权力正当化的重要环节。参见李猛：《通过契约建立国家：霍布斯契约国家论的基本结构》，《世界哲学》2013 年第 5 期。

⑤ 刘小枫：《如何认识百年共和的历史含义》，《开放时代》2013 年第 5 期。

⑥ ［德］卡尔·施米特：《宪法学说（修订译本）》，刘锋译，上海人民出版社 2005 年版，第 220 页。

⑦ 有研究表明，晚清改革家已经受到人民主权理论的影响。参见孙晓春：《卢梭的人民主权论与中国近代的民主进程》，《贵州社会科学》2009 年第 5 期。

制失灵了，国家从人民汲取正当性的机制不存在了。[①] 新的机制——政党成为整合社会力量的新方式，政党可以代表民意、吸纳社会贤达，以此填补革命之后上下协商环节断裂所造成的空隙，是民国初年代表人民的重要手段。现代政党在这样的背景下开始登上历史舞台，他们成为代表民意、吸纳社会贤达的新的整合手段，党员取代过去的儒生成为中国命运的担纲者。[②]《中华民国临时约法》允许各利益团体以政党的形式来代表各自的利益，组党成为风靡一时的做法，全国出现了数百个以“会”“社”“党”的名义存在的组织。但是，仅从代表的理论出发，无论何种政党的组织形式都可以成为新的权力整合机构，无论是议会政党制，还是列宁主义政党模式都可以成为选择之一。

世界上其他国家近代转型的经验和教训告诉我们，在从君主转向人民、从帝制走向共和的过程中，极容易造成国家的分崩离析，新的整合机器还必须要非常强大才足以维系国家的统一。面对内忧外患的历史境况，革命之后的民国并不能保证国家的安定和完整，没有能够将清朝的全部版图和权力很好地继承下来，这首先是因为缺少强大的权力中心。[③] 尽管《清帝逊位诏书》中将全中国都交托给了后来的中华民国，“总期人民安堵，海宇乂安，仍合满、汉、蒙、回、藏五族完全领土，为一大中华民国”，但民国对1300多万平方公里的土地是缺乏实质的管辖权的：以俄国为代表的列强在清末加紧了对中国边疆地区的侵蚀；而就国内的力量对比来说整合度也还远远不够，武昌起义后，南方的革命联盟在形式上得到了很多省份的支持，但其实很多地方旧势力只不过是望风依附，并不是真心要革命，也不知道该如何革命。[④] 正是因为南方革命党人知道仅凭一己之力难以真正推翻清王朝，所以才有了“南北议和”，北洋集团由此进入历史舞台，后来正是袁世凯以武力为后盾才成功逼迫清帝退位，在退位诏书

---

① 参见萧功秦：《从科举制度的废除看近代以来的文化断裂》，《战略与管理》1996年第4期。

② 参见刘小枫：《现代性社会理论绪论》，华东师范大学出版社2018年版。

③ 这正印证了亨廷顿的洞见，变动社会中的政治转型成功的前提恰恰是集权的推行。参见［美］塞缪尔·P. 亨廷顿：《变化社会中的政治秩序》，王冠华、刘为译，沈宗美校，上海人民出版社2008年版。

④ 参见胡绳：《从鸦片战争到五四运动》下册，人民出版社1981年版。

中清帝将统治权全部地让渡给民国。实力不足的国民党难以通过议会实现政治整合的目的，因为它们没有一种政治集权力量。[①]

当时的人民也没有经过民主的洗礼，对议会选举这一套运作模式并不熟悉。在第一次国会选举中，愿意参加众议院投票的选民很少，即便是国民党也得和其他政党一样采取“收买”的方式来拉票。[②] 如果在没有形成政治共识的民国初年真的实行议会选举组织责任内阁的话，国家政权可能随着每一次的议会选举而改变。从某种意义上说，选举容易将政治力量和社会分为不同的派别，进而带来分裂。美国的第一任总统人选是没有悬念的，那是因为华盛顿众望所归。[③] 但是华盛顿之后，亚当斯、杰弗逊的竞争开启了美国两党政治的先河，美国宪法第十二修正案（1804 年）对总统、副总统选举的分别投票制正是应对党派形成所做的修正。[④] 在社会共识不足的转型国家，不管是哪一派力量上台执政，另一派总会直接反对选举的结果，由此带来“政治权威的民主悖论”[⑤]。如果放在民国，议会选举最容易带来的不是团结，而是分裂：不仅是党派之间的分裂，还会有中央与地方的分裂。[⑥] 为了避免议会制政党带来的风险，民国政治必然转向列宁式政党——无论是国民党还是共产党都作出了这样的选择，而在这种党际竞争中，采取社会革命模式的中国共产党取得了胜利。

晚清以来的“三千年未有之大变局”意味着传统统治手段丧失了效力，对内无法整合新兴的社会力量，科举制的废除也使得国家与社会之间的纽带被割断。中国的近代转型的核心命题就是从国家层面上寻求独立，并完成国家内部的现代整合，改变中国人“只知其族不知其国”的状况。

---

① 托克维尔使用的是“政府集权”的概念，我们使用了“政治集权”的概念。关于行政集权与政治集权的比较，可参见［法］托克维尔：《论美国的民主》上卷，董果良译，商务印书馆 1991 年版。对法国行政集权及其危害的更为详细的论述，可参见［法］托克维尔：《旧制度与大革命》，冯棠译，桂裕芳、张芝联校，商务印书馆 1997 年版。

② 陈宁生：《论民国初年的政党政治》，《武汉大学学报（社会科学版）》1991 年第 5 期。

③ 阿玛教授认为美国宪法中的总统条款就是为乔治·华盛顿量身制作的。参见 Akhil Reed Amar，*America's Constitution*：*A Biography*，Random House Trade Paperback Edition，2006，p. 131。

④ Akhil Reed Amar，*America's Unwritten Constitution*：*The Precedents and Principles We Live by*，Basic Books，2012，pp. 393-394.

⑤ 强世功：《乌克兰宪政危机与政治决断》，《21 世纪经济报道》2004 年 12 月 15 日。

⑥ 联邦党人在美国建国时会非常小心谨慎地去控制党争的危害，参见［美］汉密尔顿等：《联邦党人文集》，程逢如等译，商务印书馆 1995 年版，第 44—51 页。

传统中国的中央政权无法直接触及底层人民，儒家伦理指导下的乡绅可以参与治理维持一定的社会秩序，但在这些经纪阶层的间接统治中难免发生中饱私囊的情况，而且也隔断了中央与底层的直接联系——这种“一竿子通到底”被视为现代国家的基本特色。如果新的政权建设仅仅基于原先的社会基础，那么国家制度的扩展会沦为对原先制度的复制，这种低水平的增长就是国家政权“内卷化”的困境，即“国家机构不是靠提高旧有或新增机构的效益，而是靠复制或扩大旧有的国家与社会关系——如中国旧有的营利性经纪体制——来扩大其行政职能”[①]。民国的国家政权建设的核心在于重建中央政府与底层人民的联系，避免一直困扰中国的国家政权“内卷化”的魔咒，后面我们将会发现，只有列宁式政党所采取的社会革命的方式，才有可能彻底改变“内卷化”问题。

第二节　社会革命的政治逻辑

社会革命是与政治革命相对的概念，马克思主义将政治革命定义为特定阶级利益支配下的革命，而社会革命则指向人的真正全面和彻底的解放。[②] 阿伦特的划分与之接近，他认为，美国式的革命侧重于解决政治上层建筑问题，是不去触动社会问题的政治革命；法国、俄国和中国革命是以底层动员为关键、以解决社会问题为动力和目标的社会革命。[③] 其实，美国革命之所以没有像法国大革命那样发展到发动所有“无套裤汉”的社会革命，得益于美国优越的外部环境，美国独立战争时期所遭遇的外部压力比较小，没有太强的动力去发动底层。反过来说，如果英国不是决定“放弃”对北美的政治上的控制而直接退为保持其商业利益，那么美国可能需要在独立战争的时候发动群众来参与，尤其是动员南部的黑人参加军

---

① ［美］杜赞奇：《文化、权力与国家：1900—1942 年的华北农村》，王福明译，江苏人民出版社 2008 年版，第 54—55 页。

② 刘小枫：《儒教与民族国家》，华夏出版社 2015 年版，第 184 页。

③ 参见［美］汉娜·阿伦特：《论革命》，陈周旺译，译林出版社 2011 年版。

队——这样美国的种族问题在其独立战争时期就会爆发出来。[①] 由于非常落后的外在条件，列宁领导的俄国革命、毛泽东领导的中国革命，就必须要发动更多的力量来参与，从政治革命走向社会革命是必然之举。在中国探索现代化过程中，社会主义背后的平等理念生发的对外的弱国图强能力、对内的超强动员能力两个特色合二为一了。[②] 正是人民在社会革命中的基础性，决定了政法体制司法为民、以人民为中心的重要性。

一、党的领导与阶级政治

在共产党所创造的革命叙事中，中国在封建社会末期已经有了资本主义萌芽，西方的入侵使得中国无法独立发展到资本主义阶段，堕入半殖民地半封建社会；只有通过反帝反封建的革命来为中国的发展提供条件，而资产阶级的软弱性使得革命由共产党领导的下层人民来实现，革命之后的中国也必然加入了十月革命所揭开的社会主义时代的序幕。[③] 社会主义革命强调的是在政治革命之外的社会维度的革命，不仅考虑党权与政权这些顶层设计，而且关注上层建筑与下层人民之间的关系：通过土地革命解放农民，通过性别革命解放妇女，通过家庭革命解放子女，从而创造出进行阶级革命的动力。社会革命将承担革命精神的先锋队与需要被改造的底层联结起来，国民党的党化司法只是二维的框架，通过政治革命最终只能在政党与政府之间建立比较紧密的关系，但无法触及革命真正的动力——人民群众；共产党的政法却始终是三个因素的框架，通过社会革命使得政党直接与人民建立起关联。

在现代议会式政党和列宁式政党的制度竞争中，列宁式政党的组织要

---

① 有研究表明，美国人对黑人的尊重刚开始就是因为黑人参加了南北战争，在战争中很多人发现黑人不是那么低下，而黑人也因为参加了捍卫国家的战争而提出更多的政治诉求。参见 Eric Foner, "Rights and the Constitution in Black Life during the Civil War and Reconstruction", *The Journal of American History*, Vol. 74, No. 3 (Dec 1987), The Constitution and American Life: A special Issuepp. 863 - 883; Berlin, Ira, Joseph Patrick Reidy, and Leslie S. Rowland (eds.), *Freedom's Soldiers: The Black Military Experience in the Civil War*, New York: Cambridge University Press, 1998。

② 刘小枫：《现代性与现代中国》，华东师范大学出版社 2018 年版，第 186—188 页。

③ ［美］李怀印：《重构近代中国：中国历史写作中的想象与真实》，岁有生、王传奇译，中华书局 2013 年版，第 18—19 页。

求在于一党专政、决策上的民主集中制、党对国家和社会的全面控制等，由此既可以保证政党国家的强大力量，也有助于完成对落后的国民的重新塑造。因此，国共两党最终都选择了后一种模式，试图以一种集权性的政党模式来整合、组织国家，但只有共产党真正掌握了其精髓，完成了改造中国的使命。“国家—社会—个人”三者之间存在复杂的层级结构，原先依赖儒学、礼治、乡绅的柔性治理被废弃后，三者之间的隐秘的纽带消失后，国民党的外部植入精英的做法显然没有找到突破口，不得不回归传统的治理方式进而被“内卷化”。[①] 尽管国民党想和共产党一样建立列宁式政党，但是最终实行的只是“准列宁式政党”，与其他的列宁式政党相比有重大的体制性区别，王奇生教授概括其为“弱独裁政党”[②]。这种结果在我们熟悉的司法领域中看得更为明显，国民党也曾推行过“司法党化”，动员民众，改造社会，最终以构建现代国家，但这种全能主义国家观只有在“内忧外患”之下才有正当性，国民政府应该迅速地“还政于民”并实行宪政民主，所以其司法党化运动也很快失败。对于国民党司法党化探索的失败，有研究者给出了多方面的原因。比如，党务系统与军队、政府相比而言处于弱势地位，自由派知识分子的反对，司法人员内部的分歧等。[③]

然而，上述两种理解的不足之处在于，他们都将国共两党竞争中国民党的失败归结为技术上的行政能力，忽视了背后的道义因素，进而给出中国共产党的成功似乎仅仅是因为组织能力强大，甚至给人“强独裁政党”的印象。[④] 列宁式政党并不仅仅是一种组织手段，更包含着政治正当性。国民党所推行的党国体制、党治司法之所以失败，恰恰是他们对列宁式政党的学习“得形忘意”，之所以出现国民党治下的军权高于党权的现象，根源于国民党在加强外在控制的同时缺失政治伦理，忽视人民的维度，无

① 强世功：《法制与治理——国家转型中的法律》，中国政法大学出版社 2003 年版，第 56—60 页。

② 参见王奇生：《党员、党权与党争：1924—1949 年中国国民党的组织形态（修订增补本）》，华文出版社 2010 年版。

③ 李在全：《法治与党治——国民党政权的司法党化（1923—1948）》，社会科学文献出版社 2012 年版，第 193—194 页。

④ 邵六益：《组织形态还是政治正当性：党际竞争的双重视角——兼评王奇生教授〈党员、党权与党争〉》，载苏力主编：《法律书评》第 12 辑，北京大学出版社 2017 年版。

法通过阶级革命动员社会力量。国民党的现代化思路并没有脱离自由主义的底色，对社会革命缺乏认识。与之相反，共产党所领导的革命从一开始就是反自由主义的，对底层的关注不仅是手段性的，更是目的所在。本章还将在后面专门论述这一问题，政治对人的塑造是社会主义政治过程的重要组成部分。列宁于 1913 年指出，国民党的弱点就是“不能充分地吸引中国广大人民群众参加革命”①。

国民党所分享的现代化方案将传统中国理解为落后民族，现代的来源是西方的科学知识和现代制度，通过开明政治精英的改革以建设强大国家，最终实现自由民主，保护人的权利。② 国民党的失败恰恰在于它依赖于自由主义视角下的抽象的“公民”，忽视了具体的、真实的人民。国家不是学说中存在的自在物，而是建立在具体的社会基础之上，国民党的“党治司法”尽管改变了司法人员的构成，但是其体系严密的法律文本、精巧的司法程序始终离普通人民太过遥远，最终这套党治司法仅仅是少数人参与的游戏，无法达到通过司法进行社会治理的效果，也就无法获得普通老百姓的支持。党化司法或许真的可以控制司法，但是司法机构本身也是高高在上的漂浮着的架子，与人民生活没有直接的关系。比较中共的陕北司法实践，我们就会发现，马锡五审判方式的成功主要在于获得了底层人民的支持，而国民党的党国体制也好、党化司法也罢，失败之处便在于缺失了社会革命的维度，进而无法维系政治建设与人民之间的关联。汪晖发现，国民党在北伐战争时期还承担着社会动员的组织者、政治整合者的功能，“但在其后的政治发展中，国民党放弃了社会运动，而转向具有较高官僚制特征的党—国体制，而共产党却坚持将党、国家（如边区政府）与以土地改革为基础的大规模社会动员结合起来”③。

晚清以来中国的社会整合机制的失效使得乡村被剥离在政治之外，重建乡村是国家转型的题中之意，而局限于上层的国民党改革并未成功改造

① 《列宁全集》第 23 卷，人民出版社 1990 年版，第 129 页。

② ［美］李怀印：《重构近代中国：中国历史写作中的想象与真实》，岁有生、王传奇译，中华书局 2013 年版，第 16—17 页。

③ 汪晖：《世纪的诞生：中国革命与政治的逻辑》，生活 · 读书 · 新知三联书店 2020 年版，第 193 页。

下层社会。乡村建设派也发现了中国的现代化离不开对农村的改造，乡村建设的“真意义”不在于乡村自救，而是重建社会进而重构国家伦理。但是，乡村建设派并未超越传统的逻辑，试图借助儒家文化重建乡村。不同于共产党在乡村进行的阶级塑造和斗争，梁漱溟依旧寄希望于传统精英，将改造乡村的关键放在文化上，“毛泽东把它（农民运动）看成是思想上的无产阶级进行武装政治运动的动力，并很快着手发展了一支军队；梁漱溟却把它看作是对道德教化的召唤，并很快制定了一个方案，这个方案要让农民遍布‘君子’”①。正是在这个意义上，我们发现，动员群众仅仅是中国革命的一个方面，更重要的是新式教育，“所谓‘动员’并不仅仅只是寻求一种人力和物力上的支持，就中国革命而言，更重要的，则是如何让人民‘当家作主’，也即成为政治主体或者‘国家的主人’”②。如何能够使得长期以来备受压迫的中国底层人民成为国家主人，这就离不开中国共产党所领导的社会革命，而政法工作也服务于这一塑造社会主义新人的宗旨，共同实现社会革命中的再造人民。

在中国这样一个“政治、经济、文化发展不平衡”的大国，大部分都是农村，农民是中国人的主体部分，而农业曾经是国民经济的支柱，国家转型的核心便在于农村问题。不同于国民党的政治革命进路，中国共产党并没有将重心放在城市和无产阶级身上，而是以改造农村、动员农民为中心工作。③ 共产党在农村的革命要通过“技术手段”塑造被压迫者，使得“翻身”做主人成为极具号召力的口号，进而调动巨大的革命资源为民主革命服务。在各种动员机制下，被灌输无产阶级理想的底层人民为革命带来了动力，“翻身”成为重要的话语旗帜。共产党使用阶级划分的方式，改变了农民的身份认同，斗争的对象和依靠力量被重新洗牌，除通过土地革命中对贫雇农的动员外，共产党还通过性别革命的方式将妇女动员起来。在“男女平等、妇女婚姻自由、妇女生产、妇女救护、妇女宣传、妇

① ［美］艾恺：《最后的儒家——梁漱溟与中国现代化的两难》，王宗昱、冀建中译，江苏人民出版社1995年版，第163页。

② 蔡翔：《革命/叙述：中国社会主义文学—文化想象（1949—1966）》，北京大学出版社2010年版，第76—77页。

③ ［美］西达·斯考切波：《国家与社会革命：对法国、俄国和中国的比较分析》，何俊志、王学东译，上海人民出版社2015年版，第304—314页。

女侦查、妇女参政、妇女参军、妇女拥红、废娼及儿童公育”等一系列口号背后，我们很容易看到工具主义的色彩——对妇女的调动要服务于当时的革命斗争的需要。①

在土地革命、性别革命和家庭革命背后，隐藏着阶级革命的逻辑。比如，解放女性也是为了有利于无产阶级的斗争，用阶级话语来统领女权主义的诉求。解放妇女并不是按照自由主义的方式解放之后就放之不管，而是要仔细辨析个人主义泛滥后所带来的问题，改变之前以个人解放为核心的自由主义式的启蒙，转向阶级和民族意识下的集体式启蒙。只有放在无产阶级解放的话语中才能理解性别革命的真谛，“妇女解放是要伴着劳动解放进行的，只有无产阶级获得了政权，妇女们才能得到真正解放”②。同样的，在土地改革中对贫雇农的解放也是双面的，解放贫雇农与发展生产之间是存在张力的，这一内在冲突也可以从1946—1948年北方“土改”中体现出来——如果任由贫雇农来打击中农的话，农村的生产无法维持，最终会影响政权的经济基础。因此，北方土改并不仅仅是激进地推翻一切，而是在农民翻身和联合地主促生产之间的平衡，“翻身”与“生产”在阶级革命的话语下得以统一。③ 解放的妇女需要自我束缚，避免滑入自由主义，翻身的农民需要稍加克制，避免影响农业生产，而这些都是由无产阶级的大局观所限定的，最终被解放的妇女、翻身农民都成为无产阶级所领导革命的动力来源。总之，利用无产阶级的话语与实践，将翻身的农民与地主、解放的妇女与男性、解放的工人与改造后的资本家都纳入人民的范畴，从而为政法体制打造了坚实的阶级基础。④

二、社会革命的制度实践

启蒙时代以降，理性的个人为了避免可能的暴死，彼此签订契约将主

① 黄文治：《“娜拉走后怎样”：妇女解放、婚姻自由及阶级革命——以鄂豫皖苏区为中心的历史考察（1922—1932）》，《开放时代》2013年第4期。

② 中共中央文献研究室、中央档案馆编：《建党以来重要文献选编（1921—1949）》第1册，中央文献出版社2011年版，第161页。

③ 李放春：《北方土改中的“翻身”与“生产”——中国革命现代性的一个话语——历史矛盾溯考》，载黄宗智主编：《中国乡村研究》第3辑，社会科学文献出版社2005年版，第231—292页。

④ 邵六益：《社会主义主人翁的政治塑造（1949—1956）》，《开放时代》2020年第5期。

权交给主权者，形成国家，道德就不再是古典意义上的德性和高尚，最大限度地避免死亡就成为了至上的道德。[①] 现代化其实就是一场撕去崇高的“假象”，给我们带来底层的、自足的、可控制的德性，[②] 如果我们不是从时间维度、代际更替的角度来理解这种身份和地位的易位，那么“青年造反运动”也可以说成是某种意义上的底层造反运动，“主奴辩证法”下的主人、奴隶身份的一次次替换才是革命的实质。阶级赋予这种身份划分新的标准，变动的身份认同使得这种革命推向无限的平等，进而无产阶级作为资本主义社会最受压迫的阶级成为人类解放的希望。笔者不打算沿着政治哲学的进路分析，而是希望回到中国近代史的视野之下，分析共产党领导的阶级革命对党际竞争的影响。在阶级理论的指引下，共产党可以将从来没有进入中国政治考虑的农村带入现代转型，由此完成现代国家建设的任务。与此同时，中国最广大、最下层的农民被带入到革命的洪流后，为中国革命带来了巨大的力量，这是共产党获胜的重要原因。[③]

社会革命的实现需要有相当的生产力、生产关系基础，落后国家的社会主义探索需要有一个长期存在的、作为国家政权形式的无产阶级专政的过渡阶段。[④] 在过渡时期，包括法律在内的国家制度需要为未来的社会主义创造各方面的条件。《共同纲领》确立了统一战线性质的新民主主义国家，经济上多种经济成分并存，阶级构成上工人、农民、小资产阶级和民族资产阶级并存，新中国需要在人民民主专政的基础上，不断塑造无产阶级的同质性。无产阶级的同质性并不意味着新中国的工人阶级在数量上占优势，无产阶级的领导地位主要体现在思想、组织、对国家未来议程的设

① 参见［美］列奥·施特劳斯：《霍布斯的政治哲学》，申彤译，译林出版社 2001 年版。

② 参见甘阳：《政治哲人施特劳斯：古典保守主义政治哲学的复兴》，载［美］列奥·施特劳斯：《自然权利与历史》，彭刚译，生活·读书·新知三联书店 2003 年版。

③ 当然，阶级革命也有其国际视野，随着列宁所说的帝国主义阶段的到来，经济本身的全球性使得阶级革命也具有了世界理想。无产阶级所受的压迫不是一国资产阶级所施加的，利润的逻辑使得资本在全球流转，资产阶级的剥削不以国界为限，每个国家的无产阶级不仅受到本国资产阶级的压迫，还会受到国际资产阶级的压迫，全世界的资产阶级是联合起来的，那么无产阶级的解放也肯定是全世界的解放，只有消灭了所有的资产阶级的压迫之后，才有可能使得我们的无产阶级政权稳固起来。

④ 列宁：《国家与革命》，人民出版社 2015 年版，第 88—93 页。

定权和领导权上，对阶级的理解不能仅仅是结构性的，更应该是政治性的。[①] 虽然《共同纲领》规定了人民代表大会制度，且确认全国人民代表大会是最高权力机关，但是由于 1949 年时“许多革命工作还在开始，群众发动还不够充分，召开全国人民代表大会的条件还不够成熟”，所以由全国政协第一届全体会议暂代职权。1949 年到 1952 年，我国经济、社会、思想改造的顺利进行，使得无产阶级的同质性增强，国家决定以普选方式选举地方人大代表，进而召开全国人民代表大会，制定宪法。[②]

从 1949 年到 1954 年，从《共同纲领》到“五四宪法”，新中国大体上成为了一个具有无产阶级同质性的国家，使公意机制的人民代表大会得以选出、公意集中体现的“五四宪法”得以出炉。“五四宪法”的确立意味着社会主义在法律层面上的确立，但这仅仅是上层建筑领域的变化，真正的社会主义只有在社会经济领域变化之后才能实现。在这个意义上，“五四宪法”将敌我区分内在化而非消解，也有其必然性。“五四宪法”确立了社会主义方向，更多是与十月革命后社会主义上升与资本主义衰落的总趋势相一致的，这也是制定“五四宪法”时的基本假设与前提，[③] 而不是意味着社会主义条件已经完全具备。列宁设想的社会主义阶段的国家治理的理想状态是“旧的‘国家政权’的大多数职能已经变得极其简单，已经可以简化为登记、记录、检查这样一些极其简单的手续，以致每一个识字的人都完全能够胜任这些职能，行使这些职能只需付给普通的‘工人工资’，并且可以（也应当）把这些职能中任何特权制、‘长官制’的痕迹铲除干净”[④]。

显然，这种理想状态没有实现。以马克思、列宁等人经常强调的“工资”问题为例，尽管我国确立了公有制，但是由于生产力发展水平的限制，按需分配还无法实现，基于人身特征和社会主义分工不同所产生的差

① 汪晖：《去政治化的政治：短 20 世纪的终结与 90 年代》，生活·读书·新知三联书店 2008 年版，第 23—37 页。

② 中共中央文献研究室编：《建国以来重要文献选编》第 4 册，中央文献出版社 1993 年版，第 16 页。

③ 中共中央文献研究室编：《建国以来重要文献选编》第 5 册，中央文献出版社 1993 年版，第 467 页。

④ 列宁：《国家与革命》，人民出版社 2015 年版，第 45 页。

别还会存在，党政人员之间的供给制难以实施，等级工资制虽从一开始就遭到毛泽东的反对但始终存在。只有“文化大革命”期间的极端激进观点才会将工资制作为“资产阶级法权”进行批判，当然这种观点很快被抛弃。[①] 也就是说，现实的政治状态距离理想还很遥远，在过渡阶段，宪法和法律的制定本身不足以成为社会主义的保证，只有无产阶级先锋队的政党才能承担这一职责，党治相较于法治更具适用性。[②] 只要共产主义尚未实现，“斗争”就一定会持续，而在斗争与法治的张力下，法律就不可能获得最终的决定性。只要社会主义的同质性并未最终实现，就一定需要借助党治的力量来整合各种异质性的力量，最重要的是借助党领导人大的宪制设计，实现党领导下全国人民的政治构建。

就人民的政治构成而言，全国人民代表大会并没有能够基于无产阶级的同质性而消解一切差异。[③] 在全国人民代表大会中的人员构成中，有数目庞大的以职业为基础的功能代表——军队代表，但更多的是来自各个地方的全国人大代表，而在代表的构成方面的核心张力来自城乡之别。长期以来，城乡代表的代表性不同，不同民族、地区也有差异。由于新中国成立之初农村人口占绝大多数，而城市、工业又代表了未来的发展方向，因此选举法规定了“八分之一条款”“四分之一条款”，由此保证了全国人大代表构成的真正代表性。直到 2010 年第六次全国人口普查时发现城乡人口比例基本持平后，《选举法》修改才正式废除了“四分之一条款”[④]。

在中国的无产阶级同质性还没有完全建立起来之前，如何保证“地方”选出的代表能够成为“全国”人大代表？如何保证城市的代表和农村的代表能往一处想？在全国人大代表构成的问题上，精英化和官员化本身都不是问题，关键是如何能够在代表和全国人民之间建立起政治关联？各地选出的代表如何能够超越地方保护主义？职业代表如何能够超越小团体

① 杨奎松：《从供给制到职务等级工资制——新中国建立前后党政人员收入分配制度的演变》，《历史研究》2007 年第 4 期。

② 陈明明：《双重逻辑交互作用中的党治与法治》，《学术月刊》2019 年第 1 期。

③ “同质性”的概念来自政治哲学，无产阶级同质性是马克思主义构建政治共同体的重要标准，可参见邵六益：《同质性：卢梭公意思想中的隐匿命题》，《中国延安干部学院学报》2019 年第 6 期。

④ 赵晓力：《论全国人大代表的构成》，《中外法学》2012 年第 5 期 。

主义？这就需要由党的领导来实现，借助中央直管名额、中央领导联系各个代表团等机制来实现。党充当各个代表团之间的协调机关，确保全国人大代表在讨论时可以时刻遵循国家的大局，服务于无产阶级之使命，使得地方的、职业的代表团，能够超越地方主义或者小团体主义，进而成为全国人民的代表。总之，党的领导确保了来源多元、广泛的人大代表能够成为公意的代表，而非仅仅是不同群体利益之众意的简单相加。[①]

第三节　政法体制的核心内容

在社会革命的语境中，发展生产的同时又会产生新的不平衡，因而也决定了过渡阶段的长期性，在此过程中形成了契合国家大局的革命法制。国家对民众的控制还是有限的，尤其是对工人、农民之外的社会阶层的控制更多的是“统一战线”层面的。只有在将社会阶层齐平化为工人阶级、农民阶级后，才有可能在党治的保证下实现现代国家的精准治理，这在新中国成立后才有可能展开。在此过程中，法律就不仅仅是一种将政治社会条件固定下来的规则，而是一种推动社会齐平化，最终实现政治变革的武器。换句话说，新中国成立后，政法体制并未退场，而是转变为革命法制，并在过渡阶段中发挥着重要作用。法律并不是一种保守性力量，而是推动社会革命的武器。革命与法制这两个原本对立的概念，只有放在作为过渡阶段的“无产阶级专政”概念下才能理解，而这恰恰是社会主义的本质要求：不同于自由主义所追求的程序平等，社会主义将实质平等作为根本追求；为了避免法律束缚社会变革的可能，新中国成立后确立了革命法制的基本思路。正是由于新中国的社会基础并不厚实，才需要有政法体制来一步步夯实无产阶级专政的基础，为实现社会主义创造条件，而革命法制构成了过渡时期国家手段的重要组成部分，政法体制则是这一框架在学术上的表述。政法体制自陕甘宁边区时期就已经逐渐形成，我们今天所熟悉的党领导司法、司法的大众化路线、重视调解的马锡五审判方式、巡回审判，以及法律效果与社会效果的统一等，都可以从这一时期发现踪迹，

---

① 邵六益：《党为何要领导立法?》，《毛泽东邓小平理论研究》2021 年第 7 期。

那么为什么政法体制包括了这些内容？

一、剧场效应与教育人民

有学者借助陕甘宁边区时期的诉讼档案进行研究，认为陕甘宁边区高等法院的司法实践奠定了新中国司法传统的基石。[①] 然而其论述给人一种似是而非的印象，似乎陕甘宁边区的司法传统的形成是理所当然的，从而也就难以发现新中国司法传统的内在逻辑。实际上，陕甘宁边区的大众司法、马锡五审判方式，既非从来如此，也非一贯如此；大众化司法也并不是陕甘宁边区司法的唯一底色，中间也曾经历过以雷经天主导的专业化探索，但是最终回归到了司法大众化的路径。[②] 这种变化是如何产生的？也有学者将原因归结为专业化司法导致了脱离党的控制的危险，因此党的领导者不可能接受这一点，从而有了向大众化司法的回归。[③] 这种解释有一定的道理，司法路线的改变固然有党的决策因素在其中，但是抬高了制度变迁背后的权术因素，淡化了其政治逻辑和社会功能含义。司法工作的意义不仅在于法律维度，更具有政治维度——借助司法审判实现了对群众的政治改造和身份再造。

强世功教授在早期的研究中提供了一种深刻解读，在他看来，马锡五审判方式和中共在陕甘宁边区时期所采取的其他手段——如妇女队、儿童队等一样，都是党的动员手段的组成部分，最终使得这些人都进入党的权力网络体系。[④] 这一解释揭示了马锡五审判在社会治理层面的功能，需要进一步明确的是，大众化司法模式要深入群众以满足国家治理的需要，这种深入底层的治理需要有相当多的治理资源。例如，在马锡五审判的最著名的宣传案例——华池县封捧儿婚姻案中，马锡五花了很多的精力去了解

---

① 参见汪世荣等：《新中国司法制度的基石——陕甘宁边区高等法院（1937—1949）》，商务印书馆 2011 年版。

② 邵六益：《在政治性与法律性之间："司法为民"的再解读》，《西部法学评论》2014 年第 6 期。

③ 参见侯欣一：《从司法为民到人民司法——陕甘宁边区大众化司法制度研究》，中国政法大学出版社 2007 年版。

④ 强世功：《权力的组织网络与法律的治理化——马锡五审判方式与中国法律的新传统》，《北大法律评论》第 3 卷第 2 辑，北京大学出版社 2001 年版。

案情，然后走访当地群众，再进行公开审判，最终得到了当地百姓的交口称赞。这种审判（调解）是十分耗费人力物力财力的，在精兵简政的大背景下，如何能够推行成功？深入基层的治理需要大量的投入，在生产力落后的时代难以实现，即便是今天我们也会看到，法院调解比审判是更为费力的，由此也形成了当代法院调解的几个悖论之一。① 正是在这里，我们需要改变对司法审判的看法，尽管陕甘宁边区时期的裁判并没有判例效力，但是如果我们超出司法的角度来看的话就会发现，审判不仅具有个案拘束力，而且具有剧场式的宣示效果和政治教育意义。② 在马锡五主持下的公开审判中，每次审判都是对群众的一次教育和驯化。不仅如此，官方还适时地将这些经典案件以群众喜闻乐见的方式进行宣传。有研究发现，陕甘宁边区时期，在不同的雕刻画中，封捧儿婚姻案件的重点各不相同，但最终官方大力宣传的是一种无产阶级的革命叙事，文学承担了法律的功能。③

在规则不明晰的缺乏理性化的社会中，治理并不靠精确的科层化官僚系统，而靠场面宏大的宣示性的庆典，尼加拉的剧场国家的治理逻辑就在于此。④ 对于深谙群众动员之道的中国共产党而言，每一次精心组织的公开审判，实际上就是对当地群众的一场别开生面的革命教育大会，马锡五对封捧儿婚姻案件的审理，等于向陕北村民普及了一次中国共产党的婚姻自由原则。⑤ 如同托克维尔笔下的美国陪审团一样，马锡五在每一次走访群众听取其他群众意见的同时，也教育了被走访的群众，司法的群众路线构成了中国政法体制的核心底色。这种教育的意义在于培养社会主义新人，只有在人民掌握了这种新的革命话语之后，才有可能成长为革命的动

---

① 邵六益：《悖论与必然：法院调解的回归（2003—2012）》，《华东政法大学学报》2013年第5期。

② 新中国成立之初，司法通过“群众路线”的方式发挥了宣示、教育、改造的功能。参见李斯特：《人民司法群众路线的谱系》，载苏力主编：《法律和社会科学》第1卷，法律出版社2006年版。

③ 吴雪杉：《塑造婚姻》，《读书》2005年第8期。

④ 参见［美］克利福德·格尔兹：《尼加拉：十九世纪巴厘剧场国家》，赵丙祥译，上海人民出版社1999年版。

⑤ 强世功：《法制与治理——国家转型中的法律》，中国政法大学出版社2003年版，第127页。

力，土改中的“翻身”实践不仅仅是一场经济利益格局的调整，还是一场对农民的启蒙运动，通过精致的权力实践，使得农民摆脱了过去“良心”思想构成的障碍，通过“翻心”获得了“主人翁的自觉”。[①]

群众的生活本来离官方遥远，司法官员下基层既让他们感受到了国家权力，也让他们在事后的公开审判中看到了官方的正义是什么样的，巡回的法官将国家之正义送到人民群众的生活之中。换句话说，大众化司法使群众感受国家权力的成本降低了，由此建立起国家与人民群众之间的联系。司法对每一个案件的处理，效果总是超越于个案本身的，带来另一种经济效益——社会治理的成本被内化于社会组织之中。同样地，中国共产党开创的司法调解机制也实现了同样的目标。不同于传统的士绅调解，只有共产党在社会革命基础上重新打造了乡村权威之后，才使得民间调解再度成为可以依靠的手段，进而使得社会治理的成本正式从官方手段转移到民间，发挥了一种剧场效应。

二、司法为民的政治价值

作为一种程序化的规则，法律对于不同人的意义是不同的。同样的诉讼程序，不同类型的当事人的境况完全不同，这违背了社会主义的基本主张。[②] 先锋队政党需要制度化的机制去实现其政治主张，由此法律及其制度运作构成了政党伦理的重要挑战，社会主义革命也遭遇了内在张力。刘小枫教授将其概括为“科层化的国家统治与平等主义理念、为实现政治和经济目标所需的分工等级与意识形态忠诚、广泛参与的政治平等与政党国家的中央集权无法协调”[③]。也就是说，科层化法治最有可能造成专业精英的垄断，但中国的政法体制没有构成政党伦理的限制，反而成为贯彻政党意图的抓手。政法体制之所以要强调司法的群众路线，目的是保证法律实施的后果不会出现太多的因人而异的情况，司法为民恰恰是为了法律程序

---

① 李放春：《苦、革命教化与思想权力——北方土改期间的“翻心”实践》，《开放时代》2010年第10期。

② Xin He and Yang Su, “Do the ‘Haves’ Come out Ahead in Shanghai Courts?” *Journal of Empirical Legal Studies*, Vol. 10, Issue 1 (Mar 2013), pp. 120-145.

③ 刘小枫：《现代性社会理论绪论》，华东师范大学出版社2018年版，第132页。

不会太过于精巧而丧失其社会接受度。这既需要有政治教育，更需要最大限度地调动基层群众的主人翁意识。比如，在新中国成立后，工人阶级成为国家的主人，但是仍旧需要在一定时间内与民族资产阶级共存，接受一定程度的“剥削”，这也是工人阶级政治塑造的重要组成部分。[①] 法律为底层群众服务是连接群众与党的重要纽带，这些构成了政法体制的基本要素——最终都汇入了上述任务之中。政法体制的这些要素之间形成了彼此关联的体系，共同服务于人民的司法需求，指向社会主义的政法理想。正如前面所说的那样，在先锋队政党所领导的现代化过程中，一方面需要由政党来承担先进使命，另一方面需要将政党伦理通过社会化的方式变为全体人民的伦理。党法关系和法民关系分别承担了上述两项功能，只有将党法关系与法民关系结合起来，才有可能真正理解政法体制的意义与功能，也才有可能对政法体制之于治理的意义进行深刻的阐述。

中国的司法为民有何特殊之处？有学者作了一个类型学的分析：法民关系分为积极法民关系与消极法民关系，中国恰恰是对抗性的积极法民关系。[②] 对于大部分的中国人而言，或许并不能理解法律条文的真实含义，但是不会将法律当作自己无法评述的专业领域，每个人都希望对法律有发言权，白发苍苍的中国老太太也会通过自学法律去怀疑、检验法院的判决，这一幕也构成了司法为民的深层逻辑。[③] 中国司法公信力的悖论就在于，一方面要求提升法律的专业化，另一方面要求普通老百姓认可法律的结论。这两者有时候是断裂的，正是因为这样，才需要在法律与人民之间建立起关联。其实，司法为人民服务并不是中国特有的，任何国家的法治建设都需要做到这一点，因此法民关系的类型学分析并不是一个空间维度上的中西之别，而是一个时间维度上的古今之别。[④]

法律人与人民群众之间显然缺乏平等对话的可能，在法律人的逻辑中，人民群众是落后的“法盲”，需要通过教导的方式使他们变得现代化

---

① 邵六益：《社会主义主人翁的政治塑造（1949—1956）》，《开放时代》2020年第5期。

② 凌斌：《当代中国法治实践中的“法民关系”》，《中国社会科学》2013年第1期。

③ 凌斌：《法治的中国道路》，北京大学出版社2013年版，第1页。

④ 邵六益：《法治的时间维度与政治维度》，载强世功主编：《政治与法律评论》第5辑，法律出版社2014年版。

起来，“教鱼游泳”恰恰构成了现代性驯化的重要组成部分。[①] 法律人的傲慢与中国老百姓的怀疑之间的张力最终需要政党来协调。对于执政党而言，法律的效果从来不仅仅在于将法律条文落到实处，而是要做到案结事了或者促进经济发展，这种后果主义的考量转化为社会效果或者政治效果，与法律效果一道构成了司法工作的三大指针。党的影响以政法委或者地方政府或者地方人大的形式介入，但是党对司法工作的介入绝大多数并不是因为党有其自身的利益，而是因为党的群众路线的诉求，这一点在司法审判中体现得很明显。党借助审判委员会“干预”判决的实质动因很可能是满足人民群众的司法需求，实现司法的社会效果。[②] 在法律人与人民群众的冲突性诉求之中，为什么执政党偏向的是人民群众？这是政法体制中的关键问题。

中国自古就有“千方百计上京城”的传统，在古代的国家治理中，君主的权威来自上天，但同时还要将其正当性追溯到人民，“生民论”对于政权的正当性论证意义重大，也构成了对君主行为的限制。[③] 中国共产党利用信访制度接续这一传统，更为重要的是，中国共产党的群众路线理论与实践还蕴含着无产阶级社会均质化的理想在其中：在社会分化之下，需要依靠执政党平衡各种社会诉求，维持一种社会主义理想。政党政治在现代社会所遭遇的最大的困境在于科层化国家治理的束缚，而法律及其塑造的制度便是现代科层制的依据，政法体制恰恰跳出了科层制法律的束缚，成为贯彻党的革命伦理、教育人民的司法剧场。[④] 在这个意义上，我们所说的政法体制的两个组成部分——党法关系上的党领导政法、法民关系上的法律需要照顾普通群众的诉求并不是分离的，而是紧密结合在一起的。党的独立价值维度并不存在。加强党的领导地位，归根结底还是为了保证法律与人民的契合，以便法律为人民群众服务，最终塑造社会主义的同质性。

---

① 冯象：《政法笔记（增订版）》，北京大学出版社 2012 年版，第 96—106 页。

② 邵六益：《审判委员会与合议庭：司法判决中的隐匿对话》，《中外法学》2019 年第 3 期。

③ ［日］渡辺信一郎：《中国古代的王权与天下秩序：从中日比较史的视角出发》，徐冲译，中华书局 2008 年版，第 27—31 页。

④ 陈明明：《双重逻辑交互作用中的党治与法治》，《学术月刊》2019 年第 1 期。

第四节　政法体制的现实意义

中国的政法体制根植于20世纪中国的核心议题。晚清中国遭遇的现代化转型压力最终导向是建立政党国家。在将马克思主义与国情相结合探索现代化的过程中，中国需要依靠列宁式政党的强大力量来改造基层社会，这是不同于自由资本主义现代化的另一条道路。中国的现代化之路决定了政党国家模式。社会革命的意义不仅在于群众动员、汇聚革命动力，更在于利用无产阶级意识去再造被解放的农民、女性和子女，阶级革命高于土地革命、家庭革命和性别革命。新中国成立后的制度实践也体现了这一思想，借助社会革命的逻辑去维系国家制度中的社会主义性质，在法律领域中同样需要超越自由主义法治而采取政法体制。不管是党对政法工作的领导，还是法律对人民群众诉求的照顾，最终都是由中国现代化模式决定的，政法体制本身是现代化国家治理机制的组成部分。革命时期形成的大众化司法、马锡五审判方式，是为了最大可能地改造基层。新中国成立后，我国逐渐建立的党对政法工作的领导、司法为民等举措，也是为了社会主义建设的需要。

政法体制在当下依旧有着重要地位。在新时代的“伟大斗争”中，仍然需要加强党与国家机构之间的联系，以政治的方式来带动行政，避免国家机关的科层化而淡忘政治，以此推动国家治理迈向现代化。[①] 最为关键的是要理解党与国家体制改革中的一个基本趋向，即要加强党与国家机构之间的联系，以政治的方式来带动行政，避免国家机关的科层化而淡忘政治。对于法治建设而言，政法工作不仅是中性的行政管理，更是政治性极强的党的事业的组成部分。在新时代，人民群众对美好生活的向往，更多地向民主、法治、公平、正义、安全、环境等方面延展，对法治提出了更高的要求，这需要在全面依法治国的各领域全过程中进行回应。同时值得注意的是，随着社会主要矛盾的变化，为了满足人民日益增长的美好生活

① 强世功：《哲学与历史——从党的十九大报告解读“习近平时代”》，《开放时代》2018年第1期。

的需要，法治建设要更为具体地进行回应，这也是“坚持以人民为中心”的本质要求。就如前文所说，政法体制的形成源于20世纪中国的现代化进程，而政法体制所包含的党的领导、司法为民等要求，则植根于中国政治伦理的“为人民服务”的政治哲学，这在习近平法治思想中体现为坚持以人民为中心的基本要求。

党的十八大以来，坚持人民主体地位成为执政的基本要求，“让人民群众在每一个司法案件中感受到公平正义”成为评判法治工作得失的标准与依据。党的十八届四中全会提出坚持人民主体地位的理念。党的十九大报告明确提出以人民为中心的执政理念，突出了人民的主体地位，深化和升华了“以人为本”的理念，丰富了我国新时代关于社会治理的相关论述，为国家治理体系与治理能力现代化注入了新动力。从某种程度上说，习近平法治思想——尤其是其所要求的坚持党对全面依法治国的领导、坚持以人民为中心是新时代政法体制的最新体现。以人民为中心是习近平新时代中国特色社会主义思想的核心价值，是党的十八大以来我们党治国理政的价值追求，也是中国共产党人一直坚守的根本立场。为人民服务是中国共产党人的基本宗旨，也是新中国政治哲学的基石之一，这在法治过程中体现为司法为民等政策要求，以司法手段维护广大人民群众的权益，是全面推进依法治国的初心。[①]

① 参见陈颀：《“为人民服务”的政治哲学》，载强世功主编：《政治与法律评论》第4辑，法律出版社2014年版。

第二章

政法体制中的政党

政法体制根源于20世纪中国革命进程，在新中国成立后得以继续，其核心在于党对政法工作的领导。改革开放以来的“西法东渐”带来了自由主义法治理念，权利话语重塑了政法工作的目的和语境，党的领导被法治所限定，开始了从政法到法政的转型。然而，形式法治无法回应所有的问题，政党作为主权者为多元法治传统提供了价值整合的中心。党法关系随着时势而调整，当前从司法改革到政法改革的转变，使得政法工作摆脱了法院中心主义的迷思，党的绝对领导成为政法工作顶层设计的基石。特别是在不平衡发展与社会分化加剧的新时代，党的领导有助于避免法治的形式主义化，从而实现以人民为中心的法治初心，政党—法律—人民是理解政法体制的理论框架，在党法关系中加入人民的维度，维系了政法体制的正当性。党领导政法并不意味着无原则地加大党对政法工作的干预，而是推进党与法的分工合作；其中，完善党对人大的领导是协调“政”“法”关系的关键。

在改革开放后的法治话语中，政党因为未得到充分阐释而地位尴尬，苏力教授曾坦言，在研究中关注政党会被视为“政治不正确”而有可能被贴上各种标签。[①] 可喜的是，这种状况正在发生改变，如强世功教授从宪法社会学的角度将党的领导解读为中国宪法中最为重要的“不成文宪法”,[②] 这也构成了政法法学“浴火重生”的重要表现。[③] 找回政党是理解政法体制、构建中国特色法治话语体系的必然要求，契合了近年来知识界的普遍趋势。无论是国际政治还是社会学和人类学研究，都将找回政党、发现国家作为重要议题。[④] 习近平法治思想也将“坚持党对全面依法治国的领导”作为首要要求。[⑤] 尊重并学术化地研究党如何领导政法工作，这既是应对中国法律社会学困境的出路——通过引入政党视角去“关注不同社会阶层、利益集团、意识形态之间的互相博弈”[⑥]，也是社科法学知识转型的必然之举——通过“在宪政研究中发现与安顿政党”以创造性地回答中国问题，重新理解政法体制。[⑦]

本章关注政法体制的现实议题，分析党领导政法所遭遇的知识挑战与理论回应，并对新时代政法工作的发展进行理论概括。改革开放以来持续

---

① 苏力：《中国司法中的政党》，载苏力主编：《法律和社会科学》第 1 卷，法律出版社 2006 年版，第 273 页。

② 强世功：《中国宪法中的不成文宪法——理解中国宪法的新视角》，《开放时代》2009 年第 12 期。

③ 苏力：《中国法学研究格局的流变》，《法商研究》2014 年第 5 期。

④ 钟准：《把政党找回来——政党与对外政策》，《世界经济与政治》2019 年第 2 期；景跃进：《将政党带进来——国家与社会关系范畴的反思与重构》，《探索与争鸣》2019 年第 8 期；麻国庆：《社会与人民：中国人类学的学术风格》，《社会学研究》2020 年第 4 期。

⑤ 习近平：《论坚持全面依法治国》，中央文献出版社 2020 年版，第 2 页。

⑥ 强世功：《中国法律社会学的困境与出路》，《文化纵横》2013 年第 5 期。

⑦ 邵六益：《社科法学的知识反思——以研究方法为核心》，《法商研究》2015 年第 2 期。

的“西法东渐”带来了自由主义法治理念，重塑了权利话语以及公民与政治权力的关系，党的领导被形式法治限定。比如，作为党领导政法重要方式的政法委协调案件被法学界摒弃；审判委员会因为倾向于政治影响、社会考量等实质主义也被大多数的研究视为违反诉讼原理；重视社会效果和政治效果的马锡五审判方式被理解为过时的产物。相关研究希望借助排除政党打造中立的分析框架，并借助价值无涉的法治程序实现对个人权利的保障，实现自由民主的法治国设想。然而，个人主义、私人权利与自由无法提供全部的可能，当下中国多种法治传统并存，政党是多元社会的价值提供者，党领导政法乃是进行知识整合的必需。尤其是新时代社会分化加剧，形式法治难以实现实质平等之追求，党的领导恰恰是实现对人民的平等保护和实质代表、践行社会主义法治理念的必然。通过观察新时代中国法治建设的最新发展，笔者还发现，从司法改革到政法改革的转变使得政法工作摆脱了法院中心主义的迷思，党的绝对领导成为政法工作顶层设计的基石。但党领导政法并不意味着无条件地加大党对政法工作的干预，而是推进党与法更为切合的分工合作。其中，完善党与人大的关系是这种分工合作的关键，铸牢社会主义政法体制的制度基石，由此实现“政”与“法”的良性互动。解读党领导政法原则所遭遇的自由主义挑战及其在新时代的发展，既是理解政法体制的必需，也推动了党的领导、人民当家作主和依法治国的有机统一命题的发展，有助于构建中国特色社会主义法治话语体系。

第一节 政法体制遭遇的新挑战

政法体制内在于20世纪中国的现代化语境，不平衡的政治经济秩序决定了需要经历彻底的社会革命过程，借助人民对平等的诉求进行社会动员。无论是改组后的国民党还是新成立的共产党都认识到了这一点，但只有通过社会革命发动广大人民群众才有可能推翻“三座大山”，这也是共产党打败国民党、完成晚清以来大变局的关键所在，新的政党政治指向更为广泛的主体塑造，预示着新政治过程的诞生。[①] 这种孕育着社会主义过程的新思想文化潮流，以及借助社会革命的方式探索不同于19世纪欧洲政治模式和经济制度的努力，确定了中国在20世纪的核心议程。[②] 中国共产党通过“党政体制”将自身组织、行动逻辑、意识形态、价值导向植入政府体系，将政党领导为核心的政治议程嵌入国家机构及其运作，在法治领域也是如此。[③] 党领导政法、借助法律过程的政治动员、司法为民等构成了政法体制的基本内容，在革命年代起到了社会动员、凝聚政治力量的功能，并在新中国成立之后继续发挥作用。但是，改革开放以来，伴随经济市场化改革的推进，西方法治理论在中国的影响愈深，司法成为限制公权力和保护私权利的核心武器，法学借助“去政治化”等观念逐渐成型，从而开始了从政法到法政的转型，党管政法亦遭遇新的知识挑战。[④]

一、形式主义法治的理论叙事

自由主义是近代以来西方社会主导的价值体系，在20世纪80年代末的“历史终结”氛围中取得优势地位，对中国产生了较大影响。“去革命化”是20世纪80年代以来学术界的重要动向，现代化范式以看似中立的语言，接受了自由资本主义时代的价值观和形式理性法的治理。[⑤] 现代法律作为一种规则更加明晰的体系，抹去了人们彼此间的实际差异，公民个人被设想为同质化的平等主体，产生了公法和私法上的双重意义：从公法上来说，将党群关系裁剪为无差别的“国家—公民”关系以增强国家能力；从私法上来说，将个人从家庭等连带关系中解放出来，以便在个人财产的基础上保障经济生活的可预期性。无论是大陆法系以立法为中心的法治国，还是普通法系以司法为中心的法治国都是如此。资本主义的发展强

① 刘小枫：《现代性社会理论绪论》，华东师范大学出版社2018年版，第170—171页。

② 参见汪晖：《世纪的诞生：中国革命与政治的逻辑》，生活·读书·新知三联书店2020年版。

③ 王浦劬、汤彬：《当代中国治理的党政结构与功能机制分析》，《中国社会科学》2019年第9期。

④ 参见邵六益：《政法与法政：司法话语的变迁（1998—2008）》，博士学位论文，北京大学，2016年。

⑤ 参见［美］李怀印：《重构近代中国：中国历史写作中的想象与真实》，岁有生、王传奇译，中华书局2013年版。

化了形式理性法的经济基础，“自生自发”秩序就是自由资本主义在学术上的投射而已。[①]

在改革开放后学习的西方法治理论中，公民权利是基石，限制公权力是法治国的一条基本原则，政党合法性受到现代法治的束缚。自由主义法治以权利本位解构了阶级斗争范式，同质化公民成为政治正当性的来源，由下而上的权利与由上而下的权力构成对峙的双方——法律便是以权利限制权力的武器，行政诉讼以“民告官”的方式完成了公民与政府的平等武装，完成了权力的最终祛魅化。政党从政治整合功能中逐渐收缩，由先锋队政党逐渐转变为依法行政的官僚体系，超越性与革命性的政党被纳入法律网络之中。

第一，以同质化的权利范式解构区分化的阶级范式。阶级范式是新中国成立初期重要的治理技艺，如在土地法、婚姻法的立法与实践过程中，借助阶级身份实现对人民的区分，最终消解人们的阶级差异并完成社会主义的塑造。[②] 但这些经验对参与全球贸易、发展经济的帮助不大，改革开放后的法制建设要求大规模学习西方的法律知识，来源各异的外国法学知识构成了中国法学的智识支撑。[③] 为加入 WTO 参与全球分工，中国政府签署了史无前例的议定书，承诺修改法律和司法制度，经济领域法律的变化也会导致其他配套改革。比如，为了保证私人投资，就要求国有企业、集体企业、私营企业、外商企业在法律上被平等对待，制定统一的《公司法》势在必行；公民私有财产与国有财产同样神圣；为了避免发生纠纷时的地方保护主义，要求法院排除地方干预，司法独立的诉求从而萌生。

更为重要的是，市场经济的发展改变了新中国成立后 30 年的经济社会状况，培育了逐渐成熟起来的市民阶层。传统的家庭身份、新中国成立初期的集体身份丧失了直接功能，中国社会经历了“从身份到契约”的法治化转变。在国家放松对个人的控制后，个人对自己的生活有了更多的发言权，不再是依附于国家或工作单位的唯唯诺诺的卑微个体，而是成为凭借

① ［加］埃伦·米克辛斯·伍德：《资本主义的起源：学术史视域下的长篇综述》，夏璐译，中国人民大学出版社 2016 年版，第 9—15 页。

② 邵六益：《民法典编纂的政法叙事》，《地方立法研究》2020 年第 5 期。

③ 参见凌斌：《中国法学时局图》，北京大学出版社 2014 年版。

自己的劳动发家致富奔小康的、有尊严的公民。党的十一届三中全会提出“人民在法律面前一律平等”，学术界的主张更进一步，提出“公民”在法律上的一律平等，打破多年来人们关于“人民”“公民”之间的标准划分。在讨论修订“七八宪法”时，主张公民权利义务章节应该放在国家机构之前、国籍是判断公民身份的唯一标准等学术观点也逐渐出现。[①] “八二宪法”激活了公民的概念，明确了公民在法律面前一律平等，法律规范的结构从“假定—处理—制裁”这一偏重阶级斗争的惩罚模式，转变为“行为模式—后果模式”这一中性化的治理模式，法学研究也开始从过去的以阶级斗争为纲的范式转到权利范式上来，权利本位学说成为重要的学术范式。[②]

第二，以公民理论打造政治正当性，对权力进行自下而上的重塑。按照民主的基本思路，人民选举其代表组成代议机关，其他国家权力的正当性可以追溯到代议机关制定的法律，维系一种类似“传送带”的合法性链条。[③] 对公民的培育和公众参与的强调不仅仅是服务和谐社会的手段，也是与公权力形成良性互动，从而防止公权力的滥用，实现中国社会从传统向现代的转型。正如罗豪才先生所说的：“目前我国正处于一个由传统社会向现代社会转型的过渡时期，社会结构发生着深刻的变化，公民的民主意识不断增强，大力推动公众参与，一方面需要我们在思想上充分成熟，从思想根源上克服对公众参与认识的种种障碍；另一方面需要我们充分发挥公权部门和有关方面专家学者的积极作用，引导公众积极有效地参与公共活动。”[④]

公众参与带来行政过程的正当性重塑，王锡锌教授意识到这套理论的批判性和革新性，因此他仔细地将这场以公众参与为核心的“公共运动”

---

① 李步云：《宪法的结构》，《人民日报》1981 年 11 月 2 日；李步云：《什么是公民》，《人民日报》1981 年 12 月 18 日。

② 对这一范式的概括与评述，可参见邓正来：《中国法学向何处去——构建“中国法律理想图景”时代的论纲》，商务印书馆 2006 年版，第 58—65 页。

③ ［美］理查德·B. 斯图尔特：《美国行政法的重构》，沈岿译，商务印书馆 2011 年版，第 10—12 页。

④ 罗豪才：《积极而有序地推进公众参与（序）》，载王锡锌：《公众参与和行政过程——一个理念和制度分析的框架》，中国民主法制出版社 2007 年版，第 3 页。

标以“新”字，“是以个体化的、程序化的、有序的形式展开的，而不是以往那种主要以集体行动、社会运动的方式进行的”[①]，借助新旧划分区别于以前政治性过强的公共运动，希望避免可能的政治风险。但无论如何，公众参与理论的兴起，将会从权力的来源、权力行使过程等多个方面重构权力，改变党领导政法的正当性基础——不再基于党群关系框架中的先进性和天然代表，而是基于公众参与下的授权与代表。有研究认为，随着社会的发展，人们对人大的期待提升，加之党越来越需要借助人大来将自己的意志转化为国家意志，人大的“橡皮图章”地位正在发生改变，从“党的人大”逐渐转变为“党的领导伙伴”。[②] 与此同时，党的领导也被不断限定。比如，有学者认为人大应该对党享有监督权。[③] 有学者发现，即便是党的十八届四中全会后，还有不少人延续“党政分开”的思路来批评法治建设中的党的领导。[④]

二、党管政法的法治化重塑

在中国的百年现代化进程中，列宁主义政党在领导人民取得革命胜利中积累了正当性资源，而改革开放后的自由主义法治传统趋于强盛，两种叙述之间的冲突和张力不可避免。黄宗智教授对此有一段非常准确精炼的概括：“中国近百年的历史中呈现的是一个列宁主义型革命党的兴起，其正当性源自其由于民众的广泛拥护而在持久的革命战争中战胜了比自己强大得多的敌人——这样的正当性基础应该可以说是比得过任何选举所能赋予的正当性。同时，一个世纪以来，中国的宪政从西方国家引进了许多宪政理念——如言论自由、其他的公民权利以及民主理念，也包括宪政政府制度，例如共和政体与政府的三权分立。结果是两个传统间无可避免的紧张关系，一方是一定程度上仍然按照列宁主义模式组织的共产党，一方是

① 参见王锡锌：《公众参与和行政过程——一个理念和制度分析的框架》，中国民主法制出版社 2007 年版。

② 加茂具树：《人民代表大会：角色与功能的变迁》，载陈明明、何俊志：《中国民主的制度结构（〈复旦政治学评论〉第 6 辑）》，上海人民出版社 2008 年版，第 94 页。

③ 铁犁：《党领导人民与人民监督党——论党领导人大与人大对党的监督》，《法学》1995 年第 12 期。

④ 刘磊：《中国法治四十年——社会主义与法治的变奏》，《文化纵横》2018 年第 3 期。

一定程度上带有西方宪政主义部分特征的政府行政机构。"[①] 在以选举为核心的执政正当性论证中，法律成为最基本的准则，是否按照法律执政也是区分革命党与执政党的重要标准。[②] 在民主选举的浪潮面前，党的组织部门在21世纪前十年间开展了公推公选的地方试点，但是这些探索不仅产生了"唯分取人""唯票取人"的现象，也破坏了党管干部的基本原则，带来某些风险，因而在2013年被新的干部人事制度所取代。[③] 两种叙述之间的张力在法学研究中体现在党与法律的关系上，在目前的规范宪法学研究之中，执政党的地位并没有被很好地法定化，党章中用一段或数段表述的内容在宪法中被大大简化，不足以完全呈现党的领导。[④]

中国在两种叙述中并未采取非此即彼的立场，而是将宪法和法律纳入一党主导的国家政治，形成"一党宪政国"，以此区别于彻底否定法治的苏联模式，保证了中国的长治久安。[⑤] 但困惑与难题并未因此解决，无论是一党宪政国还是党导立宪等提法，在强势的自由民主理论面前，都难以缓解政治与法律之间的张力。以大家熟悉的司法领域为例，党对司法工作的领导主要体现在借助党委政法委和其他方式影响司法裁判，而这长期以来被描述为司法不公正的重要原因，进而有学者提出在司法改革中遵循党政分开的原则，逐步废除党委、党委常委和政法委批示或讨论个案，政法委主要做务虚工作，在思想和组织上保证党对政法工作的领导。[⑥] 注重调动政治资源、社会资源的马锡五审判方式近来被许多人视为应该抛弃的"摆平正义"[⑦]。深度参与各项司法改革设计的有关人士将法官独立作为未

① 黄宗智：《中国政治体系正当性基础的来源与走向：中西方学者对话（七）·导言》，《开放时代》2014年第2期。

② 陈明明：《"革命"、"统治"与"执政"：旧话重提——关于政党变革的两个命题的讨论》，《社会科学研究》2011年第4期。

③ 仲启群：《公选时代的终结？——中共干部选拔民主化的探索与转型（2002—2014）》，载强世功主编：《政治与法律评论》第6辑，法律出版社2016年版，第120—151页。

④ 黄宗智：《中国正义体系中的"政"与"法"》，《开放时代》2016年第6期。

⑤ 强世功：《中国宪政模式？——巴克尔对中国"单一政党宪政国"体制的研究》，《中外法学》2012年第5期。

⑥ 侯猛：《"党与政法"关系的展开——以政法委员会为研究中心》，《法学家》2013年第2期。

⑦ 陈洪杰：《从程序正义到摆平"正义"：法官的多重角色分析》，《法制与社会发展》2011年第2期。

来司法改革的基本方向，认为“当前我国正在进行的每一项司法改革措施都在促进法官的独立性”①。

然而，在国家转型和社会秩序重构的背景下，一个难办案件背后隐藏着复杂的考量，如果将问题全部交由司法部门来处理，不仅陷入“案多人少”的困境，还会使得司法机关为了自保而主动将某些类别的难办案件排斥在正义的防线之外。例如，尽管最高人民法院《关于办理申请人民法院强制执行国有土地上房屋征收补偿决定案件若干问题的规定》（法释〔2012〕4号）第9条规定，可以由作出决定的市县人民政府或人民法院执行补偿决定，但是在实践中处于弱势地位的基层法院一般仅出具法律文书，而不愿意去执行这种涉及社会稳定的案件。

对上述难办案件的处理必须诉诸政党，而党之所以能够穿越错综复杂的法条与事实，乃是因为党具有超越法律形式主义的正当性。中国共产党的领导地位既来自历史，也在于当下，更在于对未来的时间性代表。② 在中国的法治过程中，党的领导体现在各个方面，法治过程中可能存在的价值冲突、道德困境或政治决策，无不要求政党以主权者的身份介入，在理论上泛泛地禁止领导干部干预司法是有益的，但在实践中领导干部会出于维护地方社会稳定、保证地方经济发展等考量干预司法，司法机关对这种干预是持欢迎态度的，甚至在此类案件中会主动邀请党政部门干预。③ 比如，在化解涉诉信访案件时，基层法院会主动寻求党委、政法委、人大常委会、政府、政协的支持。④

实际上，即便是通常理解的形式法治提倡者的分析实证法学派，也会在理论中为规则之外的元素提供一个入口，使政治因素能够进入法治。比如，凯尔森借用基础规范这种近乎神学的方式保证纯粹法学的完备

① 蒋惠岭：《“法院独立”与“法官独立”之辩——一个中式命题的终结》，《法律科学》2015年第1期。

② Zhao Xiaoli, “History, Culture, Revolution, and Chinese Constitutionalism”, in Su Li, Zhang Yongle and Daniel A. Bell (eds.), *The Constitution of Ancient China*, Princeton University Press, 2018, pp. 198-208.

③ 陈柏峰：《领导干部干预司法的制度预防及其挑战》，《法学》2015年第7期。

④ 刘磊：《维稳压力对基层法院组织形态的形塑》，《交大法学》2021年第1期。

性，[①] 哈特在描述性法理学中以承认规则给主权者开了一个口子——“女王议会所制定者即是法律”[②]。再比如，德沃金的贡献不仅在于融贯性法理学的主张，还在于借助他的规则、原则、政策模式将平等议题纳入其中，以便超越封闭性的司法阐释理论而讨论政治自由主义的开放议题。

第二节　党领导政法的理论逻辑

改革开放后的法治事业建立在对社会主义的共识之上，邓小平对“社会主义本质”的探索奠定了20世纪后20年法治改革的基础，但21世纪后社会贫富分化加剧，共识基础遭到侵蚀，法治建设中的“左右之争”、实质与形式法治之别都要求对“社会主义”重新认识。[③] 强世功教授发现，改革开放后的不平衡发展和贫富分化，尤其是资本肆无忌惮地席卷国民财富，而悬置共产主义价值信仰后导致西方资本主义价值观迅速主导社会，从而带来了严重的社会、政治问题，使得基层百姓开始怀念毛泽东时代。[④] 面对世界普遍遭遇的经济下滑、社会结构领域的中产阶级焦虑等问题，需要在党的领导下重新达致法治共识，而关键之处在于借助社会主义的强大的解释能力。尤其是在平衡不均衡发展和社会分化加剧的新背景下，社会主义超越了个人主义、私权至上的理念，追求更为公平的生产力发展，从而做到对人民的实质代表，践行“为人民服务”的初心与宗旨。[⑤]

---

① ［加］大卫·戴岑豪斯：《合法性与正当性：魏玛时代的施米特、凯尔森与海勒》，刘毅译，商务印书馆2013年版，第200—202页。

② ［英］H. L. A. 哈特：《法律的概念（第二版）》，许家馨、李冠宜译，法律出版社2006年版，第102页。

③ 刘磊：《中国法治四十年——社会主义与法治的变奏》，《文化纵横》2018年第3期。

④ 强世功：《哲学与历史——从党的十九大报告解读“习近平时代”》，《开放时代》2018年第1期。

⑤ 陈颀：《“为人民服务”的政治哲学》，载强世功主编：《政治与法律评论》第4辑，法律出版社2014年版。

一、党对多重法治传统的整合

中国现代化过程中存在时间的重叠和空间的压缩，现代问题与前现代、后现代议题交错出现，在阶层分化和社会分层之下，形式法治会带来结果上的不平等，因而政法体制需要注重整合多元法治传统，如中国传统法律文化中对乡情、伦理的重视可以缓解法律条文的僵硬。而重视实质平等和社会发展权的社会主义法律传统对于保护社会、维持社会团结，顺利实现社会转型至关重要。在多重法治传统中，社会主义传统较少为人关注，其实正是中国曾经拥有的社会主义革命传统，保证了中国改革开放后法律现代化的成功进行，[①] 社会主义作为四项基本原则之一成为“八二宪法”的基本原则。改革开放后，计划与市场、专政与法治的关系等，都对政法体制产生了直接的影响，对这些问题的理解需要回到社会主义的过渡性、社会主义实践的复杂性之中去理解，如《民法典》第 206 条借用“社会主义市场经济”回答了多年前巩献田教授的相关质疑。[②] 中国特色社会主义本身所蕴含的过渡性与丰富性，不仅为政法改革提供共识性的基础，也为 20 世纪中国并存的多种法治传统提供了整合的技术手段。

处理好新中国成立后的社会主义法治传统和改革开放后的自由主义法学传统的关系，既是法学知识重构的核心命题，也是完整理解共和国 60 年的关键。官方早已作出改革开放前 30 年与后 30 年不能相互否定的判断，[③] 在法学研究中不能以政法传统否定改革开放后的自由主义法学传统，也不能以自由主义法治传统否定前 30 年的政法传统，未来中国的法治道路，不可能是简单地祛除苏联法学的影响、拥抱自由主义法学，传统法律文化中的道德因素、社会主义法律传统中的平等因素，恰好可以弥补自由主义法学的不足。中国传统法律文化中对乡情、伦理的重视可以缓解法律条文的僵硬；社会主义对实质平等的重视，可以修正 30 年来法律改革后所带来的不平等问题，重视实质平等和社会发展权的社会主义法律传统对于

① 章永乐：《从秋菊到 WTO：反思国际战略选择与国内法律秩序演变的关系》，《武汉大学学报（哲学社会科学版）》2017 年第 1 期。

② 邵六益：《民法典编纂的政法叙事》，《地方立法研究》2020 年第 5 期。

③ 习近平：《论中国共产党历史》，中央文献出版社 2021 年版，第 3—6 页。

保护社会、维持社会团结、顺利实现社会转型至关重要。党对政法工作的领导给政法工作注入了社会主义的价值维度，有助于在法律之外维持另一种规则体系和价值准则，保证了多重价值知识整合的可能，不仅有助于不断推行当时的主流价值观，还可以缓解法律本身僵化、保守的问题。

法治建设中的上述“通三统”命题不仅是抽象的理论宣示，而且可以落实到具体法律改革中来。就公法研究而言，社会主义体现为对 19 世纪自由主义法治的超越，如宪法学界已经对财产的社会义务、社会主义民族关系等议题做出了非常有力的探索。[①] 刑法中社会主义原则体现得更为明显，主流刑法学界对苏俄式四要件犯罪构成体系的坚持，在某种意义上也是在捍卫中国的社会主义实质法益理论。[②] 从私法的角度来说，尽管民法以身份平等为基本指针，但是从新中国成立之始民法就带有明显的身份性，这在新制定的《民法典》中也有体现。比如，在社会上关注较多的婚姻家庭编的相关争论中，中国民法典并未接受有些研究者提出的将事实婚姻、彩礼法律化的建议，以避免事实上的阶级分化，从而维护弱者在婚姻中的平等选择权，竭力以社会主义的婚姻家庭观抵制过度的自由主义化，“民法典婚姻家庭编在很大程度上坚持了马克思主义婚姻家庭观，维护了弱者在婚姻中的平等选择权，抵制可能的资本主义化对婚姻家庭的侵蚀”[③]。正是追求实质平等的社会主义价值奠定了党的一元化领导的基础，也为党领导政法提供了依据。[④] 就司法工作而言，党借助多种领导方式将社会主义注入司法实践之中，由此维持多重价值之间的平衡。

二、党对分化人民的实质代表

在中国的政法话语体系中，“人民”有着丰富的含义，形式主义的法律程序将人民设想为同质化的当事人，社会学视野中的人民是分化的群

---

① 张翔：《财产权的社会义务》，《中国社会科学》2012 年第 9 期；常安：《社会主义与统一多民族国家的国家建设（1947—1965）》，《开放时代》2020 年第 1 期。

② 邵六益：《法学知识“去苏俄化”的表达与实质——以刑法学为分析重点》，《开放时代》2019 年第 3 期。

③ 邵六益：《中国民法典的社会主义性质研究》，《毛泽东邓小平理论研究》2020 年第 12 期。

④ 冯象：《我是阿尔法：论法和人工智能》，中国政法大学出版社 2018 年版，第 138 页。

众，而政治上的人民则是指具有政治正当性的整体性概念。[①] 形式化法治只能代表部分人的诉求，不同群体对待法律诉讼的态度是不同的，统治精英和社会上层更倾向于采取法律途径来解决纠纷，而中下社会阶层成员更信赖党政机关，进入诉讼之后也更期待法院能够帮他们维护实质正义。[②] 精巧的法律程序更有可能成为限制普通人的门槛，高度专业化的司法制度已经有蜕化为既得利益者的保护机制之嫌。在市场经济条件下，资本的力量日益强大，形式法治势必难以满足底层群众的要求。强世功教授发现："中国法治建设的危险就在于西方资本主义法治传统一支独大，若缺乏礼法传统和社会主义政法传统的制约，就会变成一种不受约束的'资本—官僚—法治'的混合怪兽。"[③] 在这样的背景下，必须要呼唤政党的介入，"如果共产党不能在实质层面上兑现这种承诺，而只是强调形式法治，片面地用形式法治界定党（以及国家）与人民之间的权责边界，那么就可能引发人民对党的认同和信任危机，或者会使得法治成为官僚体系抑或资本权力的单纯的管控工具"[④]。这就必然要尊重社会分化的现实，在坚持差异化逻辑的前提下实现对人民的实质代表。

政法体制对人民的实质代表借用了社会主义的政治塑造机制，社会主义奠定了共和国宪制基础，借助社会主义的政治整合机制，完成了"人民"的政治塑造，由此保证政法体制不是制约法治的障碍，而是人民诉求的保障。坚持以人民为中心的法治思想，必然对民族国家的"公民—国家"观念提出挑战，通过对形式平等的公民概念的解构、重新划分、政治塑造，借助区分化逻辑打造新的同质性基础——基于无产阶级的社会主义同质性，这也是政法体制的独特基础所在。社会同质性在现代国家构建中体现为民族同质性或者阶级同质性，社会主义国家采取阶级同质性的进路，新中国成立以来的政法实践也遵循了打造无产阶级同质性的路线，在

---

① 邵六益：《我国司法理论中"人民"的多重意涵》，《法商研究》2021 年第 3 期。

② 程金华、吴晓刚：《社会阶层与民事纠纷的解决——转型时期中国的社会分化与法治发展》，《社会学研究》2010 年第 2 期。

③ 强世功：《批判法律理论的谱系——以〈秋菊打官司〉引发的法学思考为例》，《中外法学》2019 年第 2 期。

④ 刘磊：《中国法治四十年——社会主义与法治的变奏》，《文化纵横》2018 年第 3 期。

法治理论中体现为革命法制的基本框架：借助革命话语不断塑造更为坚实的人民基础，在政治过程实现多元之上的一体化构建。①

其实，合众为一也是任何国家宪制框架的关键所在，如斯门德将整合——包括人的整合、功能整合、质的整合视为国家生活的根本过程。② 美国宪制的枢纽便在于对不同世代美国人的价值整合，“不但在空间上统合广土众民，而且在时间上弥合代际断裂”③。同样地，中国宪制过程不断借助社会主义改造，将不同身份的主体转化为具有社会主义同质性的劳动者，从而实现了合众为一的政治塑造，在这其中需要借助党的领导去避免诸如工联主义、性别主义的困境。在新民主主义革命过程中，中国共产党娴熟地使用社会主义作为统合的工具，驯化不同群体间彼此相异的诉求，以此实现合众为一的政治塑造。“社会主义”不仅是一种定性，也是一个政治过程——将多元的个体转换为统一的人民。无论是对农民斗地主程度的限制，还是对妇女解放的控制，抑或是对少数民族的改造，都需要借助社会主义的教育和驯化。新中国成立之后亦是如此。比如，国家没有将纯粹的无产阶级化作为方向，而是借助社会主义的政治塑造，将单个工人的诉求、工人群体的集体主张纳入国家大局，使他们成为社会主义主人翁。④

坚持党对政法工作的领导，能够在形式法治之外注入实质考量，避免形式法治带来的代表性不足，从而在党的领导与以人民为中心之间建立起紧密的关联，实现以人民为中心的改革初心。作为政治概念的人民不是固定不变或自然生成的，在将人民从分化的个人转变为整体的“人民”的过程中，需要借助政党领导的社会主义政治机制，完成“人民”的政治塑造，保证政法体制不是制约法治的障碍，而是人民诉求的保障。党的十九大指出，当前中国社会的主要矛盾已经转化为人民日益增长的美好生活需要和不平衡不充分的发展之间的矛盾，这就要求政法工作更加关注社会平

---

① 邵六益：《同质性：卢梭公意思想中的隐匿命题》，《中国延安干部学院学报》2019年第6期。

② ［德］鲁道夫·斯门德：《宪法与实在宪法》，曾韬译，商务印书馆2020年版，第26—70页。

③ 刘晗：《合众为一：美国宪法的深层结构》，中国政法大学出版社2018年版，第10页。

④ 邵六益：《社会主义主人翁的政治塑造（1949—1956）》，《开放时代》2020年第5期。

等，关注对难入法律之门的社会弱者的充分保护。

在司法政策中，国家在专业化的审判之外维持调解等多元化纠纷解决方式，判决与调解之间的钟摆保证了解决纠纷的“法治刚需”能够为不同的人们方便地获得，进而维持司法过程的多维合法性构建。[①] 在具体的司法过程中，坚持在法律效果之外兼顾政治效果与社会效果，避免单纯地追求法律效果而忽视结果正义。比如，审判委员会使得政治性的实质考虑进入审判，使得无法委托优秀律师参与诉讼的弱势群体获得了“不在场的在场”。[②] 无论是宏观的司法政策还是微观的司法审判过程，最终都要实现司法以人民为中心，从而维护社会主义对实质平等的追求，政法体制中的社会主义传统意义重大。有研究认为，中国能否避免经济成功背后的社会不平等，不仅决定了中国的未来发展，也影响了中美21世纪发展道路的竞争结果。[③]

第三节　党领导政法的制度逻辑

党历来重视从制度上保证在重大问题上的统一行动，维护党中央权威。政法工作具有专业性，但政法工作并不仅仅是法律人的精巧游戏，还是党领导下的为人民服务的手段，专业性并不会阻碍政治性的影响。政法工作也要坚持民主集中制，一方面通过坚持党的绝对领导实现政法工作的顶层设计，另一方面通过健全执政党的基层网络以体现民主，实现以人民为中心的改革思路，从而打通人民与政党的联系，使得党领导下的政法工作能够超越专业化的束缚。

一、从司法改革到政法改革

党法关系的关键在于，党能够在多大程度上涉足法治过程，即主权者

① 邵六益：《悖论与必然：法院调解的回归（2003—2012）》，《华东政法大学学报》2013年第5期。

② 邵六益：《审委会与合议庭：司法判决中的隐匿对话》，《中外法学》2019年第3期。

③ 欧树军：《“两个美国”才是常态？——美国社会分裂的历史脉络》，《文化纵横》2021年第2期。

应该如何对待司法专业化和司法独立的问题。这并非中国的地方性难题，而是一个普适性议题。英王詹姆斯一世与大法官柯克在 17 世纪的争论，引发了关于“自然理性”与“技艺理性”的长久讨论，此后法官的自由裁量权争议一直存在于判例法传统中，如卡多佐试图通过对司法过程的深描，为法官裁判寻找正当性基础。即便如此，美国联邦最高法院仍旧面临“反多数难题”的折磨，代表最高司法技艺理性的大法官们，仍旧需要处理好与主权者人民的关系，“最小危险部门”也难以超脱于主权与司法的张力。[①]

尽管包括司法、执法在内的国家治理体系都面临着理性化、专业化的要求，但司法承受了更多的压力。比如，法官专业化早已经成为司法改革的基本要求。《法官法》对法官任职条件做了大幅度的提升，要求新任法官必须取得相应的法学教育学历、通过法律职业资格考试。1997 年最高人民法院在《关于未取得初任审判员、助理审判员考试合格证书的法院工作人员不能提请任命为审判员或者任命为助理审判员的通知》（法［1997］181 号）中要求，《法官法》实施前的法官必须要在 2005 年底之前完成相应的学历教育。专业化也进入人民法院司法改革纲要之中。刘忠教授发现，法院工作的专业性成为一种普遍共识，外领域的人进入法院院长行列已经越来越难了，上级法院也因为比地方党委更能够考察法官的业务水平、专业技能而在选任法院院长时获得越来越大的话语权。[②] 但行政管理领域人员的专业化却并未成为核心目标，在依法行政的同时还可以不断强调其实质化水平，甚至在行政法学研究中还出现了“实质法治”的倡议，在行政管理领域也未出现强烈的专业化诉求。[③] 由于中国的法学研究中长期以来存在法院中心主义的特征，将司法改革视为法治改革的关键，因此孕育了专业主义和精英主义的倾向，使得党的领导与专业化司法之间的张力成为相关研究的核心命题，[④] 也对我们以法院为中心的司法改革理论提出了新的要求。

---

① ［美］亚历山大·M. 比克尔：《最小危险部门——政治法庭上的最高法院》，姚中秋译，北京大学出版社 2007 年版，第 14—25 页。

② 刘忠：《条条与块块关系下的法院院长产生》，《环球法律评论》2012 年第 1 期。

③ 参见何海波：《实质法治：寻求行政判决的合法性》，法律出版社 2009 年版。

④ 强世功：《“法治中国”的道路选择——从法律帝国到多元主义法治共和国》，《文化纵横》2014 年第 4 期。

党的十八大以来，司法改革的概念逐渐让位于政法改革的新提法，意味着法治领域的一次飞跃，使得党的领导与司法专业化的张力被更大的政法改革的概念所容纳。党内首部政法工作的法规《中国共产党政法工作条例》多次提到“政法改革”概念，并在第一条明确“坚持和加强党对政法工作的绝对领导”。政法改革的概念提出后，相关配套规定也陆续发布，中央全面深化改革委员会第六次全体会议审议通过了《关于政法领域全面深化改革的实施意见》，提出要在坚持党的绝对领导之下统筹和协调推进政法领域改革，并具体部署了深化司法体制综合配套改革、全面落实司法责任制、深化诉讼制度改革和完善维护安全稳定工作机制、构建普惠均等便民利民的政法公共服务体系等多项措施。

与20世纪90年代以来常说的司法改革相比，政法改革在范围、内容和深度上都有新特色。第一，从改革的范围看，政法改革是一场整体性变革，超越了原来的法院、检察院领域，向党委政法委、公安、国家安全、司法行政等领域拓展，辐射到政法工作的各方面、全环节。第二，从改革的内容看，政法改革是一场系统性变革，不仅指向法院、检察院的改革，还涵盖了加强党对政法工作的领导、完善政法机构职能体系、深化执法体制改革、深化司法体制改革、创新社会治理体制、深化政法公共服务改革、加强政法科技支撑体系建设。第三，从改革的深度看，政法改革是一场重构性变革，致力于构建系统完备、科学规范、运行有效的政法制度体系。

政法改革的关键在于超越对政法的法院中心主义的想象，这不仅是遵循专业化等司法规律，而且是要以完善政治与法律的关系为基石，不断推进党对政法工作的领导。政法改革的提法也超越对人的当事人主义的想象，当我们将政法工作的对象从司法理论中抽象的“当事人”还原为具体的人民群众、回到政治上的党群关系话语体系后，公检法机关与人大、政府、政协一样，都是“为人民服务”的党的工作机构。[①] 党法关系与党政关系都从属于党与国家关系这个大范畴，政法工作与其他的国家活动一

① 冯象在2012年的一篇文章中认为，中国社会进入一个历史转折点，对官僚主义、党群关系的破裂之关注已经是一种共识，而形式主义法治理论无法回答这些问题，从而构成了某种意义上的“宪法时刻”。参见冯象：《法学的历史批判——答〈北大法律评论〉》，《北大法律评论》第13卷第2辑，北京大学出版社2012年版。

样，都要在党的领导下进行，而党的领导则致力于实现对人民的实质代表，借以沟通法律与民意的机制，能够超越形式主义或科层主义的束缚，回应当前日益严重的社会分化和资本的无序扩张的问题。

中国人民对司法的要求从来就不只是形式化的程序至上，而是更多地强调实质性的结果主义，承担终局性的兜底责任。尽管不同时期的“好法官”意象不同，但是在司法机关参与社会治理实践时，法院、检察院共同服务于党和国家的大局。在党的领导下，只有党政分工，没有党政分开，甚至“党的机关、人大机关、行政机关、政协机关以及法院和检察院，在广大群众眼里都是政府”①。法官和检察官同样需要去清理街头的小广告、帮农民工讨薪甚至要驻村扶贫，司法中的“马锡五审判”“枫桥经验”在中国长盛不衰。法官在处理当事人的纠纷时是秉持后果主义的，不能仅仅以法律规定为由拒绝审判，反而需要采取积极能动的立场，调动各种资源实现案结事了。②

二、“政党—法律—人民”的内在逻辑

党法关系远近的判定标准与时势相关，新时代政法工作的发展确定了政法理论的新语境。在当前的国家治理中，政党的作用得到正视，逐渐改变了20世纪80年代以来所确立的“党政分开”的态势，党的十八大后党政合署等改革所引发的讨论直接触及了党与国家关系的核心——党与国家机构、政治与法律距离的远近，使得隐藏的张力浮出水面：一方面，加强党对政法工作的领导是必然趋势。政法工作要坚持党的绝对领导，与过去所说的党的领导相比更进一步，突出了绝对性，体现了政法工作的政治性。另一方面，政法工作尤其是司法工作的专业性也在发展，如何具体地分析两种趋势之间的关系？党对政法工作的领导与党在宪法法律下活动，两者有着辩证统一关系，“不能把坚持党的领导同人民当家作主、依法治国对立起来，更不能用人民当家作主、依法治国来动摇和否定党的领

① 王岐山：《构建党统一领导的反腐败体制　提高执政能力　完善治理体系》，《人民日报》2017年3月6日。

② 苏力：《关于能动司法与大调解》，《中国法学》2010年第1期。

导”[1]。这种辩证关系的核心在于理顺党与人大的关系，关键在于将人民的维度纳入政党与法律的关系，避免党与法的二元对立，维系“政党—法律—人民”的三元关系。

政党追求符合政治要求的实质结果，但在主流法治理论中，法治的正当性来源于全国人大及其常委会，借助法律保留等原则构建起法律至上的逻辑。政法工作体系中的“政”“法”关系最直接地体现为政党与人大的关系。党的代表与人大代表之间的关系也是中国宪制的枢纽，[2] 党与法、党的领导与最高国家权力机关的人大之间的关系，成为理解政法体制的基石问题。“在新的奋斗征程上，必须充分发挥人民代表大会制度的根本政治制度作用，继续通过人民代表大会制度牢牢把国家和民族前途命运掌握在人民手中。这是时代赋予我们的光荣任务。”[3] 坚持党对政法工作的绝对领导，就必须协调好党与人大的关系，这就需要引入人民的视角。党的十八大以来，政法工作不断加强其人民性，凸显其社会主义底色，不仅在党的基层组织体系上通过健全基层网络加强人民性，在人大制度改革中也凸显这一基本方向，恰好与习近平法治思想中的坚持以人民为中心相呼应。

近些年来，党的基层组织涣散，而在国家机构层面上基层人大代表人数的锐减，双重的基层困境导致了政法体系的代表性不足，难以做到以人民为中心。在最近两年间，中共中央制定或修订了《中国共产党基层组织选举工作条例》《中国共产党国有企业基层组织工作条例（试行）》《中国共产党党和国家机关基层组织工作条例》等党内法规，致力于落实新时代党的建设总要求和党的组织路线要求，以增强基层党组织政治功能和组织力，保证党同人民群众的血肉联系。同时，人大改革也贯彻着以人民为中心的基本思想。在五级人大代表中乡镇和县市的人大代表总数占95%，是党和国家联系广大人民群众的桥梁纽带。随着我国社会改革发展实践，

---

① 习近平：《论坚持党对一切工作的领导》，中央文献出版社2019年版，第44页。

② 强世功：《中国宪法中的不成文宪法——理解中国宪法的新视角》，《开放时代》2009年第12期。

③ 习近平：《在庆祝全国人民代表大会成立60周年大会上的讲话》，人民出版社2014年版，第5页。

大量乡镇改设街道、撤乡并镇后导致基层人大代表数量锐减。[①] 为了维持人大与选民的直接联系，更好地反映人民意愿、代表人民意志，巩固人民代表大会这一根本政治制度，党的十九届四中全会决定提出要健全人大选举制度，适当增加基层人大代表数量。新修订的《选举法》以贯彻落实党的十九届四中全会决定为主线，适当增加基层人大代表数量。

尽管党的基层组织建设和人大改革都在努力增强人民性，但是全国人大在立法中遭遇日益严重的官僚化困境，相对来说中国共产党更有能力避免人大立法中科层化束缚，保证对人民的代表。[②] 党的这种超越性来自群众路线的代表性机制，“一切为了群众，从群众中来，到群众中去”，党不高于群众。同时，群众也不是不变的，而是会随着变化而不断进步，反过来对党提出新的要求。在此过程中，无论是政党还是人民群众都会被不断重新定义，“政党与群众的关系在这一过程中发生变化，两者的关系逐渐地转化为相对一体的关系。这种关系不完全是代表性的关系，或者说，常常超出了代表性的关系，两者通过这一关系而相互塑造，从而群众路线成为一种新的政治主体性的创生过程”[③]。也正是在这个意义上，宪法学者将“党领导下的人民”作为中国的主权者的表现形式，[④] 进而党领导人大乃是人民主权的表现形式。总之，无论是司法、行政，还是立法，都是执行党的意志的机关，三权分立不足以解释中国，党与国家机构的分权是基石性概念——政党承担政治功能，而包括政府、司法等在内的国家机关承担行政的功能，政治与行政的划分才是我们的“理想类型”。[⑤]

中国特色社会主义政法工作体系不仅是对某种外来法治理念的中国化，而且是从自身经验中提炼出来的框架、理论。两个最为核心的限定词

---

① 我国五级人大代表总数从 1997 年的 312.5 万名减少到 2017 年的 262.32 万名。其中，乡镇人大代表数量由 242.34 万名减少到 188.15 万名，减少了 54.19 万名，是人大代表数量减少的主要原因。参见沈春耀：《关于〈中华人民共和国全国人民代表大会和地方各级人民代表大会选举法（修正草案）〉的说明》，《全国人民代表大会常务委员会公报》2020 年第 5 期。

② 王理万：《立法官僚化：理解中国立法过程的新视角》，《中国法律评论》2016 年第 2 期。

③ 汪晖：《“后政党政治”与中国的未来选择》，《文化纵横》2013 年第 1 期。更多的内容，可参见汪晖：《世纪的诞生：中国革命与政治的逻辑》，生活·读书·新知三联书店 2020 年版。

④ 陈端洪：《制宪权与根本法》，中国法制出版社 2010 年版，第 283—286 页。

⑤ 参见［美］弗兰克·J. 古德诺：《政治与行政：一个对政府的研究》，王元译，复旦大学出版社 2011 年版。

是，党的领导、以人民为中心。政法工作体系是中国特色社会主义的组成部分，党的领导是最为关键的特色之一。党的领导是中国特色社会主义最本质的特征，是社会主义法治最根本的保证。坚持中国特色社会主义法治道路，最根本的是坚持中国共产党的领导。[①] 与此同时，党的领导也离不开社会主义法治，“党领导人民制定宪法法律，党领导人民实施宪法法律，党自身必须在宪法法律范围内活动，这就是党的领导力量的体现。全党在宪法法律范围内活动，这是我们党的高度自觉，也是坚持党的领导的具体体现，党和法、党的领导和依法治国是高度统一的”[②]。党的领导与社会主义法治之间的关联便在于为人民服务、以人民为中心的政治哲学，这也是“政党—法律—人民”之间的内在逻辑。

第四节　理顺“政”“法”关系的制度抓手

社会主义政法体制的关键是理顺“政”与“法”的关系，通过人民代表大会制度保证党的路线方针政策和决策部署在国家工作中得到全面贯彻和有效执行，全国人民代表大会是将党的意志进行法律化的中心环节。为了保证人大对人民的代表性，需要完善全国人大的组织规则与议事规则，以深化党和国家机构改革，推进国家治理体系和治理能力现代化。[③] 在中国特色社会主义进入新时代背景下，更好地坚持党对人大工作的全面领导，切实加强全国人大的政治建设，是发展完善社会主义民主政治制度的重要举措和题中之意。党的十九大报告指出，中国共产党的领导是中国特色社会主义最本质的特征，是中国特色社会主义制度的最大优势，而人民代表大会制度正是坚持党的领导、人民当家作主、依法治国有机统一的根本政治制度安排，有助于通过人大制度和法定程序使党的主张成为国家意志。坚持和完善人民代表大会制度的关键是保证和发展人民当家作主，

---

① 习近平：《论坚持党对一切工作的领导》，中央文献出版社 2019 年版，第 78 页。

② 中共中央文献研究室编：《习近平关于社会主义政治建设论述摘编》，中央文献出版社 2017 年版，第 99—100 页。

③ 王晨：《关于〈中华人民共和国全国人民代表大会议事规则（修正草案）〉的说明》，《人民日报》2021 年 3 月 6 日。

“人民当家作主是社会主义民主政治的本质和核心。人民民主是社会主义的生命。没有民主就没有社会主义，就没有社会主义现代化，就没有中华民族伟大复兴。我们必须坚持国家一切权力属于人民，坚持人民主体地位，支持和保证人民通过人民代表大会行使国家权力”[①]。

立法是全面依法治国的首要环节，党领导立法是中国共产党法治领导力的重要体现。人大立法是我国立法体制的核心，近些年来人大立法需要回应两个新议题：从人大代表的构成来说，人大代表具有整体性与地方性双重身份，因此需要协调彼此之间的复杂关系；从立法过程来说，具体立法活动越来越由立法工作人员而非代表负责，从而需要处理部门立法的难题。解决上述两大问题，要求我们加强党对人大立法的领导。中国共产党提供了多元代表的共识基础，从而夯实了人大立法的全国性、整体性基础。同时，党的领导也有助于避免立法中的利益冲突和部门立法问题，提升立法过程的民主性。在新时代的背景下，党领导人大立法需要落实到以人民为中心的改革思路上来，近期人大改革以增加基层直选代表、完善人大议事规则等为抓手，这一方面提升了人大立法的人民性，体现了立法工作的政治性，另一方面也保证了人大在立法过程中能倾听民意，提升了立法的民主化程度。

在改革开放后的“西法东渐”中，形式主义法律传统塑造了“法院中心主义”基本范式，[②] 打造出法律对政党的形式化限定，政党需要在人大所修订的宪法和制定的法律框架下活动。有研究从西方政党理论出发，认为人大会从“党的人大”变为“党的领导伙伴”，[③] 甚至有学者认为人大对党具有监督权，[④] 从而产生了党与人大权威两者间的复杂关联。实际上，将党与人大对立起来，是对中国党与国家关系的东方主义的误读，是用西方政党理论简单化中国的党与人大、党与立法关系的结果。党的十八大以

① 习近平：《论坚持全面依法治国》，中央文献出版社 2020 年版，第 71 页。

② 对“法院中心主义”的学术反思，参见强世功：《中国法律社会学的困境与出路》，《文化纵横》2013 年第 5 期。

③ 加茂具树：《人民代表大会：角色与功能的变迁》，载陈明明、何俊志：《中国民主的制度结构（〈复旦政治学评论〉第 6 辑）》，上海人民出版社 2008 年版。

④ 铁犁：《党领导人民与人民监督党——论党领导人大与人大对党的监督》，《法学》1995 年第 12 期。

来，我们党进一步明确了党在政治法律实践中的领导地位，与此同时，人大制度作为根本政治制度的重要性丝毫没有降低，“在新的奋斗征程上，必须充分发挥人民代表大会制度的根本政治制度作用，继续通过人民代表大会制度牢牢把国家和民族前途命运掌握在人民手中。这是时代赋予我们的光荣任务”[①]。在党与人大的关系框架下去解读党领导立法的理论基础，这也是理解中国共产党法治领导力的关键命题。

一、人大立法中的两大新议题

人民代表大会制度是我国的根本政治制度。人大立法权的正当性来自人民的授权，《宪法》第2条明确了全国人民代表大会和地方各级人民代表大会是人民行使国家权力的机关；人大代表由人民选举作为代表行使立法权——主权的一部分，代表理论赋予了人大代表立法的天然正当性，《宪法》第58条规定由全国人民代表大会及其常务委员会行使国家立法权。然而在现实中人大立法可能面临两个层面的代表性流失。

第一，人大代表的构成是多元的，每个代表在履职时有多重的考虑，其地方性诉求与整体性诉求之间的分歧明显。以全国人大代表的构成而言，他们有地区和界别两种选举方式，如第十三届全国人民代表大会的代表分属35个代表团，即34个省、自治区、直辖市、特别行政区代表团以及解放军和武警部队代表团。[②] 在代议制理论中，每个代表都有着两重身份，既是国家的受托人又是每个选区的受托者，既为国家利益代言又要为选区选民发声，这两种诉求之间存在一定的张力。从理想状态来说，虽然人大代表由不同的选区选举产生，但是他们都是最高立法机关的组成人员，在履职过程中都应该以大局为重，然而现实越来越表明，来自各地的人大代表会有自己地域性的考虑——政策红利集中在少数地区，但政策的成本是由全国来承担的，因此代表们为了获得选民的支持实现连任，会尽力追求有利于自己选区利益的政策。这一点已经被越来越多的研究所证

① 习近平：《在庆祝全国人民代表大会成立60周年大会上的讲话》，人民出版社2014年版，第5页。

② 各代表团的人数和名单，可参见全国人民代表大会网站 http：//www. npc. gov. cn/npc/dbmd13/dbmd. shtml，最后访问日期：2021年5月9日。

实。比如，有学者以我国东部某省人大代表的建议和询问为范本进行分析发现，代表们在履职中也有地方主义的倾向，更多会提出有利于自己选区利益的政策。[①] 当然，中国的人大代表表达地方诉求的目的与西方不同：西方的议员更多为了自己的连任，中国的人大代表更多则是为了最大限度地推动地方经济的发展，助力地方的“经济锦标赛”。[②]

除人大代表双重身份所带来的张力外，人大代表的代表性流失还体现为代表数量的减少，尤其是与人民群众关系最为紧密的直选人大代表数量的锐减。在我国的各级人民代表大会中，不设区的市、市辖区、县、自治县、乡、民族乡、镇的人民代表大会的代表由选民直接选举，全国人民代表大会和省、自治区、直辖市、设区的市、自治州代表大会的代表，由下一级人民代表大会间接选举产生。相对而言，直接选举产生的代表与选民的关系最为紧密，人数也最多。在我国的五级人大代表中，乡镇和县市的人大代表总数占95%，是党和国家联系广大人民群众的桥梁纽带。但是随着我国社会改革实践的不断发展，大量乡镇改设街道、撤乡并镇导致基层人大代表数量锐减：一方面，撤乡并镇后，乡镇人大代表数量随之减少；另一方面，由于街道不设本级人大代表，乡镇改设街道后原有的乡镇人大代表名额也随之削减。1997 年到 2017 年，我国五级人大代表总数从 312. 5 万名减少到 262. 32 万名，共减少了 50. 18 万名，降幅为 16. 05%；其中乡镇人大代表数量减少是五级人大代表总数逐届减少的主要原因，从 242. 34 万名减少至 188. 15 万名，减少了 54. 19 万名。[③] 乡镇人大代表数量的锐减导致人大代表与人民群众的联系减弱，影响了人大制度的基础。

第二，人大在立法过程中面临明显的科层化问题，进而陷入部门立法的困境，导致人大立法的民主化程度被侵蚀。全国人大是最高的法律主权者，在立法中行使政治判断权，对立法事项做出决断、形成共识、制定法律，但是在现实中，立法经常是由人大某个工作部门负责的，人大代表负

① 李翔宇：《中国人大代表行动中的“分配政治”——对 2009—2011 年 G 省省级人大大会建议和询问的分析》，《开放时代》2015 年第 4 期。

② 中国政府运行中存在某种意义的“行政发包制”，在地方官员的晋升考核中 GDP 占比很高。参见周黎安：《行政发包制》，《社会》2014 年第 6 期。

③ 沈春耀：《关于〈中华人民共和国全国人民代表大会和地方各级人民代表大会选举法（修正草案）〉的说明》，《全国人民代表大会常务委员会公报》2020 年第 5 期。

责投票表决法案，法律文本则是由人大的工作人员制作的。从规范层面来说，人大代表是“显性立法者”，但是在实践中以法制工作委员会为代表的立法工作者是事实上起作用的“隐性立法者”。由于立法工作日渐专业化，而中国的人大代表的非专职性及缺乏足够的立法技能，出现了立法工作者违背代表决断的现象。比如，某省在制定省级预算审查监督条例时，立法工作者在6个月中易稿10多次，在文字上毫不退让，“隐性立法者”的越界风险剧增。[①] 这些立法的工作人员更像是立法官僚而非民意代表，由此立法过程陷入学者概括的“立法官僚化”的状况。[②] 而一旦立法从人大的判断权蜕变为科层式的行为，那么立法的政治性减弱，有可能陷入立法的复杂利益纠纷。在人大立法过程中，存在严重的部门立法现象，每一部法律的制定是由某个或某几个部委主导，而相关部委在介入立法过程时总是会带入各自的利益诉求，从而导致人大立法陷入部门立法的束缚。比如，在制定《道路交通安全法》的过程中，农业（农机）部门与公安部门对农业机械管理权的争夺、公安部门与交通部门对交通安全管理体制的激烈争论，全国人大社会建设委员会原副主任委员陈斯喜曾对此做过较为细致的分析。[③]

人大立法的两大新议题涉及人大代表的构成、人大立法过程两个层面，回应这两个问题的关键在于引入党对人大立法工作的领导。不少学者已经关注到党对人大的领导，如人大常委会党组向同级党委报告工作制度、中国共产党党员在全国和地方各级人民代表大会及其常委会中占大多数、各级人大开会期间大会和各代表团都成立了临时党组织以接受同级党委的领导。[④] 其实，在立法过程中，党的领导不仅仅是“原则性”的，更是对实质问题所进行的判断，承担了真正的立法功能，[⑤] 党与人大的分工

① 卢群星：《隐性立法者：中国立法工作者的作用及其正当性难题》，《浙江大学学报（人文社会科学版）》2013年第2期。

② 王理万：《立法官僚化：理解中国立法过程的新视角》，《中国法律评论》2016年第2期。

③ 陈斯喜：《论我国良法的生长——一种立法博弈分析视角》，博士学位论文，北京大学，2006年，第154—212页。

④ 周尚君：《中国立法体制的组织生成与制度逻辑》，《学术月刊》2020年第11期。

⑤ 韩丽：《中国立法过程中的非正式规则》，《战略与管理》2001年第5期。

有点类似于大立法者（legislator）与立法者（law-maker）的区别。[①] 笔者认为，强调党对人大立法工作的领导，有助于回应前文所述的两大议题，一方面可以保证人大代表构成中多元基础上的共识塑造，另一方面也能够加强立法过程的民主化水平。

二、党的领导与人大立法的民主性

理想状态下立法是公意的体现，但在立法过程中个人利益或地方利益的影响很大，如何在众意之上达致公意？卢梭对此有一句充满迷惑性的论断："众意与公意之间经常总是有很大的差别；公意只着眼于公共的利益，而众意则着眼于私人的利益，众意只是个别意志的总和。但是，除掉这些个别意志间正负相抵消的部分而外，则剩下的总和仍然是公意。"[②] 为什么利益诉求差别巨大的个人意志正负相加后能够得出公意？这种看似简单的算术相加背后的逻辑何在？其实，卢梭并非没有意识到现实中的利益差别和诉求分歧，只是他的理论有一个社会前提，即大家存在某种程度上的社会同质性——这种同质性保证了大家在差别之上的共识，这种社会层面的对公意的限定和保证，也可以视为是卢梭公意理论的隐匿前提。[③] 这一认识对于我们分析党对人大立法的领导具有重要借鉴意义，尽管全国人大代表的构成中存在多元的来源，但是所有代表处在党的统一领导下，从而使得大家的意见和表决能够形成一个基本的共识，尤其是在当前利益多元化、主体多层次化和民意多样化的新时期，仅仅依靠代表与选民的"自然联系"已经不足以保证立法的公共性，党的统一领导更为迫切与必要。

现代政治不可能完全采取直接民主的方式，政治哲学中的同一性与代表性是两条最基本的原则。[④] 各个代表的意见汇聚后能够形成公意的前提是代表之间存在同一性的基础，但这种共同身份不是自然生成的，必须经

---

① 强世功教授在《立法者的法理学》一书中对卢梭的 legislator 与 law-maker 的区别作了深入的分析。参见强世功：《立法者的法理学》，生活·读书·新知三联书店 2007 年版。

② ［法］卢梭：《社会契约论》，何兆武译，商务印书馆 2003 年版，第 35 页。

③ 邵六益：《同质性：卢梭公意思想中的隐匿命题》，《中国延安干部学院学报》2019 年第 6 期。

④ ［德］卡尔·施米特：《宪法学说（修订译本）》，刘锋译，上海人民出版社 2016 年版，第 271—275 页。

过整合才能逐渐成为一种共识。代议制的正当性不仅仅是由于民主程序本身，还因为人民首先具有同一性，“为了获得民主决定，仅仅建立程序是不够的。参与者必须承认彼此是共同体的一部分，愿意通过这个共同体进行共同决定”①，否则一个大的共同体的代表很容易走向联邦党人所担忧的党派政治。在全国人大代表的构成中，代表们并不是直接由全国人民选举出来的，而是采取各地选出代表集合的形式。这些从各地选出的代表如何能够成为全国的代表，而不仅仅是地方代表，这是代表制理论中的一个核心难点。

关于代表构成的研究中，镜像理论——代表是全国人民的一个缩微版的再现影响深远，要求立法机构要像镜子一样，全面地、毫无保留地、消极地将所有对象反映到代表机构上来，等比例复原保证了代表的正当性。② 全国人大代表的构成也大体上再现了人民的真实构成，如有学者根据中国人民构成的相关指标，对十一届全国人大代表构成中的代表团分布（地区）、籍贯构成、年龄结构、性别结构、民族结构、党派结构进行详细考察，印证了人大代表构成中的镜像原则以夯实其代表性。③ 然而，并非国民的等比例再现就能够证明代表性，多元构成中还必须有共同性。尤其是大国中，国民的分歧很明显，如何维持来源多元的代表之间的同一性需要特殊的制度安排。相关的研究者意识到了人大代表的共识达成问题，张友渔先生对这一问题早有关注，他指出：“就全国人民代表大会代表来说，主要是考虑涉及全国人民、整个国家的重大问题。这是因为他们虽是某个选区、某些选民选出的，但他们是全国人民代表大会代表，所以性质上是代表全国人民的，因而不能只为选出自己的选区和这个选区所在的行政区域的利益着想，而要想着全国的利益。当然，也要考虑自己选区的利益，

---

① ［德］克里斯托夫·默勒斯：《民主：苛求与承认》，赵真译，清华大学出版社 2017 年版，第 60 页。

② 关于此种“描述性”代表理论，可参见［美］汉娜·费尼切尔·皮特金：《代表的概念》，唐海华译，吉林出版集团有限责任公司 2014 年版。

③ 刘乐明、何俊志：《谁代表与代表谁？十一届全国人大代表的构成分析》，《中国治理评论》2013 年第 2 期。

但主要不是解决一般地方性的问题，而是要解决全国性的问题。”[①] 全国人大常委会法工委原副主任阚珂撰文指出，人大代表之所以是全国人民或本行政区域全体人民的代表，而不是各选区和各选举单位的利益的代表，是因为社会主义制度下全国各族人民根本利益的一致。他从单一制的国家结构、法律规定、公平代表的需要等角度进行了论证。[②] 这些说法为我们理解代表的整体性提供了很好的方向，但尚需要深化，从概念上重复全国人大代表的“全国性”并不意味着问题的解决，根本利益的一致不能化解现实中具体利益上的分歧。

立法中共识的实现需要有一个前提，这个前提来自政治上的保障——中国共产党的领导。对人大代表的双重身份及其困境的解决必须引入党的视角，正是党的领导弥合了不同区域之间的差异，实现了人大代表身份的合众为一。民主集中制是党的根本组织原则和国家机构原则，分别被《中国共产党章程》第 4 条和现行《宪法》第 3 条规定，既是马克思主义政党进行国家建设的显著特色，也是理解中国共产党治国理政的优势之一。与国家机关相比，党的行动更为强调集中统一。比如，2020 年印发的《中央委员会工作条例》紧紧围绕保障“两个维护”主旨谋篇布局，要求在党内的决策过程中应该将中央统一领导置于首位。人大立法中的统一意志离不开党中央的领导与“两个维护”的贯彻落实，栗战书委员长指出：“全国人大及其常委会作为人民行使国家权力的机关，要自觉在党中央领导下工作，围绕党中央决策部署依法履职，坚决维护习近平总书记权威和核心地位，坚决维护以习近平同志为核心的党中央权威和集中统一领导，确保党领导人民有效治理国家。”[③]

党领导下的共识形成机制的核心在于，以无产阶级的初心与价值观不断驯化其他的分化的意志，以便更好地代表整体性，如从个人的或小集体的利益到整体的利益、从各民族分散的利益到中华民族的共同利益的转

① 张友渔：《论人民代表大会代表的任务、职权和活动方式问题》，《法学研究》1985 年第 2 期。

② 阚珂：《人大代表应当代表谁的利益?》，《法制日报》2014 年 10 月 21 日。

③ 栗战书：《在第十三届全国人民代表大会第一次会议上的讲话》，《人民日报》2018 年 3 月 21 日。

化，都需要中国共产党领导下的阶级整合。[①] 只有坚持以人民为中心，才能避免个别利益的束缚和彼此张力，不同选区和选民选出的代表要服务人民，首先要意识到他们所服务的是全体的整体的人民，而不是个别的选民和部分的选区利益，唯此才有可能超越地方主义的束缚。代表们“要认识到为人民服务，首先是为全体人民服务，也就是为整个国家、社会的利益着想，而不只为本地区、本选区，或者某些选民以至个别选民的利益着想，更不能为个人利害打算。个人利益要服从全体利益，局部利益要服从全局利益。当然这不是不要照顾本地区、本选区和选民的利益，而是不应当有地方主义、本位主义”[②]。在人大立法过程中，政党的整合有助于化解立法过程中的部门立法的束缚。正是在立法过程中不断对代表进行大局观的叙述才能够确保避免干扰，“各有关方面都要从党和国家工作大局出发看待立法工作,不要囿于自己那些所谓利益，更不要因此对立法工作形成干扰”[③]。

立法是全面依法治国的首要环节，党领导立法是中国共产党法治领导力的重要体现。在我国的中央统一领导、地方一定程度分权、多级并存、多类结合的立法体制下，全国人大立法处于核心环节，人大立法的正当性来自人民的授权，但近些年来人大立法面临两大全新议题：第一，从人大的构成来说，人大代表的整体性与地方性双重身份之间存在张力，来自各个地方的全国人大代表何以能够代表全国的、整体的利益？第二，从人大立法过程来说，由于人大代表的非专职化和立法日益提升的技术难度，实际立法工作更多交由人大常委会的内设机构负责，人大立法面临科层化问题。党对人大立法的领导有助于回应上述两大议题。一是中国共产党作为政治价值的提供者，为在多元代表之上达成政治共识提供了基础和机制，夯实了人大立法的民意基础。二是党的领导也有助于避免立法中的利益纠缠，由于大多数人大代表都是中共党员，借助党的组织机制能够将统一意

① 常安：《社会主义与统一多民族国家的国家建设（1947—1956）》，《开放时代》2020 年第 1 期；邵六益：《社会主义主人翁的政治塑造（1949—1956）》，《开放时代》2020 年第 5 期。

② 张友渔：《论人民代表大会代表的任务、职权和活动方式问题》，《法学研究》1985 年第 2 期。

③ 习近平：《论坚持全面依法治国》，中央文献出版社 2020 年版，第 20 页。

志分享、传递给人大代表，从而保证立法能够体现党的意志，进而更好地实现人民的意志。在新时代的背景下，党领导人大立法需要落实到以人民为中心的改革思路上来，近期人大改革以增加基层直选代表、完善人大议事规则等为抓手，这一方面提升了人大立法的人民性，体现了立法工作的政治性；另一方面也保证了立法过程中能够倾听民意，提升了立法的民主化程度。

第五节　新时代党管政法的发展

中国特色社会主义政法工作体系不仅是对某种外来法治理念的中国化，而且是从自身经验中提炼出来的框架、理论，两个最为核心的限定词是：党的领导、以人民为中心。政法工作体系是中国特色社会主义的组成部分，党的领导是最为关键的特色之一。党的领导是中国特色社会主义最本质的特征，是社会主义法治最根本的保证。坚持中国特色社会主义法治道路，最根本的是坚持中国共产党的领导。[①] 与此同时，党的领导也离不开社会主义法治，“党领导人民制定宪法法律，党领导人民实施宪法法律，党自身必须在宪法法律范围内活动，这就是党的领导力量的体现。全党在宪法法律范围内活动，这是我们党的高度自觉，也是坚持党的领导的具体体现，党和法、党的领导和依法治国是高度统一的”[②]。党的领导与社会主义法治之间的关联便在于为人民服务、以人民为中心的政治哲学，这也是“政党—法律—人民”之间的内在逻辑。相较于“党管政法”这样侧重于党与法二元结构的理解进路，笔者主张将人民维度带入理解党领导政法的理论与实践中来，既能够保持理论框架的稳定性与灵活性：无论是理解司法专业化与司法大众化之间的政策钟摆，还是分析“枫桥经验”等具体改革措施，归根结底都要考虑到区域化的、阶层分化的、变动着的人民的司法诉求。

---

① 习近平：《论坚持党对一切工作的领导》，中央文献出版社 2019 年版，第 78 页。

② 中共中央文献研究室编：《习近平关于社会主义建设论述摘编》，中央文献出版社 2017 年版，第 99—100 页。

无论是司法、行政，还是立法，都是执行党的意志的机关，三权分立不足以解释中国，党与国家机构的分权是基石性概念——政党承担政治功能，而包括政府部门、司法等在内的国家机关承担行政的功能，政治与行政的划分才是我们的“理想类型”。[①] 党如何领导政法是党如何领导国家的子命题，“党管政法”“党管干部”“党管军队”“党管教育”“党管经济”等命题共同组成了这个框架体系。在改革开放后的“西法东渐”中，法治改革受到司法治国理念的深刻影响，面临党的政治领导与法律的专业化的冲突，进而“党管政法”成为法学界的研究热点和若隐若现的背景性命题。政法机关和其他国家机构一样，都会面临形式化、官僚化等问题，此时只有党才能够超越“代表性断裂”，维系对人民群众的实质代表，这是党管司法的内在机理。同时，党法关系也会随着时势表现出不同的特色，党领导政法不是政治与法律间非此即彼的简单取舍命题，“政法”与“法政”交织的故事才更接近真实。由于中国共产党面临着比较强大的绩效合法性的压力，而国家基础权力本身严重滞后，加之近期不断出现的官僚化倾向，在相当长的时间内党的领导会不断加强。当然，随着治理现代化的发展，越来越多的行为应该进入法律框架，也就会逐渐减少党治的需要，借助政党的国家治理会趋向温和，甚至有可能逐渐消失，但这必将是一个长期的历史过程。[②]

---

① ［美］弗兰克·J. 古德诺：《政治与行政：一个对政府的研究》，王元译，复旦大学出版社 2011 年版。

② 陈明明：《双重逻辑交互作用中的党治与法治》，《学术月刊》2019 年第 1 期。

第三章

政法体制中的人民

在社会主义政法体制的理论与实践中，以人民为中心是一项基本要求。人民不是抽象的概念，而是拥有具体的不同维度的含义：法律程序中同质化的“当事人”、社会学意义上分化的“群众”，以及政治学意义上作为正当性来源的“人民”。传统上，人民更多体现为司法群众路线中的“群众”，而在20世纪90年代开始的以专业化为指针的司法改革中，复杂多样的群众被塑造为同质化的当事人——具备法律思维、拥有诉讼能力和举证能力、能够承担法院判决的后果。然而，理想的当事人更多停留在概念之中，现实司法中的人民是分化的。在程序中得不到满足的当事人会借助信访等途径恢复其政治身份，退出法律程序之网，解构了司法公信力的社会基础。在当前的司法改革中，应该尊重政法体制的基本思路，坚持以人民为中心的司法改革，避免“一刀切”误区以面对真实而分化的社会大众及其多样化诉求，重视作为正当性基础的整体意义上的人民，并借助政法体制实现对人民的实质代表，践行以人民为中心司法的初心与本意。人民作为政治正当性的基础，并不是自然而然地存在的，而是在借助政法体制对人民的实质代表的同时，不断实现社会主义对人民的政治塑造。在理解司法过程中人民的不同面孔之时，必然要将党与人民的关系引入讨论，从而也就超越了程序化的当事人逻辑，从法律化的法民关系，重新回到政治性的党群关系。

“为人民服务”是新中国政治哲学的基石之一，在司法中体现为“司法为民”的司法政策，群众路线是其基本底色。[①]“让人民在每一个司法案件中都能感受到公平正义”是司法为民的初心和基础。党的十九大提出的坚持以人民为中心的发展理念，突出了人民的主体地位，深化了为人民服务的政治哲学思想，评价司法改革的效果离不开人民的感受。“以人民为中心”也是习近平法治思想的核心要义之一，“要坚持以人民为中心。全面依法治国最广泛、最深厚的基础是人民，必须坚持为了人民、依靠人民”[②]。20 世纪 90 年代以来，伴随着权利本位和公民逻辑的兴起，司法理论中的人民也经历了从“群众”到“当事人”的转变，在司法专业化和职业化主导下的司法改革中，人民不再是中国共产党倚重的被动员的革命力量，也不再是需要被司法不断驯化的法盲，而是责任自负的理性当事人。传统的马锡五审判方式因为与这一发展趋势不符而被认为意义不大，甚至有学者认为司法的群众路线犯了方向性错误。[③] 近年来，随着司法责任制等措施的推进，人民法院开始大踏步地迈向形式主义法治。但与此同时，源自基层、注重调解的“枫桥经验”成为司法改革的风向标之一，如何解读专业化浪潮中传统经验的复归?[④]

---

① 陈颀：《“为人民服务”的政治哲学》，载强世功主编：《政治与法律评论》第 4 辑，法律出版社 2014 年版，第 34—74 页。

② 《坚定不移走中国特色社会主义法治道路　为全面建设社会主义现代化国家提供有力法治保障》，《人民日报》2020 年 11 月 18 日。

③ 陈洪杰：《方向性错误：司法改革的围城之惑》，《华中科技大学学报（社会科学版）》2009 年第 4 期。

④ 法学界频频借用社会治理等新兴话语来解释“枫桥经验”，但相关研究陷入严重的内卷化境地，“互联网+”、大数据应用、人工智能都与“枫桥经验”简单地联结起来，相关的评述可参见刘磊：《通过典型推动基层治理模式变迁——“枫桥经验”研究的视角转换》，《法学家》2019 年第 5 期。

理解司法政策的起伏变幻，需要关注司法的人民维度，在司法研究中找回人民，这也是社会主义政法体制的核心概念与基础关系之一。司法理论与实践并非建立在真空地带，也不是建立在抽象的概念世界之中的，司法研究不仅需要“面对中国”，还要面对中国的人民。[①] 将法官和诉讼参与人一并考虑才是理解司法的正确方式，苏力教授将其归结为司法的合成理论，认为“在当代中国，必须重构司法制度的理论，把诉讼人纳入考量，不再仅仅视诉讼人为司法制度的消极被动的接收者，而是将之视为直接影响和塑造这一制度并创造制度绩效的行动者”[②]。顾培东教授称之为司法应该尊重“消费者体验”[③]。其实，不同时期的改革都会诉诸“司法为民”的加持，关键是彼此理解的人民是不同的，这要求在司法理论的研究中关注人民的多重意涵，切实贯彻以人民为中心的司法理念。人民不仅是抽象的概念，更是具体的活生生的人，“在任何现代政治场域中，过度关注、强调、放大人民的抽象形象都是不明智的，只有具体的人民才是正当性的真正源泉”[④]。从诉讼构造上来说，司法过程中的当事人可以细分为原告、被告、第三人、刑罚适用者、犯罪嫌疑人、被害人、附带民事诉讼原告人、行政主体、行政相对人等，不同角色的当事人在司法中的基本诉求是不同的。

在人民的多样化区分中，最基本的分野来自社会经济层面：人民到底是责任自负的理性当事人，还是在马锡五审判方式或“枫桥经验”中的群众？越来越多的研究表明，不同群体对待法律诉讼的态度是不同的，统治精英和社会上层更倾向于采取法律途径来解决纠纷，他们期待法院以程序主义的方式来处理涉及自己的纠纷，以此提高对处理结果的可预期性；中下社会阶层成员——在数量上占据多数，文化程度不高——更信赖党政机

---

① 此处借用苏力教授的一个提法，参见苏力：《面对中国的法学》，《法制与社会发展》2004年第3期。

② 苏力：《司法的合成理论》，《清华法学》2007年第1期。

③ 顾培东：《人民法院改革取向的审视与思考》，《法学研究》2020年第1期。

④ 欧树军：《必须发现人民：共和国六十年来对人民的想象、界定与分类》，《学海》2012年第4期。

关，进入诉讼之后也更期待法院能够帮他们维护实质正义。[①] 本章将对司法理论中的人民形象进行归纳分类，并对诉讼法理论中的当事人概念与模式进行反思，借用社会分化理论去重新认识真实的当事人构成，这不仅有助于我们理解真实的司法实践，为司法改革提供指引，避免“一刀切”的误区，也能够推进我们对人民司法理论的研究。在司法专业化、职业化主导的司法改革中，需要重新激活人民背后的政治意涵，借助政法体制下的实质代表机制，实现对底层群众司法诉求的维护，践行以人民为中心的司法改革进路。

第一节　法律程序中同质化的当事人

在中国共产党领导的司法工作中，以人民为中心是一项基本要求，传统上的“人民”被理解为人民群众，但是在改革开放 40 多年的法治建设中，司法之中的人民逐渐被当事人概念替代。从群众到当事人的转变赋予了抵制司法群众路线以正当性：既然人民已经从落后的群众变成精明、理性的当事人了，司法专业化自然是最好的选择。党的十一届三中全会决议提出“人民在法律面前一律平等”，学术界进一步提出公民在法律上一律平等，从“人民”到“公民”，虽然只有一字之差，但是已经打破了过去的政治思维惯性。人民所拥有的乃是基于政治上主人翁地位的特权，是国家赋予统治阶级的身份认可，不是每个人都可以享有的。而公民所拥有的乃是基于法律上平等地位的权利，是作为一个国家的国民生下来就自然享有的——不管出身如何，也不需要后天的努力奋斗，从人民到公民的转变实际上是一场“去身份化”的法律转型。公民理论背后有着宏大的构想，就如罗豪才先生所说的，强调公众参与，不仅仅是为了服务和谐社会建构；公众参与可以与公权力形成良性互动，以防止公权力的滥用，私权培

① 程金华、吴晓刚：《社会阶层与民事纠纷的解决——转型时期中国的社会分化与法治发展》，《社会学研究》2010 年第 2 期。

育与公权限制是两个互相影响的过程，共同助力从传统社会向现代社会转型。[①]“八二宪法”激活了公民的概念，明确了公民在法律面前一律平等。公法理论上“公民”概念的兴盛，为诉讼法上“当事人”的出现奠定了基础，这种变化在实体法中亦有体现，对司法之中人民的全新理解，是经由实体法与程序法共同塑造而逐渐清晰起来的。

一、当事人的法律塑造

“当事人”是一个抽象的概念，可以将三大诉讼程序中的参与人都容纳进来。无论是实施具体行政行为的行政机关、经济活动中的外资企业，还是更为常见的公民个人，在诉讼中都是当事人。实体法中的法律主体类型与诉讼法中的分类不同，对自然人的关注使得公民个人获得越来越重要的地位，进而夯实了程序法中当事人的理论基础，这一趋势可以从合同法的立法过程中看出来。改革开放之后，为了给经济活动提供法律保障，根据主体的不同制定了三部平行的合同法：1981 年的《经济合同法》（到 1993 年已修订三次）、1985 年的《涉外经济合同法》和 1987 年的《技术合同法》。三部法律都没有将自然人放在重要位置，《经济合同法》第 2 条将适用范围限定在“法人、其他经济组织、个体工商户、农村承包经营户”，《涉外经济合同法》第 2 条规定的适用范围是“中华人民共和国的企业或者其他经济组织同外国的企业和其他经济组织或者个人”，《技术合同法》第 2 条虽然提到公民个人，但是其适用范围仅限于技术类合同。这种忽视并不难理解。在计划经济时代，农民很少与外界打交道，国家通过收缴“公粮”的方式获得部分土地产出，在口粮、公粮之外的农业剩余只能以较低的价格卖给国营粮站，农民所需的生活用品也主要是从各地供销社购得，农民与政府之间的交换关系借助公法而存在。同时，农民彼此间关系也主要借助传统规范来维持，冷冰冰的借据、措辞严谨的合同不太可能经常出现在农民的生活中。他们处在熟人关系网络中，而非合同法打造的私

---

① 罗豪才：《积极而有序地推进公众参与（序）》，载王锡锌：《公众参与和行政过程——一个理念和制度分析的框架》，中国民主法制出版社 2007 年版，第 3 页。关于公民社会的更多论述，可参见邓正来：《国家与社会：中国市民社会研究》，北京大学出版社 2008 年版。

法关系中。对于城市居民而言，在20世纪90年代的“下海潮”到来之前，辞去体制内工作去经商尚不普遍，也很少有动力和能力直接参与经济活动。

进入20世纪90年代，自然人在经济活动中的地位越来越重要，成为重要的主体进入我们的视野，三大合同法的规定有些不能满足需要了。如何将公民个体作为主要规范对象纳入法律，成为修订《合同法》的重要理论攻坚问题。[①] 随着社会主义市场经济体制的逐步建立与完善，自然人已经不再仅仅依附于法人或者一定的经济组织而从事经济活动，在社会经济生活中其独立性日益突出，自然人之间、自然人与法人之间的合同关系逐步增多。3部合同法律中均排除个人作为合同主体的状况，已经为社会经济生活乃至审判实践造成了不便和困惑。[②] 随着全国统一市场的形成与巩固，经济活动也不能因为主体的身份不同而施予区别对待，制定统一合同法势在必行。[③] 1999年新《合同法》第2条明确规定：“本法所称合同是平等主体的自然人、法人、其他组织之间设立、变更、终止民事权利义务关系的协议。”其中，自然人已经成功取代法人、其他组织，成为第一位的主体。与此同时，“当事人”借助程序法的塑造成为诉讼活动中最重要的主体。

中国在1982年就制定了《民事诉讼法（试行）》，在立法宗旨条款中并未提到当事人的概念，其第2条规定，“中华人民共和国民事诉讼法的任务，是保证人民法院查明事实，分清是非，正确适用法律，及时审理民事案件，确认民事权利义务关系，制裁民事违法行为，保护国家、集体和个人的权益，教育公民自觉遵守法律”。也就是说，立法者所设想的诉讼参与人还是实体法中的具体形象——“国家、集体和个人”，并未抽象出统一的当事人概念，而且将公民个人排在诉讼主体的末位。1991年修订后的《民事诉讼法》则直接引入了“当事人”概念，其第2条规定，“中华人民共和国民事诉讼法的任务，是保护当事人行使诉讼权利，保证人民法院查明事实，分清是非，正确适用法律，及时审理民事案件，确认民事权

① Jianfu Chen, *Chinese Law*: *Context and Transformation*, Martinus Nijhoff Publishers, 2008, pp. 444-452.

② 奚晓明：《合同法的指导思想和基本原则》，《人民司法》1999年第5期。

③ 梁慧星：《统一合同法：成功与不足》，《中国法学》1999年第3期。

利义务关系，制裁民事违法行为，保护当事人的合法权益，教育公民自觉遵守法律，维护社会秩序、经济秩序，保障社会主义建设事业顺利进行”。这条规定一直持续到今天。当然，1982 年《民事诉讼法（试行）》中并非没有当事人概念，只不过并未像今天这样成为基石性概念。“当事人”一词在司法话语中的流行可能更晚，我们可以从最高人民法院工作报告的词频分析中看出来，如图 1 所示，直到 1997 年前后，“当事人”一词才频繁地出现在最高人民法院的工作报告中，这一法律术语逐渐获得司法最高层的认可。

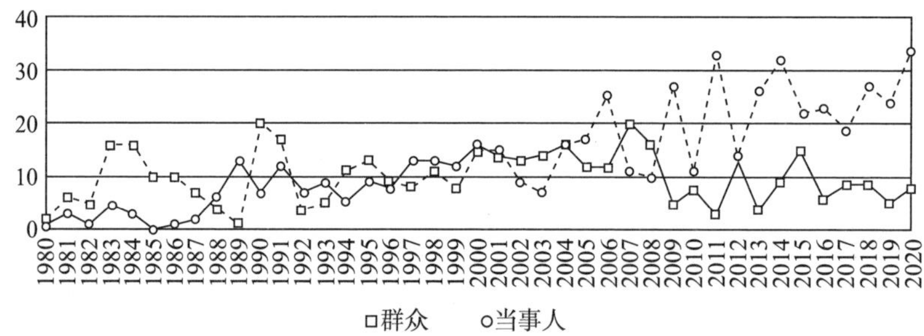

图 1 《最高人民法院工作报告》中“群众”“当事人”词频分析

数据说明：在 1985 年和 1993 年《工作报告》中都出现了 1 次“群众性械斗”，“群众”词频分别减去 1 次。

随着当事人理念的兴起，司法工作的重心也开始发生变化，从为群众服务转向协助当事人进行诉讼，司法中的“两便原则”得以重构。传统两便原则应对的是民事立法不足、司法远离人民群众的状况，为此需要在司法中贯彻便利群众的原则；而现在当事人已经是积极主体，可以独立提出自己的诉讼主张、完成诉讼过程，司法所要做的就只是提供一个平台而已。法官承担的仅仅是服务工作，不需要像过去那样为民做主地代劳——后者恰恰被认为忽视了当事人的诉讼主体地位，“我们应当以便于当事人‘利用’民事审判制度而不是‘进行’民事诉讼作为衡量是否贯彻‘两便原则’的根本标准。……传统的便于人民群众‘进行’诉讼，只突出了民事审判程序的简便性以及不给人民群众增加诉累的思想，而没有突出当事人的诉讼主体地位和当事人是民事审判制度的利用者的思想。当事人是民事审判制度的利用者就意味着，作为民事审判权行使主体的法院或法官与作为民事审判制度的利用者当事人，在民事审判或民事诉讼过程中的相互关系只能是服务与被服务的关系”①。

如果说以前司法工作中群众路线关注的是如何能够节省农民的诉讼支出，很好地进行诉讼的话，21 世纪的司法制度所关注的是如何让当事人很好地利用司法制度来维护自己的权利。在前一种语境下，农民被动地进行诉讼，像完成任务一般地经过起诉、立案、审判、执行等系列司法活动；在后一种语境下，当事人享受着诉讼的过程，他们“利用”这一手段来维护自己的权利。自然人不再依附经济组织或者政府机构，他们拥有自己的民事权利，诉权也是他们作为当事人应该独立行使的权利。就像法学界熟悉的两部法律影片中的女主角的变化那样：从被迫打官司的困惑的秋菊，到主动利用法律手段追求个人“灰色”利益的李雪莲。②

二、当事人主义的隐秘逻辑

现代法治所期待的是同质化的公民，农民或市民的身份区别并不重要。重要的是，他们都是《合同法》规定的“自然人”，都是《民事诉讼法》规定的“当事人”，法官可以用同样的方式来对待他们的诉讼请求，以此减轻法官区别化对待的工作压力。理想的当事人具备诉讼能力、责任自负，无需法官担忧，在“案多人少”的压力之下，司法决策层更有动力将举证责任转嫁给当事人，这从 2001 年通过的《关于民事诉讼证据的若干规定》（以下简称《若干规定》）便可初见端倪。《若干规定》不仅缩小了法院依职权调取证据的范围，而且对当事人举证施加了较为严格的举证期限并规定了证据失权规则——程序主义的精巧设计，借助程序性的整齐划一，法院裁判的难度和错判的风险大大降低。民事诉讼理论将从职权主义向当事人主义的转变视为一种历史趋势，责任自负是现代当事人的核心特征，其基本假设是当事人具有诉讼能力，法官不需要站在当事人的立

① 黄松有：《与时俱进的“两便原则”：民事审判改革的指导思想》，《人民司法》2002 年第 4 期。

② 法学界对“秋菊的困惑”已有很多阐述，其学术史分析与总结可参见强世功：《批判法律理论的谱系——以〈秋菊打官司〉引发的法学思考为例》，《中外法学》2019 年第 2 期；关于李雪莲困境及其解决思路，可参见邵六益：《破解“李雪莲式”的法治困境——电影〈我不是潘金莲〉中的政法伦理》，《中国社会科学报》2018 年 3 月 7 日。

场做过分的考虑，对群众进行诉讼的过分照顾反而是没有突出当事人的诉讼主体地位的错误思想。

职权主义的法官积极能动地收集证据、控制庭审，被当作“立法不足、法官非职业化、司法行政化”和“当事人客体化”的表现，当事人主义才是现代的诉讼模式。民事诉讼中的三大原则——处分原则、辩论原则、法院调解原则——都折射出自我责任的法理，法官不应该替当事人决定，“在现代民事诉讼制度中，当事人是诉讼程序的主体，对在诉讼中采取什么样的行动、提出什么样的请求、作出什么样的回应最符合自己的利益，当事人拥有作出决策的最多信息，也最能够作出符合自身利益、使自己利益最大化的决定。而作为裁判者的法官，在作出决定方面显然不具有当事人的优势，如果硬要法官来越俎代庖地替当事人作出决定，一旦决定错误，不仅面临着由谁来承担后果的问题，而且势必会引起当事人的不满。所以，事关当事人利益之事应当由当事人自己来作出选择”①。当事人不再被动地接受法院和法官所提供的法律服务，他们已成为诉讼过程中能动的主体，是平等的诉讼参与人。

当司法褪去职权主义色彩之后，举证责任改革使得当事人承担起更为厚重的诉讼责任。已经没有马锡五式的法官考虑怎样判决利于当事人实现权利，也不会有人帮当事人去寻找起诉文书之外的可以为法律支持的权利主张，法官致力于双方当事人积极举证基础上的中立裁判，“诉讼双方当事人都充分行使诉讼权利，相互对立地举证、质证和进行辩论，有利于法官居间问案，兼听则明，公正裁判”②。司法改革中的许多措施也推动了理想当事人的成熟，“2001 年 4 月 1 日《最高人民法院关于民事诉讼证据的若干规定》开始施行，这对当事人产生了重大影响。两年来，当事人的诉讼能力迅速提高，规范的证据整理不仅使法官清楚当事人的争议焦点，同时，也使当事人思路清晰，在证据交换中消化矛盾”，新的法律逼着当事人在法律话语成为只顾法律的“坏人”（霍姆斯语），出现了“（有些当事

---

① 李浩：《民事诉讼当事人的自我责任》，《法学研究》2010 年第 3 期，第 126 页。

② 《落实司法为民最基本最直接的要求——“依法保障当事人诉讼权利研讨会”摘要（上）》，《人民法院报》2004 年 6 月 21 日。

人）千方百计甚至不择手段（收集证据）”的诉讼当事人。[①]

司法改革消解了人民司法传统对群众的体贴和关怀后，进入司法之中的“当事人”也必须自己多长一个心眼儿，具备风险意识：你可以不择手段地收集证据，但是你不能错过举证期限；法院为人民服务，但是不会保护不及时行使权利的当事人。[②] 司法的“为人民服务”与“为当事人服务”存在实质区别，“当事人和人民属于一种概念和属概念的关系，两者是个别和一般的关系。为人民服务与为当事人服务又是两个不同的概念，绝不能把两者等同，更不能也不应该迁就和保护当事人诉讼不当的行为，不能因保护个别不正确及时行使诉讼权利的当事人而牺牲法律的尊严，影响法院为人民服务的整体效应。只要规定的举证时限合理、平等，就不会使依法行使诉讼权利的当事人的合法利益受到损害”[③]。法院对诉讼当事人提出了更高的要求：当事人必须具备举证能力，并且会“及时、充分、全面”地提供证据。

然而，当事人主义的理想当事人更多停留在设想中，《若干规定》也并不能解除法官判案的实质负担。2001 年 9 月，广东四会市人民法院莫兆军法官依据证据规则作出法律上合法的判决后，遭遇当事人的自杀抗争。虽然莫兆军法官的判决符合《若干规定》的基本精神与具体内容，遵循了“现代法官的职业准则”和“职业法律思维”，但并未避免莫兆军法官被追究玩忽职守罪。尽管 2004 年莫兆军被广东高院二审维持无罪，但是我们依旧能够看到悬在法官头上的“达摩克利斯之剑”，法官无法仅以根据法律依法判决作为自己的挡箭牌。即便最终不承担刑事责任，检察院的起诉也足以表明，在很多评价机制中，法官的职责是正确解决纠纷，而不仅仅是依法判案。这种期待源于中国法官所面对的人民并非程序之中的理想当事人，而是追求实质正义的具体的人民群众。[④]

---

① 宋鱼水：《当事人与法官》，《人民司法》2003 年第 12 期。

② 郭士辉：《强化当事人风险意识——访浙江省高院副院长兼执行局长童兆洪》，《人民法院报》2002 年 6 月 11 日。

③ 高洪宾、何海彬：《论民事诉讼举证时效制度之确立》，《人民司法》2000 年第 11 期。

④ 有研究发现，即便是今天，审判效率、审判独立和法官专业性对诉讼经历者的司法信任度仍没有显著影响，平等对待和法官个人品德才是关键。参见周立民：《诉讼经历者的司法信任何以形成：对 87 名随机当事人的模糊集定性比较分析》，《中外法学》2019 年第 6 期。

正因为如此，即便有些法官对《若干规定》持“兴奋和欢迎态度”，理论界对此也“比较肯定”，但一线经验反馈的是，“在现今当事人法律素养不高的情况下，规定当事人在举证期限内不提交证据的，视为放弃举证权利，过于理想化”①。由于社会转型所带来的司法压力，和谐社会框架下的法官不得不转变立场，执行《若干规定》的态度从刚性转为柔性。在具体司法过程中，法官释明权的行使和法官调查取证的案件数量增多，也更为容忍当事人逾期提交的证据和变更诉讼的请求。② 尤其是对于对案件有重要影响的证据，即便过了举证期限，只要在裁判前提出的都予以认定。当事人概念在话语与实践之间存在一定的背离，有学者认为民事诉讼中的当事人主义因“市场向右，社会趋左”而面临内在张力：市场经济鼓励当事人主义的诉讼模式，但是政治和社会管理则倾向于职权主义，为了弥合两种模式的分歧，未来的民事诉讼制度发展方向应该是“以职权主义模式为主，兼采当事人主义模式”的“第三条道路”。③

理想当事人在不同地区出现的速度是不同的。当农村人民法庭还在关注如何减轻农民诉讼负担的时候，上海市的人民法庭已经将当事人纳入考虑之中，在强调人民法庭工作时，通常所用的群众概念消失了，理性当事人成为了侧重点，“让当事人赢得堂堂正正，输得明明白白”④。在将群众改造为当事人的过程中，难点就是对农村的改造，在农村培育法治精神比城市里更为困难，“法治社会要求公民建立起对法治权威的信仰，而建立法治信仰的首要前提是培养公民的法治情感，进而产生对法律的归属感和依赖感，并由此激发公民对法律的信任、信心和尊重。尤其在农村，法治情感的培育和法治精神的形成不是一个短期见效的过程。只有完成对全社会法律意识的构建，培养社会公众和广大农民的法治情感，法律才能真正

---

① 安徽省高级人民法院民一庭：《〈关于民事诉讼证据的若干规定〉施行情况的调研报告》，《人民司法（应用）》2007 年第 15 期。

② 四川省成都市中级人民法院课题组：《〈关于民事诉讼证据的若干规定〉执行情况的调研报告》，《人民司法》2006 年第 10 期。

③ 王福华：《民事诉讼的社会化》，《中国法学》2018 年第 1 期。

④ 上海市高级人民法院：《加强规范化管理　开拓人民法庭工作新局面》，《人民司法》1999 年第 2 期。

体现出自身的正当性与合理性，才能具有至上的权威和普遍的社会感召力”[①]。法治情感的培育、当事人的角色期待不是法律一规定就能立即塑造成功的，还需要借助各种手段去培养法治的素养和信仰，在此过程中关键是不能毫无原则地向人民群众的非法要求妥协，“倡导司法为民，是不是可以对追求办案的社会效果有所偏重？笔者认为决非如此……人民的利益需要有序的法律秩序来保障，需要法官通过高超的审判水平，找到既合法又会产生最佳社会效果的契入点来科学处理案件”[②]。按照通常的理解，只有在法律规定的范围内，法院借助高超的审判水平，才能真正维护人民的利益，实现社会效果与法律效果的统一。

也就是说，群众的落后意识需要向先进的法律理念靠拢，村民们朴素的权利意识必须要符合法律条文的规定，唯此才有可能得到法律的支持。司法给人民群众提供的司法产品不以受众是否理解而改变，因此“秋菊的困惑”不重要，甚至官司的输赢本身都不重要，“话说回来，秋菊的官司输也好，赢也好，都还在其次。重要的是，影片向我们展示了改革时代觉醒之后的农民形象”[③]。在全新的学术话语中，为权利而斗争的秋菊们就是我们期待的样子。在一本《行政诉讼法》的学术史著作中，以彩页印刷了多幅有纪念意义的照片，电影《秋菊打官司》列入其中，由巩俐扮演的“秋菊”与龚祥瑞、王名扬、张尚鷟、罗豪才、应松年等先生一样，拥有一张彩照特写。[④] 在乐观的法治主义浪潮背后，法院和法官眼中的人民群众的形象发生了重大的变化。在 20 世纪 90 年代初期，无论是人民法庭的工作对象，还是立案程序中减轻人民诉讼负担的对象都是农民，中办、国办出台《关于切实减轻农民负担的紧急通知》（1993 年 3 月 19 日）后，法院系统也很快有了配套的政策，希望在诉讼活动中减轻群众的负担。[⑤] 随着经济的发展，社会结构发生了重组，进入诉讼的主体也不再以农民为主

---

① 蔡彰：《加大法治要素投入　改善农村经济和社会发展环境》，《人民司法》1999 年第 3 期。

② 冯少勇：《司法为民：新世纪法院工作的第一要务》，《人民法院报》2003 年 11 月 15 日。

③ 李彦生：《喜看秋菊民告官》，《人民司法》1993 年第 2 期。

④ 参见何海波编著：《法治的脚步声——中国行政法大事记（1978—2014）》，中国政法大学出版社 2015 年版。

⑤ 江苏省兴化市人民法院：《在告诉立案中减轻农民诉讼负担》，《人民司法》1994 年第 2 期。

体，法官眼中的人民不再是农民，而是合同法中的自然人或法律拟制的法人，他们都是当事人。觉醒的群众应该有能力“为权利而斗争”，权利话语的兴起使得维权成为司法的重要使命，鲍佳佳（Stephanie Balme）在陕西和甘肃调研时发现，法院在审理“外嫁女”案件时基本上采取司法能动主义的思路，支持农民日益兴起的权利话语。① 在人民群众利用法律的手段维护自己的利益的时候，他们已经接受了现代法律的规训——做一名合格的当事人，这便是现代法治的隐秘治理逻辑所在。②

第二节　社会学意义上分化的群众

当事人主义需要建立在严格的条件之上，如国民的收入水平、公众的文化素质与法律知识、法官和律师队伍水平等，当下这些条件还不完全具备，中国依旧存在大量的不太理解法律、徘徊在法律之门外的当事人。当弱势群体无法在诉讼中找到令自己信服的解决方案时，他们必定会诉诸其他的方式，这突出表现为民事一审案件受案量的下降和信访数量的上升，从 1993 年到 2005 年，全国信访数量连续高涨终成“信访洪峰”。③ 2005 年最高人民法院工作报告专门提到：“2004 年，人民群众涉诉来信、来访大幅上升……地方各级人民法院全年共办理群众来信来访 422 万件人次，上升 6.2%。”涉诉信访主要与基层群众有关，形式主义法治无法确保的就是他们的利益，程序主义无法化解的就是这些“不懂法”的人的诉求，“申诉上访人员法律意识偏低且思想意识极端。据调查，申诉上访人员绝对多数都是社会底层的群众，许多人还是文盲或半文盲”④。按照精英主义的视角理解中国的法民关系，忽略了中国司法中大多数的“人民”是普通基层

---

① Stephanie Balme, “Ordinary Justice and Popular Constitutionalism in China”, in Stephanie Blame, Michael W. Dowdle(eds.), *Building Constitutionalism in China*, Palgrave MacMillan, 2009, pp. 182-184.

② 关于现代法治的规训技巧与治理术，可参见强世功：《惩罚与法治：当代法治的兴起（1976—1981）》，法律出版社 2009 年版。

③ 陈柏峰：《农民上访的分类治理研究》，《政治学研究》2012 年第 1 期。

④ 马一平：《对涉诉上访的调查与思考》，《人民司法》2006 年第 8 期。

群众，如果基层群众持续地无法参与诉讼过程，最终会导致司法公信力的流失。[①] 对于基层群众而言，当他们无法在精巧化的诉讼程序中获得实质正义时，会通过信访等方式向法院之外的政治机构寻求帮助——即便司法程序已经终结。重建司法公信力的核心，恰恰就在于重新发现司法之中真实的人民，倾听其呼声，尊重其诉求，唯此才能再次将他们带回到司法程序的网络之中。这项工作的第一步便是要认识到：司法之中的人民是高度分化的。

一、当事人的真实社会构成

法治话语塑造的理想当事人在现实中并不唯一，真实的诉讼参与人是具体的人，不同诉讼参与人在司法中的诉求也迥异。并非所有进入诉讼中的人都是理想的当事人——他们可能不懂法律，可能没有能力查找所有的证据。理想当事人要求他们尊重司法裁判的权威，但是在现实中，当事人并不一定会接受公正审判后对其不利的判决，这种角力会反映到具体问题上来，如送达制度。民事诉讼中的送达制度预设了当事人对诉讼过程的理解、认可与配合，理想当事人在收到法院的送达时会主动配合、推动诉讼过程的进展，然而现实中的当事人并不全都接受这套程序主义的预设。有研究发现，当事人一再抛开责任自负的当事人形象及其应该承受的负担，借助群众路线等政治话语，以上访等方式来对抗法官的专业裁判，最终逼迫党政机关采取涉诉信访等政治的方式予以“兜底”式解决。[②] 21 世纪以来，司法公信力并未随着专业化、职业化的加强而提升，相反似乎有“越是严格遵循西方法治的制度理念和程序规则，就越是容易造成严重的司法公信和法治信仰危机”的态势，这一困惑恰恰提醒我们，中国司法所面对的人民不是西方那样的法律人职业共同体，而是普通大众，“中国司法实

---

① 王新清、赵旭光：《精英话语与民众诉求——对中国司法改革理论和实践的反思》，《法学家》2006 年第 5 期。关于“法民关系”的论述，可参见凌斌：《当代中国法治实践中的“法民关系”》，《中国社会科学》2013 年第 1 期；凌斌：《“法民关系”影响下的法律思维及其完善》，《法商研究》2015 年第 5 期。

② 陈杭平：《“职权主义”与“当事人主义”再考察：以“送达难”为中心》，《中国法学》2014 年第 4 期。

践的主体不仅限于法律人……与法律共同体成员通常易于形成内部共识不同，法律人与外行人之间存在天然的陌生、隔阂、紧张与疑忌。”①

当事人社会身份的差异必然会影响他们对待诉讼的态度。在当前公布的司法统计数据中，不会显示当事人的社会构成情况。尽管在民事诉讼中，当事人的社会身份等信息在立案时被采集，但是并未纳入表层数据，因此几乎不能直接从现有的统计数据或查询系统中检索到，只能使用技术手段对底层数据进行挖掘才可能获得。在裁判文书网公开的裁判文书中，一般也会将当事人的社会情况（如职业信息）隐去，要获得当事人的社会构成情况，只能通过研究者对卷宗进行分析统计才有可能获得。② 比如，有研究者对某基层法院的360件离婚案件的卷宗进行统计分析发现，原告的职业分布情况如下：农民127件（35.4%）、工人81件（22.5%）、无业86件（23.8%）、公司职员18件（5%）、教师8件（2.2%）、公务员8件（2.2%）、其他从业人员32件（8.9%）。③ 不同职业的当事人在诉讼中的表现存在重要差别，直接影响其收集证据等方面的诉讼能力，尤其是当事人在经济能力与社会身份上的差异，会显著影响他们在聘请专家辅助人出庭方面的选择。④

诉讼参与人的真实社会构成问题在行政诉讼中体现得更为明显，而且在公布的司法统计中行政诉讼的信息比较翔实。以最高人民法院官方网站公布的司法数据中比较容易获得的“2008年全国法院审理民事/刑事/行政一审案件情况统计”为例，民事案件仅仅粗分为“婚姻家庭、继承案件”，“合同案件”和“权属、侵权案件”3类，刑事统计数据主要是根据刑法

① 凌斌：《公正司法的公信基础》，《华东政法大学学报》2013年第6期。

② 感谢B市H法院Z法官、F法院J法官和S省X市中院F法官提供的信息。有研究发现，职业信息并不是离婚案件的民事诉状的必填项，所以在随机抽取的360件离婚案件中，从判决书中能够发现当事人职业的为186件。参见陈苇：《诉讼离婚财产清算中妇女财产权益法律保护实证研究》，《河北法学》2016年第8期。

③ 李洪祥：《离婚妇女婚姻家庭权益司法保障实证研究》，《当代法学》2014年第5期。

④ 厦门市中级人民法院、厦门大学法学院联合课题组：《新民事诉讼证据司法解释的执行与完善——厦门市两级法院执行〈关于新民事诉讼证据的若干规定〉情况的调研报告》，《法律适用》2003年第4期。左卫民教授通过对四川省2015—2016年5万多份上网刑事一审判决书的分析发现，经济因素直接影响刑事辩护资源的分配。参见左卫民：《刑事辩护率：差异化及其经济因素分析》，《法学研究》2019年第3期。

分则章节进行分类。这种分类方式也影响了学术上的研究框架。例如，有实证研究在比较不同民事诉讼的调解率时，便以最高人民法院的上述3类划分为基础，发现婚姻家庭类案件的调解结案率远高于合同类案件，而合同类案件又高于权属侵权类案件。① 相较之下行政诉讼的统计数据最为详细，不仅根据领域分为公安、资源、城建、工商、技术监督、环保、交通、劳动和社会保障、乡政府、其他共10类，而且对案件的审理结果还细分为维持、撤销、履行法定职责、确认违法无效、赔偿、驳回起诉、撤诉、行政赔偿调解共8种。② 行政诉讼"民告官"的特殊设计使得学界特别关注行政诉讼的当事人、胜诉率等问题，不少学者研究过行政诉讼的原告构成问题，企业和公民参与行政诉讼的行为模式和追求有着很大区别，并不能简单地以"当事人""行政相对人"等抽象概念等而视之。一般而言，企业的财力雄厚，诉讼能力强，而公民的诉讼能力弱很多，因此我们在分析行政诉讼的案件数量、胜诉率，或者为行政诉讼提供改革建议时，需要具体分析行政相对人的真实构成。行政诉讼中当事人的分类与分化，为本章所关注的当事人的社会分化提供了非常好的例证。③

二、分化群众的不同诉讼期待

改革开放以来，市场经济瓦解了原先的社会基础，中国社会中原本统一的人民形象发生了巨大的变化，社会分化成为21世纪以来的主要特征，也成为社会学研究的重要命题。④ 各个阶层之间、不同群体之间的利益格局错综复杂，彼此的社会诉求和法律主张时常处于冲突之中，尤其是在难办案件中，围绕热点、难点的争锋其实是社会冲突与矛盾在司法中的映射。⑤ 总的来说，中国逐渐形成了两个差异明显的社会阶层：一方是通常

---

① 张嘉军：《民事诉讼调解结案率实证研究》，《法学研究》2012年第1期。

② 数据来源：最高人民法院官方网站的"权威发布"中的"司法数据"栏目，最后访问时间：2020年4月21日。实际上，《中国法律年鉴》从20世纪90年代统计行政诉讼的相关数据时，就已经相当详细。

③ 邵六益：《行政诉讼的重心转移及其政法逻辑》，《中国延安干部学院学报》2021年第3期。

④ 参见李强：《社会分层十讲》，社会科学文献出版社2008年版。

⑤ 顾培东：《公众判意的法理解析——对许霆案的延伸思考》，《中国法学》2008年第4期。

理解的中国老百姓，主要的生活来源是体力劳动所得，日常生活中的纠纷主要是婚姻家庭纠纷、土地纠纷；另一方则是以政府雇员、专业技术人员、中高级知识分子、企业家为代表的中国人民，他们有知识，从事脑力劳动，常见纠纷集中在财务、知识产权、贸易纠纷和与政府的矛盾，这两重意象构成了中国法院的“双城记”。[①]

一般而言，马锡五审判式的司法群众路线更加适用于经济文化相对落后的地区，特别是偏远的农村，而城市的司法更需要正规化、专业化和技术化，“现代法律在很大程度上主要适用于城市社会、工商社会”，农民的诉求和习惯并不能够被同样地代表，“对于广大的基层群众特别是农民来说，现代法律有时远不能满足、适合他们的交易习惯和诉求，不论是实体上还是程序上的权利、义务，对许多民众而言是陌生和不习惯的”[②]。当某些人民群众还无法收集证据、制定预案、参加诉讼的时候，正规化、规范化和复杂化的诉讼程序所打造的司法门槛，必会将这部分当事人拒于法律之门外。

在法学的通常理解中，正当法律程序乃是消除具体当事人与抽象规则之间的差异和距离，以实现程序公平的工具，但实际效果有可能相反。如果强行按照现代法治的方式来推行诉讼，形式平等的背后可能隐藏着更大的实质不平等，“在当事人经济能力、诉讼能力差异很大的情况下，如果单纯地实行形式上平等的当事人主义诉讼模式，往往会带来实质上的不平等，往往是那些有雄厚经济实力、较高法律素养的当事人，不依赖于法院职权也可以维护自己的诉讼和实体权益，结果是法庭变成了诉讼技巧的竞技场，变成了维护有钱人利益的场所”[③]。现代审判制度显然是带有强烈指向性的，不同司法模式所针对的人民群众是不同的，中国的城市与乡村、东部与西部差异仍未消除，我们很难将中国视作同质化的整体看待，因此有学者提出以“二元化”模式去理解中国的调解制度。[④]

① Xin He, “A Tale of Two Chinese Courts: Economic Development and Contract Enforcement”, *Journal of Law and Society*, Vol. 39, No. 3 (Sep 2012), pp. 384-409.

② 于奉成：《司法为民对基层法院工作的意义》，《人民法院报》2004 年 5 月 1 日。

③ 张立勇：《论马锡五审判方式在当代的继承与发展》，《人民司法》2009 年第 7 期。

④ 熊浩：《论中国调解法律规制模式的转型》，《法商研究》2018 年第 3 期。

分化人民的司法需求都应该得到满足，“司法活动面对许多不同阶层、不同方面的群众，他们的利益都应当受到兼顾和维护……正确认识和处理各种利益关系，以符合最广大人民的利益为最高衡量标准，以满足最广大人民的利益为根本出发点……真正把对法律负责与对人民负责、把实现最广大人民利益与保护当事人利益一致起来”[①]。然而，中国的司法改革大部分时候采取“一刀切”的标准，推行对社会精英有利的专业化改革。人民的真实差异被抽象的当事人掩盖，抽象的司法为民施于分化的人民群众，带来迥异的司法效果，已经有不少实证研究证明了这一点。例如，就诉讼能力的差异而言，诉讼中有能力的一方更具有可能去影响判决，商事案件中的企业当事人比公民个人而言，更有能力通过法律之外的方式来影响法官，进而争取对自己有利的结果。[②] 从判决结果来说，政府部门在诉讼中享有大量的有利地位，更可能获得有利判决，而农民处在最不利地位上。[③] 这一点在行政诉讼中表现得最为明显，行政诉讼中存在“案件数量少、判决结案率低、原告胜诉率低、撤诉率和驳回起诉率高、上诉率和申诉率高”等难题，在强势的行政机关面前，行政相对人毫无疑问处于劣势地位，由此形成困顿局面。[④]

基层群众的失语也导致了人民法院自身的合法性危机，他们会以各种方式反馈或者抗争。比如，在 2000 年最高人民法院工作报告中，6 次出现“群众反映（强烈）”，群众反映的问题是什么？通过检索发现，群众的不满集中在法院办案超期、“告状难”、基层法院和派出法庭审判质量和效率低等问题上。也就是说，如果司法不能为他们提供“看得见的正义”，他们将会采取诸如信访的方式来表达自己的诉求，这导致司法政策大幅度地向“司法为民”这一传统话语回归。在 2003 年最高人民法院的工作报告中，最高人民法院院长肖扬首次提出“树立文明办案、司法为民的思想”。

---

① 陈旭：《转变司法观念　践行司法为民》，《人民法院报》2003 年 11 月 1 日。

② Minxin Pei etc.，“A Survey of Commercial Litigation in Shanghai Courts”，in Randall Peerenboom (eds.)，*Judicial Independence in China：Lessons for Global Rulê of Law Promotion*，Cambridge University Press，2010，p. 233.

③ Xin He and Yang Su，“Do the ‘Haves’ Come out Ahead in Shanghai Courts?” *Journal of Empirical Legal Studies*，Vol. 10，No. 1（Mar 2013），pp. 120-145.

④ 何海波：《困顿的行政诉讼》，《华东政法大学学报》2012 年第 2 期。

2003年6月2日，最高人民法院在《关于开展“公正与效率”司法大检查的意见》（法发［2003］9号）中又使用了“司法为民的宗旨”的提法。在2003年8月的全国高级法院院长座谈会上，最高人民法院院长肖扬更是指出要以“三个代表”重要思想统领人民法院工作，最核心的就是要牢固树立司法为民的思想，这是回应社会热点问题、实现公正和效率的关键步骤。[①] 为了落实此次会议的司法为民宗旨，最高人民法院印发了《关于落实23项司法为民具体措施的指导意见》的通知（法发［2003］20号）。最高人民法院副院长沈德咏在2008年的表述更为直接明了：“在司法职业化的语境下，司法大众化似乎被人们所遗忘。与此同时，与司法大众化相伴而生的司法工作群众路线也开始淡出我们的视野，其结果是司法与人民渐行渐远，虽然我们付出了艰辛的努力，但司法的行为及其结果却往往得不到社会的理解和认同。这一现象不能不引起我们的高度重视和深刻反思。这也就是我们关注和研究司法大众化的原因所在。”[②] 其实，当事人很多时候将法官当作“父母官”，希望法官能够超越中立被动的裁判者身份，为他们带来实质正义——无论是教育程度不高的人，还是受教育程度较高的中产阶级，都是如此。[③]

第三节　政治学意义上整体的人民

理想的同质化当事人是由形式主义法治塑造出来的，更多停留在概念之中。揭开当事人的面纱后就会发现，司法之中的人民有着多重面孔，他们是由丰富的社会主体构成的，社会学层面的多元、分化的群众才是司法之中人民的真实形象。在法律程序中失语的大多数当事人并不会在政治上失语，对司法不满的当事人会继续通过其他的方式来寻求正义，由此导致了信访、上访现象的剧增，也在司法活动中带来了判决结案的限缩和法院

① 肖扬：《全面落实司法为民的思想和要求，扎扎实实为人民群众办实事》，《最高人民法院公报》2003年第5期。

② 沈德咏：《关于司法大众化的几个问题》，《人民司法（应用）》2008年第19期。

③ 冯晶：《支持理论下民事诉讼当事人法律意识的实证研究》，《法学研究》2020年第1期。

调解的回归，进而形成了判决与调解之间的“钟摆”。[①] 一旦跨出司法范畴进入到上访、信访领域，人民群众重新获得了政治的形象。借助信访解决纠纷补充了司法的程序正当性，重新释放了中国政制中的各种正当性资源。[②] 由此我们也发现了司法理论中人民的第三重形象：作为正当性来源的整体意义上的人民。在司法理论中，法律效果指向案件的诉讼当事人，社会效果指向群众的认可，政治效果指向政治正当性的维持。从司法研究的人民维度来说，则是要实现从个人、群体向政治上的人民的转化，这一变化需要借助司法和其他过程的不断塑造。

一、从群众向人民的司法塑造

人民的多面性既非中国的特殊问题，也非司法领域独有的问题，而是一个普遍性问题。卢梭认为人民在不同语境中呈现三种面孔：“至于结合者，他们集体地就称为人；个别地，作为主权权威的参与者，就叫做公民，作为国家法律的服从者，就叫做臣民。”[③] 布鲁斯·阿克曼（Bruce Ackerman）也认为，美国人民在“公共公民”与“私人公民”两重身份之间徘徊。[④] 对此需要追问的是，作为整体的“人民”如何识别？如何将个别的人凝聚为整体的主权者？如何从“私人公民”升华为“公共公民”？政治学意义上的“人民”并非仅仅将人民聚集起来，正如卢梭所指出的，没有形成政治共同体的一群人仅仅是“聚集”，只有借助公共幸福来驯化私人的利益后，才有可能形成“结合”。[⑤] 这种共同性的塑造是卢梭公意形成的基础，也是卢梭社会契约理论建国所必须经历的一个前提塑造。[⑥] 在中国的政法体制中，个人是集体的一部分，但是集体不是个人的简单相

① 邵六益：《悖论与必然：法院调解的回归（2003—2012）》，《华东政法大学学报》2013年第5期。

② 彭小龙：《涉诉信访治理的正当性与法治化——1978—2015年实践探索的分析》，《法学研究》2016年第5期。

③ ［法］卢梭：《社会契约论》，何兆武译，商务印书馆2003年版，第21页。

④ ［美］布鲁斯·阿克曼：《我们人民：奠基》，汪庆华译，中国政法大学出版社2012年版，第253—258页。

⑤ ［法］卢梭：《社会契约论》，何兆武译，商务印书馆2003年版，第17页。

⑥ 邵六益：《同质性：卢梭公意思想中的隐匿命题》，《中国延安干部学院学报》2019年第6期。

加，以工人阶级与单个工人的关系为例，尽管工人阶级是社会主义的主人翁，但是普通劳动者的诉求很有可能超越甚至违背公共利益。作为整体意义存在的“工人阶级”是一个抽象的概念，在面对社会层面上的具体的工人——搬运工人、建筑工人、女性工人、国有企业工人、私营企业工人的时候，需要接受社会主义的政治塑造，才能够将分化的工人打造成为主人翁的工人阶级。[①]

本章所讨论的司法理论中的人民亦是如此，分化当事人的利益也必须借由相应机制的凝聚，这既是从社会层面的群众向政治层面的人民转变的关键，也是避免抽象、泛泛谈论人民而失焦的一种必然选择。“人民”和“群众”都指人口中的大多数，两者的区别在于，人民是一个政治概念，带有总体性的含义；群众更多是社会学意义上的，包含多个社会阶层，包容着不同的政治、经济和文化方面的诉求。在“群众路线”等用法中，整体的群众也具有政治含义。在社会主义的政法实践中，群众动员不仅是手段，更是价值本身的要求，通过对底层的调动，实现了对人民的改造与教育，使得他们能够成为社会主义新人，“所谓‘动员’并不仅仅只是寻求一种人力和物力上的支持，就中国革命而言，更重要的，则是如何让人民‘当家作主’，也即成为政治主体或者‘国家的主人’”[②]。在人民司法理论中，政治意义上的抽象“人民”也需要借助政治塑造，才有可能实现从具体个人向整体人民的转变，这在中国政法体制中的体现也较为显明。

传统中国人没有集体意识，依赖家庭家族，在以家族生活为核心的伦理指导下，不仅国家无法形成，甚至连地方自治团体都不可能形成，“有族民而无市民”“有族自治乡自治而无都市自治”[③]。将分散的中国老百姓纳入国家的制度和法律之中，将单个的人转变为整体的人民，乃是现代国家建设的重中之重，孙中山先生就曾提出但并未完全解决这个“合众为一”的政治命题：“中国四万万人实等于一片散沙，今欲聚此四万万散沙，

① 邵六益：《社会主义主人翁的政治塑造（1949—1956）》，《开放时代》2020 年第 5 期。

② 蔡翔：《革命/叙述：中国社会主义文学—文化想象（1949—1966）》，北京大学出版社 2010 年版，第 76—77 页。

③ 梁漱溟：《中国文化要义（第 2 版）》，上海人民出版社 2011 年版，第 75 页。

而成为一机体结合之法治国家，其道为何?”[①] 在人民司法理论与实践中，我们发展出了较为成熟的转化手段，借助精巧的组织、动员技术，不仅将单个人纳入国家的治理网络，还实现了对他们的政治塑造，这种操作在陕甘宁边区的司法实践中就已经存在：以马锡五审判方式为代表的司法群众路线最终服务于争夺民心和话语权的战略，进而成为复杂治理网络的组成部分，形成了“中国法律的新传统”。[②] 在革命年代和新中国成立初期，司法为政治秩序的重构提供了精巧的技术性手段，如人民法庭为消灭、改造地主阶级提供了权力容器，借此党所培养的新社会精英取代了劣绅在乡村的统治，从而巩固了党在乡村的社会基础。[③]

在新中国成立后的曲折法治进程中，法律在人们生活中的影响一度被压缩至很小的范围，大部分农民生活在“法律不入之地”。改革开放后法治建设的目标，便在于通过司法将国家权力的触角伸到基层，借助“送法下乡”完成现代国家建构这样宏大的命题。其中，人民法庭提供了可接近的司法服务，20 世纪 90 年代人民法庭工作的重点就在于调整法庭的布局，设置告诉、申诉接待点，方便人民群众将纠纷转入法律程序之中，通过巡回审判、就地开庭等形式将法律产品送到了农民的家门口，解决群众“告状难”问题。[④] 在此之前，还有一个前提性工作需要准备，那就是要让人民群众有了纠纷之后能够想到法院，而不再依赖于乡村精英的调解。塑造国家的而非地方自治的司法审判的管辖权，乃是国家建构的基础，这也是将近 1000 年前诺曼公爵入主英伦后推行巡回审判背后的政治技艺所在：借助王室中央司法的压倒性优势，逐渐取代贵族领地、郡和自治市的古老的

---

① 《孙中山全集》上册，人民出版社 2011 年版，第 182 页。

② 强世功：《法制与治理——国家转型中的法律》，中国政法大学出版社 2003 年版，第 123—130 页。

③ 孟庆友：《人民法庭对绅权的转化和替代》，载苏力主编：《法律和社会科学》第 8 辑，法律出版社 2011 年版，第 49—79 页。人民法庭在群众运动中实际上发挥着重要的支持作用，参见中央档案馆、中共中央文献研究室编：《中共中央文件选集（1949 年 10 月—1966 年 5 月）》第 2 册，人民出版社 2013 年版。

④ 直到 2005 年，最高人民法院才明确规定不再新设人民法庭，参见最高人民法院：《关于全面加强人民法庭工作的决定》（法发［2005］16 号）。

地方法庭的管辖权。[①]

在转变农民意识的过程中，公开审判是一种具有剧场效应的普法舞台，公开审理不仅解决了两造的争议，还给旁听群众带来了一场生动的法制教育课。比如，湖南省常德市临澧县人民法院在短短一年半的时间里公开开庭近 4000 次，“公开审理使审判过程成为进行法制宣传教育的好课堂。1988 年 1 月至 1989 年 6 月，我院公开开庭 3984 场次，旁听群众达 12 万余人次，收到了较好的社会效果……有些案件既教育了当事人，又教育了其他公民，使旁听的群众弄清了应该如何正确行使自己的民事权利和依法履行民事义务，起到了审理一案，教育一片的作用”[②]。在法制教育课堂上，群众的司法需要借由法律构建起来，人民可以获得服务的方式和手段也受法律限制，在“教鱼游泳”式的普法过程中，不断地制造“法盲”、教育“法盲”，使得人民群众最终成为现代司法中驯服的参与者，在为群众送法上门的同时，也将人民群众纳入法治精密的治理网络。[③]

二、司法对人民的实质代表

在社会分化的背景下，不同人的法律世界观差异巨大，许多案件借助网络等形式获得广泛社会关注，进而成为公众议论焦点和热点的“公案”，在这些案件的裁判中，民众、媒体、官员、当事人反复角力。[④] 在社会转型和分化所导致的紊乱法律世界观中，无论是宏观的司法政策还是微观的司法判决，都不应该贸然行动、撕裂社会，而是应该满足民众对公正的心理需求，以此弥合社会与法律的差距。司法应该发挥桥梁作用，借助司法审判，使抽象的立法与具体的个案得以结合，并且在追求司法的社会效果和政治效果的过程中，反馈立法本身，由此实现多个维度的意义整合。借助司法的桥梁作用弥合分化当事人的司法诉求，就是要将人民从同质化的

---

① ［比］R. C. 范·卡内冈：《英国普通法的诞生》，李红海译，中国政法大学出版社 2003 年版，第 32—36 页。

② 湖南省临澧县人民法院：《民事案件公开审理的五大好处》，《人民司法》1989 年第 11 期。

③ 冯象：《政法笔记（增订版）》，北京大学出版社 2012 年版，第 96—106 页。

④ 孙笑侠：《司法的政治力学——民众、媒体、为政者、当事人与司法官的关系分析》，《中国法学》2011 年第 2 期。

当事人想象中解放出来，尊重社会底层的司法诉求，这既是做到司法为民的政策要求，也有新媒体时代的现实考虑。正如我们前文所说，越是接受过较高教育、具有法律素养的当事人，越有可能认可司法审判的结果；而诉诸上访、信访等政治手段质疑司法，最终解构司法正当性的恰恰是底层群众。网络的发达使得信息的流通更为扁平化，底层群众的呼声不仅能够传播到全国，而且更有可能引起人民对司法的普遍质疑。在这个意义上，司法所追求的“人民”的政治认可，关键在于回应底层群众时而溢出司法程序之网的诉求。

在分化的人民群众中，一般认为具有较高法律素养的理想当事人更多居于城市，普通大众更多生活在边远的农村和城市边缘，进而形成了“中心—边缘”格局。[①] 随着网络新媒体技术的进步，法治的边缘与中心关系会发生转变，发生在边远农村的司法不公事件经过网络上的民意发酵之后，反而更容易成为牵动全国人民的焦点事件。社会学的研究发现，社会转型时期的“强弱”纠纷非常容易因为同情弱者的普遍情感被转化为道德命题，弱者的反抗更有可能成为压垮司法公信力的最后一根稻草。[②] 在新媒体时代，如果对遥远山区的一个敏感案件处理不妥，很快就会导致人们对中心或全局性的司法不信任，这也是发生在云南的“李昌奎案”告诉我们的，“地理空间造就的信息阻隔，已经在相当大的程度上被新媒体的广泛运用所消解，‘天高皇帝远’已经成为过去，发生在边疆的事件完全可能成为万众瞩目的焦点，中心和边缘的关系变得相对化”。[③] 技术的进步大大缩短了空间的距离和沟通的时间，中心与边缘的关系不再那么明确和严格，正是在这个意义上，法律精英所维系的法治梦想必须有底层群众的参与才能得以继续。“让人民群众在每一个司法案件中都能感受到公平正义”，这不仅是党的政治承诺，更是维持司法公信力的基石所在，这就需要具体地面对真实的、多样化的案件当事人。

---

① 关于中心与边缘的使用，可参见［美］杰克·菲利普·格林：《边缘与中心：帝国宪制的延伸——大英帝国与美利坚众合国（1607—1788）》，刘天骄译，中国政法大学出版社 2017 年版。

② 张静：《被单位吸纳的阶级》，《文化纵横》2012 年第 3 期。

③ 王启梁：《法律世界观紊乱时代的司法、民意和政治——以李昌奎案为中心》，《法学家》2012 年第 3 期。

无论是中国古代的礼法传统，还是新中国成立后的政法传统，都建立在对人的多样性的理解之上。[①] 在礼法传统下，人是丰富多样的社会关系的承载者，礼法秩序需要尊重熟人社会中个人的文化关系网络，允许儒家所追求的差序化礼仪进入法治轨道，因此子孙殴打尊亲属就必然要加重惩罚，而反过来祖父母、父母对子孙的伤害一般减轻处罚，甚至在有些情况下可以免罪。[②] 政法传统中的人是阶级关系中具体的一方，法律也需要具体地对待人的阶级地位，重视的不是形式上的法律规定，而是法律的实质后果，因此对县委书记的名誉权保护就不同于普通公民。[③] 社会主义政法体制对人的理解是差异化的，推行区别化的逻辑，这与“去身份化”的理解存在张力，这不仅体现在民法典的编纂之中，也影响着司法的实践后果，以人民为中心的司法理念需要具体地回应真实的人民诉求。[④] 然而，法律是一种“去身份化”的裁剪术，司法程序抹掉了“人民”概念背后的那些虽然重要但却没有法律意义的民族、种族、贫富、教育程度、职业等因素，从纷繁复杂的客观事实所构成的生活世界中，抽象和构建出一个关系清晰、逻辑严密的法律事实之网络。[⑤]

统一的法律条文或精巧的法教义学无法裁剪现实的世界，看似平等对待的法律条文在司法运作中很有可能造就实质不平等的结果，权利得不到法律保障的社会弱势群体势必会求助于法律之外的途径，造成社会失范的风险和司法公信力的危机。司法改革需要更为重视被忽视的弱势群体、底层群众，以实现“最不利者的最大利益”。在司法理论和实践中，如何借助中国司法制度的优势资源实现对群众的实质代表，实现对多样化人民的事实上的尊重？当前可以采取的具体措施大致包括以下两个层面，即宏观上要求司法政策上的调整，避免“一刀切”误区；微观上则要求在具体的司法审判中实现法律效果、社会效果和政治效果的统一。

从宏观上来说，需要司法政策来协调和平衡。比如，在判决与调解之

① 邵六益：《法学知识“去苏俄化”的表达与实质——以刑法学为分析重点》，《开放时代》2019 年第 3 期。

② 瞿同祖：《中国法律与中国社会》，中华书局 2003 年版，第 7—9 页。

③ 冯象：《政法笔记（增订版）》，北京大学出版社 2012 年版，第 145—153 页。

④ 邵六益：《民法典编纂的政法叙事》，《地方立法研究》2020 年第 5 期。

⑤ 孔祥俊：《论法律事实与客观事实》，《政法论坛》2002 年第 5 期。

间钟摆的司法政策，便是为了回应不同的司法需求，尤其是在社会转型时期，能动司法与大调解需要在不同地区和不同层级的法院找准自己的定位。[①] 正如前文所说，一般而言统治精英和社会上层更希望采取审判的方式来维护自己的权益，而社会底层群众更希望法院采取实质主义的调解或其他方式维护自己的诉求。随着司法专业化水平的提高，需要司法政策上的微调，健全多元化纠纷解决机制，使专业化审判之外的调解或其他纠纷解决方式能够发挥作用。执政党通过司法政策力求做到对司法之中弱者的帮助，避免精英化程序主义造成的专业壁垒，以便在最终的司法效果上能够实现大体上的平等。就司法改革的顶层设计而言，需要避免“一刀切”的策略。比如，早就有学者发现，统一的法律工作者的职业化改革在东部与中西部产生了不同的效果。[②] 在此轮司法改革中增加政策弹性，发挥中央和地方两个积极性显得更为重要。比如，在员额制等改革中需要更多考虑各地差异，适当放开员额比例、在省级范围内实行流动员额，或者视地方的多样化的实际情况来确定员额标准等，总之需要转变行政化思维和“一刀切”的工作方式。[③]

从微观上来说，按照当事人主义的逻辑，当事人自担风险，法院按照法律条文的规定判决即可，但在现实中，当事人的诉讼能力差异太大，有些人不善于在专业化审判中发声，也没有经济实力聘请律师，司法过程如何考虑这些沉默的人民群众的诉求？从前文图 1 中的数据我们也可以发现，从 2009 年开始直至今天，在最高人民法院的工作报告中，“群众”的使用频率虽然有起伏但总是高于“当事人”的使用，2020 年工作报告中“群众”出现 34 次。也就是说，程序主义所设想的同质化当事人被“群众”所替代，法院在面对群众时所追求的目标显然超越了单纯的法律效果，而向社会效果、政治效果溢出，这种超越法律主义的诉求在具体案件中更多是由审判委员会实现的。在具体的难办案件中，由审判委员会来代表无法在精巧的司法程序中发声的“沉默的大多数”的诉求，借助审判委员会应对法律条文难以消化的“硬核”，以输出一个符合法律规定并人民群众满

① 苏力：《关于能动司法与大调解》，《中国法学》2010 年第 1 期。

② 朱景文：《中国法律工作者的职业化分析》，《法学研究》2008 年第 5 期。

③ 李拥军：《司法改革中体制性冲突及其解决路径》，《法商研究》2017 年第 2 期。

意的判决书，最终实现法律效果、社会效果与政治效果的统一。[①]

党的十九大前后，中国共产党进一步明确提出“以人民为中心”的执政理念，这深化和升华了“以人为本”理念，丰富了我国新时代关于社会治理的相关论述，为国家治理体系与治理能力现代化注入了精神和价值。当前中国社会的主要矛盾已经转化为人民日益增长的美好生活需要和不平衡不充分的发展之间的矛盾，意味着以人民为中心的社会治理体系需要更为重视对欠发达地区的反哺，以化解城乡二元结构难题，实现基本公共服务的公平化配置，法治在化解利益冲突，助力社会的平衡发展中的意义不容小觑。[②] 司法之所以要替弱势的当事人考虑，就是要完成对弱者的平等武装，真正做到以人民为中心，实现司法的法律效果、社会效果与政治效果的统一，最终通过对民意的代表实现“为人民服务”的政治正当性构建。[③] 正如有学者明确指出的那样，在具体的民事诉讼中，“如果当事人之间在财力、人力及诉讼机会上存在差异，司法者就必须采取措施消弭这种不平等，站在穷人的立场上讲话”。[④] 这种“矫正”式司法在新时代社会主要矛盾发生转变的背景下更具有现实指向性，在司法专业化的大趋势下，对司法正当性提出挑战的更多是难以适应精巧法律程序的底层群众，对于司法政治正当性的构建而言，更重要的是去回应底层群众的诉求，在形式平等之外追求社会实质平等，关注难入法律之门的社会弱者，这也是社会主义政法体制的应有之意。强世功教授指出：“中国始终秉持社会主义的基本价值观，从而不断缩小阶层之间、城乡之间、地区之间和民族之间的经济差距。”[⑤] 这是中美在经济发展道路上的分歧所在，也是中国贡献给世界的中国方案的基本底色之一：超越形式平等的实质正义。

---

① 邵六益：《审委会与合议庭：司法判决中的隐匿对话》，《中外法学》2019 年第 3 期。

② 刘须宽：《新时代中国社会主要矛盾转化的原因及其应对》，《马克思主义研究》2017 年第 11 期。

③ 邵六益：《在政治性与法律性之间：“司法为民”的再解读》，《西部法学评论》2014 年第 6 期。

④ 王福华：《民事诉讼的社会化》，《中国法学》2018 年第 1 期。

⑤ 强世功：《经济发展道路的中美分歧与中国方案》，《中央社会主义学院学报》2019 年第 6 期。

第四节 人民多重面孔及其意义

20世纪90年代以来，我们见证了学术界打造公民和塑造当事人的潮流，多元、异质化的群众概念逐渐消失，让位于当事人主义塑造出的同质化当事人形象，这一塑造过程是在实体法与程序法的“合谋”下完成的。在当事人主义的强势话语中，责任自负的当事人契合了民事诉讼的三大基本原则，符合现代法治的基本预设。理想的当事人是积极地用司法手段来维护自己权利的人，是可以自己承担举证责任的人，他们更适应专业化司法所营造的司法环境。但是这一学术理想在现实中遭遇困难：并非所有人都可以自行利用诉讼，专业化司法所设想的理想当事人只是分化社会中的一部分人，还有许多人的司法需求无法在这套专业司法中被满足。居高不下的涉诉信访量从侧面表明了专业化法治所带来的问题，在司法程序中无法获得满意解答的上访人、信访人，将求助的目光从法院系统转移到党政机关，当事人从法治话语所设计的游戏规则中退出来，他们不再是法庭上的当事人，而是重新化身为政法体制中的人民，这也是最高人民法院从2003年前后开始高调重提司法为民的原因之一。

无论是在学术研究中，还是在司法改革的顶层设计中，都需要恢复人的政治学和社会学视野下的含义。从社会学的角度来说，人民群众是多元的，其诉求是复杂的。比如，民事诉讼研究者发现，当事人的职业对其诉讼能力、诉讼行为选择有显著影响；行政诉讼中的当事人从来不是抽象的适格当事人，而是有着更为丰富特指具体的自然人、法人或者其他组织。在这些分化中，最突出的是社会精英与底层群众的差异，难办案件中对司法公信力的最大质疑恰恰来自底层群众，一旦当事人不再相信司法判决的权威，进入到信访之中重新成为程序难以规制的人民群众，也便解构了司法公信力的社会基础和政治基础。这就要求我们超越法条主义的束缚，追求司法的法律效果、社会效果与政治效果的统一。从政治的角度来说，这要求我们善用政法体制下的传统智慧，以政治的方式统合和代表社会分化的当事人，借助党政合署等方式避免政党的“代表性断裂”之困境。[①] 在

① 参见邵六益：《党政合署改革的政法逻辑》，未刊稿。

司法理论与实践中，既需要审判委员会等具体制度发挥作用，也需要司法政策层面的平衡与协调。

发现司法实践中的人民与诉讼理论中当事人的脱节、探讨和反思当事人主义，并不意味着否认当事人主义的价值和功能。随着经济的发展、城市化进程的加快，理性当事人是未来的重要趋势，现代司法所要求的责任自负也是商业发展的重要保障。即便是“本土资源”倡导者的苏力教授也认可这一趋势，送法下乡是现代法治发起的城市辐射农村的运动，“道路通向城市”才是法治的现代化宿命。[①] 需要说明的是，对当事人主义的反思并非刻意地标新立异，而是一个真实存在的学术命题，民事诉讼法学界也意识到了这一点。早在20世纪90年代初《民事诉讼法》修订之时，陈桂明先生就提醒我们需要注意当事人主义可能的问题。[②] 李浩教授则指出，我国当事人的诉讼能力总体上不强——农村尤其如此，因此在强调当事人责任自负的同时也要关注法院的帮助义务。[③] 傅郁林教授也观察到，诉讼法学界所提倡的协同主义理念，便是在一定程度上回应当事人主义所带来的问题。[④] 因此，现代当事人的诞生不是在瞬间完成的，在新旧转化之间需要注意避免类似“法治秩序的好处未得，而破坏礼治秩序的弊病却已先发生了”的问题，需要正视当下司法所应面对的多面化的人民。

总之，司法之中的人民不是抽象的、同质化的当事人，而是具体的人民群众，专业化司法过程难以回应日益分化的司法诉求，尤其是社会底层在面对精巧的司法程序时的“困惑”不断侵蚀着司法的正当性基石。因此，司法改革需要避免简单追求专业化、职业化的“一刀切”的误区，而是应该尊重发展不平衡背景中的差异化诉求：在宏观的司法政策中平衡专业化司法与调解等传统技术之间的关系；在微观的难办案件的审判中，关注审判委员会与合议庭的互动机制，超越法教义学的语义分析的束缚，努力追求法律效果、社会效果与政治效果的统一，践行以人民为中心的改革的初心与本意。

---

① 借用苏力教授的说法，参见苏力：《道路通向城市：转型中国的法治》，法律出版社2004年版。

② 陈桂明：《民事诉讼中法院职权的弱化及其效应——兼对新旧民诉法典中几项制度的比较研究》，《法学研究》1992年第6期。

③ 李浩：《民事诉讼当事人的自我责任》，《法学研究》2010年第3期。

④ 本刊编辑部：《中国民事诉讼法学发展评价（2012—2013）》，《中外法学》2015年第4期。

中 篇

作为研究进路的政法法学

第四章

社科法学治理化的知识反思

法律是对社会生活的一种过滤和裁剪，追求“向上”思考后抽象的重叠共识，社科法学则反其道而行之，借助“深描”过程“向下”发现真实的法治过程，像是一种“逆向运动”，其产生需要有一种思维上的相向运动。当前中国法学研究格局为其产生提供了土壤：乡村治理和司法制度成为社科法学的主要研究领域。社科法学的重要贡献在于借助深描的方式丰富了学界对一些基本命题的认识，并尊重法治建设的过程，从而展现了法治的复杂性，引入了法治的时间维度。在 30 多年的发展过程中，社科法学壮大成为包括法律社会学、法律人类学、法律经济学等研究方法在内的“学派”，并向部门法学扩张。但是，法律社会学关注的主要是法学研究中的“剩余范畴”，精细的法律人类学研究后期知识增量不大，法律经济学的分析陷入了一种由有限变量所构建出来的“虚拟”的真实世界之中。3 种研究方法最终都忽视了政治因素，将法律所要回答的政治问题进行中性化的理解，进而难以回应现实需要。未来需要对社科法学实现学术升级，尊重中国政法体制的现实，恢复对重大理论问题的敏感与学术回应，向政法法学的靠拢是一种必要的补充。

法律发生史有不同的叙事版本，较为完备的叙述需要注意以下两点：第一，将法律产生过程中最基本的要点说出来，即将作为主体的人、国家和公权力等核心要素逐渐带入叙事；第二，前后论述具有一贯性，遵循统一的逻辑。在这样的“事后”双重约束下，我们可以将法律的历史简单描述为：生产力的发展使得土地产出足以维持许多人的生活，人类走向群居以对抗自然灾害、动物袭击或者其他族群的侵扰，群居生活中必然有着最低限度的规则需求，以避免内耗或者更好地应对自然灾害和其他群体的侵扰。一旦这样的集体超越了血缘关系的限制，成为一种基于地缘关系的聚合，那么先前维持彼此关系的规则便不再足够，社会规则也会发生质变。当开始涉及多个族群之间的事务时，就需要找到更为统一和普适的规则，这个过程包含了对不同规则的“选择”，人们会在众多的规则中选择适合于最大多数人的规则，原本温情脉脉的地方性规则一再从我们熟悉的生活环境中“脱嵌”出来。在这种真实或虚拟的共同协商中，剩下来的那些规则就是大家都愿意接受的部分，上升到国家层面后还继续保留或者新创造出来的规则，就是我们所说的法律。上述解释融合了马克思主义关于经济基础决定上层建筑、法律人类学基本的假定以及自由主义者对国家诞生的论述，尽管对每种理论都会有所删减，但大体上是能够得到我们常识的支撑的。[①] 在这样漫长的发展历程中，国家法律是一步步“上升”得到的，被过滤出来的规则就这样从地方性规则上升为国家的法律，这是法律思考的基本逻辑，指向向上思考的方向。

① 相关的讨论可参见［英］托马斯·霍布斯：《利维坦》，黎思夏、黎廷弼译，商务印书馆 1985 年版；［英］约翰·洛克：《政府论（下篇）》，瞿菊农、叶启芳译，商务印书馆 1964 年版；［法］卢梭：《社会契约论》，何兆武译，商务印书馆 2003 年版；《马克思恩格斯选集》第 4 卷，人民出版社 2012 年版；［美］霍贝尔：《原始人的法：法律的动态比较研究》，严存生等译，法律出版社 2012 年版；［美］罗伯特·诺齐克：《无政府、国家和乌托邦》，姚大志译，中国社会科学出版社 2008 年版。

这种通过“重叠共识”筛选、过滤后留下来的规则越来越具有技术性和与道德无涉。道德从家庭范围、基于权威的服从和道德，发展到独立的（小）社团的道德，最后到国家范围内的“原则的道德”，在第三个阶段产生了正义感的概念，这种正义感基于对整个国家和社会的信任和依恋而出现。[①] 法律之所以是“最低限度的道德”，也是因为法律具有各地习俗、人民道德的共识认可。对于规则的共识也在最后一个阶段才具有了国家法律的特征：由国家强制力保证实施、具有普遍性统一性等。一句话，我们现在所谓的法律是国家意义上的，是从社会规范中层层上升得到的，这既是一个寻求共识的过程，也是一个逐渐走向抽象、宏观和简单化的过程。与此相应的，法学研究也是在一定阶段后才有的，随着国家制定法和近代国家的出现，法学家的身份发生变化，从“立法者”变为法律学者，以解释主权者制定的法律作为主要工作的法学家开始进行我们现在意义上的法学研究。[②] 法学研究成为一种独立的学问，乃至法理学作为一门独立的学问的出现，也是一种逐渐限制自己的讨论范围、抽象化自己的问题和放弃更多的地方性的过程。[③] 此处之所以不厌其烦地将这种“上升运动”的过程予以阐述，主要是为了印证社科法学的发生是一种“逆向运动”，这种逆向运动决定了社科法学能够在一些深描过程中发现法治本身的独特丰富性，而也正是这一基本方向在某种程度上决定了社科法学的局限。本章将从社科法学的研究论域和研究方法入手，揭示社科法学在消解政治后遭遇的困境，进而为政法法学的研究提供一种背景性支撑。

第一节 法律社会学的研究场域

尽管对法律社会学难以有统一的定义，其产生至少有两个脉络：马克思、涂尔干、韦伯等人的法律社会学主要是从社会学的视角去理解国家建

---

① 参见［美］约翰·罗尔斯：《正义论》，何怀宏、何包钢、廖申白译，中国社会科学出版社 2009 年版。

② 强世功：《法律的现代性剧场：哈特与富勒论战》，法律出版社 2006 年版，第 15 页。

③ 奥斯丁将上帝法等排除出研究范围之外，将“实际存在的由人制定的法”作为法理学的研究范围，使得法理学作为一门独立学科出现。参见［英］约翰·奥斯丁：《法理学的范围》，刘星译，中国法制出版社 2003 年版。

构这样宏大的问题，他们是在近代政治哲学完成现代国家建构后的一种学术思潮。[①] 相比较而言，美国传统下的法律社会学是更为接近法律的，尤其是在美国非常兴盛的法律交叉学科研究中，更多是用各种社会科学的方法来研究法律本身。中国的社科法学在研究以下问题时是可以达成基本的共识的，那就是建立在经验材料基础上的法学分析——无论这些经验材料是基于观察、调研、统计的，还是基于文献档案的。[②] 中国的法律社会学最开始的时候是以强调研究法律的实际运行效果为基本追求的，是在注释法律的教义学研究之外开辟的新研究进路。[③] 乡村研究和司法制度研究注重经验与法律条文对话，试图发现真实的法律世界，进而成为社科法学的重要研究领域。[④]

一、情境Ⅰ：为什么是乡村治理

中国当下的社科法学的兴起与反思法教义学有一定的关系，正是在苏力洞察到的国家制定法与社会规范之间的张力中，法律社会学展现出自己的独特解释力。如果国家法律没有建立并推行起来，那么正统的法律研究手段和方法都不会成型，也就不会存在以“逆向运动”为特征的法律社会学的思潮。如果我们连基本的国家法都没有建立起来，如果连最基本的法学思考问题的方式，即规范分析都没有建立起来，何谈法律社会学的需要。有研究者认为，中国的法律社会学的诞生可以追溯到20世纪初，以孟德斯鸠《论法的精神》和耶林的《权利斗争论》的翻译为标志，[⑤] 这种说法有些牵强。即便我们在当时已经译介了西方学人眼中法律社会学的著作，但是这不能说我们已经有了法律社会学，只能说我们有了这样的一种

---

① 参见陈涛：《法则与任意——从社会契约论到实证主义社会学》，载强世功主编：《政治与法律评论》第4辑，法律出版社2014年版。

② 赵震江、季卫东、齐海滨：《论法律社会学的意义与研究框架》，《社会学研究》1988年第3期。

③ 沈宗灵：《法律社会学的几个基本理论问题》，《法学杂志》1988年第1期。

④ 强世功教授将这种情境依赖归结为法理专业的法律社会学研究中的“对象化”困境。参见强世功：《中国法律社会学的困境与出路》，《文化纵横》2013年第5期。

⑤ 胡平仁：《法社会学的百年历程》，《山东大学学报（哲学社会科学版）（双月刊）》2007年第2期。

资源或者说知识。[①] 正像前面所说的那样，法律社会学的诞生是对之前法学研究发展路径的一种“逆向运动”，非此没有法律社会学产生的内在动力。这样来说，法律社会学的出现要满足两个条件：第一，是以国家法为基本研究对象的法学研究进路的形成；第二，对这种思路的自觉的反思的出现，即在抽象化和上升之余去诉诸一种往下拉和往回溯的运动。这样来看，我们所谓的法律社会学的产生只能是在20世纪80年代之后。[②]

就像吉尔茨笔下的瑞格瑞格的反抗不能被认为是法律社会学意识的觉醒一样，翻译了《论法的精神》丝毫不能证明我们已经有了法律社会学研究上的自觉。只有理论上的自觉之后，才可以说有真正的法律社会学的诞生。这种理论自觉又非得经历一定的先期的阶段不可，即国家法这种抽象化的法律规则受到各种地方性知识的冲击。这种对立的发生所需要的两种思维模式的矛盾，不仅可以按照一般式的、西方式的方向出现，也可能会按照中国的国家法“主动”传到乡村的情形下出现，在国家法律与地方各种各样的民间习俗、习惯争夺主导权的过程之中，也可以产生一种逆向思维的必要背景。由此，我们才可以去理解为什么乡村是法律社会学研究中两个最为关键的主题之一。[③] 法律社会学是对传统法学的一种反思，那么我们最容易想到的是前面所说的在美国、德国情形下法律社会学的产生，即国家制定法已经推行到全国，或者说已经有了全国性的判例体系之后，当大家发现法治现实中不是这样的时候，就会有修正已有理论的需要，如此所有对主流的“逆向”就可以被归纳在法律社会学的大旗之下。中国跟这些法治先进国家有一个不同，作为一个后发达国家，在现代化的过程中会遭遇一种“时代的错位”或者说“历史的叠加”。这当然是后发国家优势的一种体现，即我们可以用100年的时间来完成别人花了300年才完成的事情，但是这样说忽视了这个过程中可能带来的问题，尤其是在乡村即

---

① 侯猛：《中国法律社会学的知识建构和学术转型》，《云南大学学报（法学版）》2004年第3期。

② 这里不准备对法学研究中法律社会学的发生做详细的回顾，此处的论述是基于理论而非历史的，对法律社会学的发展阶段，尤其是20世纪80年代后的情况，可参见刘思达：《中国法律社会学的历史与反思》，《法律和社会科学》第7卷，法律出版社2010年版。

③ 强世功：《中国法律社会学的困境与出路》，《文化纵横》2013年第5期。

将遭遇的问题，这在我们的学术研究中有很多的体现。

在中国这样一个“政治、经济、文化发展不平衡”的大国，大部分的国土都是农村，农民是中国人的主体部分，而农业曾经是国民经济的支柱，正是因为中国的主体是“三农”，所以中国一切问题的核心似乎是农村问题。这是一个自新中国成立以来至少到今天依旧大致成立的命题：共产党的革命之所以可以在华北地区获得成功，主要是破产了的小农经济使得农民迫于生计会跟随共产党一起干革命。[①] 共产党在农村的革命还要通过“技术手段”塑造被压迫者，使得“翻身”做主人成为极具号召力的口号，进而调动巨大的革命资源为民主革命服务。[②] 新中国成立之后，真正改变国家和社会结构的也正是土地和婚姻家庭上的变革，而这种变革的重要部分是从农村展开的。无论是“翻身”，还是“深翻”，都是共产党用以调动农民的积极性，发动革命或者进行改革的口号。[③]

“现代化”是中国近代以来最为褒义的词汇之一，形式法治是现代化的重要组成部分，构成了“近代中国”的想象。尽管中国古代中央政府看似力大无比，但是它的向下渗透性很低，到县以下几乎都是由乡绅来治理的，是一种未实现“数目字”管理的“夹肉面包”的状况。[④] 人民与政府打交道无非是因为安全保卫或钱粮税赋，中央政府也无法遏制中间层级的征税人的中饱私囊。[⑤] 这样的低度控制的国家在国际竞争中显然不可能取胜，在西方的冲击之后，我们开始了制度反思和现代化的过程。就法律而言，需要建立一种全国统一适用的、人人平等的法律，清末修律的争论背后其实涉及对人的两种理解：到底是“三纲五常”下的家族中的人、父权

① 黄宗智：《华北的小农经济与社会变迁》，中华书局2000年版，第317页。

② 对此的创造性的研究，可参见李放春：《北方土改中的“翻身”与“生产”——中国革命现代性的一个话语——历史矛盾溯考》，载黄宗智主编：《中国乡村研究》第3辑，社会科学文献出版社2005年版。

③ 参见［美］韩丁：《翻身——中国一个村庄的革命纪实》，韩倞译，北京出版社1980年版；［美］韩丁：《深翻：中国一个村庄的继续革命纪实》，中国国际文化出版社2008年版。

④ 黄仁宇：《中国大历史》，三联书店1997年版，第325页。

⑤ ［美］杜赞奇：《文化、权力与国家：1900—1942年的华北农村》，王福明译，江苏人民出版社2008年版，第25—36页。

下的子女、夫权下的妇女，还是平等的现代个人?[①] 现代国家需要有现代法律的武装，这种武装可能是缓慢的过程，在乡村就得需要一个由上而下的推动，这导致乡村面临秩序转换的压力。

在城市推行国家制定法的压力并不大，因为城市生活离不开市场，交易必然是以利润为导向的，而非人际关系中的亲疏，这样就必须有将人作为平等主体看待的规则体系，也就意味着某种程度的法治在这样的地方是存在的。社会经济层面的市场化天然地培育着现代法治的土壤。但乡村生活与市场、交易的关系并不大，大家生活中最主要的规则还会是温情脉脉的带有浓郁人情味的地方性规则，直到20世纪七八十年代，中国很多农村还是“法律不入之地”。因此，在由地方习俗、“地方性知识”发挥最大作用的乡村去推行我们国家制定的法的时候，就自然地将法律社会学勃兴的外部条件创造出来了，即出现了统一的、抽象的国家制定的法与多样的、具体的地方习惯的张力。在法律社会学研究中，最为主体性的一个研究是对乡村秩序的研究，这些研究不仅由法学界来做，在社会学和人类学家那里同样重要。

二、情境Ⅱ：为什么是司法制度

法律社会学对司法的关注则是出于以下的几点考虑。[②] 这是上述乡村派研究所带来的必然结果，“送法下乡”送下去的只是死的法条，真正能够树立现代法律权威的还得依赖法律的实行，司法是真正在一线解决纠纷的机制，这是树立法律权威的最好的途径，由此法院成为法治建设的中心。[③] 在送法下乡过程中，学者们关注的主要是纠纷解决的技术。比如，

① 清末修律时的争议内容，可参见黄源盛：《中国法史导论》，广西师范大学出版社2014年版。

② 有学者也意识到司法制度成为法律实证研究的重点，但是并没有细致地探讨原因。参见李晟：《面向社会管理的法律实证》，《法学》2013年第4期。

③ 邵六益：《悖论与必然：法院调解的回归（2003—2012）》，《华东政法大学学报》2013年第5期。

学术界对一起“依法收贷”案的再三解读。①在这种对诉讼过程的细致分析中，无论是采用了经典的社会学上的调研技术，还是引用福柯的治理术的理念，抑或是采用事件/关系的分析模式，都会分享一个共同的特色，那便是在细致分析之后揭示出不同于抽象法条告诉我们的世界，这些研究阐明的“法律叙事”像一则新的法律故事那样具有了与国家法和法学研究的上升运动所不同的研究方向，即向下的思路。而从学术研究的角度来说，司法之所以成为法律社会学研究的重点，原因主要是两点：一是司法问题是几乎所有的法学研究者都可以触及的问题；二是学术界将美国式的三权分立、司法审查式的模式当作了法治的经典和权威模板，进而在研究中特别重视司法系统的改革。②

在法律社会学对司法的研究中，又可以有不同的研究进路。在笔者看来，主要分为以下三大类：第一类是从比较法研究的角度出发的，因为整个的中国法学发展本身就经历了以“法律移植”为主要潮流的过程，这一潮流在司法研究中亦是如此。如果说这一大类的研究主要是向西方求支撑的话，那么第二类诉诸社会调研的研究主要是在向中国的现实求知识，它借用社会学的调研、数据、实证材料的研究，在“求真”的过程中将笔者所说的那种“逆向运动”表现得最为明显。上述两大类研究主要是理论法学的研究，第三类主要是各个不同部门法结合其法律规定所做的各种丰富多彩的研究。从某种意义上来说，上述三类研究进路的出现有一个大致的先后顺序。

在改革开放后健全法制的时候，比较法的研究范式占据了主流，因为我们需要从西方国家学习经验。这一点从“外国法律文库”等图书的出版就可以看出来，在移植西方的先进法律的时候，司法制度当然也要被学习

① 参见强世功：《“法律不入之地”的民事调解——一起“依法收贷”案的再分析》，《比较法研究》1997年第3期；赵晓力：《关系/事件、行动策略和法律的叙事》，郑戈：《规范、秩序与传统》，均载王铭铭、王斯福主编：《乡土社会的秩序、公正与权威》，中国政法大学出版社1997年版；苏力：《送法下乡：中国基层司法制度研究》，中国政法大学出版社2000年版，第27—60页。

② 黄宗智：《中国政治体系正当性基础的来源与走向：中西方学者对话（七）·导言》，《开放时代》2014年第2期；强世功：《如何探索中国的宪政道路？——对白轲教授的回应》，《开放时代》2014年第2期。

过来。法学理论对司法制度、司法改革的研究较早，在此过程中，部门法的人迅速进入司法的研究之中，当然这主要还是以诉讼法学的学者为主，因为他们的研究本身就是需要以司法实务为指向的，这些研究很多是以国外的经验为对照的。时至今日，在司法制度领域的研究中，简单的比较分析还是很流行，只不过比较的国家越来越多、所使用的外文文献也越来越多。① 学术研究的过程中的创新需要有一种“对话”，在对话的过程中才会发现或者“创造”出不同，进而提出新的理论或者修正原先的理论，前述的两种司法研究进路寻找的对话资源主要是外国的经验，主要是中西对话。那么我们所说的第三种进路主要是法条与事实的对话，即“书本上的法”与“行动中的法”的对话，这些研究主要诉诸社会调研。②

以上我们总结了法律社会学最容易出现的两个领域。但是严格来说，这两者并不是严格区分的。比如，在对乡村的研究中，很多涉及了司法制度的内容，很多依赖于田野调查的学者在写作时都会关注法律运作这一块。③ 研究司法制度时所依赖的调研也有不少是出自农村的，乡村研究中很大一块是在关注国家法与民间法的互动，这类研究主要由法律史和法律人类学的相关学者支撑起来。④ 需要注意的是，研究司法制度、乡村司法的法律史学也大致具备了法律人类学的许多特征，因为法律史学者所强调的文本功夫使得他们可以找到许多案例，进而可以展示出与抽象、框架性的法条不同的东西来，他们诉诸的是历史（经验）与现实（国家法）的对话，这一点与法律人类学从田野调查中需求多样性是类似的。追求多样性、尊重现实性的社科法学能够将法治的时间维度揭示出来，拉长法治建设的过程，借助深描的手段发现法治中的细节，再借助各种学术方法阐释

---

① 陈瑞华：《审前羁押的法律控制——比较法角度的分析》，《政法论坛》2001 年第 4 期；肖建国：《民事公益诉讼的基本模式研究——以中、美、德三国为中心的比较法考察》，《中国法学》2007 年第 5 期。

② 艾佳慧：《司法知识与法官流动——一种基于实证的分析》，《法制与社会发展（双月刊）》2006 年第 4 期。也可参见唐应茂：《法院执行为什么难——转型国家中的政府、市场与法院》，北京大学出版社 2009 年版。

③ 参见朱晓阳：《小村故事：罪过与惩罚（1931—1997）》，法律出版社 2011 年版。作者声称其出发点就是一个法制教育刊物上的报道，具体见第 2 页的介绍和第 311—316 页的附录。

④ 张佩国：《乡村纠纷中国家法与民间法的互动——法律史和法律人类学相关研究评述》，《开放时代》2005 年第 2 期。

其理论意义。

总之，法律社会学主张不仅要研究“书本中的法”，更要研究“行动中的法”，在死的法条之外关注“活法”，其出现的前提在于有“书本中的法”的存在，国家制定法与社会规范之间的裂隙就促生了法律社会学的产生。当我们已经有了现代的建制、中央政权在取得对全国的统治之后，必然要将其制定法推广到全国，尤其是乡村地区。边远乡民在发生纠纷时很可能会像秋菊那样前往法院讨要“说法”，制定法的统治已经无可置疑地被推向了社会。总之，法律社会学的出现要满足两个条件：第一，是以国家法为基本研究对象的法学研究进路的形成；第二，对这种思路的自觉反思的出现，即在抽象化和上升之余去诉诸一种往下拉和往回溯的运动。这样来看，我们所谓的法律社会学的产生只能是在20世纪80年代之后。[①] 在国家法“主动”传递到乡村的“普法”过程中，国家法律与民间习俗、地方习惯展开了对主导权的争夺，产生了一种逆向思维的必要背景。在“压缩的现代化”中遭遇的“时代的错位”和“历史的叠加”使得城市与乡村遭遇不同的法治问题。[②]

第二节　社科法学的洞见与局限

20世纪80年代沈宗灵教授引入法律社会学的研究范式，之后经历了一种从法社会学到法律社会学的转变，各种跨学科的研究逐渐被归到其名下，在近些年的学术争论中获得“社科法学”的总称。本章沿用通说，认为社科法学指的是“倡导面向中国社会实际、通过运用社会科学方法研究法律现象和法治问题”的研究全体。[③] 在这个意义上，法律社会学、法律人类学、法律经济学、法律心理学等都可以归结在其旗下，这些研究进路

① 参见刘思达：《中国法律社会学的历史与反思》，《法律和社会科学》第7卷，法律出版社2010年版。

② 朱苏力、强世功：《中国现代化进程中的法制问题（上）》，《人民法院报（理论专版）》2001年7月20日。

③ 《法商研究》编辑部：《中国法学研究格局中的社科法学》，《法商研究》2014年第5期。

也分享了许多共同点。比如，后果主义、实用主义、经验主义、语境论等。[①] 无论是埃利希的“活法”对局限于书本上法律的思路的修正，还是美国的法社会学者对案例教学法的摒弃，都试图去发现国家法律在这个上升运动中的雏形，再现法律世界的多样性和丰富性。无论是法律社会学对社会生活的学术化，还是法律人类学对人的知识的研究，抑或是法律经济学选取要素后的建模，核心都在于将统一、严格执行、可预测的规则所构成的“规则统一体”的想象解构。社科法学的研究将会调动对经验的认识，与我们已有的法律规则进行对话，进而揭示抽象规则的不足，展现社科法学研究本身的特色。

一、深描揭示法治的时间维度

法教义学对法治的很多研究侧重于去发掘法治的价值和优点，仿佛法治天生就与自由、人权、民主等联系在一起。而实际上我们更应该看到法治建立的成本问题，即在法治建立的过程中可能遇到的问题。尤其是在新旧秩序交替的过程中，人们更容易感到手足无措。法治的建立如果无法度过这样的时期，全部的努力可能就付诸东流了。社科法学认为，法治不是一个静态的关于法治的理想、原则或者价值的描述，毋宁是一个动态的过程，社科法学从纵向上拉长了我们讨论的范围，将法治的时间维度引入思考，进而开放出很多有意思的话题。

法教义学很多讨论是一种静态的对法治优点的分析和梳理，而社科法学试图将这个过程拉长，再将时间维度引入讨论，在这之后，“变法”背景下的“法”和“治”之间的张力就显露出来了，在变法的“专法之治”和普法的“民本法治”之间，凌斌教授试图塑造一条法治的中国道路。[②] 以立法为中心的法律移植范式，试图制定一个体系完整、语言严密、理念先进的美国/德国式的法律，解决了“有法”的问题。然而，如何从“法”到“治”？如何让大家都知道并且平等地守法，发挥法律的最为重要的作用？两者之间必然存在时间差。改革开放之后，在法治建设中遭遇了

---

① 侯猛：《社科法学的传统与挑战》，《法商研究》2014 年第 5 期。

② 参见凌斌：《法治的中国道路》，北京大学出版社 2013 年版。

很多解释不通的问题，很大的原因在于大家简单地将前述两个层面等同起来了，以为有了一套据说是来自美国或者德国最先进成果的法律文本就可以直接带来法治的效果，“书本中的法律”被直接等同于了“行动中的法律”。如何让书本中的法律“行动起来”？这正是法律社会学所分享的一个问题意识。[①] 社科法学对时间维度的发现，关键的意义在于两点：一是选取从时间维度来理解法治的进路；二是采取了法律社会学进路，关心的行动中的法律。

在经历了对“法治”信仰的塑造运动之后，法治本身就成为一个具有不证自明正当性的“总体性概念”了，在这个词汇后面包含着的是诸如自由、民主、人权等“普世”的价值，进而追求实现法治所做的一切都具有了正当性，中国近几十年的改革就是在建立和完善法治的旗帜下进行的。改革开放以来，我们经历了一场以立法为中心的法治建设之路，40 多年的立法工作使得具有中国特色的社会主义法律体系初步建立，依法行政的推行使得以服务型政府为追求的法治政府慢慢形成，而司法专业化和职业化的程度得到了很大的提升。尽管如此，法治所许诺的许多好处并没有全部兑现，诸多的法治难题考验着人们对于法治的本来就微弱的信心。人们渐渐发现，法治并没有照应到中国的现实和作为全部生活方式之总结的传统文化，西方的“大词”在与本土相结合的时候造就了“秋菊的困惑”“村长的困惑”“李公安的困惑”等意象。[②] 与此同时，传统的规则体系瓦解了，法治推行的同时传统家庭伦理衰落，道德、习惯变得不那么重要了，尤其是政法伦理的丧失导致了“李雪莲”们的法治困境。法治的好处未得到，但是破坏传统规则的坏处早已显现。法律社会学的一个重要贡献便是将这种困境揭示出来，由此打破了法教义学的简单教条。对法律社会学贡献的解读，需要理解其向下“深描”与教义学向上“提炼”的区别。

---

① 强世功：《中国法律社会学的困境与出路》，《文化纵横》2013 年第 5 期。

② 苏力：《法治及其本土资源》，中国政法大学出版社 1996 年版，第 24—39 页；凌斌：《村长的困惑：〈秋菊打官司〉再思考》，载强世功主编：《政治与法律评论（2010 年卷）》，北京大学出版社 2010 年版，第 184—210 页；徐斌：《教化权、官员伦理与秩序变迁——以〈秋菊打官司〉中的李公安为分析对象》，载强世功主编：《政治与法律评论》第 3 辑，法律出版社 2013 年版，第 145—178 页。

二、部门法的社科法学化

随着社科法学的扩展，这种新式的研究思路逐渐对各个法学学科都产生了影响，法律社会学作为一个法理学的下位概念就开始发生了变化，各个部门法学者开始意识到作为一种研究方法，法律社会学的研究方法对他们的意义开始出现。比如，主要研究国际经济法的唐应茂教授利用实证数据对司法制度进行研究。[①] 诉讼法研究中开始关注诉讼数据的收集和分析，当然最具代表性的还是实证刑法学的发展。[②] 以土地问题研究为例，不管是由宪法学者做的研究，还是由传统民法学者做的研究，没有实证调研材料似乎变得不具有学术性了。以经济法、商法、国际经济法为代表的这些直接与资本打交道的学科，再也无法对经济学的进路视而不见了，在大数据时代这种趋势显得更为明显。从某种意义上来说，美国侵权法直接来自法律经济学的研究，受之影响很大的中国侵权法研究自然不可避免地受到这样的影响。诚如苏力教授在多年前就已经指出的那样，法学研究早就不再是那种仅限于规范解读的法学了，社会科学对法学研究的影响也许“正在发生”。[③] 以现在的博士论文写作来说，大家所使用的方法已经很少只是一种法律内部的分析视角了，即便原本的问题是一种规范法学的视角，也不自觉地吸纳法律社会学的思路。这种变化的另一个表现就是法律本身的特色越来越淡，在这个过程中，我们再也不敢说这是纯粹的法学研究了。

在社会学或者经济学中，对法律的关注是由来已久的。经济学关注的是如何实现资源的最优化配置，这背后的选择要考虑的就是已有的规则，规则不同，人们的选择也是不同的。法律作为最重要的社会规则，自然要在资源配置的过程中加以考虑，所以无论我们说法律经济学是什么时候产生的，经济学的议题中其实早就已经包含了法律的内容。社会学关心的核心问题始终是人与人的关系，关心的是整个社会的运作问题，这些人际关

---

① 参见唐应茂：《法院执行为什么难——转型国家中的政府、市场与法院》，北京大学出版社 2009 年版。

② 参见左卫民：《实证研究：中国法学的范式转型》，法律出版社 2019 年版。

③ 苏力：《也许正在发生：转型中国的法学》，法律出版社 2004 年版，第 21—25 页。

系的最高层次便是政治。社会学研究中不一定时刻出场的正是这个政治的底色和法律的元素，就像涂尔干在其名著中便是以法律作为指针来分析社会变化的，法律现象可以作为社会劳动分工形式变化的外在标志，与两种社会分工形式相对应的是刑事法与合作法。① 所有研究都有一种深入的倾向，法律社会学研究者最终目的是要比社会学者更加会调研，更加了解真实，而法律经济学者的努力也是比经济学家更加地会建立分析框架和模型，更加地会使用数学的工具。与此相伴随的是法律社会学的研究开始逐步进入各个部门法领域。②

自从苏力教授于20多年前对中国法学研究格局做出政法法学、诠释法学和社科法学的划分后，各种研究进路又有了新的发展，③ 法教义学与社科法学成为目前最具影响力的两种流派，法学界就此也展开了多次比较有分量的讨论。从目前的讨论来看，两派学者并没有陷入非此即彼之中。他们指出，社科法学绝不是忽视、反对教义分析，④ 而法教义学也越来越多地将社科法学的视野纳入自己的研究框架。⑤ 笔者不准备参与到抽象的论战之中，两种思维方式的界定并不明确，各自存在的问题也还很多，值得我们更为深入地去思考。就社科法学而言，第一，各种方法之间的共同性还不是特别强，“未能提炼出统一适用于社科法学的方法论准则”⑥；第二，各种研究方法本身也还存在许多的问题。对社科法学或者法教义学本身的研究进行细致地界定和梳理或反思，对相关问题的澄清具有重大意义，既

① ［法］雷蒙·阿隆：《社会学主要思潮》，葛智强、胡秉诚、王沪宁译，上海译文出版社2005年版，第262—263页。

② 当然，部门法学乃至法学理论学者到底受到法律社会学多大的影响，这依旧是一个可以探讨的问题，有人认为就法律实证研究而言，这种影响并不太大。参见李晟：《面向社会管理的法律实证》，《法学》2013年第4期。

③ 苏力：《也许正在发生——中国当代法学发展的一个概览》，《比较法研究》2001年第3期；苏力：《中国法学研究格局的流变》，《法商研究》2014年第5期。

④ 比如，李晟提出两者要在竞争与合作中推进中国法治。参见李晟：《实践视角下的社科法学：以法教义学为对照》，《法商研究》2014年第5期。

⑤ 在法教义学重要舞台的刑法学界，越来越多的学者将刑事政策纳入教义学的框架。参见陈兴良：《刑法教义学与刑事政策的关系：从李斯特鸿沟到罗克辛贯通——中国语境下的展开》，《中外法学》2013年第5期。

⑥ 谢海定：《法学研究进路的分化与合作——基于社科法学与法教义学的考察》，《法商研究》2014年第5期。

是对学术研究的推动，也是对法治建设的贡献。本章接下来将以社科法学研究方法本身为切入，分析法律社会学、法律人类学和法律经济学研究各自存在的问题，并给出一个初步的解决方案。①

第三节　社科法学的方法论反思

社科法学是一种“逆向运动”，其产生需要有一种思维上的相向运动，当前中国法学研究格局为其产生提供了土壤。在30多年的发展过程中，社科法学壮大成为包括了法律社会学、法律人类学、法律经济学等研究方法在内的“学派”。但是，法律社会学关注的主要是法学研究中的“剩余范畴”，精细的法律人类学研究后期知识增量不大，法律经济学的分析陷入了一种由有限变量所构建出来的“虚拟”的真实世界。三种研究方法最终都忽视了政治因素，对重大理论问题的关注是解决上述问题的一种思路。

一、消解政治的法律社会学难以解释中国

法律社会学并非天生的要排斥政治和权力。从欧洲社会学以及法律社会学的发生逻辑上来说，其所承接的学术传统是启蒙以来的政治哲学，大家思考的问题就是如何建立一个正当的国家，霍布斯、卢梭等人的理论最为经典。大致从孟德斯鸠开始，对政治的全部想象就不再仅仅是理论上的了，更多的是将社会、历史的认识带进来了。如果说孟德斯鸠主要在历史文本和史料中寻找真实的人和政治架构的话，那么孔德的实证科学才真正将启蒙一代政治哲学家的基本假设推翻，因为一旦深入社会实践，在社会生活中去寻找人的真实本性，那么他就不再可能仅仅是虚拟出来的自然状态下的自然人。② 社会学的真正复兴一般被放在欧洲三大经典社会学家马克思、涂尔干以及韦伯的时代。从三位经典社会学家的理论中，我们可以发现：

---

① 不少研究中突出这三种研究方法/进路的代表性。参见陈柏峰：《社科法学及其功用》，《法商研究》2014年第5期；侯猛：《社科法学的传统与挑战》，《法商研究》2014年第5期。

② 陈涛：《法则与任意——从社会契约论到实证主义社会学》，载强世功主编：《政治与法律评论》第4辑，法律出版社2014年版。

第一，相比于霍布斯等人将政治权力的建立奠定在个人所签订的社会契约上，他们更加关注的是权力如何从社会中诞生。比如，涂尔干关心的是宗教生活的基本形式，核心所求的是如何在神权崩溃后的现代社会中发现新的凝聚人们的东西，也就是重塑政治的正当性。① 马克思关注的不再是单个的原子化的同质化的个人，现代社会中的人已经被机器生产及其他异化了，② 他更加注重阶级这个概念，并在对法兰西革命的分析中已经看出这样的倾向。阶级的人才是政治正当性的基础。韦伯的分析命题则更为广泛，有人将他的研究分为宗教社会学和经济社会学两大部分。他对权力的定义也是区别于其他人的，在他的定义中，关键的因素不是暴力，而是统治者的权力行使可以得到被统治者的统一和认同。③ 正像他对代表的定义一样，“代表”的两个最为核心的因素一者是代表的行动，二者便是被代表者的认可由此导致的效果。④

第二，如果我们要去发现为什么会有上述差异的话，可能要回到他们的核心问题上来。如果说霍布斯等人全部关心的问题是权威是如何构建起来的，那么三大社会学家关心的问题已经不是民族国家的建构了，他们所处的时代是已经有一定的政权形式的国度，这个时候所有问题的关键更多的是如何回应社会的变化，所以他们三人所关心的核心命题便是去发现当时欧洲社会的变化，尽管他们给出的诊断是迥异的。⑤ 正是因为社会学家的研究是更加“真实”的，自然带来更多的信息量，这样也就会不断修正建立在简单的理论假设之上的国家学说。将这种细致的研究推向极致的便是从社会学中分离出来逐渐成为一门独立学科的人类学。

社会学三大经典作家从未将权力从自己的社会学研究中排除出去，涂尔干、韦伯均是如此，更不必说马克思以其对资本主义法律的批判使得我

① ［法］雷蒙·阿隆：《社会学主要思潮》，葛智强、胡秉诚、王沪宁译，上海译文出版社2005年版，第249—256页。

② ［德］马克思：《1844年经济学哲学手稿》，人民出版社2000年版，第50—64页。

③ ［德］马克斯·韦伯：《支配社会学》，康乐、简惠美译，广西师范大学出版社2004年版，第8—11页。

④ ［德］马克斯·韦伯：《经济与历史：支配的类型》，康乐等译，广西师范大学出版社2010年版，第444页。

⑤ ［法］雷蒙·阿隆：《社会学主要思潮》，葛智强、胡秉诚、王沪宁译，上海译文出版社2005年版，第249页。

们清晰地记得了他对法律背后的阶级压迫实质的关注。在那些企图塑造法律的自我系统的德国法哲学家那里，他们试图创造法律的系统论来阻止政治对法律的不当干预，极端的如“自创生系统”理论。① 当然在托依布纳那里，依旧不能简单化地认为法律与政治二分。既然如此，为什么中国的社科法学发展到现在，就不自觉地将国家因素隐藏了，让人们体味到了一种权力的隐退？实际上，我们的法律社会学研究不是消解了政治，而是将一些政治预设当作了不证自明的东西，在理所当然地接受了民主法治国的理想之后，所有的分析中自然不会有政治的出场。笔者试图将这样的情况出现后所带来的危机揭示出来。当权力被从法律研究中消解掉之后，至少带来了两个问题上的巨大困难：

第一，法律人天生的是一个政治家，法学研究天生的是一种统治者的技术。② 当然笔者不排斥说可以为人民服务，但是在法律与人民的维度之外，法学研究必然是带有政治性的。而法律与社会科学的研究使得这种政治的因素不为人所见，乡村研究中似乎国家是一个遥远的不出场的“虚君”，社会调研中也不会去碰主权和政治的机制，似乎这些东西一旦进入学术研究的领域就会干扰了我们的纯粹性。韦伯的确曾说过要区分“政治与学术”，但是我们不要忘记了，韦伯的作品分为两类，一类是政治类著作，一类是科学类著作。在他的政治论文中，他会很清晰地告诉你他的主观态度。我们需要将这两者结合起来阅读，没有政治著作的研读，我们可能不知道韦伯在其复杂的论述背后到底有何用意，知道了他的政治主张后，可能在阅读科学著作时更加清晰，但是不读其科学著作，我们大概就会陷入其主观性的论述而偏离学术本身。③ 这样我们可以看到中国的研究的第二点不足。

第二，在消解了权力和政治之后，无法真正地理解中国。以司法中的研究为例，目前的众多学者不愿意将政治的问题带进来，试图从司法制度

① ［德］贡塔·托依布纳：《法律：一个自创生系统》，张骐译，北京大学出版社 2004 年版。

② 当然这并不是说法律人就可以做好政治家，我们应该理性看待法律人从政这件事。参见程金华：《法律人从政：合理性分析及其验证》，《中外法学》2013 年第 1 期。

③ 参见［德］马克斯·韦伯：《民族国家与经济政策》，载［英］彼得·拉斯曼、罗纳德·斯佩尔斯编：《韦伯政治著作选》，阎克文译，东方出版社 2009 年版。

的本身来研究司法改革问题，而这样下去，根本无法理解以司法专业化为宗旨的改革如何会遭到执政党的警惕，也无法理解为何10年改革之后带来了政策上的反弹。在对“三个至上”的不解中，其实既是对政法传统的丢失，更是对政治的忘记。而促成这种忘记和丢失的一个重要的原因是，实证研究、数据统计、社会调研所给予学者的虚假的自信心遮蔽了司法的本质是政治的实质。正是由于对社会学研究中最关键的权力和国家的忽视，导致了我们不少的法律与社会科学研究中对宏观理论的不自觉。我们可以有很好的实证调研，我们可以有非常细致的对庭审过程的解读，但是这些都不再是一个核心的问题。正像笔者在前面也数次提到的那样，当“乡土中国”“本土资源”“民间法”“混混”等被提出来之后，后续的很多研究的意义就减少了不少。

法治建设本身离不开政治的需要，是服务于、隶属于更为广泛的国家建设的，法治只可能是整个国家上层建筑的一个组成部分而已，而在现代政府的标志中，法治可能只是其中不大的一块。[①] 更为重要的是，在现代国家的建立过程中，最主要的力量肯定不是法律，而是政治、经济和文化等，法律只是一个附带着变革的东西。法治的确立也只是整个国家变革中的一部分而已，更大的变革肯定是其他的方面——对人们整个生活秩序和想象的理想生活方式的改变，这样看来，法治的两条道路本身都是根植于政治秩序的变化。还有一点需要强调的就是，所有的变化之阵痛或者长痛本身都在于之前已经有一套秩序存在了。战国时期各国变法之所以那么难，主要是因为有之前存在的宗法制与他们的争夺，而且传统制度占据了道德上的制高点，所以四法原则的确立过程可能会伴随有阵痛。换句话说，秦的法治建立如果有阻碍，关键不在于法律的好坏或者推行的难易，而是在于之前就已经有一套统治人们思想的“法”了。秦孝公和商鞅如果想要用法家的这套思想来代替宗法制的那套理论，必然会有阻碍，正因为如此，我们也才可以理解商鞅的“自食其果”，他正是被保守势力处死的，这一点放在当下中国也大体适用。

---

① 参见［美］弗朗西斯·福山：《政治秩序的起源：从前人类时代到法国大革命》，毛俊杰译，广西师范大学出版社2012年版。

二、法律人类学的后期研究缺乏知识增量

法律发展和法学研究的一个基本方向是从具体到抽象，从特殊到一般，从复杂到简化，从地方性知识到国家统一法律。但是社科法学的“逆向运动”使得我们看到一种不同的东西，从某种意义上说，社科法学以发现真实的法律、寻找真实可行的解决问题的方式所做的所有努力就像是在“挑刺”或者说“查漏”，就是在寻找不同、鼓励异端、发现例外，在统一之外塑造多样性。这种倾向在法律人类学的研究中表现得最为明显，因为人类学的田野调查将这种倾向发挥到了极致，最符合对“逆向运动”的界定，对法律人类学的反思亦可以用在那些诉诸调研其他研究之上。

人类学成为一个独立的学科，是得益于殖民政策的需要，被现代学术武装起来的西方在进入“野蛮”“未开化”地区时，人类学知识成为一种必需的工具。[①] 尼加拉、斯瓦特之类的地名和努尔人、巴坦人之类的种族名称给人类学带上了原始的气息，不少人类学研究都是由西方学者在落后的亚非拉地区以及大洋洲的某些岛屿上做出的。[②] 除对社会风俗的研究之外，人类学研究最多的是现代政治如何在所研究地区被隐藏起来的。“有序的无政府状态”是人类学需要分析的重大问题。[③] 人类学的研究告诉我们，在现代国家建立之前，很多社会可以在没有政府的状况下有序运转，庆典、仪式、运动等未经合理化的东西使得权力时隐时现，激情的流觞却也保证了平滑的统治，“国王消失了！但他的等级永在！”尼加拉的剧场国

① ［美］鲁思·本尼迪克特：《菊与刀——日本文化的类型》，吕万和、熊达云、王智新译，商务印书馆 1990 年版，第 2 页。

② 参见［英］埃文思-普里查德：《努尔人——对尼罗河畔一个人群的生活方式和政治制度的描述》，褚建芳、阎书昌、赵旭东译，华夏出版社 2001 年版；［英］爱德华·汤普森：《共有的习惯》，沈汉、王加丰译，上海人民出版社 2002 年版；［美］克利福德·格尔兹：《尼加拉：十九世纪巴厘剧场国家》，赵丙祥译，上海人民出版社 1999 年版；［挪威］弗雷德里克·巴特：《斯瓦特巴坦人的政治过程：一个社会人类学研究的范例》，黄建生译，上海人民出版社 2005 年版。

③ ［英］埃文思-普里查德：《努尔人——对尼罗河畔一个人群的生活方式和政治制度的描述》，褚建芳、阎书昌、赵旭东译，华夏出版社 2001 年版，第 7 页。

家正是通过像国王火葬和王后殉葬这样的仪式来维持国家的秩序。[①] 人类学在中国的发展得益于 20 世纪 30 年代一批人类学家在云南等地的调查，尤其是对西南地区民族展开的研究。[②] 时至今日，中国的人类学研究中，(区域) 民族学的研究依旧占据很大的分量。[③]

法律人类学就是以人类学的方法来分析法律问题的努力，因为法律本身就是一种带有国家权力底色的制度，所以研究法律自然会和政治、国家、权力紧密关联，或者在原始生态中去“寻找法律的印迹”，或者通过法律社会学的分析去透视国家权力的建构。法律人类学以“深描”作为其基本的研究方法,[④] 以同情的理解去观察和进入“他者”的世界。在“深描”的同时，我们固然可以发现看似更加真实的世界，在细致探讨中，我们发现以往由法律条文所构建出来的世界不存在了，展现在我们面前的是一个丰富多彩的世界，我们会发现庙会是有不同的形式的。[⑤] 获得了一手资料的法律人类学家为我们展现了一个多样化的世界，但是这样的研究的意义是有限的，尤其是那些同一理论范式下的重复性验证工作。得出这一看似“大胆”的结论是有以下三个理由：

第一，任何一部国家性的法律在往下推行时，都不可能与地方无缝对接，也就自然会出现与地方实践相异的运作事实，每个村庄都可以给我们展现一个异样的“他者的世界”。比如，侯家营的真实情况可以支撑各色研究，每个研究者其实只是在选取对自己有利的部分罢了。[⑥] 既然一个村庄都有这么多可以叙述的“历史”，地方性知识在这里如此兴盛，那么我

---

① ［美］克利福德·格尔兹：《尼加拉：十九世纪巴厘剧场国家》，赵丙祥译，上海人民出版社 1999 年版，第 139—144 页。

② 王铭铭等：《“跨越边界与范式——中国西南人类学的再思考”国际学术研讨会纪要》，《西南民族大学学报（人文社科版）》2007 年第 10 期。

③ 王铭铭：《民族地区人类学研究的方法与课题》，《西北民族研究》2010 年第 1 期。

④ 参见［美］克利福德·吉尔兹：《地方性知识：事实与法律的比较透视》，邓正来译，载梁治平编：《法律的文化解释》，生活·读书·新知三联书店 1994 年版。

⑤ 赵旭东：《中心的消解：一个华北乡村庙会中的平权与等级》，《社会科学》2006 年第 6 期；赵旭东：《以国家的名义重新书写乡村文化：以河北两庙会为例》，《河南社会科学》2009 年第 6 期。

⑥ 不少学科的研究对侯家营予以非常多的关注，有名的是 20 世纪 40 年代日本满铁调查人员在这里进行的“惯行调查”，而后人根据这些调查或者最新的调查又做出了许多最新的研究，参见张思：《侯家营：一个华北村庄的现代历程》，天津古籍出版社 2010 年版。

们自然不可能期待由全国人大制定的一部法律在地方实行时会是完全一致的。从逻辑上我们就可以肯定，每次调研都会有新东西，但是又难有新东西。我们固然会发现侯家营不同于冷水沟村，但是中国之大，此类村庄实在是太多了，我们自然是无法穷尽各类研究的，“小村的故事”可以叙说很多个版本出来。当然笔者并不是完全否定以调研为基础的研究，带有理论创新的调研是有意义的。比如，贺雪峰教授在调研基础上，总结出中国三个区域不同的农村面貌，他对中国农村的区域研究就是非常有创造力的。[①] 换句话说，如果我们认为苏力教授提出“本土资源”的理论范式具有创造力的话，那么接下来继续去证明这个观点就不那么重要了。重要的是，法律人类学所诉诸的调研并不是必需的，苏力教授的《法治及其本土资源》需要的“田野”并不是实体化的或者对象主义的，而是由问题意识加上长期思考构建出来的。[②] 在实证调研之前，必然是带着一定的理论框架在里面的，否则会陷入素材的汪洋大海之中。[③] 而且，在通过更为细致的素材支撑起地方性和独特性的过程中，还有一个前提性的问题没有解决。

第二，就像本章一开始就说过的那样，法律就是各地规则在交流中不断上升和寻求共识的过程，这是法律出现和发展的正向运动。法律人类学和它所属的社科法学一样，是一种“逆向运动”。当我们说这是地方性需要研究的时候，前提性的问题是，何为地方性？时空的不同可以塑造越来越多层次的“地方性”，如果一个村的问题是地方性，一个村民小组的问题是不是地方性，或者说更加地方性？进而一个家庭的习惯是不是更加地方性？笔者无意做一种无理取闹式的层层向下的递进式举例，而且这种“质问”或许也是有违人类学基本常识的。笔者无非是想说明：地方性无法穷尽，法律人类学的基本路径本身就预示着他们身陷一种永远无法完成的事业之中。如果我们不是为了故作玄虚地揭示特殊的话，则必须为地方

① 贺雪峰：《论中国农村的区域差异——村庄社会结构的视角》，《开放时代》2012 年第 10 期；桂华、贺雪峰：《再论中国农村区域差异——一个农村研究的中层理论建构》，《开放时代》2013 年第 4 期。

② 苏力：《中国法学研究格局的流变》，《法商研究》2014 年第 5 期。

③ 苏力：《好的研究与实证研究》，《法学》2013 年第 4 期。

性找到一个“度”。

第三，地方性知识更多是由地方人民自己掌握的，村民自然也会去使用他们的村规民约，南方很多村庄的村规民约从未被法律人触碰过，这依旧不妨碍其效力和村治的实现。如果说法律人类学研究的是与法律不同的习惯的话，那么习惯为什么要被法学研究制度化呢？其一，既然是习惯，就不需要，也不应该被制度化。对习惯进行法律研究的最大问题在于，法律研究不自觉的普遍推广的倾向会扼杀自由。最终，真正可怕的不是国家的统一法典，而是小村庄的“民意”体现的村规民约。当然，这个问题涉及很多政治哲学上“公意”“众意”等问题的探讨，限于篇幅，这里不会详细论述。其二，更为重要的是，法律人类学的研究对这些地方的人民来说意义不大。既然是民间习惯，它的力量根本就不在于国家法的承认或者学者的总结提炼，而是自生自发的。河北某地庙会习俗在没有学者关心的情况下发展得很好，所有的观察者在这种历经时间积累依旧保留下来的习俗面前，除作为旁观者和学习者被震撼外，无法有更多贡献。对它们不需要用“立法”的思维，而是要按照“法律”的视角去思考，[①] 法律人类学在主张尊重地方性的时候，早就犯下了哈耶克敏锐看到的错误。地方性的真正守护者恰恰是身处其中的人民自己。

“深描”给我们展示了丰富多彩的大千世界：规则变成了无序，多样取代了统一，国家消失不见了，法律也被解构了。但是这种努力的意义不大，正像笔者在前面所说的那样，不同于法律产生的基本路线，法律人类学在基本宗旨和方法上的追求是相反的。一方面，法律本身就是追求一般性的事业，但法律人类学的研究将自己置身于法律学者并不擅长的对个案的细致研究之中。更为重要的是，这种细致探究对法律自身的发展来说并不是那么的关键。换句话说，法律人类学的研究不够经济划算，因为我们不可能比真实感受这种地方性的村民更好地理解这种多样性。法律人类学研究在其“深描”背后隐藏着的是对法律的解构，以及由此带来的学术上的不经济。人类学的“深描”使得原本抽象化的法律再一次具有了“意

---

① ［英］哈耶克：《法律、立法与自由》第1卷，邓正来等译，中国大百科全书出版社2000年版，第113—116页。

义”，这其实并不代表有何更多的深意，只不过是处在不同的阶段而已——因此梅因看到的是“从身份到契约”这样一种历史的变化，[①] 而布迪厄却发现了身份的回归。[②]

三、法律经济学无法揭示真实的世界

上述对法律人类学的分析从某种程度上可以看作对社科法学总体上的分析，因为人类学的视角将这种“求真求实”推向了极致，最后发现这样的事业是难以实现的。从某种意义上说，法律人类学是将更多细节展现出来以体现“逆向运动”的可能。还有一种研究方法，他们抽取更少的要素，但是也主张提供更为真实的世界图景，那就是法律经济学的研究。法律人类学和法律经济学，前者是带入更多的因素，后者则是选取更少的因素，不过它们的基本想法都是在抽象国家法之外塑造更加丰富多彩的法律图景，也即我们所说的“逆向运动”。法律经济学的产生就是“对高度抽象的传统法理学和理论经济学的一次颠覆，带有浓烈的实证主义色彩”[③]。它在很多时候也需要诉诸调研和更详细的素材，因为法律经济学所构建的模型必须有事实来充实，当然最终被选取进入其模型的要素是很少的。

“法律效率”问题从 20 世纪 80 年代末进入中国法学界，由此开始了法律与经济关系的讨论，这主要是因为在经济改革的背景下人们对效率的热衷导致了以这样的视角来看待法律。[④] 当时人们将效率当作一种法律价值，和正义、公正等一样，都是法律应该追求的目标。[⑤] 除法律促进社会效率的提高外，效率作为一种价值还关乎如何更好地使用法律资源本身，法律本身也被当作一种资源进入被分配的领域，司法制度研究中的效率主要关注点在于如何节约司法资源或者如何最有效率地去利用司法资

① ［英］梅因：《古代法》，沈景一译，商务印书馆 1959 年版，第 112 页。

② ［法］皮埃尔·布迪厄：《实践感》，蒋梓骅译，译林出版社 2012 年版，第 161—174 页。

③ 陈若英：《中国法律经济学的实证研究：路径与挑战》，载苏力主编：《法律和社会科学》第 7 卷，法律出版社 2010 年版，第 4 页。

④ 孙国华：《关于法律效率的几个问题》，《中国人民大学学报》1987 年第 5 期。

⑤ 郭道晖：《立法的效益与效率》，《法学研究》1996 年第 2 期。

源。[①] 这些分析对于基础理论的推进有一定的意义，尤其是考虑到此前我们将法律看作阶级统治的工具的背景，提出法律的效率价值有助于我们以一种比较客观中立的视角去看待法律，有助于将法律与经济发展建立起关系来。不过，这些讨论的一个重要问题是局限在静态思维上，实际中法律是否有效率、怎样实现效率，都需要有一种动态的视角，这种动态视角主要是靠后期法律经济学的引入。法律经济学的基本追求在于，在不同外部条件下，通过对规则的设定，最大限度地降低交易成本，实现对资源的最优配置。国内法律经济学研究中将科斯放在非常高的地位，科斯以其对"交易成本"的分析奠定了他在相关问题上的权威地位。[②] 也正因此，凌斌教授在其法律经济学著作中，将科斯作为其"故事"中的主角之一。[③]

以科斯作为鼻祖的国内法律经济学发展大致经过了三个阶段。第一阶段是"科斯定理"。学界总结为"科斯定理Ⅰ"——在没有交易成本的情况下，权利的初始分配不重要，双方会通过协商实现资源的最优配置，和"科斯定理Ⅱ"——在存在交易成本的时候，权利的初始配置就显得很重要了。第二阶段以"卡—梅框架"的提出为代表。在卡拉布雷西、梅拉米德看来，真实的交易环境完全不同于科斯定理Ⅰ所揭示的那样，原初的赋权变得很关键。在交易成本很高的时候，市场配置资源所需要的成本与法院分清事实的成本的比较决定了要选择什么规则：如果市场交易成本更低时，财产规则更有效率；如果法院成本更低，责任规则更有效率。[④] 第三阶段主要是对"卡—梅框架"的挑战和发展，一种批评认为"卡—梅框架"没有能将事前视角引入思考，进而对财产规则与责任规则的选择过于简单；另一种批评认为，"卡—梅框架"对责任规则的选择是建立在一种主观性的假设之上的——法庭有足够的信息和能力去计算，但是这被认为

---

① 张晋红：《反诉制度适用之反思——兼论民事诉讼公正与效率的最大化融合之途径》，《法律科学》2002 年第 5 期；钱弘道：《论司法效率》，《中国法学》2002 年第 4 期。

② R. H. Coase, "The Problem of Social Cost", *The Journal of Law & Economics*, Vol. 3 (Oct 1960), pp. 1-44.

③ 凌斌：《法治的代价：法律经济学原理批判》，法律出版社 2012 年版，第 5—7 页。

④ 参见［美］卡拉布雷西、［美］梅拉米德：《财产规则、责任规则与不可让渡性："大教堂"的一幅景观》，载［美］唐纳德·A. 威特曼编：《法律经济学文献精选》，苏力等译，法律出版社 2006 年版。

是过于乐观的。目前至少存在两种重建思路，一种是引入了“最佳选择者”理论，另一种是引入了内部拍卖理论。[①] 法律经济学的基本假定在于财富的增殖来自交换，因为交换可以使资源处在能最有效率地利用资源的人手中，那么规则的目的就在于使资源可以到达这样的人的手中，所以第三阶段的法律经济学试图以多次竞价的方式排除各种阻碍交易的因素，双方在一次次的竞价中，摸清对方的底线，进而确定由谁来使用这个资源。[②]

就中国法律经济学的发展而言，无论是初期对法律效率的研究，还是后期直至今日占据主流的、以科斯为“教父”的法律经济分析理论，其核心也在于“逆向运动”。从抽象的法律条文来看，权利属于谁是已经确定了的，在物权、合同、侵权的规则体系下，权利的所有、使用和保护不存在任何问题，但是一旦引入法律经济学的复杂模型后，我们会发现原先简单的规则不再适用。我们不仅需要考虑条文的规定，而且要去发现真实社会中不同主体使用资源的效率，不断竞价理论下还需要保证我们的双方当事人获得足够的信息以明知对方的情况。当然如果信息成本过高的话，需要诉诸权利初始配置的效率性，从这个意义上来说，所有的法律规定本身都是由“科斯定理Ⅰ”支持的，即法律假设立法者是最了解现实生活的，所以法律就可以规定权利是属于牧场还是属于农场，发生纠纷时采用何种救济原则来处理。[③] 而“卡—梅框架”告诉我们：第一，交易成本很高，原始赋权不是那么简单的，必须考虑双方谁更有效率；第二，发生纠纷的时候还要考虑公权力和私人主体谁更能查清事实，进而选择是采用财产规则还是责任规则。所以我们大体上可以说，法律经济学所做的事情，与法律人类学很类似，都是依赖于对事实的更为细节性的把握——当然法律经济学抽取的要素是有选择性的，进而才能对原先的解释框架提出修正，发

---

① 参见 Krier James and Stewart Schwab，“Property Rules and Liability Rules：The Cathedral in Another Light”，*New York University Law Review*，Vol. 70，No. 2，1995，pp. 440-464；Ian Ayres and Balkin，“Legal Entitlements as Auctions：Property Rules，Liability Rules，and beyond”，*The Yale Law Journal*，Vol. 106，No. 3（Dec 1996），pp. 703-750；Lucian Bebchuk，“Property Rights and Liability Rules：The Ex Ante View of the Cathedral”，*Michigan Law Review*，Vol. 100，No. 3（Dec 2001），pp. 601-639。

② 参见 Ian Ayres and Balkin，“Legal Entitlements as Auctions：Property Rules，Liability Rules，and beyond”，*The Yale Law Journal*，Vol. 106，No. 3（Dec 1996），pp. 703-750。

③ 农场和牧场之争是法律经济学分析中经典案例里的双方当事人。

现一个更有效率、还原更为真实的世界。但是在真正的研究和分析中，进入讨论的要素很少，因为能够被经济学模型容纳进来以备定量化或者被模式化的东西太少。所以，法律经济学在对各种要素的重要性程度做一些取舍后，选取更为重要的东西来呈现他们所主张的更加细致和清晰的世界。

法律经济学试图发现真实的法律运作的逻辑，它抓住了经济学的严密，以此重塑对真实世界的认识，其实这是一个难以做到的努力，而且很有可能误解了真实的世界。相比于教条化的法条分析，法律经济学为我们展现了一个更为有趣的世界，在其间，逻辑关系似乎是更加清楚的，论证和道理也是更具有说服力的。比如，为什么要“男娶女嫁”。在法律经济学看来，这不仅是因为习俗和传统，而是有着效率的追求：为了尽量保证女性在婚后不会出轨，以便确保子女血统上的纯正——这正是一个家庭稳定的前提条件，而阻止女性出轨比控制男性的成本是更低的。[①] 这样就解构了我们对于家庭的想象，此种分析当然是吸引人眼球的。但是经济学从大千世界中抽象出来的因素实在是太少了，以至于难以解释真实的世界，无论我们的法律经济学家的眼光多么锐利，他们在真实的生活面前都会显得太过简单了。[②] 就像笔者在评析法律人类学研究时所提到的那样，学者在分析生活世界时的智慧和敏锐总是难以与生活其间的人民群众相比的，法律经济学的建模也始终面临这样一个疑问，即模型中考虑的因素始终是先前拟定的、有所删减的、不完全的。不管对这个问题做了多么好的法律经济学分析，只要另一个人够仔细，掌握更多的资料，不愁提不出新的更为细致的模型来修正。[③]

---

① Steven N. S. Cheung, “The Enforcement of Property Rights in Children, and the Marriage Contract”, *The Economic Journal*, Vol. 82, No. 326, 1972, pp. 641-657.

② 比如，陈若英在利用法律经济学分析减排规则的时候，考虑的因素只能是在经济学中已经被元素化的东西。参见陈若英：《感性与理性之间的选择——评〈气候变化正义〉和减排规则手段》，《政法论坛》2013 年第 2 期。很多因素并未进入学术化，而且在中国有非常重要的因素是无法被考虑进来的。

③ 比如，对于对“禁放令”的传统解读而言，艾佳慧的法律经济学可以分析得更为细致。参见艾佳慧：《“禁”还是“不禁”，这是个问题：关于“禁放令”的法律经济学分析》，《中外法学》2007 年第 5 期。但是仅从财产规则、责任规则还是行政规制规则的选择，以及从供求关系的比较上来说，这些都是不够的，肯定还可以从中找出更多的因素来，比如说人的因素、地域的区别等。

生活中的智慧本不一定需要提炼出来的，它们的最佳所在就是默默地在生活中发挥作用，法律经济学所构建的真实生活图景恰恰是虚拟的真实。经济学本身所能够考虑的因素就是有限的，在法律领域，我们也根本无法期待法律经济学可以去再现真实，它所做的是更加抽象和粗线条化的。就像有学者已经隐晦指出的那样："法学研究在很大程度上是规范性、解释性和应然性的研究。"[①] 所以相比于法律经济学实证研究的细致性来说，创造性地发现和解决问题可能才是更重要的和更紧迫的。总的来说，法律经济学的问题在于：第一，经济学的建模过滤掉了很多重要的东西，剩下的是一个虚拟的"真实世界"；第二，与法律人类学研究面临的问题一样，法律经济学对生活智慧的提炼陷入了一种不经济的境地。如果说有"无需法律的秩序"的话，[②] 那么法律经济学恰好是在逆向而行，试图去发现秩序背后的法律。

更为关键的是，在法律经济学的话语下，法律只是标本，真正重要的是经济学模型本身，在法律经济学的分析中，法律自身缺场了。笔者当然不是出于反对"经济学帝国主义"而做意气之争，从我们上文对法律经济学发展源流的简单梳理中可以看出，科斯、卡拉布雷西、梅拉米德等人所信奉的无一例外是以自由市场为基础的经济学，新制度经济学基本假设也被毫无保留地带入法律经济学的分析中了。而新制度经济学中的交易费用理论、产权理论等都是带有先前的基本假定在其中的，这些基本假定构成了对国家和政治的基本想象——一个自由市场的假设和自由民主制的西方国家的想象。在对中国的法律做分析的时候，上述基本的前提并不是那么的天然正确。法律经济学看上去的中立客观，实际上是将政治因素全部排出，试图在一个中性的世界中分析法律，但是这种排除政治的实质是将一些价值预设当作了不证自明的前提。

---

① 参见陈若英：《中国法律经济学的实证研究：路径与挑战》，载苏力主编：《法律和社会科学》第7卷，法律出版社2010年版。

② 这个看似非常悖论性但是充满法律经济学智慧的提法来自罗伯特·C. 埃里克森。参见［美］罗伯特·C. 埃里克森：《无需法律的秩序——邻人如何解决纠纷》，苏力译，中国政法大学出版社2003年版。

第四节 “政法”议题的回归

我们难以对社科法学所有的研究方法给出评述。比如，法律的文化解释、法律生物学等。但是不同的方法有共同的东西，那就是对经验知识的尊重。无论是法律的文化解释诉诸历史文本或传统，还是法律人类学/法律社会学诉诸法律之外的知识，都在试图解构统一的想象，塑造一个多样化的世界。当然，社科法学研究中最为重要的就是前面已经分析过的三种研究进路，对这三种研究进路的深入剖析会在某种程度上对社科法学在中国的近况有一定的了解。伴随着这些研究进路的流行，出现了另外两种现象。第一，社科法学的很多方法已经超越了法理学的领域，进入了法学研究的各个领域。在部门法学研究中，学者们对法律与社会科学的方法的使用成为所谓的法律社会学的“第二波”，但是他们的研究丧失了对基本理论问题的关注，而从法律社会学到法律与社会科学的发展本身来说，使得政治问题在研究中丧失了地位。[①] 第二，法律的治理化。“治理”是一个自20世纪末开始兴起的政治社会学概念，它与统治相对，用来形容政治上的公权力管制社会和公民的方式方法，其目的在于使国家、社会、公民三者之间处于一种彼此和谐的有机体之中，形成一种稳定的秩序。治理强调的是社会的出现，强调的是对传统统治模式的修正，强调的是对社会规范的重视。治理化的法律不再服务于解决纠纷这样简单的司法目的，而是作为党和政府管理社会和人民的手段。[②] 社科法学各种方法因其“逆向运动”的趋势恰好符合了治理解构政治、突出社会和自治的趋势：法律社会学的分析没有对政治予以充分关注，在乡村研究中国家政治权力消退，在司法研究中以西方式的司法想象作为标准；法律人类学的调研和实证使得技术性的问题取代了重大理论关怀，以精细分析代替了宏大理论的关怀；法律经济学分享的自由主义前提将自由民主的意识形态隐秘地带入法律研究，

---

① 强世功：《中国法律社会学的困境与出路》，《文化纵横》2013年第5期。

② 赵晓力：《通过合同的治理——80年代以来中国基层法院对农村承包合同的处理》，《中国社会科学》2000年第2期。

这种不自觉的承认在更深的层面上消解了政治。伴随着法律治理化的浪潮兴起，几乎所有的问题都被法律纳入版图，钉子户法律要管，闯红灯的普通民众法律要管，甚至子女是否要回家看望父母法律也要管。这样使得政法传统下的法律变成了公共行政下的无政治的规则，原本附着在法律之上的政治和权力隐退了，剩下的全是行政问题，也就是施米特笔下的没有敌我区分的庸庸碌碌的世界，而这种取消敌我划分的努力是难以成功的。①

如果说社科法学的研究遇有上述种种困难的话，那么新时期社科法学发展需要做出什么样的调整？社科法学本身是作为对传统的规范法学、诠释法学的“反动”（非贬义）而出现的，是最有可能对现实问题保持敏感性的研究范式，但一旦沦为工具性的所在，尤其是在成为所有人的工具之后，它在理论上的意义就变得很小了。这个时候我们需要做的是发现更新、更重要的问题，那么如何去发现真实的重要问题？中国改革开放以来的巨大发展，使得中国成为世界第二大经济体，但是理论自信并没有建立起来。简单地说就是，中国的成功无法在理论上被证明，法学中的很多道理无法叙说清楚。中国发展与西方经典模式的不同给我们提供许多新的讨论空间，按照一种从经验到理论的研究思路，我们将会发现，真实世界中的许多问题需要解释，理论世界的许多定律需要被修正。当中国经验与来自西方的理论进行对话时，表达与实践之间的背离、断裂开放出了许多问题，解释“悖论”成为重要的创新点。② 学术研究最大的问题背景是如何解释中国道路的问题，③ 社科法学由于其独特的强大解释力可以在这个过程中做出更多的贡献。

然而当我们将之放在国家转型而不仅仅是变法和法治转型的视角下，将“有法无治”的难题放在现代国家建立的这个大背景下来思考，对比一下这相隔几千年的国家现代化事业，许多问题可能就迎刃而解了。如果说社科法学通过诉诸时间维度使我们的法治实现之路显示出自己的特色的话，而使得这些东西可以成为特色又恰恰是因为对法治的政治维度和国家

① 参见［德］卡尔·施米特：《政治的概念》，刘宗坤等译，上海人民出版社2018年版。

② 法学界中也有很多这样的尝试，如强世功：《中国宪法中的不成文宪法》，《开放时代》2009年第2期。

③ 《开放时代》2014年第2期的专题研究即为“创建和发展一套健全的中国宪政理论”。

背景的视而不见。如果我们将政治的思维重新带回到思考之中，我们将会发现很多难以解释的问题突然有解了，变法与法治的中西对比、古今对比也不再那么具有特色，社科法学“深描”所塑造的中国法治道路的特殊性也就不存在了。比如，凌斌教授通过引入时间维度展现的秦国变法过程中的孝公难题，① 或许提法有误，因为其他国家必然会遭遇这样的困境，德国政府不会因为制定了一部学术上无懈可击的《民法典》就会自动得到德国人民的服从。在我看来，任何国家的法治建设都会遭遇一个“普法”的阶段，我们无法想象普通德国国民会懂得他们的《民法典》。也就是说，凌斌教授提出来的古今中西的对比中，中国当代法治所需要经历的民本法治的阶段，不仅是当代中国的法治具有他所说的那些特点，可能还是各个时代、各个国家都会遇到的问题。即便语言更为“接地气”的法国《民法典》，也需要比较系统的“普法”机制。②

法律社会学从一种与政法法学相异的法学流派/运动，在 40 多年的发展过程中，社科法学逐渐从法理学研究中的一种方法演变成几乎所有法学研究中都要使用或者分享的思维方式。而在此过程中，政治理论和宏大的关怀逐渐消失，将关心的点局限在司法制度和乡村司法这些部门法学者不会关心的“剩余范畴”上。但是，社科法学如果忘记了核心理论的存在，就容易变成没有政治的工具性分析，而社科法学普及知识的使命已经差不多完成了。当然并不是说中性的、技术性研究不重要，但还远远不够。或许，在“法律与社会科学”之外，还要加上“政治与法律科学”。“法律的道路”给我们展现出统计学和经济学对于法律的重要性，这给很多社科法学的研究者以鼓励，但是不应忘记，这篇演讲的主旨是隐晦和波折的，霍姆斯最后指出的是，真正的法学是属于富有想象力的人。③ 目前社科法

① 参见凌斌：《法治的中国道路》，北京大学出版社 2010 年版。

② 法国宣传《民法典》的主要渠道有：刊登所有新颁布法律的官方期刊；法国政府立法网（http：//www. legifrance. gouv. fr/）会登载编纂的所有法典、法律、法案和规章及判例；电视议会频道会实时转播议会讨论颁布新法的辩论过程；工人接近法律的主要方式是通过工会；每个城市的市政府会设有一个法律援助办公室，提供免费法律服务咨询。在国民教育这一块，中学课程中就有法律必修课程。感谢薛杉博士帮我从巴黎第二大学法律硕士 Jaana Serres 处获取这些信息。

③ ［美］小奥利弗·温德尔·霍姆斯：《霍姆斯读本：论文与公共演讲选集》，刘思达译，张芝梅校，上海三联书店 2009 年版。

学已经接受了统计学和经济学的帮助，缺的正是这种想象力。这种想象力主要不是社科法学的基本方法，而是对中国式问题的创造性解答在于在宪政研究中发现和安顿政党[①]、在司法研究中再次发现“政法传统”[②]、在乡村研究中再次发现国家[③]。强世功教授认为，批评法律运动在回答诸如如何避免资本主义借助机器人控制人类的问题时，必须要超越社科法学的中立化立场，“批判法律运动要回应这个拷问，就需要从社科法学转向政法法学，摆脱法律实证主义影响下对‘法’所做的种种技术化的规范理解，将‘法’放在完整的文明秩序建构中加以理解”[④]。社科法学对政治的找回，恰好预示着政法法学的重新复归。

---

① 黄宗智：《中国政治体系正当性基础的来源与走向：中西方学者对话（七）·导言》，《开放时代》2014 年第 2 期；强世功：《如何探索中国的宪政道路？——对白轲教授的回应》，《开放时代》2014 年第 2 期。

② 苏力：《中国司法中的政党》，载苏力主编：《法律和社会科学》第 1 卷，法律出版社 2006 年版；侯猛：《政法传统中的民主集中制》，《法商研究》2011 年第 1 期；侯猛：《“党与政法”关系的展开——以政法委员会为研究中心》，《法学家》2013 年第 2 期。

③ 乡村法制研究应该转向“中国政治—社会问题”的视域，作为总体上认识中国的一个切入点。参见陈柏峰：《乡村法制研究的现状与前瞻》，《法律和社会科学》第 7 卷，法律出版社 2010 年版。

④ 强世功：《批评法律理论的场域——从〈秋菊打官司〉看批判法律理论的转向》，《学术月刊》2019 年第 10 期。

第五章

法教义学去政治化的迷思

摒除苏联的影响是改革开放后法学各学科发展的重要趋势，通常认为“去苏俄化”有助于推动学术与政治的分离，最终实现学术的科学化、中立化。本章以刑法学教义学的发展为对象进行分析，发现“去苏俄化”并未实现去政治化，而是接受了另一种形式的政治逻辑。无论是罪刑法定的基本原则、三阶层的犯罪构成学说，还是刑法教义学的思维方法，背后都隐含着自由主义关于私权至上、“公权力是恶的”等基本假定。这种知识转型不仅关乎学术和逻辑，还涉及历史，更是政治问题，“去苏俄化”是世界局势变化的附随结果，与美国化、西方化是一枚硬币的两个面向；这种学术思潮对中国法学界产生了重大影响，由此改变了新中国成立后30年间法学界以苏联为师的进路。对刑法教义学去政治化是否可能的分析，能够在很大程度上揭示法教义学的立场、贡献与不足。不仅如此，对法学研究中“去苏俄化”的分析，是理解法学知识代际综合的开端，也是中国的法学研究迈向成熟必然要处理的知识重构命题。

断裂与延续、继承与创新是大历史叙述中必然出现的主题，不同传统的整合是长时段写作时经常遇到的命题，法治演进过程也不例外。在中国百余年的现代法治进程中有过三次学习外国的热潮，引入了全新的法治思想和学说，形成了多种法治传统并存的局面，而新旧法治传统的张力则构成当时法制变革的核心。每次学习及后续改革都构成了某种意义上的“法律革命”，重构了中国法学的知识图景。第一次是晚清以来对以日本、德国为代表的大陆法系的学习，无论是北洋政府还是国民政府，都在继续这种努力，国民政府的法典化建设是其巅峰。清末修律开启了“礼法之争”的大讨论，变法派与守旧派围绕陪审制、律师制、“准礼制刑”的立法原则、罪刑法定主义、是否废除无夫奸、子孙违犯教令是否处罚等问题展开了争论，而这些争论的实质在于对当时的国家现状及其前途的两种不同认识。[①] 国民党时期民事法律改革中继承与变革并举，西方法律与中国传统的糅合是其核心命题，这从典、田面权、债、赡养、妇女权等多个方面可以得到证实。[②] 第二次是新中国成立后所建立的社会主义法制，在彻底废除国民政府“伪法统”后，全盘吸收苏联法学，以此建立革命法制，并逐渐形成了影响至今的政法传统。[③] 第三次则是改革开放后对以美国为代表的西方法治的移植，法制建设上越来越多地与西方国家靠近。[④]

不同知识传统之间的张力构成知识谱系的基本框架，既是理解法治图

---

① 黄源盛：《中国法史导论》，广西师范大学出版社 2014 年版，第 358—385 页。

② 参见黄宗智：《法典、习俗与司法实践：清代与民国的比较》，上海书店 2003 年版。

③ 李秀清教授对苏联法学对新中国民法、婚姻法、刑法、经济法的影响都做过研究。参见李秀清：《中国移植苏联民法模式考》，《中国社会科学》2002 年第 5 期。也有研究认为，苏联法对中国的影响始于孙中山时期。参见孙光妍、于逸生：《苏联法影响中国法制发展进程之回顾》，《法学研究》2003 年第 1 期。

④ 公丕祥：《当代中国的法律革命》，法律出版社 1999 年版，第 38—39 页。

景的重要维度，也是观察过去、理解今天和展望未来的关键。[①] 值得注意的是，三次法律革命及其知识转型受到的重视程度迥异，前两次法律革命及其影响已成共识，但学界对改革开放后法治传统的延续与断裂没有相应的理论自觉，而是将之视为政治、经济改革后法学界自然而然发生的。在这种理解中，苏联法学带来了片面化、教条化等“深刻的消极影响”，[②] 而法学知识“去苏俄化”则可以将法学从政治的藩篱中解救出来，走向学术的中立、客观、科学、专业。[③] 今天，摒除苏联法学的影响，似乎成为中国法治发展中不证自明的当然前提。[④] 本章以刑法学的知识转型为分析重点，发现“去苏俄化”的表达背后隐藏着自由主义化的政治追求，苏俄刑法学与德日刑法学的争论，本质上是两种法学传统之争的体现。刑法学界摒除苏俄影响可以分为两个阶段，第一阶段是不自觉的阶段，1997 年《刑法》酝酿制定过程中废除类推、确立罪刑法定之举可以看作对苏俄刑法理论重实质主义的否定；第二阶段是自觉的阶段，陈兴良教授于 10 多年前明确提出“去苏俄化”命题以来，犯罪论体系重构、刑法教义学化等都可以归入这种努力之中。

两波“去苏俄化”背后都隐藏着自由主义的追求，否认苏俄传统成为共识，这种立场部分地由于对新中国成立以来的两种政法传统的认识不够融贯。中国官方已经明确提出“前后 30 年”不能互相否定的论断，[⑤] 如何在受苏联影响的社会主义法学传统与自由主义法治传统之间进行平衡，成为法学走向成熟过程中所要回答的一个重要命题。刑法学界敏锐提出的知

---

① 现代化范式、法律文化论、本土主义论之间的角力，从侧面体现了多种法治传统之间的紧张关系。关于这三种研究进路的概括与批判，参见邓正来：《中国法学向何处去——建构“中国法律理想图景”时代的论纲》，商务印书馆 2006 年版。

② 唐永春：《苏联法学对中国法学消极影响的深层原因——从马克思东方社会理论出发所作的分析》，《法学研究》2002 年第 2 期。

③ 龚刃韧教授将宪法的“苏联模式”的弊端概括为缺乏法治、缺乏民主、缺乏人权，当下推进全面依法治国就必须要彻底反思“苏联模式”。参见龚刃韧：《建立法治国家必须尊重宪法权威——基于对“苏联模式”的反思》，《法学》2015 年第 5 期。

④ 杨立新：《编纂民法典必须肃清前苏联民法的影响》，《法制与社会发展》2016 年第 2 期。

⑤ 中共中央党史研究室：《正确看待改革开放前后两个历史时期——学习习近平总书记关于“两个不能否定”的重要论述》，《人民日报》2013 年 11 月 1 日。

识转型命题，[①] 可以成为我们透视整个法学研究状况的切入点。对法学知识"去苏俄化"的分析，实际上是对两种法学传统进行代际综合的尝试，是完成中国法学知识重构的关键，也是中国的法学走向成熟的必然途径。当然，需要特别在此强调的是，改革开放后的政治进步、法治建设取得的成就是值得高度肯定的，尤其是刑法学研究中"专业槽"理念提出以来，极大地提升了刑法学的知识水平，对理论和实践的意义都不容忽视。笔者丝毫不是否定这种知识转型，更多的是要表明，"去苏俄化"并不是理所当然、单纯的学术事件，而是政治变革的附随产物。唯有认清这一点，才能做到兼容并包、更好地实现法学知识转型，也才能够回应彻底"去苏俄化"可能带来的问题。就研究进路而言，本章更多采用法律之外的视角——但并不仅仅是社科法学的进路，社科法学的研究方法由于忽视了政治因素而容易变为工具性分析，本章重新找回政治因素，从政法法学的角度重新理解刑法教义学语境下的"去苏俄化"议题。

第一节　刑法学"去苏俄化"议题

在马克思主义法学理论中，国家是阶级矛盾不可调和的产物。法律是统治阶级意志的集中体现，致力于维护、增进和发展统治阶级支持的政治经济社会关系。司法机关也是国家暴力机器的组成部分，用以制裁不法，保障法律所确认的社会关系的实现。按照马克思的设想，共产主义阶段不存在国家和法律。列宁发展出过渡学说，认为在长期的、作为政权形式存在的无产阶级专政阶段，国家和法律还有存在的必要。但无产阶级要消灭阶级、消解国家和法律以实现共产主义作为终极使命的判断没有改变，革命就是实现这种质变的关键，在过渡阶段，法律的革命主题从未消解。苏联法学的最根本特色就在于革命性，"一言以蔽之，是革命的法……苏联法强调党的领导，强调法的阶级性质，在具体制度上实行民主集中制、议行合一的苏维埃制、土地国有制、严惩反革命罪、重视保障工农的利益

① 参见陈兴良：《刑法的知识转型（学术史）》，中国人民大学出版社 2012 年版；陈兴良：《刑法的知识转型（方法论）》，中国人民大学出版社 2012 年版。

等，都与这种革命的法制有关系”[①]。苏联的社会主义法学的核心思想在于以下两点：第一，国家和法律都是过渡阶段的产物，最终会在革命中消亡，而在到达共产主义之前则需要不断加强无产阶级专政；第二，法律机关、法学研究必须要服务于革命的大局，司法机关与行政机关相比没有什么特殊性，不应该被形式化条文束缚。新中国深受苏联法治思维的影响，强调阶级意志论的法本质观、纯粹工具论的法功能观、法学中的国家主义倾向等。[②] 法学研究也要服务于国家理想，最终实现阶级消亡、法律消失的“无需法律的治理”，“我们就要积极工作，努力奋斗，为法的消亡创造条件”[③]。革命不仅是新中国前30年间的国家主题，是实现向共产主义过渡的重要方式，也是法学的重要底色，革命逻辑也成为新中国成立后“革命法制”的关键所在。

一、斗争逻辑下的革命法制

学术界归纳出两种革命传统：一种是以法国、俄国、中国为代表的社会革命模式；另一种是以英国、美国为代表的政治革命模式。政治革命的核心在于建立一套国家制度，保障机会平等；而社会革命的核心在于不断发动更为广泛的社会力量参与革命，实现最终的实质平等。[④] 在中国的革命语境中，敌我之分没有常势，需要不断调整革命路线重组政治联盟，联合一部分人去打击另一部分人是中国革命的首要问题。诚如毛泽东同志指出的：“谁是我们的敌人，谁是我们的朋友，这个问题是革命的首要问题。”[⑤] 新民主主义就是包括了“工人阶级，农民阶级，城市小资产阶级和民族资产阶级”在内的“人民”对反动派的专政。[⑥]《共同纲领》第8条

① 孙光妍、于逸生：《苏联法影响中国法制发展进程之回顾》，《法学研究》2003年第1期。

② 唐永春：《苏联法学对中国法学消极影响的深层原因——从马克思东方社会理论出发所作的分析》，《法学研究》2002年第2期。蔡定剑教授就苏联对中国法学的影响和原因做过分析，参见蔡定剑：《关于前苏联法对中国法制建设的影响——建国以来法学界重大事件研究（22）》，《法学》1999年第3期。

③ 孙国华、沈宗灵：《法学基础理论》，法律出版社1982年版，第333页。

④ 参见［美］汉娜·阿伦特：《论革命》，陈周旺译，译林出版社2011年版。

⑤ 《毛泽东选集》第1卷，人民出版社1991年版，第3页。

⑥ 《毛泽东选集》第4卷，人民出版社1991年版，第1472页。

规定所有“国民”都要尽到“保卫祖国、遵守法律、遵守劳动纪律、爱护公共财产、应征公役兵役和缴纳赋税的义务”，但是只有“人民”享有政治和社会权利（《共同纲领》第 4 条、第 5 条），“反革命分子”的政治权利应该被剥夺，“一般反动分子、封建地主、官僚资本家”的政治权利在必要时候可以剥夺（《共同纲领》第 7 条）。通过人为的方式塑造一种对立，不断更新革命的动力系统，以便更好地调动大多数人的支持，完成新中国成立后继续革命的任务。

1954 年《宪法》在“国家机构”之后专门设立“公民的基本权利和义务”一章，但权利非常容易被诉诸阶级斗争的革命话语取代。1975 年和 1978 年《宪法》中都没有恢复 1954 年《宪法》“公民在法律上一律平等”的规定，“阶级斗争”条款成为无产阶级专政下继续革命的重要宪法来源。比如，1978 年《宪法》序言的第五段规定：“我们要坚持无产阶级对资产阶级的斗争，坚持社会主义道路对资本主义道路的斗争，反对修正主义，防止资本主义复辟，准备对付社会帝国主义和帝国主义对我国的颠覆和侵略。”① 革命逻辑投射到法学研究上，建立起“革命—阶级斗争—敌我矛盾”的思维链条。② 在阶级斗争话语占主导的年代里，所有法律部门都可以披上阶级性、革命性的外衣，“革命”“反革命”本是政治术语，新中国成立后经由《惩治反革命条例》等慢慢进入法制化轨道，成为一切政治犯罪的“口袋”。③ 在革命法制中，所有有悖于革命任务的行为都是违法的，而犯罪是其中最严重的部分。无论是受了资产阶级思想影响要求离婚的当事人，还是阴谋攻击伟大领袖的坏人，都是反革命的，都处在革命斗争的对立面上。这种逻辑发展到极致，就出现了这种现象，法官为了凸显政治正确，在判案时会在各种罪名前加上“反革命”。④

在计划经济时代，国家掌控了资源调配、生产、分配等各个经济环节，私人之间的财产关系几乎绝迹，民商事法律被极度压缩，只剩下调整

---

① 《中华人民共和国宪法　叶剑英关于修改宪法的报告》，人民出版社 1978 年版，第 4 页。

② 陈守一：《新中国法学三十年一回顾》，《法学研究》1980 年第 1 期。

③ 沈玮玮、赵晓耕：《政治术语的法制化实践：论 1951 年前后的反革命罪》，《中国人民公安大学学报》2010 年第 6 期。

④ 王学沛：《现代刑法观的重塑》，《现代法学》1997 年第 3 期。

人身关系的婚姻法还在发挥作用。但即便是在婚姻法领域，婚姻法实践也蜕变为检验敌我矛盾的场所。比如，在当时的离婚案件裁判中，提出离婚的一方经常被认为是受到了西方“资产阶级享乐思想”的腐蚀。对于这类婚姻纠纷，法官在判决时不仅要看法律的规定——1950 年《婚姻法》第 17 条将离婚自由赋予男女双方，还要关注能否实现对当事人的思想改造，“出于资产阶级思想的离婚纠纷，实质上就是婚姻与家庭方面社会主义思想与资产阶级思想斗争的具体反映。因此，人民法院处理这类纠纷时，不应该单纯从当事人本身的家庭幸福来着想，应该充分考虑到判决以后对于抵制资产阶级思想、提倡共产主义道德风尚、巩固社会主义家庭、保护妇女及子女合法利益等方面所起的应有作用”[①]。婚姻法的司法实践关注的不仅是对当事人的身份关系的调整，更是要在两种思想斗争中确立社会主义理想，一切要放在社会主义新人的再造这样的长远目标和大局下来分析。无独有偶，苏联法院也以婚姻的继续保持是否违背共产主义原则作为判决离婚的重要标准。[②]

二、重实质的苏俄刑法学理论

尽管所有法律部门都会受到革命法制的影响，但最能体现阶级斗争属性的是直接规范敌我矛盾的刑法。新中国成立后，刑法学移植了带有深厚政治倾向的苏俄刑法学理论。[③] 在敌我矛盾与人民内部矛盾的区分中，刑法处理的是敌我矛盾——罪犯就是人民的敌人，刑罚这种调整手段能够更好地契合阶级斗争的需要：通过打击犯罪来保护无产阶级专政，践行革命的使命，1979 年《刑法》分则第一章就规定了“反革命罪”。在以打击为主的刑事司法实践中，革命逻辑中的团结、分化、瓦解的技术必不可少，1979 年《刑法》第 1 条规定了惩办与宽大相结合的政策，有利于我们“争取改造多数、孤立打击少数，分化瓦解敌人”。

---

① 魏焕华：《对离婚纠纷中资产阶级思想的几点认识》，《人民司法》1958 年第 12 期。

② 李秀清：《新中国婚姻法的成长与苏联模式的影响》，《法律科学》2002 年第 4 期。

③ 李秀清：《新中国刑事立法移植苏联模式考》，《法学评论》2002 年第 6 期。关于苏联法学对中国的影响，还可参见刘颖：《法概念的跨语际实践：苏联法在中国（1949—1958）》，法律出版社 2011 年版。

在我国法学理论对部门法的划分中，刑法因其特殊的调整手段而被单独作为一个法律部门，刑罚包括了生命刑、自由刑、财产刑和附加刑，比其他法律调整方式更加严厉。公民一旦受到刑罚的处罚，在一定程度上就被限制了参与政治生活的范围。在革命法制中，打击犯罪是刑法的第一要务，为了更好地打击犯罪，定罪量刑当然不能被形式化的法律条文所束缚，不能因为法律没有规定就放纵坏人。以实质主义的标准来界定犯罪是更为有利于革命任务的，社会危害性成为判断犯罪的关键。[①] 犯罪就是危害统治阶级利益，并由法律规定应当受到刑事处罚的行为，在社会危害性与违法两个标准中，作为实质判断的社会危害性是判定犯罪的核心标准，“某一行为是否属于犯罪，首先要看这一行为是否对社会具有危害性”[②]。简单地说，一切危害社会关系的行为都是犯罪——不管这种行为是否被规定在刑法条文中。苏俄刑法学中的社会危害性理论、闭合式的犯罪构成学说，可以更好地实现上述目的，这成为了中国刑法学习的模板。[③]

苏、中两国的刑法都将社会危害性作为认定犯罪的核心。苏联《刑法法典》第 6 条规定：“凡以反对苏维埃国家机构或破坏由工农政权所建立步向共产主义机构过渡时期之法定秩序之一切作为与不作为，一概认为危害社会行为。”[④] 从苏联刑法对犯罪的定义中我们可以看出，犯罪的罪状描述并不重要——毕竟是列举不尽的，关键是“社会危害性”的定性。其第 6 条对危害社会行为的界定本身是笼统而兜底性的规定，只要是破坏苏维埃社会主义法定秩序的行为都被归为危害社会行为（犯罪行为），这种“法定秩序”的依据不一定是刑法，苏维埃工农政权向共产主义过渡的一切秩序都可能成为犯罪所侵害的社会关系。社会危害性为刑法提供了具有伸缩性的抓手，可以根据需要将触角伸到很多没有被刑法直接规范的行为上去。

---

① 关于社会危害性理论在中国的稍详细的论述，可参见曲新久：《共和国六十年法学论争实录·刑法卷》，厦门大学出版社 2010 年版。

② 陈春龙、肖贤富：《法学通论》，吉林人民出版社 1985 年版，第 265 页。

③ 周光权：《刑法学的向度》，中国政法大学出版社 2004 年版，第 11 页。

④ 苏联司法部全苏法学研究所：《苏联刑法总论》下册，彭仲文译，上海大东书局 1950 年版，第 307 页，转引自陈兴良：《刑法的知识转型（学术史）》，中国人民大学出版社 2012 年版，第 244—245 页。

我国1979年《刑法》完全照搬了苏联刑法对犯罪的定义，第10条对犯罪的罪状进行了列举，而这些行为的本质在于社会危害性，“一切……以及其他危害社会的行为，依照法律应当受刑罚处罚的，都是犯罪”。我国刑法也将社会危害性作为认定犯罪的核心标准，所以第10条将“其他”具有社会危害性的行为都纳入刑事法网的规范。由于立法本身不可能完备，为了防止由于法律漏洞而放纵犯罪，类推制度成为理所当然的选择。1979年《刑法》第79条规定：“本法分则没有明文规定的犯罪，可以比照本法分则最相类似的条文定罪判刑，但是应当报请最高人民法院核准。”犯罪不仅包括了刑法分则以明确的形式所规定的行为，还扩展到具有类似社会危害性的其他行为上。

刑法的斗争逻辑反过来影响到整个法学研究思维，我们将所有法律看作惩罚性规则。主流法学理论采纳“假定—处理—制裁”学说来分析法律规则的逻辑构成：假定是适用某一法律规范的条件，处理则是指规定人们应当做什么、禁止做什么或允许做什么的规范本身，制裁就是行为人违反法律规范会导致的后果。[①] 法律最终都要由制裁来保证，这也是法律区别于道德、习俗的特色所在，这就从侧面体现出了刑法影响的强大和斗争逻辑的盛行。实际上，只有刑法条文才是由罪状和罪责构成的，与制裁有直接联系。民商事法律条文是以促成交易、保障交易为宗旨的，大部分时候不涉及制裁。民法中的损害赔偿以补偿性为原则，只有在极少数情况下才具有惩罚性，比如，《消费者权益保护法》的惩罚性赔偿条款。随着改革开放后经济生活的地位逐渐上升，中国迎来了一场大的变革，法学知识重构的序幕逐渐拉开，惩罚和制裁不再是法律最为重要的功能，法理学对法律规则的逻辑构成进行重新构建，开始淡化“制裁”的痕迹，以“法律后果”这样的中性词代替赤裸裸、硬邦邦的“制裁”。[②]

三、“去苏俄化”命题的提出

20世纪80年代开始，中国的社会政治经济基础发生了重大变化，革

① ［苏联］C.C. 阿列克谢耶夫：《法的一般理论》下册，黄良平、丁文琪译，孙国华校，法律出版社1991年版，第422—430页。

② 张文显主编：《法理学》，高等教育出版社2003年版，第92页。

命法制被抛弃，重视法制、加强民主成为共识。法学研究中开始出现知识的更新换代，学者们将马克思主义经典作家重视经济规律、重视立法的言论搜集起来集结出版。比如，有学者发现，列宁曾对法律的重要性予以强调，他认为在共产主义第一阶段即社会主义阶段，尽管已经废除了资本主义，但是法律的经济基础依然存在。[①] 还有学者系统研究了列宁、斯大林就法制在经济管理中的作用所做过的指示，发现他们很注重制定和颁布经济建设方面的政策、法令、条例和章程。[②] 这些新的解读仍然以马克思主义为旗帜，但是与我们熟知的革命法制思想相距甚远，当时之所以没有直接采用法学“去苏俄化”的说法，乃是因为社会主义老大哥的苏联意象依旧有着特殊的含义，直接提出“去苏俄化”会带来政治上的波动。而在苏联解体之后，社会主义事业陷入低谷，中国自身的社会主义道路处于探索之中，政治改革要在改革的力度与社会的可承受度之间维系一种平衡，官方依旧搁置了意识形态上的左右之争，所以“去苏俄化”更不可能直接提出。但是，在社会主义旗帜下，实质性的变化在中国已经悄悄发生，西方法学思想、法学著作、法律制度、先进立法经验都进入了中国，“学习西方”的另一层含义就是对新中国前 30 年的苏联化法学的清理。从某种意义上我们可以说，最近 30 多年的法学发展中有一条暗线，那便是法学知识的“去苏俄化”转型，在去革命化的同时接纳现代化范式，接纳国际通行的权利本位范式。[③]

苏东剧变后，波兰、匈牙利、捷克、斯洛伐克、保加利亚、罗马尼亚以及波罗的海三国等前社会主义阵营国家开始大张旗鼓地去除苏联的影响，纷纷主动或被动地向欧盟靠拢。[④] 甚至受国际化影响的俄罗斯也曾简单地相信民主、市场经济的许诺，认为“伴随民主的形式要素与市场经济

---

① 王勇飞：《法学基础理论参考资料》中册，北京大学出版社 1985 年版，第 641 页。不仅如此，此时按劳分配的法律依旧是资本主义性质的。

② 仝志敏：《列宁、斯大林论法制在经济管理中的作用》，《教学与研究》1979 年第 2 期。

③ 张文显、于宁：《当代中国法哲学研究范式的转换——从阶级斗争范式到权利本位范式》，《中国法学》2001 年第 1 期。

④ 参见［意］简玛利亚·阿雅尼、魏磊杰编：《转型时期的法律变革与法律文化——后苏联国家法律移植的审视》，魏磊杰、彭小龙译，清华大学出版社 2011 年版。

法律支柱的引入，转型过程将会以一种‘令人满意’的方式终结”[①]。这些变化直接影响了法治进程，前社会主义阵营成员国家的法学界开始摆脱苏联法学的影响，美国法强势进入这些国家和地区，“去苏俄化”公开进入人们的视野，成为新的政治正确。中国虽然化解了政治变革的风险，保持了社会主义的基本制度，但是法治领域的革命早已开展，这种转变与市场经济改革直接相连。在法学逐渐与市场经济相契合的过程中，市场化的推进与法制改革是同步进行的。市场经济要求主体间的平等关系、保护私有财产权、支持契约自由、支持竞争，所以调整平等民事主体之间关系的民商事法律就自然会发展起来。

民商事领域中的知识转型是以悄悄推进市场化的方式迂回进行的，这种变化本身平静而顺畅，伴随着对商品经济认识的改观，有计划的商品经济体制一旦确立下来，民事法规立即就得到重视，这是自然而然的，“《民法通则》就是应我国商品经济发展的需要而产生的”[②]。也就是说，只要承认市场经济的基本要求，曾经一度完全依赖刑法的治理策略就会发生转变，“去苏俄化”的讨论在民商事领域会比较自然，不会产生太多争议，只有在特殊时刻才会兴起路线之争的话题，如 2005 年讨论《物权法》草案时，巩献田教授质疑私有财产条款有违中国的社会主义性质，涉嫌违宪。时光荏苒，十多年后社会主义因素在新的民法典制定中已经不再被学界重视，彻底清除苏联的影响似乎成为共识。[③] 但是，刑法的“去苏俄化”进程不似民商事领域这么“顺利”，刑法领域的“去苏俄化”非常困难，过程比较漫长。[④] 直到今天，新派刑法学者主张的德日的三阶层犯罪构成

---

① ［意］简玛利亚·阿雅尼：《俄罗斯与东欧的法律移植：借助于机遇与声望》，载［意］简玛利亚·阿雅尼、魏磊杰编：《转型时期的法律变革与法律文化——后苏联国家法律移植的审视》，魏磊杰、彭小龙译，清华大学出版社 2011 年版，第 124—125 页。

② 唐德华、周贤奇等编：《中华人民共和国民法通则讲话》，法律出版社 1986 年版，第 3 页。

③ 杨立新：《编纂民法典必须肃清前苏联民法的影响》，《法制与社会发展》2016 年第 2 期。

④ 陈兴良：《刑法知识的去苏俄化》，《政法论坛》2006 年第 5 期。

理论也没有彻底取代苏联的四要件学说。[①] 刑法学者围绕苏联刑法还是德日刑法的争论可谓剑拔弩张、火药味浓厚，双方的争论被类似政治运动的语言渲染，“德日派在这场论战中争取到很多来自传统派的倒戈盟友，从而使四要件论在一定程度上成为‘过街老鼠’，陷入‘人民战争’的汪洋大海之中”[②]。正是刑法学界丰富的学术讨论，为本章提供了分析的范本，刑法学界对“去苏俄化”的争论，可以成为我们理解法学知识“去苏俄化”的重要窗口。

第二节　刑法“去苏俄化”的表达

正如前文所说，引自苏联的刑法学将实现政治上的革命任务作为核心关切，四要件的犯罪构成理论无法限制国家刑罚权，独大的社会危害性为刑事法网的扩展奠定了理论上的基础，而类推制度则为其提供了机制上的可能。在主张刑法“去苏俄化”的学者们看来，苏联因素对学术的影响是政治性的，有损于学术研究的中立性和科学性，为了实现学术与政治的二分，“去苏俄化”成为必然选择。陈兴良教授指出，传统刑法理论与专政社会的司法观相契合，学术与政治不分，而现代刑法则是民主政体下的学术体系，确立去政治化的刑法教义学是从政治到学术的升华，刑法教义学因其中立、客观、科学性成为刑法学迈向成熟的知识界碑。[③] 笔者难以对所有问题做全面的考察，将重点从罪刑法定原则的确立、犯罪论体系的变化等问题切入，来分析刑法学界对“去苏俄化”的阐述。[④] 从类推到罪刑法定确立了刑事法治的基石，阶层论犯罪学说改变了四要件的犯罪构成理

---

① 老中青学者中都有坚持四要件学说的。比如，高铭暄：《对主张以三阶层犯罪成立体系取代我国通行犯罪构成理论者的回应》，《刑法论丛》2009 年第 3 期；马克昌：《简评三阶层犯罪论体系》，《刑法论丛》2009 年第 3 期；赵秉志、王志：《中国犯罪构成理论的发展历程与未来走向》，《刑法论丛》2009 年第 3 期；楮怀植、高维俭：《犯罪构成理论结构比较论略》，《现代法学》2009 年第 6 期；黎宏：《我国犯罪构成体系不必重构》，《法学研究》2006 年第 1 期。

② 劳东燕：《刑法中的学派之争与问题研究》，法律出版社 2015 年版，第 14 页。

③ 陈兴良：《教义刑法学》，中国人民大学出版社 2010 年版，第 4—5 页。

④ 陈兴良教授从多个方面细致建构了“去苏俄化”命题。参见陈兴良：《刑法学的知识转型》，中国人民大学出版社 2012 年版。

论重实质主义的倾向，摆脱了社会危害性理论的束缚，这些最终都汇入刑法学的知识转型，而这些转型的本质在于将法律从政治的束缚中解放出来。

在借鉴德日的刑法教义学思维方法时，政治性考量被清除出去，刑法学者试图建立的是与刑法条文互相缠绕、以司法适用为核心的刑法教义学。政法传统视角下的刑事政策丧失了重要性，并且被刑法教义学“收编”而成为法律内部的对话。需要注意的是，陈兴良教授提出刑法“去苏俄化”命题后，我们一般就会将“去苏俄化”限定在德日刑法学与传统苏俄式刑法学的对垒上，更多关注近些年来两派法学学者的争论。实际上，尽管“去苏俄化”命题的明确提出不到10年，但是学界的这种努力和共识则早已展开，诚如上文所说，中国法学领域的改革在苏东剧变前已经展开，学界对废除类推、确立罪刑法定的研究就是其重要体现。在这个意义上，“去苏俄化”包含着两个阶段，第一阶段几乎是所有刑法学者都认可的，那就是在讨论修订1979年《刑法》时确立罪刑法定原则的共识；[①] 第二阶段是最近十多年来由陈兴良教授、张明楷教授等引领的，借助德日刑法学的理论对传统刑法学展开的知识反思。

一、罪刑法定的立法与解释

法律是保守的确认性规则，不可能将所有社会现实都考虑进来，真实的生活世界会经常溢出法律的规则之网。为了弥合法律与现实的间隙，要么在法律之外维持一套更具包容性的规则体系，如中国古代的礼法传统；要么赋予法律更具弹性的解释力，如实质主义立场下对法律的扩张性解释。在我们所讨论重实质主义的苏俄化刑法中，类推制度和刑事政策维持了刑事法网的完备和必要的弹性：第一，1979年《刑法》规定了类推制度，可以在刑法分则没有明确规定的情况下比照最相类似条款定罪量刑。

① 据陈忠林教授的回忆，1996年刑法学年会上，只有他一人的论文《从外在形式到内在实质追求——罪刑法定原则蕴含的价值冲突与我国应有的立法选择》为1979年《刑法》的类推条款辩护，而他的观点遭到了与会者的一致否定。参见陈忠林：《刑法散得集》，法律出版社2003年版，转引自于磊：《罪刑法定的历史解读——以法国为主要视角兼对中国进行反思》，西南政法大学硕士学位论文2008年。

第二，在刑事司法实践中，党和政府的政策是解释刑法的准则，有时候甚至成为判案的直接依据。在1979年《刑法》第9条对溯及力的规定中，“法律、法令、政策”都是据以定罪量刑的准则，对新中国成立后该法实施前的行为，若“当时的法律、法令、政策认为是犯罪的，依照本法总则第四章第八节的规定应当追诉的，按照当时的法律、法令、政策追究刑事责任”。换句话说，“政策”在1979年《刑法》实施之后并未完全退出刑事司法实践。但是这两者都与改革开放后逐渐引入的刑法理念相冲突，无论是类推制度还是活跃的刑事政策，都侵蚀了罪刑法定这一刑法帝王条款的根基。

罪刑法定的经典表达是“法无明文规定不为罪，法无明文规定不处罚”，罪刑法定要求，对于什么是犯罪、有哪些犯罪、犯罪的构成要件是什么、有哪些刑种、各个刑种如何使用、各具体罪如何量刑，都应该由刑法来加以确认。[①] 尽管各国在具体表述上有差别，但核心要求是一致的，即要求以刑法条文限制刑罚的适用，其基本精神在于从否定的角度“去罪”“去刑”：刑法没有直接明确规定的情形，不能以犯罪论，不能处以刑罚。其实，1979年《刑法》第79条在规定了类推定罪的同时，也吸纳了罪刑法定的某些表述——在没有得到最高人民法院核准时，各级法院需要按照分则明确规定的罪刑来判决。换句话说，第79条既可以被当作类推条款，也可以理解为规定了相对的罪刑法定原则。但是，在时任全国人大常委会法制委员会副主任的陶希晋看来，是否采用罪刑法定并非出于学术的考虑或国际趋势的影响，而是根据政治形势做出的实用主义考虑：“我们的立法是倾向于罪刑法定的。为什么呢？因为过去‘四人帮’横行霸道，无法无天，以言代法，搞得你乱七八糟十多年，现在要彻底拨乱反正，肃清流毒，所以强调一下罪刑法定是很有必要的。只是因为我们国家大，情况复杂，法定罪行不宜定得过细、过死，所以采取必要的类推。但是对于类推应当是很谨慎的，并且必须报请最高人民法院核准。”[②] 之所以要“强调一下”罪刑法定，主要是为了实现拨乱反正，需要借助罪刑法定来恢复

① 参见高铭暄、马克昌：《刑法学》，北京大学出版社2011年版。

② 陶希晋：《学习刑法中的几个问题》，《法学研究》1979年第5期。

法律秩序；而一旦罪刑法定的推行不利于实现政治上的目的，就要毫不迟疑地修正，“采取必要的类推”。在1997年新刑法出台之前，尽管学术界大多数人认可了罪刑法定的价值，但立法者并未在罪刑法定与类推之间作出非此即彼的选择，总的来说还是偏向以类推制度打击犯罪。

随着社会形势的发展，1979年《刑法》越来越脱离现实，立法机关从1982年开始考虑修订刑法，1988年提出初步修改方案。这次刑法修订的基本思路是顺应时代潮流，确立罪刑法定等倾向于人权保障的基本原则，并将渎职罪、流氓罪、投机倒把罪三个“口袋”进行具体化，避免刑罚的随意性。[①] 在修订开始时的讨论中，围绕需不需要废除类推定罪、确立罪刑法定原则产生了一定的争议。正如我们前文所揭示的，决策者对罪刑法定的肯定是实用主义的，为了打击犯罪不可能完全废除类推制度，所以在拟定修订草案时并未确立罪刑法定原则。在全国人大常委会法工委1988年底的一份建议稿中，放宽了类推的适用条件，并取消了向最高人民法院请求核准的限制，这种让步在学界导致了极大的反弹。在学者们看来，类推制度会将人们的生命、自由和财产等重要权利建立在不稳定的司法擅断之上，与世界主流趋势相违背，这种观点逐渐成为共识，[②] 新刑法对此予以确认。

1997年《刑法》第3条确定了罪刑法定原则：“法律明文规定为犯罪行为的，依照法律定罪处刑；法律没有明文规定为犯罪行为的，不得定罪处刑。”罪刑法定的经典表述是从消极方面“去罪”，也就是条文后半段的表述，但这条规定比较特殊，留有积极“入罪”的表述。这种奇怪的组合的出发点在于，要在打击犯罪与保障人权两种价值之间维持一定的平衡。如果严格按照字面意思来解释的话，1997年《刑法》第3条不仅确认了罪刑法定要求的出罪，还规定了入罪的情形：既不能在法律规定是犯罪时去罪，也不能在法律没有规定时入罪，两者合起来才是完整的“中国特色”的罪刑法定。但是在后来的研究中，越来越多的学者区别对待这一条的

---

① 全国人民代表大会常务委员会法制工作委员会：《中华人民共和国刑法》，人民出版社1997年版，第121—131页。

② 陈兴良教授在1996年发表5万字长文，认为类推在中国即将消失，新刑法会迎来一个罪刑法定的新时代。参见陈兴良：《罪刑法定的当代命运》，《法学研究》1996年第2期。

前、后部分，以突出罪刑法定原则的出罪功能。在周少华教授看来，刑法具有社会保障和人权保障两种机能，但单就罪刑法定原则而言，其重心在人权保障，所以不应该对罪刑法定附加更多的要求，也不应该为了社会目的而否定罪刑法定原则。[①] 如果说周少华教授的解读更具刑法政策意义的话，从刑法解释角度的理解可能更具司法意义。刘艳红教授区分了罪刑法定条款的前后部分，她认为对于《刑法》第3条前半段的“积极”罪刑法定，应该以实质化的思路去理解，将那些尽管落在刑法规定中却没有危害性的行为出罪；而对后半段的“消极”罪刑法定则不应该采取实质化的思路，即不能对那些不在刑法规定之中的行为予以入罪——即便具有社会危害性。[②] 也就是说，在刑法学者看来，罪刑法定对法官的约束是有方向性的，它只是限制法官入罪，但是不限制，甚至鼓励法官出罪，罪刑法定在司法化时有着“双重”的指向。[③]

二、犯罪论重构后的理论和实践

刑法典只是规定了犯罪的定义，具体认定犯罪则是由学术界抽象出的“犯罪构成”框架来完成的，罪刑法定需要有新的犯罪构成理论来落实，犯罪构成处在刑法理论的重要位置，“犯罪构成理论是整个刑法学知识的基本架构……如欲摆脱苏俄刑法学的束缚，非将目前的犯罪构成理论废弃不用而不能达致”[④]。长期以来，受苏联影响的犯罪构成理论信奉四要件学说，采取先主观再客观、主体—主观方面—客体—客观方面逐个分析的思维逻辑。但是，四个要件之间并没有层级关系，在这种平面型的犯罪认定体系中，为了实现专政与打击犯罪的要求，很容易会突出实质判断而忽略形式上的限定——一旦确定了某种行为具有社会危害性，其他的构成要件几乎无法实现“去罪”的可能。对社会危害性的强调会使犯罪论“蜕化为直接运用社会危害性判断某一行为是否构成犯罪的过程”[⑤]，难以实现以犯

---

① 周少华：《罪刑法定与刑法机能之关系》，《法学研究》2005年第3期。

② 刘艳红：《刑法的目的与犯罪论的实质化——“中国特色”罪刑法定原则的出罪机制》，《环球法律评论》2008年第1期。

③ 陈兴良：《入罪与出罪：罪刑法定司法化的双重考察》，《法学》2002年第12期。

④ 陈兴良：《刑法知识的去苏俄化》，《政法论坛》2006年第5期。

⑤ 邹兵建：《中国刑法教义学的当代图景》，《法律科学》2015年第6期。

罪构成理论出罪的功能。为了更好地保障人权，真正落实罪刑法定的要求，需要重构犯罪构成理论，而在犯罪论重构中，对社会危害性的清理至关重要，需要“将社会危害性的概念逐出规范刑法学的领域”，并“引入一个具有实质意义的概念：法益及其法益侵害”[①]。

为了更好地清除实质化犯罪理论的影响，需要改造犯罪构成理论，将犯罪判定分解为形式化的构成要件、法律化的违法与实质上的罪责，由此构建起阶层论的犯罪构成理论。主张阶层犯罪构成理论的学者认为，四要件学说不仅会导致社会危害性的“一枝独秀”，而且无法回应某些特殊情形中的逻辑悖论，如果按照四要件学说的犯罪构成要件，不负刑事责任的人无罪和紧急避险的人无罪没有区别，而阶层论能够很好解决这些问题。[②] 三阶层的犯罪构成理论将犯罪认定分解为渐进的三个层次：构成要件该当性、违法性和有责性。构成要件该当性考虑行为是否符合刑法条文的规定，违法性判断主要根据正当防卫、紧急避险等违法阻却事由来出罪，有责性判断则是在故意与过失之外，依据责任无能力、欠缺违法性认识的可能性、期待不可能等来出罪。[③] 这种新范式在逻辑上更为细致，能够区分不法与责任，进而可以解决传统犯罪构成理论所带来的悖论。刑法学者经常举的例子是“对不法侵害人实施正当防卫将其杀死”，如果采用传统四要件的犯罪构成理论，会带来逻辑上的矛盾：是认定了故意杀人后通过正当防卫来否定故意，还是正当防卫本身就直接排除了故意杀人的可能？而如果采用三阶层的犯罪构成理论，则不存在上述逻辑困境——行为本身符合故意杀人的构成要件，但是在违法性判断中因正当防卫而阻却违法。当然，不管是适用四要件还是三阶层，在这个例子中判决的结果是一致的。

拂开上述表达的面纱，从两者所追求的结果上来看，阶层犯罪论体系在出罪上更具优势，三阶层更容易出罪，而四要件更容易入罪。[④] 在四要

---

① 陈兴良：《社会危害性理论：一个反思性检讨》，《法学研究》2000 年第 1 期；陈兴良：《社会危害性理论：进一步的批判性清理》，《中国法学》2006 年第 4 期。

② 刘艳红：《犯罪构成体系平面化之批判》，《法学研究》2011 年第 5 期。

③ 陈兴良：《刑法总论精释》，人民法院出版社 2010 年版。

④ 陈兴良、周光权、付立庆、车浩：《对话：刑法阶层理论的中国司法前景》，《中国应用法学》2017 年第 4 期。

件框架下，尽管很多时候行为并未实施，或者实施过程中完全转变了性质，由于行为人主观上的认识被认为具有社会危害性而被定罪。就像张明楷教授发现的那样，日常生活中的很多行为正是因为与“犯罪意图”联系起来，才被认定为犯罪。[①] 放在三阶层的框架下，则不会由于这些情形而被定罪，因为三阶层中的第一步是进行构成要件该当性的判断，而这里面的构成要件不包括社会危害性的实质判断，仅仅是根据法律规定的形式化展开。更为重要的是，在三阶层的犯罪论体系下，无论是违法性判断还是有责性判断，其目的都是去罪，将不具有违法性和有责性的行为排除在刑事法网之外。从司法实务角度来说，适用三阶层与四要件在结果上的差别仅仅体现在疑难案件中，99%的案件处理结果不会因为我们采取哪种犯罪构成理论而有别，只是在1%的疑难案件中有区别。正是这出罪与入罪的趋向，构成了支持刑法学犯罪论转型的更为深刻的价值选择的理由。当然，这种价值诉求被学者们有意地隐藏，从四要件到三阶层的转变“无关历史，无关政治，仅仅关涉学术，关涉逻辑”[②]，三阶层理论的采纳只是“去政治化”的一个环节，最终需要构建与政治无涉的刑法思维理论、方法论和学术体系，这套全新的刑法知识体系就是取自德日的刑法教义学。

三、驯化政策的刑法教义学

刑法教义学本身是一个中性的概念，与国别没有直接关系，德日刑法学可以有教义学方法，英美刑法学可以有教义学方法，苏联的刑法学也有自己的教义学。但是，在中国语境下，受苏联影响的刑法学研究缺少理论性和知识性，同期德日刑法学知识大量进入中国，中国刑法学的知识转型就表现为从苏联刑法学向德日刑法学的转变。受苏联影响的刑法学将革命作为核心概念，不仅实体的犯罪定义受实质化影响，程序性的定罪量刑也会从政治大局出发，在新中国成立后刑法实践中，“大局”“民意”借助刑事政策以粗糙的方式进入定罪量刑，法律不仅是政治的晚礼服，也是刑事政策的附庸。刑事政策是刑法实质化的重要依据，我国1979年《刑法》

① 张明楷：《阶层论的司法运用》，《清华法学》2017年第5期。
② 陈兴良：《犯罪论体系的去苏俄化》，《政法论坛》2012年第4期。

第1条规定了惩办与宽大相结合的刑事政策，但从1983年开始我国的刑事政策事实上变成了“严打”“从重从快”，甚至在某些案件中“严打”的政治要求直接侵蚀了刑法谦抑性的底色。当然，“严打”并没有从根本上改变犯罪多发的情况，大家开始思考刑事政策问题，1997年《刑法》删除了惩办与宽大相结合的提法，2005年12月全国政法工作会议提出了宽严相济的刑事政策。然而，从“严打”到“宽严相济”，这更多是政治立场的转变，难以保证“严打”之类的情况不再出现。

为了实现政治与刑法的分离，就要隔断政治因素通过刑事政策进入刑法的可能。刑法教义学假定法规范本身具有正当性，以“价值无涉”的立场反对道德、政治等内容混入刑法的科学化研究，[①] 隔断刑法与刑事政策之间的关联成为刑法教义学的基本立场——“刑法是刑事政策不可逾越的藩篱”[②]。刑法与刑事政策之间存在一定的紧张关系，一般而言刑事政策更具灵活性、开放性，可能为了追求某种政治目的会变通对犯罪的处理；而罪刑法定则强调稳定性和明确性，严格限制类推，两者的张力类似于实质与形式之别。刑法与刑事政策的区别构成了刑法学经典命题“李斯特鸿沟”，其最初的含义是要在刑法与刑事政策之间构建一道栅栏，防止刑事政策侵入刑法的领地，保持刑法本身的封闭性，以此维护刑法的谦抑性。[③] 完全排斥价值判断的刑法教义学乃是古典犯罪论体系的特色所在，罗克辛将刑事政策引入刑法，打通刑法与刑事政策的界分。[④] 但是在中国的语境中，学者们需要不断警惕刑事政策等政治考量进入刑法，此时“李斯特鸿沟”就具有了特殊的意义。即便贯通刑法教义学和刑事政策变得必不可少了，学术界一定要不断强调，跨越“李斯特鸿沟”只是在思维方法上推进了犯罪论体系的实质化水平，并不能改变形式理性、罪刑法定的形式化原则，这些都是“罗克辛贯通”无法消化的硬核。[⑤] 换句话说，在贯

---

① 陈兴良：《刑法教义学方法论》，《法学研究》2005年第2期。

② 梁根林：《现代法治语境中的刑事政策》，《国家检察官学院学报》2008年第4期。

③ 参见［德］克劳斯·罗克辛：《刑事政策与刑法体系》，蔡桂生译，中国人民大学出版社2011年版。

④ 陈兴良：《刑法教义学与刑事政策的关系：从李斯特鸿沟到罗克辛贯通——中国语境下的展开》，《中外法学》2013年第5期。

⑤ 邹兵建：《跨越李斯特鸿沟：一场误会》，《环球法律评论》2014年第2期。

通刑法与刑事政策时，要以刑法教义学的基本原则来驯化刑事政策中的政治因素。

为了避免刑事政策直接进入刑法带来冲击，有学者借助宪法学的宏大概念、法律原则来润滑这种贯通，使得跨越“李斯特鸿沟”成为一场法学内部的对话，以保证刑法的封闭性，实现政治与法律的二分。这种以宪法为基点建造的刑法与刑事政策之间的桥梁，既可以限制刑罚权的恣意与扩张，又能够维持刑法本身的开放性，“借由一个具有宪法关联性，兼具法律解释和立法批判功能的法益概念，刑事政策与刑法体系的区隔得以贯通”①。借助宪法对刑法的指导，限制国家权力、保护人权成为宪法和刑法的共同价值。无论是在顶层设计中，还是在扰乱公共秩序罪、严重职务犯罪的终身监禁刑等具体司法适用中，这两项价值都成为重要的评判标准，刑事政策在人权等思潮的过滤下被纳入刑法教义学。

新中国成立后，我们形成了以国家刑罚权为核心的刑事政策，“国家本位犯罪控制模式”是其重要特色，但随着限制权力、保护权利的日渐重要，刑事政策本身也要适应从国家本位到（公民）社会本位的转型，至少需要从国家单极化转向“国家—社会的双本位”模式。② 经过改造的刑事政策，可以更好地被刑法吸纳，两者至少在权利话语这一层贯通起来。也就是说，刑事政策不能肆意地扩大其打击范围，而是要同时考虑到对社会和公民权利的尊重。这一立场在刑法解释问题上也可以反映出来。在刑法解释中，实质主义解释客观上倾向于入罪的扩张性解释，③ 但是其代表人物张明楷教授不愿意承认这一特征，他认为“不能一概认为形式解释论比实质解释论更加限制了处罚范围”，“就某些案件而言，形式解释论会得出不构成犯罪的结论，而实质解释论会得出构成犯罪的结论；就另一些案件而言，可能相反”④。不管学者们采取什么解释进路，他们在去罪化、保障人权上达成高度共识：形式主义者希望以刑法条文严格限制仅仅具有实质

① 张翔：《刑法体系的合宪性调控——以“李斯特鸿沟”为视角》，《法学研究》2016 年第 4 期。

② 梁根林：《刑事政策：立场与范畴》，法律出版社 2005 年版，第 9 页。

③ 周详：《刑法形式解释论与实质解释论之争》，《法学研究》2010 年第 3 期。

④ 张明楷：《实质解释论的再提倡》，《中国法学》2010 年第 4 期。

危害性的行为入罪，实质主义者则希望以价值衡量出罪。

第三节 刑法“去苏俄化”的实质

“去苏俄化”不仅是刑法所经历的知识转型，也是整个法学界的范式变迁。类似于刑法知识转型的这种变化在其他学科也可以发现，无论是诉讼法中的庭审中心主义，抑或是宪法学对司法审查的呼吁，背后都隐藏着同样的追求：限制公权力。[①] 这或许是追求刑法的知识转型更为真实的意图，只有在这样的宗旨下大家才能够求同存异——即便学界对刑法教义学的定义莫衷一是，却能对法教义学本身异口同声。[②] 学界之所以能在分歧中接受这一尚未定型的理想图景，主要是因为对刑法教义学承载的美好想象深信不疑。[③] 在“去苏俄化”这个标签背后，隐藏的是对新中国前30年的社会主义法学传统的反思与重构。在这个意义上，刑法“去苏俄化”所带来的“去政治化”是一种再政治化：无论是废除类推制度确定比较严格的罪刑法定原则，还是从四要件向三阶层的转化，背后都是一种全新的政治预设和法治理想——刑罚权的行使不再是为了社会秩序而是为了个人利益，对个人是否触犯刑法的判断不能是国家类推的擅断，而必须是法律的明确授权。罪刑法定看似价值无涉，实则是对公民自由和权利的重申，这构成了自由主义法学理念的基石。

一、罪刑法定的谱系学解读

在中国刑法学界围绕很多问题展开流派争鸣的今天，大家对罪刑法定原则作为刑法帝王条款的基础地位却没有任何质疑，虽然1997年《刑法》中对罪刑法定采取了特殊的表达——消极出罪与积极入罪相结合，但是这

---

① 参见邵六益：《政法与法政：司法话语的变迁（1998—2008）》，博士学位论文，北京大学，2016年。

② 以三阶层的犯罪构成理论这一刑法教义学的重要思维方式为例，存在“违法构成要件—责任要件”的两阶层体系、“犯罪客观要件—犯罪主观要件—犯罪排除要件”体系、“客观罪行+主观罪责—正当化事由”双层次二元结构体系等。参见劳东燕：《刑法中的学派之争与问题研究》，法律出版社2015年版，第19页。

③ 邹兵建：《中国刑法教义学的当代图景》，《法律科学》2015年第6期。

并不妨碍学者们的倾向性解释。尽管很少有人将罪刑法定问题的讨论当作中国刑法学“去苏俄化”的体现，但这实际上构成了告别实质化刑法理论的关键，无论是我们此后讨论的犯罪论重构，还是刑法学界对解释论的两种立场，都离不开对罪刑法定的认可。在此，笔者将以谱系学的方法分析为什么罪刑法定原则在改革开放后能够获得普遍认可。

近代启蒙哲学改变了君权神授的正当性谱系，天赋的个人权利成为政治的基础。在社会契约理论的语境中，包括刑罚权在内的国家权力都要来自人们的授权，那么，人们为什么要让渡自己“天赋”的权利，进入政治共同体，接受公权力的管辖？不同经典作家给出的回答是不同的，但基本上是出于保护生命、自由和财产的理由。霍布斯和洛克对自然状态的假设虽然不同，但是他们都指出，人类社会的发展使自然状态下的生存难以为继，若不签订契约进入政治状态就会遭遇灭亡。进入社会契约后的政治状态要么是为了保命，要么是为了保有自己的财产。法律之所以能够成为束缚公民、对公民施加刑罚的理由，主要因为法律是公意的体现，以法律限制人的自由、剥夺人的权利具有正当性。贝卡里亚提出罪刑法定原则，将国家刑罚权置于法律的束缚之中。但罪刑法定从来不仅仅是一种形式化的原则，作为规范来源的法律，必须要包含某些基本的价值。贝卡里亚在阐明了形式化的“罪刑法定”之后，对禁止不确定期刑、禁止酷刑、废除死刑都做了规定。① 换句话说，罪刑法定原则是符合近代西方基本价值的法律的要求。罪刑法定在西方的确立离不开近代启蒙政治哲学中的社会契约理论，贝卡里亚的这一学说在后来的发展中成为共识。中国之所以能够迅速接受罪刑法定，主要与新中国成立后的政治运动历史密切相关。

新中国成立后的刑法理论之所以没有确认罪刑法定的基本原则，乃是为了实现法律的某种政治使命。在政治运动的背景下，斗争逻辑下的革命法制发展到极致，不仅消解了民商事法律，还使得刑事法治陷入了弥散化的境地，“从正式的国家组织的程序性惩罚到非正式组织（如群众组织）的任意性惩罚的弥散，从维护秩序的法律功能到政治经济功能的弥散，从

① 参见［意］切萨雷·贝卡里亚：《论犯罪与刑罚》，黄风译，中国法制出版社2005年版。

‘违规犯法’者一直到‘遵规守法’者的弥散”[①]。这种看似无所不在的惩罚恰恰造就了最不安全的社会，法治正是在这样的背景下兴起的。刑法实践不再是一种不确定的弥散状态，而变成了遵照《刑法》《刑事诉讼法》的精细的治理。定罪量刑不能再依据过去那些“莫须有”的理由，而必须要根据《刑法》的直接规定，确立罪刑法定成为共识。1996 年 4 月 30 日，全国人大常委会法工委召开了一场刑法修改座谈会，讨论的第一个问题就是确立罪刑法定原则与废止类推制度，与会人员取得一致意见，废除类推定罪成为必然的选择。[②]

但是，大家对罪刑法定的认可并非仅仅基于学术，前文所引的陶希晋对罪刑法定的认可就是出于对“文化大革命”的拨乱反正。学界更是将确立罪刑法定与祛除“文化大革命”遗毒联系在一起，“中国刑法明确规定罪刑法定原则，主要是为了遏制国家公权力的专横与擅断，以免重复‘文化大革命’和其他不正常时期给中国民众造成的伤害和灾难。这样我们就可以理解刑法中规定罪刑法定原则是以公民为本位的，其主要目的就是为了保护公民的基本权利不受专制蛮横和司法擅断的侵害”[③]。“文化大革命”当然是政治灾难，当然是落后现象，确立罪刑法定原则是从“文化大革命”到现代政治的必然选择，被认为与现代社会的基本精神相契合，通过将中西之别解读为古今之别，刑法学中的理论变迁具有了正当性。即便西方已经开始对绝对的罪刑法定有所限制，我们也还是要经历对罪刑法定高度认可的时期，因为中国与西方之间隔着一个从传统到现代的距离：西方的今天是我们的明天，我们的今天是西方的昨天。[④] 确立绝对的罪刑法定原则对于我们来说相当于在“补课”。

刑法学者在中国的刑法教义学与德日刑法教义学的比较中也作了类似的阶段划分，中国的刑法教义学还处在幼年阶段，而同期德日刑法教义学

---

① 强世功：《惩罚与法治——当代法治的兴起（1976—1981）》，法律出版社 2009 年版，第 24 页。

② 参见曲新久：《共和国六十年法学论争实录·刑法卷》，厦门大学出版社 2010 年版，第 7—10 页。

③ 杨兴培：《检视罪刑法定原则在当前中国的命运境遇——兼论中国刑法理论的危机到来》，《华东政法大学学报》2010 年第 1 期。

④ 陈兴良：《罪刑法定的当代命运》，《法学研究》1996 年第 2 期。

已经相当成熟，但是“尚未成年的、缺乏足够社会经验和人生阅历的青涩少年”最终会长大，也会成为一个“过度社会化甚至成熟到油腻的中年人”。[①] 在这种线性解读中，从中国或者说苏俄刑法学到德日刑法学的知识转型被理解为当然而然的成长，其厚度与深度被淡化乃至忘却。学界之所以对西方式的民主法治理念有如此的热情，归根结底还是对新中国成立后的一段政治运动心有余悸，“文化大革命”不仅使革命话语退出学术研究领域，也使“苏俄化”被污名化；而与此同时，自由主义的基本主张成了值得追求的另一种选择。

前文已指出学术界对罪刑法定原则的解释是双向的，为什么如此？陈兴良教授认为，罪刑法定原则的限制机能是有针对性的，“罪刑法定原则的限制机能，是对入罪的限制，但对于出罪并不限制。罪刑法定原则的限制机能体现了其所具有的人权保障价值，是罪刑法定原则的应有之义”[②]。在以现代化范式取代革命范式之后，政治运动、阶级斗争以及法律中以国家、集体等公共利益为基石的思想和制度设计成为政治化的体现，而迈向权利、自由、形式理性化则被理解为中性的现代化的路径，获得了非政治的正当性。我们且不说马克思已经揭示了这种建立在个人自由与权利基础上的政治法律制度的实质，西方社会的危机本身也已经展示出这套普世人权图景的虚幻：美国的自由民主制无法解决社会分层、阶级固化的困境，这也成为保守的特朗普上台的社会基础。[③] 欧洲的普世主义更是无法回应中东难民涌入、欧盟内部经济发展不平衡的困境，英国“脱欧”撕裂了假象的共识，使得欧洲一体化背后的社会分化凸显出来。[④] 然而，偏颇的自由主义却构成了中国当下包括法学界在内的学术界的基本共识，正如汪晖先生敏锐发现的那样，中国在引入自由主义时，并没有完整地吸纳西方自由主义的整体，平等主义、社群主义等因素付之阙如。[⑤]

---

① 车浩：《理解当代中国刑法教义学》，《中外法学》2017 年第 6 期。

② 陈兴良：《罪刑法定主义的逻辑展开》，《法制与社会发展》2013 年第 3 期。

③ 参见［美］J. D. 万斯：《乡下人的悲歌》，刘晓同、庄逸抒译，江苏凤凰文艺出版社 2017 年版。

④ 金玲：《英国脱欧：原因、影响及走向》，《国际问题研究》2016 年第 4 期。

⑤ 汪晖：《去政治化的政治：短 20 世纪的终结与 90 年代》，生活 · 读书 · 新知三联书店 2008 年版，第 143—145 页。

二、阶层论中隐秘的价值判断

确定犯罪本身是一个社会对最恶劣行为的否定性评价，这些行为要么违背了人类普遍的正义观，要么违背了社会大多数人的普遍情感。价值判断连接了犯罪论与刑罚论，使得我们可以在侵害行为中选出应该受刑罚处罚的部分，在这个意义上，四要件学说可能是简单的，但是其对社会危害性的偏重，倒是直接点明了犯罪的本质——社会危害性的确认本身就是一种价值判断。但是，在刑法学知识转型的命题下，刑法理论要与政治话语划清界限，需要淡化价值判断的意义，以便使刑法学摆脱政治的束缚。在一步步清理了社会危害性理论之后，新的刑法教义学将犯罪本质归结到法益侵害上来；而什么样的社会关系、社会利益应该被归入刑法所要保护的法益，则完全交给立法者，与学术界无关。在刑法教义学研究主张的阶层犯罪论中，犯罪的实质问题被淡化，甚至难以找寻定义犯罪时的价值判断。然而，我们将会看到，三阶层理论看似消解了价值判断，实际上已经蕴含了某种“不证自明”的价值预设，这种预设恰恰是建立在个人权利之上的自由主义理论。

三阶层的犯罪构成理论清除或者限制了不同层面的价值判断。在构成要件该当性中清除价值考量，构成要件该当性与普通的侵权构成几无二致，成为中性的物理判断；违法性和有责性虽然是实质判断，但仅仅用来出罪，并不足以用来入罪。也就是说，入罪只能依靠第一层次，而这个层次中没有价值判断。具体而言，第一，在构成要件该当性中，构成要件中不再含有价值判断，只要关心行为人的行为是否导致了损害结果。在“主体—行为—客体—结果—因果关系”的逻辑链条中，仅需关注物理意义上的侵害行为的实行者，既不管这种行为是否正当，也不管主体是否应该归责，构成要件“是事实的要素，而不是规范的要素”①。第二，构成要件本身就是由法律规定的，具备该当性的行为一般就具有违法性，违法性判断就不再关注行为是否违法，而是发现行为是否不违法。违法性主要是寻找违法阻却事由——正当防卫、紧急避险、依法令的行为、职务行为、自助

① 陈兴良：《口授刑法学》，中国人民大学出版社 2007 年版，第 122—123 页。

行为、被害人承诺、“情节显著轻微危害不大”，这些都不会成为判定入罪的理由。第三，行为人只有在故意或者过失的情形下实施上述行为才具有可责性，在有责性判断阶段，主要是将意外事件、不可抗力、无责任能力、欠缺违法性认识、期待不可能等情形排除在外。[①] 由此我们可以看出，在三阶层的犯罪论体系下，刑法所要求的否定性的价值判断无法找到合适的位置。

事实命题与价值命题在犯罪认定中缺一不可，忽视任何一者都会带来问题。“苏俄化”的平面性犯罪构成理论未能区分违法与责任，导致在后续的判断中任意为之，最终导向以社会危害性为主的整体判断。[②] 而三阶层理论的问题则在于全方位地搁置了价值判断，人为地使刑法变得“温情脉脉”甚至血气不足。在违法性判断阶段仅仅承认价值判断的去罪功能，这仅是大陆法系古典犯罪论体系的特色，既非自古如此，也非必然如此。这一受到19世纪实证主义影响的学说体系固然能够实现罪刑法定、刑法谦抑性等价值，但是全面拒斥价值判断是不务实的态度。所以，新古典主义犯罪论体系将价值判断引入刑法，而20世纪70年代之后的功能性犯罪论体系则更是在刑事一体化之下，借助刑事政策将价值判断大量植入犯罪认定之中。[③] 但是，中国学者所引入的大陆法系的犯罪论体系，很大程度上从属于这种古典阶段；同时，正如前文所说的那样，刑事政策逐渐被教义学驯化，这也使得刑法失去了与外界沟通的另一扇窗户，由此造就刑法封闭性的理想图景，进而自信地提出去政治化的诉求。

在阶层犯罪论体系的分层次认定中，价值判断并非没有任何意义——实质性的价值判断对入罪没有任何意义，但是对出罪有意义。正是在这里，我们发现刑法教义学的去政治化是片面的，这恰恰是建立在一些不证自明的价值预设之上。从启蒙时代开始，保障个人权利、限制公权力就已经是不证自明的真理，进而成为西方政治法律文化中的重要元素。法律存在的目的就是以制度性的方式来防止权力侵犯权利，公私对峙的基本理念

---

① 以上关于三阶层理论的基本知识，可参见陈兴良：《刑法总论精释》，人民法院出版社2010年版。

② 张明楷教授认为这是四要件最大的问题，参见张明楷、陈兴良、车浩：《立法、司法与学术——中国刑法二十年回顾与展望》，《中国法律评论》2017年第5期。

③ 周光权：《价值判断与中国刑法学知识转型》，《中国社会科学》2013年第4期。

在西方历史悠久，这一原则至今仍然是法治的基本原则，也是构成宪政主义的基石。在我们所说的刑法领域中，自由主义所秉持的公私对立要求我们最大限度地限制国家的刑罚权，在犯罪嫌疑人与被告人权利的基础上构建刑法哲学。这种立场在第二次世界大战结束后得以强化，德日刑法学在第二次世界大战后的重要转变在于：立足于自由主义的思考方式，对国家的刑罚权施加限制。[①] 中国对第二次世界大战的理解主要在于国际维度而非国内维度，所以并未发展出限制国家刑罚权的动因，加之随后而来的国内战争，使得社会主义更具有吸引力。然而，在反思新中国成立后的政治运动的过程中，学术界开始淡化路线之争，不再将社会主义或者苏联作为政治正确接受，“去苏俄化”是知识转型的一种外在表现，其实质在于接受了自由主义的政治法律观念，这构成了犯罪论重构背后隐秘的价值判断。

三、自由主义的法治理想

自由主义将自由摆在至上位置，包含了政治、经济、文化等在内的一套完整的思想学说体系。作为西方最为重要的政治意识形态，自由主义的命运在经历短暂的波折后重新成为主流，无论是激进主义还是保守主义，都认可自由主义关于个人权利与自由的观点，“从新右派保守主义到民主社会主义，现在似乎都成了自由主义者”[②]。它们的细微区别在于实现这些价值的形式不同而已。以美国为例，自由主义与保守主义之间的共识远大于分歧，所以迪昂才会说两者提供给美国人民的政治议题是“一系列虚假选择”，两党都没有给民众提供自由主义之外的选择，失败的意识形态下的党派之争无法掩饰它们同为自由主义的不同子嗣的事实。[③] 尽管美国没有以“自由主义”命名的政党，但是民主党和共和党在自由主义的基本价值上分享高度共识——权利是至高无上的，区别仅在于侧重于哪些人的权

① 付立庆：《战后日本刑法学的发展谱系及其课题》，《苏州大学学报（哲学社会科学版）》2016 年第 4 期。

② 李强：《自由主义》，中国社会科学出版社 1998 年版，第 25 页。

③ ［美］小尤金·约瑟夫·迪昂：《为什么美国人恨政治》，赵晓力等译，上海人民出版社 2011 年版，第 8 页。

利。不仅如此，自由主义甚至已经超越了“西方”这一地理和学术空间的限制，苏东剧变之后，自由民主制似乎成为“历史终结”后的唯一选择。[①]

在政治法律领域中，自由主义从个人权利和自由出发建构出一套学说，形成了关于个人、社会与国家关系的理论框架。施米特敏锐地发现，近代以来，当我们谈论法治时，其实已经接受了一种“政治正确”的法治观，那就是建立在公民自由的预设上的公私对峙和权力分立原则。[②] 在刑法领域，政治自由主义、民主和分权、一般预防在内的原则在国际上都具有很强的生命力，这些成为刑法知识转型的方向。[③] 自由主义所秉持的公私对立要求我们最大限度地限制国家的刑罚权，在犯罪嫌疑人与被告人权利的基础上构建刑法哲学。最新的刑法教义学主要以学习德日刑法学为核心，在教义学化的同时将法院当作维护权利的核心机构。教义学强调对法律条文的尊重，强调实践中运用法律技巧的方法和进路，与成文法解释紧密相关，而承担这种解释任务的自然只能是法院。[④] 也正是对司法机关充当权利守护者的信心，法院随着法学知识转型地位越来越得到提升。

新中国成立初期所借鉴的苏俄刑法理论中，刑法曾经一度是打击犯罪的专政学说，重心在于国家刑罚权。犯罪的本质在于其社会危害性，这个抽象定义存在的基础在于人民利益的集合性，为了维护政治稳定等国家大局，个人是可以暂时牺牲的，这种逻辑在“严打”时期还会不时地显现出来。[⑤] 国家对公共利益进行界定，即便在某些犯罪行为中，没有直接的受害人，社会危害性理论会构建出抽象的公共秩序、国家利益、人民福祉，以此作为界定犯罪与否的标准。但是在“公民—社会—国家”的框架中，公民个人的诉求成为政治的基石，抽象的社会关系不再是刑法所要保护的对象。刑法的知识转型很好地印证了法学研究范式的更新换代，从重视集

---

① 参见［美］弗朗西斯·福山：《历史的终结与最后的人》，陈高华译，广西师范大学出版社 2014 年版。

② ［德］卡尔·施米特：《宪法学说（修订译本）》，刘锋译，上海人民出版社 2016 年版，第 179 页。

③ ［德］克劳斯·罗克辛：《德国刑法学总论》第 1 卷，王世洲译，法律出版社 2005 年版，第 80—84 页。

④ 冯军：《刑法教义学的先行思考》，《法学研究》2013 年第 6 期。

⑤ 刘复之：《“严打”就是专政》，《人民公安》2000 年第 1 期。

体的政治学意义上的“人民”，转变成重视个体的法律意义上的“公民”。

个人的观念引入中国后，重塑了国家/社会—个人关系，从此个人权利至上成为政治正当性的源泉，国家不能代替公民个人进行价值衡量，也不存在抽象的公共利益。[①] 公民与人民、个人与集体，构成了“苏俄化”的社会主义刑法传统与德日化的自由主义刑法传统之间的本质分歧。自由主义刑法学解构了刑法价值判断中的公共性，使得国家刑罚权无法凌驾于个人权利之上，全部的考虑必须建立在个人至上的价值基础上，对刑法家长主义的反思成为解构国家视角的重要进路。[②] 现代刑法则将重心放在公民的权利和自由上，由于权利、自由等价值具有终极意义，现代刑法也就超越了工具主义的藩篱。刑法知识界“去政治化”的表达之所以能够成立，就是建立在对政治的单面理解上：国家主义的刑法观是政治性的，考虑个人主义的刑法观则是非政治的。

总之，仅十多年，刑法学就得到了很大的发展，刑法教义学成为厘清学术与政治、推动学术中立化的重要体现。但是无论是罪刑法定原则的确立，还是三阶层犯罪论的重构，刑法教义学主张背后隐藏着的是自由主义的基本诉求，“去苏俄化”主张实际上是西方化、自由主义化的另一个表现。目前中国刑法学界对新的刑法教义学并非完全信奉，但是即便是反对者，也很少有旗帜鲜明地支持苏俄刑法学的，更少有直接质疑自由主义刑法学所可能存在的问题的。[③] 尽管刑法学的知识转型遭遇许多的抵制，但新派学者并不认为这是一场旗鼓相当的对抗，在“去政治化”的旗帜下，传统刑法学被看作终将会被淘汰的“明日黄花”。这种线性、乐观的理解，大大降低了刑法“去苏俄化”在法学知识谱系重组中的意义。相比于学术化、规范化的含蓄的表达，或许直接表明其“自由主义视野”更能显示学术上朴素的真诚，[④] 也更加有利于我们去理解双方的争议所在，更能够开

---

① 参见金观涛、刘青峰：《观念史研究：中国现代重要政治术语的形成》，法律出版社 2009 年版。

② 关于刑法家长主义与个人主义的关系，参见车浩：《自我决定权与刑法家长主义》，《中国法学》2012 年第 1 期。

③ 2009 年的《司法考试大纲》将犯罪论体系由四要件改为三阶层后，赵秉志教授领衔的北京师范大学刑事法律科学院发表了一项很长的声明，批评这种更改过于草率。此后，司法考试又恢复了四要件的正统地位。

④ 参见王钢：《自由主义视野下的刑法问题研究》，法律出版社 2015 年版。

放出其背后的宏大背景。

第四节　法学知识的“通三统”命题

无论是中国古代的礼法传统，还是新中国成立后的政法传统，都建立在对人的多样性理解之上。“人”不是抽象的均质化的法律主体，而是丰富多样的社会关系的承载者，或者是阶级关系中的具体的一方。礼法传统尊重熟人社会中个人的文化关系网络，允许儒家追求的差序化的礼仪进入法治；政法传统则具体地对待人的阶级地位，尊重的都不是形式上的法律结果，而是法律的实质后果。礼法传统下这种实质诉求通过调解来实现，政法传统下则由党的领导来实现。[①] 程序主义需要建立在参与主体一定的知识、物质基础上，在农业、农民、农村占主导的国情下，政法传统所要求的群众路线实际上是对底层群众的照顾，但这需要有一个先锋队性质的政党来不断平衡——否则法律必定会偏向于那些更能够掌握法律话语的社会精英阶层。政党、法律和人民的三维关系凭借“苏俄式”的法学知识得以贯彻执行。具体在“苏俄化”刑法中，国家更为看重社会危害性的实质判断，以类推制度扩展刑事法网，以此实现对社会上所有具有社会危害性行为的惩罚，最终维护作为整体的“人民”的公共利益。

然而，“人民”这个概念背后的公共利益正在被日益崛起的公民伦理所解构：刑法应该维护的仅仅是个人法益，在不涉及国家的关系中，只要个人的行为不侵害他人，就应该是无罪的，这在聚众淫乱去刑化的讨论中体现得最为明显，主张聚众淫乱行为去罪化的学者也并不是认为社会风化不重要，而是基于个人权利至上的考虑，担心国家的权力会损害公民的自由。[②] 公共秩序与个人权利不再是“我中有你、你中有我”的有机体，而是彼此冲突对立的。在人为地构建起公私对峙之后，刑法学的基础理所当然地要转到后者上面来。这种转变看似是正当性自上而下的顺滑的演变，但在本质上是一次质变：刑罚权由国家代表全体人民在保护社会关系时诉

---

① 邵六益：《政法体制的政治历史解读》，《东方学刊》2021 年第 2 期。

② 姜涛：《刑法中的聚众淫乱罪该向何处去》，《法学》2010 年第 6 期。

诸的合法暴力，简单地变成了公民权利所防范的对象。在权利话语地位上升的同时，公权力的正当性遭遇了自下而上的重构，以权利限制权力是这种转变的最直白的表达，其实质是质疑国家可以代表全体的意志，质疑国家主张的社会公共道德是否真实存在。

自由主义法学认为，法律要做的仅仅是设定机会平等的框架，理性的个人会很好地维护自己的权利；追求结果公平的政府势必会超越“最小政府”的限度，过度的政府权力会导致腐败，最终沦为暴虐的来源。[①] 这套理论适合于发展较为均衡、国民较为同质的“小国寡民”情形，而中国是一个政治经济文化发展不平衡的大国，自由主义法学设想的平等主体在中国并不存在。中国的东、中、西部经济发展水平迥异，城乡差别明显，不同人群的法律诉求是不同的，当北京、上海、广州的市民以假离婚获取首套房资格时，西部山区的农民更关心新农村建设中的宅基地权属问题。不仅如此，现代法律是以理性经济人为基本假定的，更适合于城市生活，所以同样的法律条文对不同居民的意义是不同的。比如，尽管行政诉讼法规定“公民、法人或者其他组织”在权益受到侵害时都可以提起诉讼，但实践中更多的是“法人和其他组织”这样有财力的主体能够使用这一武器，普通老百姓离“民告官”很远，“秋菊”这样的农民更是极少数的。统一的法律条文无法裁剪现实的世界，形式平等背后隐藏着巨大的实质不平等，权益得不到法律保障的社会弱势群体势必会求助于法律之外的途径，造成社会失范的风险。[②] 新中国成立后形成的社会主义法律传统以追求实质平等为基本特色，正好可以成为中和自由主义法学上述缺陷的平衡器。同时，社会主义传统恰好能够成为塑造同质性与共同性的前提，在大国之中求同存异以塑造公意，避免法律沦为“多数人暴政”或少数人的技巧工具。[③]

---

① 参见［美］罗伯特·诺奇克：《无政府、国家和乌托邦》，姚大志译，中国社会科学出版社 2008 年版。

② 在司法实践中，法官无法仅仅依据法条就能判案，而是需要调动各种资源以追求“案结事了”，法律之外的考量集中体现在审判委员会的讨论之中，借助审判委员会的“中介”，能够实现对底层群众的实质代表。参见邵六益：《审委会与合议庭：司法判决中的隐匿对话》，《中外法学》2019 年第 3 期。

③ 邵六益：《同质性：卢梭公意思想中的隐匿命题》，《中国延安干部学院学报》2019 年第 6 期。

迈向刑法教义学是刑法学此番知识转型的目标，以德日刑法学取代苏俄刑法学是其重要体现。与苏俄刑法学相比，德日刑法学不仅在研究立场上更加重视司法适用，而且在犯罪的基本理论上有所创新。从新派刑法学理论的视角来看，苏俄刑法学重实质，四要件的平面化犯罪构成最终会滑向社会危害性的实质标准；而三阶层则更符合形式理性的要求，可以保障人权，符合普适标准。拥护苏联刑法学的大部分论述都是从现实的角度切入。比如，认为四要件学说有着几十年的历史，符合司法人员的认识规律，而三阶层学说本身也令人生疑等。① 但是这些观点都是消极防御的，只是从路径依赖的角度论证我们被迫接受的现实，并没有指出苏俄刑法学在道义上的正当性。一方面，苏俄刑法学乃至整个社会主义法学理论，都是建立在“人民”这个政治概念之上、以实现实质平等作为目标的，这种追求直到今天依旧有其意义；另一方面，彻底的“去苏俄化”与法学理论中的个人主义、法治实践中的程序主义相契合，而这带来了比较严峻的问题。也正是在这个意义上，刑法学的知识转型可能不是“去苏俄化”这个命题，而是更为复杂的代际综合命题，即在多种法学传统之间寻求平衡。至于如何中和、妥协、整合，则是一个理论与实践的双重命题。

法学传统并不是存在于真空之中，而是由具体的学术群体承载的。从带有深厚政治倾向的苏俄刑法学，转向“价值无涉”的刑法教义学的过程，被刑法学界叙述成具有传奇色彩的、带有鲜明个人性的故事：陈兴良教授苦于传统刑法学的僵化却无突破口，只能寄希望于从刑法哲学、刑法的人性基础等外围突破。张明楷教授则两次东渡，取回日本刑法教义学的“真经”。两位教授最终成为刑法教义学的旗手。② 刑法教义学追求的价值中立正好与主导当前法学界的第五代法律人的人生境遇相契合：年轻时经历“文化大革命”，恢复高考后进入知名法学院学习，成为法学界的“黄埔一期”，进入法律职业后对政治改革、公民社会、民主政治、依法治国等都抱有极大的热情。将社会主义、政治运动、“文化大革命”等词汇与

---

① 高铭暄：《对主张以三阶层犯罪成立体系取代我国通行犯罪构成理论者的回应》，《刑法论丛》2009 年第 3 期；马克昌：《简评三阶层犯罪论体系》，《刑法论丛》2009 年第 3 期；赵秉志、王志：《中国犯罪构成理论的发展历程与未来走向》，《刑法论丛》2009 年第 3 期。

② 劳东燕：《刑法中的学派之争与问题研究》，法律出版社 2015 年版，第 163 页。

苏俄建立起隐微的思维关联，这构成了第五代法律人所分享的“当代使命”，即极力避免政治与法律不分、知识完全服务于政治的学术倾向，这也是一代人的集体记忆和价值追求。① 但是正像我们前面所揭示的那样，第五代法律人的诉求在彻底摒除苏俄化的法学传统和集体记忆后，可能带来某种危机，而且也不会被官方所接受。

在刑法学的知识转型中，不同知识的整合可能比彼此取代更具有生命力。苏俄法学知识代表了新中国前30年的政法传统，是实现社会主义的重要途径，“去苏俄化”在某种意义上涉及了社会主义与自由主义两者的关系命题。新中国成立后引进了苏联的革命法制理论，使得社会主义传统在法学领域有了具体的体现。而改革开放则以一种隐秘的方式，为中国带来了符合西方潮流的知识资源。刑法学界对以德日刑法学为代表的自由主义的推崇，其实并非法学界的个案，而是与整个知识界的思想状态一致。自由主义与社会主义的紧张关系根植于一个世纪以来的现代化探索历程。新中国成立后，马克思主义成为主导的意识形态，但知识界从没有放弃过自由主义的理想，尤其是对“文化大革命”的反思成为知识分子警惕国家权力的最直接动因。在改革开放之前，知识分子就已经采取迂回的策略来抵抗学术政治化的国家部署，而改革开放之后则更容易为自由主义找到“现代化”等语词的支持。

> 1949年以后，自由主义传统表面上让位于知识分子对马克思主义正统地位的尊崇，但事实上仍潜藏于资深学者对心智独立和专业自主性所持的坚守立场，并体现于20世纪50年代及60年代早期以“历史主义”为掩护而对史学极端政治化所作的顽强抵抗。及至20世纪80年代初，自由传统进一步在“新启蒙”旗号下复苏，以否定毛时代的激进主义史学为其使命。到20世纪80年代后期和90年代，此一传统最终透过现代化范式之兴起，重新

① 根据许章润教授对中国法律人所做的“代际”划分，第五代法律人主要是指1977年恢复高考之后约十年间毕业于名校法学院并从事法律职业的法律精英，刑法学界的陈兴良教授等人就是杰出代表。参见许章润：《书生事业　无限江山——关于近世中国五代法学家及其志业的一个学术史研究》，《清华法学》2004年第1期。

主导主流史家的中国近现代史著述。[①]

学术界通常将新中国成立后的前30年当作践行社会主义的时期，而将改革开放后的30多年看作偏向自由主义的时期，“去革命”的现代化范式某种意义上预示着“后30年”对“前30年”的否定。然而，党的十八大提出两个“30年”不能相互否定的命题，就是要将新中国成立60多年作为一个整体来看待。[②] 党的十九大所提出的“新时代”不仅勾画了另一个“30年”的蓝图，更是以世纪的眼光来看待从新中国成立到21世纪中叶的百年历史。在法学领域，就是要更为创造性地去看待苏俄化的法学知识与自由主义法学知识的关系，而非简单地以学术化的理由摒弃苏俄。阿克曼的“代际综合”或者甘阳所说的“通三统”对我们具有借鉴意义，未来不太可能是一种非此即彼的选择，这对于任何一个具有多重传统的国家的发展都是如此。比如，美国宪政是由建国、重建和新政三种传统共同构成的，联邦最高法院的解释要在上述三种传统之间进行“代际综合”。[③] 甚至美国建国本身都是以1787年《宪法》为依据的联邦党人，与1800年总统选举后杰弗逊所领导的民主共和党人思想“合成”的结晶。[④] 具体到法学领域的这种整合，或者具体到刑法领域的重构如何进行，则需要结合更多的具体材料予以分析。[⑤] 这种知识整合的关键在于社会主义议题，社会主义本身就是一种政治整合机制，是对价值的整合，也是对人的整合。

19世纪以来，社会主义和资本主义为国家治理提供了两套不同的方案，苏东剧变后，西方学者曾乐观地预言自由民主制将要终结历史，对自由主义法学的信仰其实是“历史终结”在法学界的投影。但历史并未终结，美国的内部分裂越来越严重，欧洲右翼势力抬头，自由民主制许诺的

---

① 李怀印：《重构近代中国：中国历史写作中的想象与真实》，岁有生、王传奇译，中华书局2013年版，第5页。

② 习近平：《论中国共产党历史》，中央文献出版社2021年版，第3—6页。

③ 参见［美］布鲁斯·阿克曼：《我们人民：奠基》，汪庆华译，中国政法大学出版社2013年版。

④ 参见［美］布鲁斯·阿克曼：《建国之父的失败：杰斐逊、马歇尔与总统制民主的兴起》，江照信译，中国政法大学出版社2013年版。

⑤ 黄宗智先生以民法典制定为例，对“中华法系”传统、大陆法系的法典化传统、革命传统的整合进行了初步的研究，参见黄宗智：《中国正义体系的三大传统与当前的民法典编纂》，《开放时代》2017年第6期。

人权、自由、民主、法治无法兑现。在法治道路选择上始终存在与自由主义法治相对的社会主义法治模式，中国成为保存社会主义法治种子的最大试验田。[①] 在国家治理越来越依赖法治的今天，不断推动马克思主义法学中国化，吸收西方法学的优秀成果，创造性地理解改革开放前30年的社会主义法治传统与后30年的自由主义法治传统的关系，既是推动中国治理体系和治理能力现代化的重要抓手，也是为世界治理贡献中国方案的伟大实践，在这个意义上，我们的讨论具有了世界意义。同时，改革开放后的法学的知识转型与重构，不仅关乎中国法治的未来，也关乎社会主义与资本主义两种治理手段的未来，在这个意义上，我们的讨论也具有历史意义。[②] 在百年未有之大变局的今天，法学知识转型并不是独立现象，而是必然置身于这样的大变局之中。法教义学侧重于法条而自动接受了形式理性法及其背后的自由主义价值，社科法学则以细致的分析悬置了价值议题，解构政治的深描或实证难以呈现真实的法治秩序，唯有政法法学才有可能真正发掘法学知识转型背后的全部含义。

---

① William Partlett & Eric C. Ip, "Is Socialist Law Really Dead?", *International Law And Politics*, Vol. 48, 2016, pp. 463-511.

② 邵六益：《创造性地理解和诠释中国自己的法治实践：从实际出发推动法学学术创新》，《人民日报》2017年11月6日。

第六章

司法过程中的“政”“法”对话

中国法官如何思考是当前法学研究的一个热点问题，而大多数研究采取教义学的进路，或研究法律逻辑中的“疑难案件”，或关注三段论或类比推理下的同案同判，这些研究仅仅关注到案件的法律构成，却未能触及案件的真实社会构成。社科法学的研究更为细致，能够将某个热点案件背后的复杂角力揭示出来，但是其理论贡献尚待提高。本章从政法法学的进路出发，试图对中国法官如何思考提供一个基于实证素材且贡献理论范式的解读。中国司法判决的逻辑不仅体现在合议庭做出的判决书中，审判委员会是决定“难办案件”的重要机构，审判委员会记录体现了司法判决的深层逻辑。合议庭和审判委员会的工作语境不同，说理针对的读者各异，由此形成了司法说理的两个维度：合议庭的讨论及其做出的判决书，需要遵守法律的规定；而审判委员会所讨论的很多问题涉及政治和社会影响，并不会严守法律条文。只有将审判委员会与合议庭结合起来，才能丰富抽象概括出的司法与政治有机统一命题，也才能完整揭示“中国法官如何思考”。合议庭归纳的争议焦点大体上决定了审判委员会讨论的方向，而审判委员会的决定既是判决的底线和前提，更是合议庭据以抵抗外在干预的后盾。由于审判委员会所考虑的很多问题不能够公开，上述互动更像是两者之间的“隐匿对话”，2018 年修订的《人民法院组织法》对审判委员会作出了新的规定，但是不会从根本上改变“隐匿对话”的机制。

第一节 “中国法官不说理”的迷思

近十年来，“法官如何思考”成为法学界新的研究热点。[①] 这些研究大体上分为法教义学和社科法学两种范式。[②] 然而，无论是哪种研究进路都分享一个共同的研究框架，那就是将研究的焦点放在判决书上，侧重于对判决书逻辑的解读，“无说理即无判决”[③]。在对指导性案例的研究中，甚至更具体地聚焦到最高人民法院所提炼出来的“裁判规则”上。[④] 由于中国的判决书比较简约，不像美国式“伟大的”判决那样论证详细，也不会包含奇思妙想的协同意见、不拘一格的反对意见，[⑤] 以“判决书中心主义”的研究进路很容易带来一个似是而非的结论：中国法官在判决中说理不足，甚至不讲理。进而，如何改革判决书制作技巧、提升说理水平成为重要研究命题。[⑥] 最高人民法院也多次出台相关司法解释，要求重视裁判文书制作，提高裁判文书的制作水平。[⑦] 2018 年 6 月，最高人民法院印发了

---

① 参见［美］理查德·波斯纳：《法官如何思考》，苏力译，北京大学出版社 2009 年版。围绕本书的命题中国学界有不少讨论。

② 社科法学可参见苏力：《法条主义、民意与难办案件》，《中外法学》2009 年第 1 期；侯猛：《司法中的社会科学判断》，《中国法学》2015 年第 6 期；法教义学可参见许德风：《法教义学的应用》，《中外法学》2013 年第 5 期。

③ 一般认为，给出理由是法治的重要程序性要求，参见［美］马蒂尔德·柯恩：《作为理由之治的法治》，杨贝译，《中外法学》2010 年第 3 期。更多可参见 Mathilde Cohen，*Giving Reasons：Why and How Public Institutions Justify their Decisions*，Ph. D. diss.，Columbia University，2009。

④ 税兵：《惩罚性赔偿的规范构造——以最高人民法院第 23 号指导性案例为中心》，《法学》2015 年第 4 期。

⑤ 苏力教授从比较法的视角分析了中美判决书的不同及其制度背景。参见苏力：《判决书的背后》，《法学研究》2001 年第 3 期。

⑥ 通过改进判决书结构和内容来提升判决说理的思路已经延续了很多年。参见万毅、林喜芬：《从“无理”的判决到判决书“说理”——判决书说理制度的正当性分析》，《法学论坛》2004 年第 5 期；曾培芳、段文波：《要件事实论与民事判决书改革》，《学海》2007 年第 1 期；胡云腾：《论裁判文书的说理》，《法律适用》2009 年第 3 期；魏胜强：《当面说理、强化修辞与重点推进——关于提高我国判决书制作水平的思考》，《法律科学》2012 年第 5 期；曹志勋：《对民事判决书结构与说理的重塑》，《中国法学》2015 年第 4 期。

⑦ 在《最高人民法院关于加强民事裁判文书制作工作的通知》（法发［2006］145 号）中，最高人民法院要求保证裁判文书质量，“增强判案的说理性，努力做到‘辨法析理、胜败皆明’”。

《关于加强和规范裁判文书释法说理的指导意见》（法发〔2018〕10号），提出要加强和规范裁判文书说理工作，提升释法说理的水平和裁判文书的质量，并专门针对某些案件提出要求，以便提高裁判可接受度，实现法律效果与社会效果的统一。①

事实上，中国法官在判决疑难案件或者难办的案件时，② 要考虑的问题丝毫不比美国同行少，只是判决书中很少表明这些问题。③ 这些争议性的问题一般由审判委员会讨论、决定，审判委员会是理解裁判逻辑的重要维度。从程序上来说，经过审判委员会讨论的难办案件大部分是由合议庭而非独任审判庭审理的，④ 由此就出现了本章所说的“审判委员会—合议庭”框架，两者的互动成为分析中国法官在难办案件中如何思考的关键。除司法管理职能外，审判委员会在具体的案件审理中也承担着重要职责，《人民法院组织法》第10条规定，“审判委员会的任务是总结审判经验，讨论重大的或者疑难的案件和其他有关审判工作的问题”（新修订的《人民法院组织法》在第37条规定了审判委员会的职责）。2010年最高人民法院印发的《关于改革和完善人民法院审判委员会制度的实施意见》（法发

① 该司法解释第8条要求对下列案件的裁判文书强化释法说理：疑难、复杂案件；诉讼各方争议较大的案件；社会关注度较高、影响较大的案件；宣告无罪、判处法定刑以下刑罚、判处死刑的案件；行政诉讼中对被诉行政行为所依据的规范性文件一并进行审查的案件；判决变更行政行为的案件；新类型或者可能成为指导性案例的案件；抗诉案件；二审改判或者发回重审的案件；重审案件；再审案件；其他需要强化说理的案件。

② 学界对“疑难案件”“难办案件”的概念界定已有研究。一般而言，疑难案件包括了法律疑难、事实疑难，相关的司法解释中采用了“疑难案件”的表述；难办案件主要指事实上难以处理的案件，侯猛教授将之具体分为事实难办案件、法律难办案件、影响难办案件、关系难办案件等。参见侯猛：《案件请示制度合理的一面——从最高人民法院角度展开的思考》，《法学》2010年第8期。本书在援引相关司法文件时沿用“疑难案件”的说法，但是所处理的案件更多是事实疑难的“难办案件”，有时会交叉使用两个概念，不做严格上的概念区分。

③ 例如，在第38号指导性案例“田永诉北京科技大学拒绝颁发毕业证、学位证案”的裁判要点中，最高人民法院将第1条归纳为“高等学校对受教育者因违反校规、校纪而拒绝颁发学历证书、学位证书，受教育者不服的，可以依法提起行政诉讼”。即最高人民法院认为，法院能够审查高等学校与学生之间的此类纠纷，这是理论界和实务界最为关心的管辖权的问题，学术界有大量的理论探讨，但是在该案的一、二审判决书中［（1998）海行初字第142号，（1999）一中行终字第73号］，海淀区法院和北京市一中院都没有对这个问题进行阐述。

④ 当然，“上会案件”中也有一些由独任法官审理的，“合议庭”更是一个泛指，以“审判委员会与合议庭”来标识直接审判的法官与讨论、决定案件的审判委员会之间的差别与比较。

[2010] 3 号）做出了具体的规定。[①] 复杂的政治、社会考量溢出判决书之外，这些因素主要体现在审判委员会讨论之中。换句话说，对“中国法官如何思考”的分析需要包括两个层面：第一个层面是通过判决书体现出来的法律专业化表达；第二个层面则是由审判委员会记录体现出来的政治实质化考量。只有将二者结合起来，才能完整揭示中国法院的判决逻辑，真实地呈现中国法官如何思考。

审判委员会是中国各级法院的内设机构，是理解中国司法特色的重要切入点，也是司法制度研究中的热点与焦点之一，在已有研究中[②]，比较有代表性的两种进路：其一，规范论视角认为审判委员会不符合司法裁判的基本原则，是审判管理改革的目标之一。诉讼法学专业的学者大体上分享了这一进路。[③] 其二，以苏力教授为代表的功能主义视角，发现审判委员会在抵制外部干预、规避法官责任方面的功能。[④] 这种视角也被近期更多的实证研究证实或修正，正如贺欣教授在其研究中指出的，审判委员会并不一定能够抵制外来干预，但是形成了一个责任真空地带或曰“黑洞”(Black Hole of Responsibility)，使得法院、法官都可以逃避追责。[⑤] 具体到本章所关注的审判委员会与合议庭关系而言，主流的观点认为合议庭是直接裁决案件的机构，审判委员会决定案件乃是“行政化”的重要体现，不利于贯彻程序正义要求的公开性、公正性、透明性原则，未来应该大力改

① 《意见》第 8—10 条分别规定了最高人民法院、高级人民法院、中级人民法院、基层人民法院“应当”提交审判委员会讨论决定的案件，第 11 条规定了合议庭“可以”提请院长决定提交审判委员会讨论的案件。

② 学界关于审判委员会研究综述，可参见左卫民等著：《审判委员会制度改革实证研究》，北京大学出版社 2018 年版，第 4—12 页。

③ 可参见陈瑞华：《正义的误区——评法院审判委员会制度》，《北大法律评论》第 1 卷第 2 辑，法律出版社 1998 年版；肖建国、肖建光：《审判委员会制度考——兼论取消审判委员会制度的现实基础》，《北京科技大学学报（社会科学版）》2002 年第 3 期。

④ 参见苏力：《基层法院审判委员会制度的考察及思考》，《北大法律评论》第 1 卷第 2 辑，法律出版社 1998 年版。

⑤ 参见 Xin He，“Black Hole of Responsibility：The Adjudication Committee's Role in a Chinese Court”，*Law and Society Review*，Vol. 46，No. 4（Dec 2012）。类似的研究还可参见李雨峰：《司法过程的政治约束——我国基层人民法院审判委员会运行研究》，《法学家》2015 年第 1 期。

革乃至取消审判委员会的判案权。[①] 较为温和的观点认为，关键问题不在于“行政化”，而是法院裁判与定案程序中的“多主体、层级化、复合式”导致的秩序紊乱，未来需要明确审判委员会权限，而审判权下放是一个趋势。[②] 无论是上述激进的废止论，还是温和的改革论，更多是将审判委员会看作法院内部管理机制而非工作机制，在审判委员会与合议庭的关系中更关注单向的决定关系，而未能看到司法判决中两者互动的“隐匿的对话”：合议庭的汇报影响了审判委员会的讨论，审判委员会的决定给合议庭确立了判决的结论，而最终合议庭在制作判决书时只能有选择地对审判委员会的决定进行“法律化”。[③]

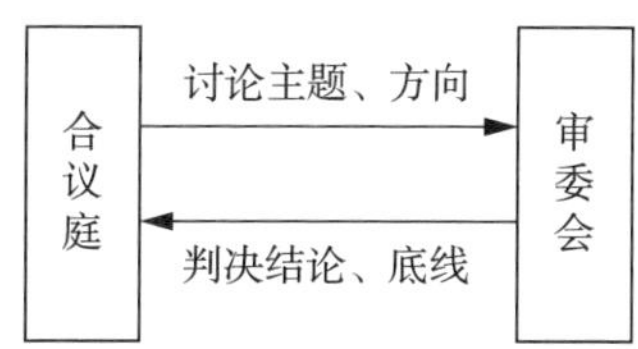

图 2　合议庭与审判委员会之间的“隐匿对话”机制

理解中国法官如何思考，除仔细分析判决书逻辑之外，更需要理解“审判委员会如何思考”——审判委员会思考什么？审判委员会思考后作出什么决定？新修订的《人民法院组织法》第 39 条第 3 款规定，“审判委员会讨论案件的决定及其理由应当在裁判文书中公开，法律规定不公开的除外”（这一修订的影响将在文章最后阐述）。在此之前，审判委员会的讨论过程和决定并不公开。本章将借助 S 省 K 市中级人民法院审判委员会 2011—2015 年的材料，勾勒“中国法官如何思考”的完整图景。本章将从定量的角度概括两个机构的运作状况，并将选取典型案件，细致分析这种

① 徐向华等：《审判委员会制度改革路径实证研究》，《中国法学》2018 年第 2 期；陈光中、龙宗智：《关于深化司法改革若干问题的思考》，《中国法学》2013 年第 4 期；龙宗智、袁坚：《深化改革背景下对司法行政化的遏制》，《法学研究》2014 年第 1 期；陈瑞华：《法院改革的中国经验》，《政法论坛》2016 年第 4 期。

② 顾培东：《人民法院内部审判权运行机制的构建》，《法学研究》2011 年第 4 期；顾培东：《再论人民法院审判权运行机制的构建》，《中国法学》2014 年第 5 期。

③ 相关的专门研究中也未能揭示这种对话机制，参见代志鹏：《司法判决是如何生产出来的——基层法官角色的理想图景与现实选择》，人民出版社 2011 年版；兰荣杰：《刑事判决是如何形成的：基于三个基层法院的实证研究》，北京大学出版社 2013 年版。

对话机制，尤其是合议庭通过何种技艺在判决书中体现审判委员会的结论。判决书是裁判说理的“外在表达”，而审判委员会的讨论则构成了裁判的“内在表达”，这种内外之分在短期内不会根本改变。同时，在这种对话之外，法院会通过其他的方式将无法在判决书中言说的东西告诉当事人和社会大众，由此维持判决的可接受性。

对于实证材料的使用，这里需要提前回应可能存在的两点质疑。第一，不同地域、不同层级法院的情况各不相同，S 省 K 市中级人民法院的代表性有多大。① K 市虽然地处西部，但是在许多司法改革中都走在前列，相关改革甚至被最高人民法院写入工作报告。更重要的是，笔者力图揭示的审判委员会与合议庭的对话机制更多是进行框架构建，并非进行细节性的比较研究；同时，本章也会吸收其他研究中的二手材料和数据，使研究结论尽量具有一定的普遍性。第二，审判委员会的记录能否真实再现审判委员会的讨论和决定？实践与表达、事实与文字之间肯定存在差别，从严格的诠释学意义上来说，这种差别本就无法消除。但是，法院的审判活动早已不是一种粗放的、自由展开的社会活动，而是高度程式化、案卷化的，加之法官专业化素质的提高，② 大部分的问题都可以用法律语言表达出来。而且，法院也从没有对记录做出过任何规定或指示或者要求记录者有意美化记录。从笔者的阅读来看，K 市中级人民法院审判委员会的有些记录保留了不少口语化的表达，如西北口语“把案件一说”“能行”“不敢”等，我们关心的政治“干预”、上级指示、社会影响，在审判委员会记录中可以很清楚地看到。贺欣在他的研究中也发现，由于审判委员会记录本来就不打算公开，所以在记录时会比较忠实于原本的讨论，不避讳敏感信息。③

---

① 有学者推测，经济发展水平越低，法官水平越低，审判委员会所讨论的案件越多。参见左卫民：《审判委员会运行状况的实证研究》，《法学研究》2016 年第 3 期。但是，这个问题也有另一种解读，同样是左卫民教授等人的研究指出，经济越发达，经济纠纷越多。流动人口增加导致复杂的刑事案件增多，进而审判委员会讨论的案件也会增加。参见左卫民等：《审判委员会制度改革实证研究》，北京大学出版社 2018 年版，第 51—52 页。

② 以 K 市中级人民法院为例，几乎所有的法官都具有法学本科学历，在研究室的法官中有在中国政法大学、北京大学法学院的学习经历。在笔者的调研过程中，他们能够自如地在生活世界与法律世界的双重逻辑之间灵活地转变。

③ 参见 Xin He，“Black Hole of Responsibility：The Adjudication Committee’s Role in a Chinese Court”，*Law and Society Review*，Vol. 46，No. 4（Dec 2012）。

另外，还要做两点说明：第一，严格从程序上来说，并非所有案件都是由合议庭提交到审判委员会的，但它们在某种意义上都是因为合议庭无法处理才被提交到审判委员会；按规定由院长提交到审判委员会讨论的案件，可以认为是法律预设了合议庭无法独立处理。因此，案件（从合议庭）被提交到审判委员会讨论本身，就可以理解成是合议庭与审判委员会对话的第一个环节。第二，《人民法院组织法》在 2018 年 10 月底修订，由于本章所使用的材料是 2011—2015 年的，所以除特别说明外，笔者援引该法时指的是 2006 年修订后的版本，2018 年修订后所带来的问题将会在最后分析。

第二节　合议庭与审判委员会的互动

本章的实证数据来自 S 省 K 市中级人民法院。S 省是我国西部重要的经济强省，K 市是 S 省第三人口大市，截至 2016 年末，全市常住人口接近 500 万，城镇化率接近 50%，中心城区人口接近 90 万。2011—2015 年，K 市中级人民法院审判委员会分别召开了 45、32、24、24、22 次会议，讨论了 213 件、153 件、125 件、159 件、120 件案件（共 770 件案件）；与逐年增长的受案总量相比，审判委员会讨论的案件占比大体上呈现下降趋势，这一点与其他的实证研究相一致。[①] 笔者阅读了 2011—2015 年 1500 页左右的会议记录，[②] 结合 S 省 K 市中级人民法院工作报告所披露的信息，用图表概括了 K 市中级人民法院在 5 年间的受理案件量（见表 1）及审判委员会讨论案件的情况（图 3）。

表 1　K 中院受理案件与审判委员会讨论案件情况（2011—2015 年）

	2011 年	2012 年	2013 年	2014 年	2015 年
受理案件总数/件	—	2560	2980	3468	4668
审判委员会讨论案件数/件	213	153	125	159	120
审判委员会讨论案件所占比重/件	—	5. 98%	4. 19%	4. 58%	2. 57%

① 左卫民：《审判委员会运行状况的实证研究》，《法学研究》2016 年第 3 期。

② 出于保密的考虑，本书不会直接出现法院名称、案件号、当事人姓名、律师信息。对于特别重大、具有较高识别度的案件，在不影响讨论的情况下，尽量减少对案情的描述。在后文涉及相关案件的判决书时，也会做相应的处理。

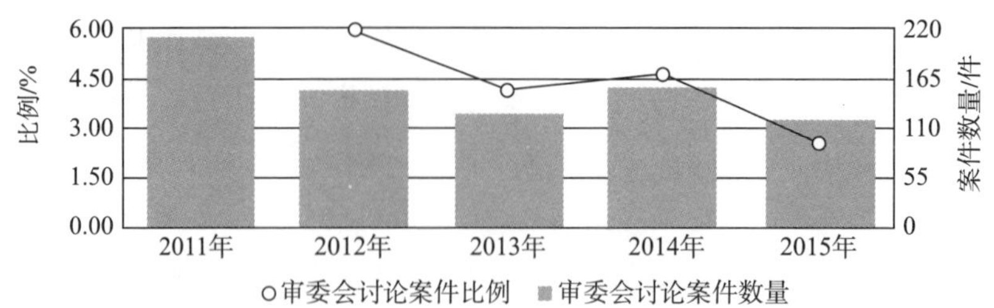

图 3　K 中院受理案件与审判委员会讨论案件趋势（2011—2015 年）

数据来源：K 市中级人民法院历年受理各类案件总数，来自 K 市中级人民法院历年的工作报告，2011 年数据未披露；K 市中级人民法院审判委员会历年讨论案件总数，来自审判委员会会议记录。

一、合议庭给审判委员会提出什么问题？

审判委员会需要讨论合议庭提出的哪些问题？《人民法院组织法》（2006）第 10 条规定：审判委员会“讨论重大的或者疑难的案件”。什么是“重大的或者疑难案件”？《关于改革和完善人民法院审判委员会制度的实施意见》（法发［2010］3 号）第 11 条规定了所有层级法院审判委员会都应该讨论的案件类型，其中包括：（1）合议庭意见有重大分歧的案件；（2）法律适用困难的案件；（3）具有重大社会影响的案件；（4）具有指导意义的新类型案件；（5）其他疑难、复杂和重大案件。《实施意见》第 9 条还专门规定了中级人民法院审判委员会应该讨论的案件类型：（1）确有错误需要再审的生效判决、裁定；（2）同级人民检察院抗诉案件；（3）拟判处死刑立即执行的案件；（4）拟在法定刑以下判处刑罚或免于刑事处罚的案件；（5）拟宣告被告人无罪的案件；（6）拟就法律适用问题向上级人民法院请示的案件；（7）需要报请移送上级人民法院审理的重大、复杂案件。

上述形式性的分类在实践中并不具有区分度，正如后文将会表明的那样，法律形式上的争议背后有着不同的实质考量。比如，合议庭对某合同效力问题的法律适用有争议，但问题的实质是对判决后执行可能性的社会考量（S-K 审判委员会：2011-14-3）；[①]“让执行局怎么执行”才是审判委员会担心的问题（S-K 审判委员会：2011-27-1）；另一个拟在法定刑以下判决的案件进入审判委员会讨论，关键是当事人接受度问题（S-K 审判委员会：2012-22-3）。再比如，某个需要再审案件进入审判委员会讨论，真实的动因是当事人信访（S-K 审判委员会：2012-22-3）。因此，笔者更为关心的是审判委员会所讨论问题类型的实质考量，即审判委员会讨论了合议庭无法决定的哪些问题——政治问题、法律问题还是事实问题？据此笔者划分了 6 种类型，在 770 件案件中，各种主题分布如下（见表 2）：（1）程序问题，213 件；（2）事实问题，324 件，（3）法律疑难，72 件；（4）政治影响，25 件；（5）社会效果，111 件；（6）涉诉信访，25 件。[②]

表 2　K 市中级人民法院审判委员会讨论主题分布（2011—2015 年）

讨论主题	比例
程序问题	27.66%
事实问题	42.08%
法律疑难	9.35%
政治影响	3.25%
社会效果	14.42%
涉诉信访	3.25%

为了便于理解各种主题的具体情况，还需要对各种情形做一些说明：第一，程序问题。主要是指没有任何特殊情形，审判委员会根据法律规定而讨论的案件。比如，是否要再审（S-K 审判委员会：2011-16-8）、检察院抗诉（S-K 审判委员会：2011-19-6/2011-26-2）、涉及可能判处死刑立即执行的刑事案件（S-K 审判委员会：2011-19-2）。在讨论这类问题

① 为了方便下文引注，对审判委员会记录的援引直接在正文中加以标识而不加脚注，如“S-K 审判委员会：2011-1”指的是 S 省 K 市中级人民法院审判委员会 2011 年第 1 次会议记录；如果某次会议讨论多个案件（这也是一般情形），以“S-K 审判委员会：2011-1-1”表示此次会议讨论的第 1 个案件，以此类推。

② 不同的研究者会基于需要做出不同的分类，参见王伦刚、刘思达：《基层审判委员会压力案件决策的实证研究》，《法学研究》2017 年第 1 期。前三种是一般性的事由，后三种更多体现了司法裁判的社会效果和政治效果。

时，一般是陈述上会理由后直接表态，这也成为了区分程序问题与其他类型问题的关键。比如，在某次会议中，审判委员会连续讨论了两个故意杀人案，前一个没有任何争议，记录很简单，大家一致表示认可合议庭意见，判处死缓，这个属于“程序问题”：最高人民法院《关于适用〈中华人民共和国刑事诉讼法〉的解释》第 178 条规定，对于拟判死刑的案件，可以提请院长决定提交审判委员会讨论，K 市中级人民法院审判委员会讨论这个案件属于“例行公事”。而在后一个案件中，被告人一方有积极赔偿、系家庭纠纷、有自首情节等，审判委员会在讨论后决定判处无期徒刑，这个就不是程序问题，而是属于考虑“社会效果”后的决定（S-K 审判委员会：2011-37-5/6）。

第二，法律疑难。法律规定不可能完备、形成逻辑闭环，难免遇到法律没有规定或者规定不清晰的情形，审判委员会通过对法律适用问题的讨论和决定，为合议庭援引法条提供依据。比如，在某劳动争议案件中，《合同法》《劳动法》《劳动合同法》都没有明确规定，合议庭因此产生重大分歧，审判委员会需要进行一种“司法续造”[①]（S-K 审判委员会：2014-7-4）。再比如，在某诈骗案件中，审判委员会对合议庭的法律适用错误予以纠正（S-K 审判委员会：2011-25-3）。

第三，事实问题。审判委员会委员要么具有较高的法律素养，要么拥有较丰富的司法经验，在大多数情形下，只要事实清楚，决定很容易做出，审判委员会记录中有很多是对事实的厘定。典型的如由于发现新证据，所以要重新讨论是否改判或再审（S-K 审判委员会：2014-35-6）。这在刑事案件中更为常见。比如，涉案毒品数量的认定（S-K 审判委员会：2011-25-2）、对金属残片的鉴定（S-K 审判委员会：2011-29-3）。

第四，政治影响。[②] 政治因素主要体现在法院与其他党或国家机构——比如，地方政府、政法委、地方人大的关系上，无论是党的机关，

---

① 司法续造指的是法官在适用、解释法律的过程中，发展、丰富、深化、升华法律的过程，在德国法与美国法中都有这种行为，参见［德］齐佩利乌斯：《法学方法论》，金振豹译，法律出版社 2010 年版；［美］本杰明·卡多佐：《司法过程的性质》，苏力译，商务印书馆 2000 年版。

② 有学者指出，在司法研究中很难明确提炼出所谓的“政治干预”“社会的干预”或者“党的干预”，而且这种过滤、区分是没有必要的。参见苏力：《中国司法中的政党》，载苏力主编：《法律和社会科学》第 1 卷，法律出版社 2006 年版，第 264 页。

还是政府，考虑问题的思路都是政治性的后果主义，这与法院有所区别。因此，正像影视作品反映的那样，在一起“错案”后，政治官员的县长受到牵连，而一线办案的法官却依旧能够升迁到法院副院长。[①] 比如，在某案件的处理中，审判委员会指示邀请人大代表、政协委员参与，以便回应政治压力（S-K 审判委员会：2012-20-3）；审判委员会多次提到“人大督办”案件，或“两会”敏感期等词汇（S-K 审判委员会：2012-22-3）；在职务犯罪中，法院更多会向纪委请示（S-K 审判委员会：2013-18-2）。

第五，社会效果。审判委员会在少数时候会明确提出社会效果问题。比如，在某商品房买卖合同纠纷案的讨论中，审判委员会多次提到案件“社会影响大”，并指出要做到“法律效果与社会效果的统一”（S-K 审判委员会：2012-18-2），强调调解、被害人方谅解，都可以认为是社会效果考量的体现[②]（S-K 审判委员会：2014-1-1/2013-21-3）。K 市有不少较为落后的农村地区，审判委员会但凡在讨论那些发生在农村的恶性刑事案件时，一般都会询问当地村民的意见。比如，在讨论某故意杀人案时，审判委员会就特别关注“村民联名”要求处以极刑的情况（S-K 审判委员会：2011-23-2）；在另一起故意杀人案件的讨论中，审判委员会也会主动询问当地“百姓”的意见（S-K 审判委员会：2012-8-2）。

第六，涉诉信访。中国共产党历来重视人民群众的信访工作，信访是政治沟通的重要方式，对于改善党群关系意义重大。[③] 这在司法工作中也不例外，信访是审判委员会讨论中的关键因素。在某非法行医案中，基层法院的一审判决并无不当，但受害者家属多次上访、在天安门广场制造事端，发展成了一起敏感案件，K 市中级人民法院因此需要特别考虑（S-K 审判委员会：2011-18-2）。法院会特别注意避免案件无法执行，转变成信访事件（S-K 审判委员会：2011-34-3/2013-17-4）。当然，并非当事人信访，法院就一定会迁就他们，K 市中级人民法院审判委员会曾在一次会议上明确指示终止三个缠讼案件（S-K 审判委员会：2013-10-2/3/4）。虽

① 邵六益：《破解“李雪莲式”的法治困境》，《中国社会科学报》2018 年 3 月 7 日。

② 学界对“被害人谅解”在定罪量刑中的影响有不同意见，可参见王瑞君：《刑事被害人谅解不应成为酌定量刑情节》，《法学》2012 年第 7 期。

③ 参见金国华、汤啸天：《信访制度改革研究》，法律出版社 2007 年版。

然法院很重视当事人信访、“社会效果”、政治影响，但是并不会完全受制于这种案外因素。借助审判委员会制度顶住外来压力，依法判案的情形也在其他的实证研究中得到印证。[①]

有些被讨论案件涉及的问题比较复杂，在分类时具体应该归入哪一项？笔者将根据以下两个标准：第一，抓关键分歧点。比如，在讨论某起因拆迁引起的行政诉讼案件时，审判委员会既考虑到了司法政策，也讨论了市政府的意见，还考虑了判决后执行中的问题，甚至对当事人上访也做了预案；但本案关键在于涉及许多拆迁户，要保证判决后避免当事人上访，所以按“涉诉信访”计（S-K 审判委员会：2011-34-1）。第二，特殊类型优于一般类型。大部分的案件都是根据法律规定应该由审判委员会讨论的，但由于信访、政治影响、社会效果在审判委员会记录中更少见，并更具有学术意义，所以如果这些案件能够表明是因为政法委、人大督办，那么按“政治影响”计；如果法院只考虑了信访问题，没有党或者政府机关的介入，则按“社会效果”计（S-K 审判委员会：2015-8-1）。

二、审判委员会向合议庭作出什么决定？

审判委员会在讨论之后，绝大多数时候会形成一致意见，并作出决定，只有在极少数情况下保留分歧的结论。[②] 在 770 件案件中，笔者概括了 7 种决定类型，各种类型的分布如下（见表 3）：（1）合议庭有统一意见，审判委员会也采纳的，这种情形最多，有 367 件；（2）合议庭有不同意见，审判委员会采纳多数意见的，有 135 件；（3）合议庭有不同意见，审判委员会采纳少数意见的，有 83 件；（4）审判委员会采取与合议庭不同意见的，有 28 件；（5）审判委员会决定“暂不定”的，有 91 件；（6）审判委员会决定请示其他机关（多数时候是 S 省高级人民法院，少数时候请示政法委或纪委）的，有 38 件；（7）审判委员会决定先行调解，然后

① 王伦刚、刘思达：《基层法院审判委员会压力案件决策的实证研究》，《法学研究》2017 年第 1 期。

② 在 2013 年第 18 次会议所讨论的第 1 个案件中，合议庭少数意见明确得到高院肯定答复，而且审判委员会多数支持合议庭少数意见，但是有两位审判委员会委员认为不能仅仅以口供定罪，要求在审判委员会记录中列明他们“保留意见”，这也是笔者翻阅 5 年审判委员会记录中，唯一要求列明分歧的情形。

再决定的，有25件。另外，在2011年的3起案件中，审判委员会没有明确的决定。

表3 K市中级人民法院审判委员会决定类型分布（2011—2015年）

决定类型	比例
合议庭意见	47.66%
多数意见	17.53%
少数意见	10.78%
不同意见	3.64%
暂不定	11.82%
请示	4.94%
调解	3.25%
其他	0.39%

在7种情形中，有些类型可以合并同类项，由此我们也可以发现审判委员会功能的变化趋势。第一，前三种类型实际上都是审判委员会与合议庭意见相同，总计占比75.97%，也就是说，审判委员会与合议庭的分歧越来越少，这一点也被其他的研究所证实。左卫民教授在对某省法院进行调研后发现，2010—2014年，法院审判委员会决定与合议庭、独任法官意见相同的占82.2%。[①] 方乐教授在调研某省三级法院后发现，2010—2014年，该省各级法院中，审判委员会维持合议庭意见的比例很高，在基层法院该比例高达86.99%，其中多数意见占81.61%，少数意见占5.38%；在中级人民法院中，该比例高达97.00%，其中多数意见占94.18%，少数意见占2.82%。[②] 相比之下，K市中级人民法院的这一比例并不高，一个可能的原因在于经济发展水平的不同，导致了法官职业素质等方面的差异，这种解释也被左卫民教授认可。

第二，调解、请示也属于广义上的“暂不定”，本章细分为三种类型。“请示”是指根据“上级”意见来处理，“调解”则是根据K市中级人民

① 左卫民：《审判委员会运行状况的实证研究》《法学研究》2016年第3期。

② 方乐：《审委会改革的现实基础、动力机制和程序建构——从“四五改革纲要”切入》，《法学》2016年第3期。

法院主持的协调工作来处理，“暂不定”意味着K市中级人民法院审判委员会尚未有明确的解决思路。这些情形下都很有可能导致该案件多次上会讨论。比如，在某非法行医案中，K市中级人民法院审判委员会就经过了三次讨论（S-K审判委员会：2011-14-2，2011-16-4，2011-18-2）。而对另一起抢劫案，审判委员会也讨论了多次（S-K审判委员会：2013-10-5，2013-11-1）。同时，调解也包括虽未明确得出结论，但确定不以诉讼程序，而采取做当事人工作的决定（如S-K审判委员会：2012-25-7）。

其一，“暂不定”。对于某些难以处理的案件，虽然经过审判委员会的讨论，却无法做出决议，需要等待法律疑难或其他问题考虑清楚了才能做出决定。这在K市中级人民法院审判委员会记录中有很多例子（如S-K审判委员会：2011-7-3/2011-10-2/2011-16-5/2011-26-2/2012-18-2）。

其二，请示。最多的是向上级的S省高级人民法院请示（S-K审判委员会：2011-25-9/2012-4-3），有些时候还要一层层地请示到最高人民法院（S-K审判委员会：2012-8-1/2013-22-2）。在审判委员会讨论某些案件时，已经有了上级法院或者其他机构的意见。比如，在讨论某贪污案件时，最高人民法院已经有了批复（S-K审判委员会：2012-27-2）。另外，请示既包括与市政府“协商”“交换意见”（S-K审判委员会：2013-3-3），也包括与纪委“沟通”（S-K审判委员会：2013-18-2），因为在地方的政法格局下，K市中级人民法院一般会听从市政府和纪委的意见，与纪委的沟通实际上是等待纪委的指示。而法院与检察院则不存在这种事实上的领导关系，审判委员会记录提及的与检察院的“沟通”不意味着听从检察院指示，所以按“暂不定”计。

其三，调解。在涉及敏感问题的案件中，调解结案几乎是法院不变的追求。在某拆迁补偿纠纷案中，审判委员会决定将案件发回一审法院重审，但是指出，在发回前需要与一审法院院长座谈，并在决议中明确“建议以调解结案”（S-K审判委员会：2012-7-4）。在某自诉案件中，虽然法院认定自诉人有诉权，但是审判委员会经讨论认为，起诉不利于化解纠纷，所以决定由合议庭继续做调解工作（S-K审判委员会：2011-25-5）。为了保证调解的可能，法院会在判决中留有余地。比如，在某案件中，K市中级人民法院的审判委员会同意S省高级人民法院的意见，要求合议庭在一审中尽量认定比较少的损失，以便在二审中有调解的空间（S-K 审判委员会：2011-14-4）。家事纠纷中关系微妙，审判委员会一般会倾向于调解结案。比如，在某离婚案件中，审判委员会在讨论时要求“不能孤立办案”，要把相关方邀请到一起调解，避免判决无法执行（S-K 审判委员会：2013-18-4）。

上文基于数据的归纳只是抽象地提出了两者的互动，具体来说，合议庭如何影响审判委员会的讨论？又是怎样将审判委员会的决定转化为法言法语的？这需要阅读相关案件的判决书，只有在比较审判委员会记录与判决书的基础上，才能更为丰满、生动地勾勒这种对话机制。审判委员会与合议庭绝不仅仅是“决定—执行”这种简单的命令模式。在中国的司法体制中，审判委员会与合议庭之间的影响是双向的，彼此间存在一种隐匿的对话。合议庭的意见影响审判委员会的讨论，审判委员会的决定又决定着合议庭的判决，进而形成“合议庭—审判委员会—合议庭”的循环和螺旋式上升，使得法律与政治之间的天然隔绝被打破，为解决难办案件提供制度性的途径。[①] 笔者将以 K 市中级人民法院审判委员会充分讨论的几个重要案件为对象深入分析，在与从中国裁判文书网公布的相关一、二审判决书比较的基础上，搭建起审判委员会与合议庭互动的框架。

第三节　合议庭如何将政治问题法律化

政治问题法律化是国家治理的重要技艺，美国模式成为该机制的经典想象。[②] 麦克洛斯基认为，以美国联邦最高法院为代表的司法权之所以能够判定、决断政治问题，乃是由于它部分程度地分享了主权权力，而这种分权的正当性根源于美国人民心灵中的两种诉求。[③] 中国语境中的司法权

---

① 审判委员会的讨论和决定在很大程度上依赖于合议庭的汇报，这种经过筛选、过滤的汇报使得合议庭与审判委员会之间存在一种隐形制约关系。参见顾培东：《人民法院内部审判运行机制的构建》，《法学研究》2011 年第 4 期。

② 王理万：《政治问题法律化及其限度》，《人大法律评论》2016 年卷第 3 辑。

③ ［美］罗伯特·麦克洛斯基：《美国最高法院（第三版）》，任东来译，中国政法大学出版社 2005 年版，第 9 页。

地位不同，大家对司法的信任度、期待也不同，法院会小心地避免触碰政治问题。比如，在行政诉讼中，立法将国防、外交等政治行为排除在审查范围之外。除此之外，最高人民法院还曾发文，要求对征地、拆迁、改制、环保等敏感问题尽量以调解结案。[①] 相关司法官员亦撰文指出，对于可能产生较大负面影响的案件，要谨慎受理。[②] 当然，即便如此，也不可能完全隔断政治、社会敏感案件进入司法程序。在审理这些案件时，法院就需要在“合议庭—审判委员会”的对话机制中予以化解，合议庭归纳的争议焦点在审判委员会讨论中被重构，审判委员会的决定再由合议庭制作的判决书予以法律化。比如，在某涉及当地著名企业的跨省合同纠纷案中，我们就可以看到多番的来回沟通、交流、对话。

（1）2011 年 1 月 27 日，合议庭在报告案件时，提到该案有市政法委提出的处理意见、省高院意见、最高法院的批复，并提到该案很可能是全国人大质询案件等多种外在因素（S-K 审判委员会：2011-3）。

（2）审判委员会对市政法委的处理意见并不赞同，决定执行政法委正确的部分，并形成报告，报送市政法委和省高院，请省高院协调（S-K 审判委员会：2011-3）。

（3）2011 年 6 月 24 日，将近半年后，该案又被提交审判委员会讨论，依旧围绕上级决议与法律规定的关系展开（S-K 审判委员会：2011-18-1）。

（4）2017 年，K 市中级人民法院作出二审裁定，裁定发回重审（［2017］K 民终 * 号）。

在多轮的沟通协调中，法院的公开文书（一审判决书、二审裁定）从未出现过政治因素的表述，但是我们很清楚地知道，这是审判委员会讨论的核心关切。也就是说，政治问题虽然在判决书中没有现身，但是在司法裁判中“从未缺场”。合议庭在制作判决书的过程中需要掌握一种转化的技巧——选择性地将政治问题法律化，以此将从未现身的政治问题予以法律处理。

---

① 《最高人民法院关于加强和改进行政审判工作的意见》法发［2007］19 号。

② 参见江必新：《牢固树立司法为民思想　把行政审判工作提高到一个新的水平——在全国法院行政审判工作座谈会上的讲话》，载中华人民共和国最高人民法院行政审判庭编：《行政执法与行政审判》2003 年第 4 集 · 总第 8 集，法律出版社 2004 年版。

一、选择性地将政治问题法律化

长期以来，学界基本上秉持着司法专业化的立场，强调司法与政治两者属于不同的系统、分享不同的目标追求，反对将司法当作政治的附庸。[①] 也有学者通过解构、重构“政治问题”理论，使得政治问题落入司法审查的范围，以此试图为中国问题提供一个参照系。[②] 近十多年来，随着党中央和最高人民法院对“三个至上”的强调，[③] 实现司法的法律效果、社会效果、政治效果的统一成为新的司法政策导向，学界对司法机关承担政治职能有越来越多的共识，[④] 这种职能体现在监护国家体制、制约权力、维护宪政制度等方面。[⑤] 法院的公共政策职能可以归入这一进路。[⑥] 政治与司法的关系研究的基本立场也开始发生改变：不再关注司法对政治的控制与改造，而更多关注两者之间的融合与互动。比如，最高人民法院前副院长江必新撰文指出，为了实现司法与政治的良性互动，“既要防止忽视政治的倾向，又要防止泛政治化的倾向”“既要防止司法政治功能的弱化，又要防止司法政治功能的异化”，在忠于宪法法律的前提下，需要在裁判中进行道德考量，使得政治问题能够以“法律化”的方式化解，“既要善于把政治问题法律化，又要善于把法律问题政治化”[⑦]。

强调司法与政治的互动关系固然正确，但在处理某个案件时，无法通过抽象的原则来解决，而是需要具体地处理政治影响、社会效果、法律疑难等之间的关系。笔者认为，引入审判委员会与合议庭的对话视角，可以

---

① 杨建军：《法治国家中司法与政治的关系定位》，《法制与社会发展》2011 年第 5 期。

② 陈承堂：《政治问题理论的衰落与重构》，《法学研究》2012 年第 5 期。

③ 王胜俊：《始终坚持“三个至上”实现人民法院工作指导思想的与时俱进》，《人民法院报》2008 年 9 月 10 日。

④ 这种政治功能更多地体现在最高人民法院之中。参见喻中：《论中国最高人民法院实际承担的政治功能——以最高人民法院历年“工作报告”为素材》，《清华法学》2006 年第 1 期；时飞：《最高人民法院政治任务的变化——以 1950—2007 年最高人民法院工作报告为中心》，《开放时代》2008 年第 1 期。

⑤ 庞凌：《法院政治功能的实现机制》，《华东政法学院学报》2003 年第 6 期。

⑥ 参见黄韬：《公共政策法院：中国金融法制变迁的司法维度》，法律出版社 2013 年版。

⑦ 江必新：《正确认识司法与政治的关系》，《求是》2009 年第 24 期。

更好地理解和分析这种政治与司法的互动。[①] 难办案件中的司法判决当然要在政治效果、社会效果、法律效果之间寻求平衡，但是不同环节、不同机构的侧重点有所不同，审判委员会的讨论则更多是一种后果考量，需要回应政法委、当地政府、地方人大乃至上级法院的政治要求，还要保证案件审理结果得到当事人和社会的认可。由于合议庭撰写的判决书必须要符合法律的规定，判决书中更多要体现法律条文的要求，因此，合议庭必须掌握一种技艺——有选择性地进行政治问题法律化。从 K 市中级人民法院审判委员会所讨论的一起涉及国有企业改制、兼并的合同纠纷案中，我们可以细致观察这一“合法律化”技术。

国有企业经营不善、效益低下，直至改制、破产、被兼并，这是近 30 年来中国经济改制中常见的现象，在国有经济、集体经济占据主导地位的社会主义背景下，这种经济转型需要得到政治上的肯定。根据《公司法》《破产法》《合同法》等规定程序进行改制便是基本的途径，符合市场经济要求和法律精神的改制是企业经营自主权的体现，法治是市场经济转型的保护伞。然而，在推进过程中，必然会遭遇以保护国有财产为理由的质疑，在诉讼中，法院就处在了平衡地方的集体利益与私人利益、防止国有资产流失的第一线。[②] 法院的中心工作不再是一味地保护经营自主权，而是要区分对待，严格审查破产、兼并等市场行为，《最高人民法院公报》从 20 世纪 90 年代末开始经常提及防止“国有资产流失”的问题。[③] 1998 年最高人民法院工作报告强调指出：“依照国家法律和政策，妥善处理破产与兼并的关系，促进企业优胜劣汰竞争机制的形成，对审理案件中发现的一些地方搞假破产、真逃债问题，坚决依法制止，防止国有资产流失。”揭开笼罩在国有企业转制中“破产”“股份制改革”“企业经营自主权”等法律名词的面纱，我们能够看到的是国有资产保护与市场经济原则之间

① 汪庆华教授在一篇基于田野调查的研究中，同时考查了合议庭与审判委员会意见，以及各种政治、社会考量对某因土地补偿纠纷引起的群体性事件的解决的意义。参见汪庆华：《通过司法的非司法解决：群体性争议中的行政诉讼》，《政法论坛》2010 年第 4 期。

② 参见陈正云、杨书文、孙明：《中国国资流失状况调查——国有资产流失犯罪及其法律惩治》，法律出版社 2000 年版。

③ 法院工作的这一转型过程，可参见邵六益：《政法与法政：司法话语的变迁（1998—2008）》，博士学位论文，北京大学，2016 年。

的张力，法院在类似案件中的判决更是体现了其处理敏感问题时一贯的程序化技巧。①

K市某著名国有企业A公司因经营不善，与某私营企业达成兼并协议，签订了《承债兼并合同》，由该私营企业“兼并”该国有企业，承担其债务、整合其资产；但是在企业改制、兼并过程中，对国有企业的资产估值、原职工安置等问题的处理并不妥当，导致原企业职工上访，进而由一件合同纠纷案件转变成具有时代特色的政治敏感案件。经由法院之手让国有资产流失或者让原国有单位职工流离失所，这是法院的“不能承受之重”，司法审判需要在符合法律规定的同时满足政治和社会诉求，即“依法审理企业重组改制和破产等案件，防止国有资产流失，切实保障职工的合法权益”。

K市中级人民法院审判委员会在讨论A公司的合同纠纷案件时，合议庭上报案件时归纳的争议焦点是，双方签订的《承债兼并合同》是否有效。合议庭中有一种观点认为，应该按照合同自由原则，承认协议的效力，因为当初的协议经过了职工大会的认可，因而在法律上是有效的。但K市中级人民法院审判委员会并没有去看合同在法律上是否有效，而是先讨论K市政府对这个案件所做的包含3个方面内容的决议——被改制企业的职工由于安置不当产生的信访问题、对国有企业资产所做评估的真实性问题，以及相关责任人的刑事责任问题。对于市政府所关注的3个问题，审判委员会认为，基于“不告不理”原则，追究刑事责任并不是法院在该案中的任务；另外两个是联系在一起的，保护国有资产和职工权益，归结到法律层面上就是要看双方签订的协议是否有效——如果认定合同有效，兼并就继续进行；如果合同无效，那么就恢复原状。② 审判委员会认为，该案表面上是相关的仲裁协议的有效性问题，但实质上则涉及“是否违背公共利益，损害国家利益”和职工安置的问题（S-K审判委员会：2011-

① 时至今日，在涉及国有资产的股权转让过程中，国家的介入仍旧是非常突出的，一个侧面的印证，可参见缪因知：《国有股权转让协议审批要求对合同效力之影响：以“史上最大股权纠纷”为例》，《中外法学》2015年第5期。

② 对于未能妥善处理职工安置的国有资产转让合同之效力，学界存在多种观点，有学者认为法律并未规定为无效，应该定为“不生效”，待补齐必备条款后便开始生效。参见顾耕耘等：《国有资产法论》，北京大学出版社2010年版，第217—218页。

2)。该案经过K市中级人民法院一审后，判处承债兼并合同无效。

两年后，该案再上审判委员会，合议庭多数意见认为《承债兼并合同》无效，少数认为有效。审判委员会肯定合议庭多数意见，要求在下判决之前与市政府相关部门交流意见（S-K审判委员会：2013-3-3）。后来在S省高级人民法院的二审民事判决书中，认可了K市中级人民法院的一审判决，一审、二审的判决大体上与政府的关切一致（[2013] S民二终字第000*号）。无论是在K市中级人民法院的一审判决，还是S省高级人民法院的二审判决中，对审判委员会所讨论问题都进行了有选择的法律评价。比如，认为改制未能考虑职工权益违背了《宪法》《工会法》《企业国有产权转让管理暂行办法》,[①] 但是不谈及职工集体上访等群体性事件导致的社会影响。从这个案件中我们会发现，在审判委员会做出决定之后，合议庭只会对其中能够进行法律化的部分进行处理。从笔者翻阅的审判委员会讨论记录来看，除极少数官员的贪腐案件外，案件之所以有政法委、地方人大的关注，都是因为引发了当事人或者群众的上访，民意在政法委、人大、地方政府那里就化身为政治敏感，进入审判委员会的考量之中，但是却在判决书中隐身。

二、增强疑难案件中的判决书说理

在复杂的、疑难的、由审判委员会决议的案件中，如果审判委员会的决定与法律规定之间的差距比较大时，就会对合议庭撰写判决书提出很高的要求。在K市中级人民法院审判委员会记录中，我们也可以发现专门要求合议庭“认真写判决书”的表达。一般出现这样的特殊要求时，相应判决书中都会有一些出彩的地方。在一起出租车公司与司机（杨某）关于车辆所有权与经营权纠纷中，审判委员会对合议庭提出在判决书制作中要“写出水平”。K市某出租车公司提供牌照和最早的一批出租车，招募出租车司机。几年后更换车辆，杨某支付了新车全部价款。由于营运执照在公司手中，杨某继续在公司服务，每年缴纳相关费用。后来，公司取得车辆

① 保护国有资产也可以从法律中找到依据。比如，《宪法》第12条规定：“社会主义的公共财产神圣不可侵犯。国家保护社会主义的公共财产。禁止任何组织或者个人用任何手段侵占或者破坏国家的和集体的财产。”

所有权（但无法提供证据证明是原始取得，杨某指出公司系伪造证据获得车辆所有权）。双方就车辆所有权和运营权发生纠纷，一审判决支持出租车公司（［2012］某民初字00＊号）。出租车公司与司机的类似纠纷曾经很普遍，北京等大城市在20世纪90年代就集中爆发了此类纠纷，例如，宋鱼水法官所判的此类案件成为相关案例选的第一案[①]（［1994］海经初字第41号）。

杨某上诉到K市中级人民法院后，该案被提交审判委员会讨论。在讨论中，审判委员会重点考虑了原判决改判或维持的各自风险：该案具有一定的示范效应，如果改判就会导致更多的类似车主起诉，使得不少出租车公司难以为继，影响地方经济发展；但是，如果维持原判，一定会导致杨某上访、闹事。审判委员会讨论后给出折中方案，认定车辆的所有权属司机杨某，但是出租车经营权来自政府对公司的许可，所以仍然应该属于出租车公司。为了使得中级人民法院的判决经得住考验，审判委员会特别提出要求，要求合议庭在二审判决的撰写中，一定要慎重，一定要“写出水平”（S-K审判委员会：2013-12-9）。在其他可能引起当事人不满或社会关注的案件中，审判委员会也都会提出类似的要求，比如，在讨论某故意杀人案件时，审判委员会不仅要求合议庭“好好写判决书”，而且还提示判决书写作中的具体技巧：不提被害人过错，但是可以提及案件是由感情纠纷引起的（S-K审判委员会：2013-20-1）。合议庭会怎样“好好写判决书”，兼顾法律效果与社会效果呢？在出租车所有权纠纷案的二审判决书中，合议庭说理的重点并不在于事实与法律条文之间的涵摄，[②] 其亮点在于以下几个方面：

第一，明确“国家、集体、私人的物权和其他权利人的物权受法律保

---

① 龙翼飞、周继军主编，靳学筠、宋鱼水副主编：《辨法析理　胜败皆服——主审法官宋鱼水司法判例点评》，人民出版社2005年版，第1—8页。

② 梁慧星教授指出，法官裁判要遵循严格的逻辑三段论公式，这也是“检验、鉴别、衡量你的判决在形式上是否合格的标准”。参见梁慧星：《裁判的方法（第2版）》，法律出版社2012年版，第5—9页。

护，任何单位和个人不得侵犯”[①]。法院之所以要在判决书中宣示这一立场，实际上是为了体现法院既不偏袒公司，也不偏袒个人，防止出租车公司或司机杨某在情感上的抵抗。审判委员会在讨论其他案件时也曾出现过表明法院中立的立场、不偏不倚的态度的表达。比如，在某起申请再审无罪的国家赔偿案件中，当事人向K市中级人民法院主张精神损害赔偿。为了最大限度地争取被害人谅解，审判委员会同意给予精神损害赔偿，还指出从立法精神出发可以适当高于民事案件中的精神损害赔偿标准，以此表明法院的态度，并且同样提出在判决中要注重语词（S-K审判委员会：2013-9-9）。

第二，尽管在判决时车辆所有权登记在出租车公司名下，但是公司无法提供购买车辆的证据，而杨某却可以证明自己曾合法购买车辆。根据《物权法》基本原理，作为特殊动产的机动车之物权变动采取登记对抗主义，未经登记不得对抗善意第三人，但是登记并非确权唯一依据，对于“以不公正的手段妨碍真实权利人获得登记的人”，“无登记也可对抗”[②]。本案可以根据上述《物权法》的一般原理解决，为了加强判决说理的效力，合议庭引入民法理论中的基本原则，“谁出资，谁所有”，判定车辆归司机杨某所有。民事裁判中基本原则是“无法律从习惯，无习惯从法理”[③]。其实，判决车辆归杨某所有，并不需要引入民法原则。合议庭在判决书中加入这一民法原理，既体现了合议庭对判决书撰写的重视，也表明了合议庭对审判委员会“好好写判决书”的回应。

第三，对杨某“自愿”与出租车公司签订合同，合议庭认为这是由于公司借助政府赋予其的管理和服务的优势地位所致，属于“以合法形式掩盖非法目的之行为，理应认定无效”，这一情形是我国《合同法》认定合同无效行为的重要类型。有研究指出，在中国裁判文书网2011—2016年的

---

① 2005年，北京大学法学院巩献田教授曾质疑过物权法立法中对私有财产权的保护，这也使得《物权法》的出台推迟了好几年。在民法学者看来，对不同主体物权的平等保护是物权法中的基本原则。参见王利明：《物权法研究（第四版）》上卷，中国人民大学出版社2016年版，第134—143页。

② 崔建远：《物权法（第三版）》，中国人民大学出版社2014年版，第48—49页。

③ 《民法总则》第10条规定：“处理民事纠纷，应当依照法律；法律没有规定的，可以适用习惯，但是不得违背公序良俗。”

24127个涉及该条款的裁判文书中，绝大部分是基层法院的一审案件；而在最高人民法院处理的92份相关纠纷中，法院一般会认可民事行为自治原则，不轻易认定合同无效。[①] 其实，在信息不对称的交易环境中，掌握更多的信息本来就是获利的手段。[②] 在K市本文此处讨论的案件中，合议庭之所以要选择刺破了出租车行业中的潜规则，点出了地方经济环境中的现实，更多是为了增强说理的厚度。

第四，在判决书最后，合议庭指出，出租车是公共交通的重要组成部分，政府、企业、个人等都要“秉持依法管理、诚实守信、守法经营的基本原则，友好协商”，以便“为人民群众提供质优价廉的公共交通服务”“促进公共交通事业的健康发展”（［2013］X民终字第00＊号）。审判委员会讨论中已经预测到判决可能引起的当事人反弹，所以判决书特意在最后把问题拔到一定的高度，其实还是为了给中级人民法院自己的二审判决提供厚实的正当性基础。

尽管合议庭会有选择地将政治问题法律化，使审判委员会与合议庭的判断越来越接近，但是不可能无限接近，由于审判委员会与合议庭所关注的内容不可能完全一致，政治与司法之间不可能实现绝对的协调一致。在某些案件中，总会有一些法律语言无法消化的“政治硬核”。比如，在刑事司法活动中，“命案必破”是一个重要的司法政策，尽管这可能会导致少数冤假错案，但总的来说给地方公检法确立了一条基本的要求，正因此在刑事司法中不可能抛弃。[③] 在K市中级人民法院审判委员会所讨论的某些刑事案件中也体现出这种难以法律化的“硬核”——人民群众的朴素法感情：死了人就一定要有人接受处罚，而“人没有关起来就不叫处罚”。中国的法院之所以在很多时候不太敢认定正当防卫或者意外事件，根本原

① 朱广新：《论“以合法形式掩盖非法目的”的法律行为》，《比较法研究》2016年第4期。

② 法律经济学不否认这种获利的逻辑，而契约法的存在在他们看来恰恰是为了减少这种机会主义行为，使得整个社会而非个人的利益实现最大化。参见［美］理查德·波斯纳：《法律的经济分析（第七版，中文第二版）》，蒋兆康译，法律出版社2012年版，第132—133页。

③ 更多的分析，可参见刘忠：《“命案必破”的合理性论证——一种制度结构分析》，《清华法学》2008年第2期。

因也在于此：形成了无人对案件负责的印象。[1] 尤其是有人死亡时，检察院一旦提起公诉就会尽量避免无罪判决，法院也不太敢于冒险让一个“人命”官司无人负责。[2] 在K市中级人民法院审理的由家庭纠纷引起的刑事案件中，从未知道自己患有心脏病的壮年男子在一场家庭纠纷后猝死，一审法院判被告人故意伤害罪。二审的K市中级人民法院一致认为属于意外事件，某些审判委员会委员乃至市检察院都认为应该定意外事件，但是审判委员会在多次的讨论中，一再关注的是被害人方可能的上访。最后，从社会效果的角度决定维持过失致人死亡，在量刑时有所区别，以此避免被告人方的反弹（S-K审判委员会：2014-20-1/2015-8-1）。

第四节　司法过程的政治面向

作为法院与社会对话舞台的判决书，在不同国家有不同的风格。在以美国、德国等为代表的科层制司法体制中，判决书采用高度专业化的语言，主要在法律人群体中流传。而在以中国为代表的民本式司法体制中，无论是法庭审判还是判决书，都要接受群众的审视。[3] 从司法传统来看，中国法院不可能制作美国式的判决书。[4] 从现实来看，中国与法治发达国家的“法民关系”不同，如果中国的法院判决写成一份份长篇鸿制的精致法律文书，反而可能无法回应人民的现实需求。[5] 模糊、简略的中式判决书并没有穷尽所有的司法道理，审判委员会与合议庭共同支撑起司法判决的全部逻辑。随着司法改革的进展，审判委员会的讨论与决定是否要向大

① 有人将刑法上的“正当防卫”条款当作“休眠条款”。参见梁治平：《“辱母”难题：中国社会转型时期的情—法关系》，《中国法律评论》2017年第4期。当然，2017年，山东“于欢案”二审后，该案被选为指导性案例，司法实践中对正当防卫的态度正在发生变化。

② 在中国整个的刑事司法程序中，无罪判决率是非常低的，2013、2014年全国法院系统的无罪判决率只有0.07%。关于中国的无罪判决问题，可参见谢进杰等：《无罪的程序治理：无罪命题在中国的艰难展开》，广西师范大学出版社2016年版。也正因此，无罪判决成为中国刑事辩护律师职业生涯中最耀眼的光辉，参见田文昌、陈瑞华：《刑事辩护的中国经验：田文昌、陈瑞华对话录（增订本）》，北京大学出版社2013年版，第84页。

③ 参见凌斌：《法治的中国道路》，北京大学出版社2013年版。

④ 苏力：《判决书的背后》，《法学研究》2001年第3期。

⑤ 凌斌：《法官如何说理：中国经验与普遍原理》，《中国法学》2015年第5期。

众公开，是否要像傅郁林教授所呼吁的那样，让事实上的裁判者——审判委员会成员——在裁判文书上公开署名，以实现权责统一？[①] 笔者认为，即便新修订的《人民法院组织法》要求在判决书中公布部分审判委员会讨论信息，也不会从根本上改变审判委员会与合议庭之间"隐匿对话"的模式。那么，如果审判委员会讨论中的理由不公开，那么如何保证判决能够得到当事人和社会大众的认可？是否还有其他的方式来监督审判委员会的运作，避免审判委员会成为一个权力监督的真空地带或者制度运作的"黑洞"？

一、"隐匿对话"中当事人在哪里？

法官说理的对象是当事人，而在审判委员会与合议庭的互动机制中，不管是审判委员会还是合议庭，它们都是法院的内部机构，尽管它们彼此之间维持着说理机制，但是这种说理并没有通过判决书向当事人或者社会大众公开。如果审判委员会的讨论当事人无从知晓，而合议庭的决定又简单省略，如何保证当事人能够理解、接受这些"政治无涉"的判决？在中国的司法实践中，正式审判活动之外的其他工作弥补了判决书说理的不足，其中比较重要的就是法院在审判各个环节中所推行的调解。在司法能动主义的框架下，调解不仅可以存在于案件审理过程中，还可以存在于案前和案后。[②]

调解是我们传统治理中的优秀遗产，在清朝的民事审判中，司法官员灵活地在传统调解与正式审判之间采取适当的手段，两者之间的"第三领域"保证了儒家伦理与现实需求之间的平衡，形成了集权的简约治理，国家权力可以收放自如地施予"皇权不下乡"的民间，也使得民间长老的治理获得了官方的不经意间的背书。[③] 中国共产党创造的法院调解则将两种手段整合于司法内部，在法院之中维持政治与法律之间的一种隐匿对话，平衡激进的法律规定与政治上的现实需求。[④] 中国的法院在今天所做的各

---

① 傅郁林：《民事裁判文书的功能与风格》，《中国社会科学》2000 年第 4 期。

② 苏力：《关于能动司法与大调解》，《中国法学》2010 年第 1 期。

③ 黄宗智：《过去和现在：中国民事法律实践的探索》，法律出版社 2009 年版，第 56—78 页。

④ 黄宗智：《过去和现在：中国民事法律实践的探索》，法律出版社 2009 年版，第 79—111 页。

种类型的调解大体上也能够实现上述的功能，而审判委员会的决定则给法院调解划定了基本的框架。

在K市中级人民法院审判委员会的讨论中，调解是面对难办案件时常见的选择，也贯彻在案件处理的全过程。公开的裁判文书必须要体现法律性和逻辑性，不可能将所有逻辑全部揭示出来。调解后无论是一方撤诉、调解结案、判决结案，落实在裁判文书中都只是轻描淡写地带过，但实际上法官在贯穿从立案到判决全过程的调解中，已经跟当事人就利弊进行过许多的分析。比如，有研究提炼出调解过程中的“大棒+萝卜”策略，对那些无理取闹的当事人，“要严肃指出无理取闹的后果，让其明白不是谁闹得凶谁就有理，闹过了头物极必反，不会有好结果”①。在调解中不乏法官对当事人的“交底”，很多时候需要使用案外、法外资源去明确法院的底线，“用准个案社会资源——利用当事人的上级机关、族群、朋友、代理人等的影响，多方努力，息讼止争”②。在敏感案件中，法官进行调解的依据就是审判委员会的决定，这既是制作裁判文书的基本原则，也是法官调解的底线。

在某些特别重大的案件审判中，法院还会以其他的方式传递不适合在判决书中出现的信息。比如，在“电梯劝阻吸烟猝死案”的二审中，法院在刚刚做出判决后就召开新闻发布会，阐明改判的理由。这其实是在向死者亲属传递信息——此案判决有理有据，社会效果良好，即便上访也不会改判。③“李昌奎案”再审改判死刑立即执行后，云南省高级人民法院也于2011年7月6日召开新闻发布会，解释二审改判原因，“字里行间”流露出法律之外更多的考虑。④ 判决书无法展现全部的说理，自然会催生出其他的、能够向当事人和社会大众公开的说理场域，除上述不会形成文字的

① 朱深远主编：《诉讼调解实务技能》，人民法院出版社2013年版，第57页。该书还归纳了诉讼调解中所要掌握的心理学技巧，以及各类纠纷的调解技术。

② 彭家明、汪春华、李以松：《法院调解的策略与技巧》，《人民法院报》2003年12月9日。

③ “电梯劝阻吸烟猝死案”已经被写入2019年最高人民法院工作报告。参见周强：《最高人民法院工作报告——2018年3月9日在第十三届全国人民代表大会第一次会议上》，《人民日报》2018年3月26日。

④ 参见邹兵建：《公共政策与个案正义的博弈——李昌奎案的冷思考》，载易延友主编：《中国案例法评论》2015年第1辑（创刊号），法律出版社2015年版。

调解和非制度化的新闻发布会外，很多地方也会试点某些制度性的措施，如“判前说理”制度[①]、“判后答疑”制度[②]等。

然而，大部分研究者认为，“判前说理”与法院在判决前的各种调解工作大同小异。至于“判后答疑”制度，尽管这一探索致力于缓解涉诉信访等难题，有一定的现实意义，但“如果判决书已经对程序适用、证据认定、裁判理由等问题作出了说明，那么判后答疑在本质上不过是一种重复解释裁判文书的行为；如果判决书没有对上述问题作出说明，那么判后答疑就是对裁判文书的补充解释。从裁判的正当化角度看，加强裁判文书的说理性是裁判文书自身应当具备的内容，而这也正是我国司法改革所致力追求的一个目标”[③]。大多数研究者认为法官说理应该在判决书中进行。其实，既然法院裁判需要讲道理，而且审判委员会也讨论过了这些问题，为什么不直接改善判决书本身，将这些道理全部展现在判决书之中？换句话说，这里所揭示的互动机制是否要继续维持“隐匿”的形态？

二、“隐匿对话”机制何以被维持?

2018 年 10 月 26 日，第十三届全国人大常委会第六次会议通过了《中华人民共和国人民法院组织法（修订草案）》，其中第 39 条第 3 款规定，“审判委员会讨论案件的决定及其理由应当在裁判文书中公开，法律规定不公开的除外”，这是否意味着此后审判委员会的讨论将撕下面纱，进入到大众的视野，进而本章所揭示的“隐匿对话”机制将成为公开的互动机制?

审判委员会的讨论和决定之所以不对外公开，乃是因为并非所有案件信息都适合公开。比如，政法委对当事人上访的批示或者人大代表的“督办”，尽管包括法院在内的党和国家机关需要重视人民群众的来信来访，但是不能以判决书的方式公开，否则会鼓励所有人都这样去做，而且政策

① 彭建平：《宁德法院实行“判前说理”》，《法制日报》2002 年 11 月 26 日。

② 宗边：《人民法院积极推广判后答疑制度》，《人民法院报》2006 年 3 月 13 日。

③ 郭小冬：《判后答疑制度评析》，《法商研究》2007 年第 1 期。还可参见刘练军：《异哉所谓“判后答疑”问题者》，《法学》2006 年第 11 期；魏胜强：《当面说理、强化修辞与重点推进——关于提高我国判决书制作水平的思考》，《法律科学》2012 年第 5 期。

是易变的，这些信息势必要在判决书中隐身。[①] 通过法律治理的秘密就在于，将无法为所有人知晓的部分有选择地隐藏或者公开，审判委员会与合议庭的分工恰恰体现了这种技艺，审判委员会与合议庭的对话在某种意义上维持了“政治—法律”之间的沟通，政治理想与现实的区别需要我们借助某种“名—实分离”来维持一定的政治神话或想象。

政治理想与政治现实之间的差异在任何国家都会存在，以民主要求的“一人一票”原则为例，平等的实现是有步骤、分阶段进行的。[②] 方纳教授将“给我自由！”作为解释美国历史的主线，[③]《独立宣言》所许诺的每个人生而享有的生命、自由和追求幸福的权利并非天然，而是需要经过不断的斗争才能逐渐获得的。也正因此，阿克曼教授将民权革命及平等权逐渐普及、扩展为其“三部曲”最后一部的主题。[④] 无论是法律的平等保护，还是言论新闻自由或宗教信仰自由，无不是历经千辛万苦的漫长斗争争取得来的。[⑤] 尽管现实中的民权运动风起云涌从未平息，但是在表达上美国宪法所赋予的权利从来都是完美无缺的。在“原则与妥协”的互动中，宪法条文是原则的宣示，而宪政实践中的妥协则构成了国家治理秘密的隐身之所；也正是这种似乎上不了台面的妥协，成为了“奠定或增强政治决定的正当性的一种方式”[⑥]。表达与实践之间的“名—实分离”难以避免，毕竟理念上的自由、平等、博爱需要建立在非常高的社会经济基础之上。[⑦] 相较而言，中国的政治理想与现实的差距更大，由此需要更多的努

① 从制度经济学的角度来看，如果法院肯定了上访带来的这种政治关注，事实上就会变相鼓励当事人上访，“大闹大解决，小闹小解决，不闹不解决”已经成为基层社会的一种政治现实，这实际上形成了一种信“访”不信法的制度上的逆向选择。参见庄士成：《我国信访“困境”的制度成因——一个制度经济学的分析视角》，《政治与法律》2011 年第 8 期。

② 王绍光：《民主四讲》，生活·读书·新知三联书店 2014 年版，第 56—70 页。

③ 参见［美］埃里克·方纳：《给我自由！——一部美国的历史》，王希译，商务印书馆 2011 年版。

④ 参见 Bruce Ackerman，*We The People*（*Volume* 3）：*The Civil Rights Revolution*，Harvard University Press，2014。

⑤ 美国宪政变革中的关键性案件及其评述，可参见张千帆：《美国联邦宪法》，法律出版社 2011 年版。

⑥ 王希、强世功、许楠：《原则与妥协：对话美国宪法（上）》，载强世功主编：《政治与法律评论》第 6 辑，法律出版社 2015 年版，第 324 页。

⑦ 以民主为例，其实现就需要建立在经济发展、阶级结构、文化、市民社会、社会资本和国家能力的基础之上。参见王绍光：《民主四讲》，生活·读书·新知三联书店 2014 年版。

力来弥合表达与实践之间的这种间隙。

司法审判的秘密也在于此，一方面要通过审判解决各种政治、社会、经济问题，但另一方面这些问题只能以法律的语言来公开。为了使得国家治理变得简单、高效，诉诸法律是重要技巧，政治问题法律化乃是现代治理重要的技巧。审判委员会与合议庭对话机制的存在，承担了国家和社会转型期间的正当性维持的功能——法律规定无法与现实无缝对接，审判委员会在讨论中引入的政治、社会因素考虑，缓解了法条的严格性或滞后性。法律的同质化、形式化想象，与政治的异质性、实质化之间的张力要求我们不能用法律去裁剪、想象现实。公平主义既不是法律条文中的纸面上的权利，也不是虚无缥缈的神秘的法律信仰，而是要体现在司法审判中的动之以情、晓之以理去说服当事人。审判委员会提供了法官超越法律之外进行说理的根据，合议庭则输出一个法律上合格的文书，既维持了政治与法律的分野，又实现了两者的互动。在两者的互动中，当事人既得到了法律给予的保护，也理解了法律之外的各种考量，隐匿对话本身维持了国家治理的秘密和艺术，最终形成了“说”和“做”的两套体系。①

尽管新修订的《人民法院组织法》要求在裁判文书中公开审判委员会的决定及其理由，但是可以想见，类似于政法委的决定、政府的决议、避免当事人上访等考虑，要么会根据规定不公开，要么会被转化为其他的法言法语，进而最终可能在审判委员会真实讨论记录与公开在裁判文书的记录之间形成“隐匿对话”。以 S 省 K 市中级人民法院审判委员会讨论的事项为例，不太可能将上级法院的批示、政法委的指示或者政府部门的考虑向当事人或大众公布。在绝大多数场合中，合议庭制作的判决书需要公开，接受当事人和社会大众的监督，而审判委员会的讨论却被尘封，无人知晓，合议庭与审判委员会之间的对话必然要以一种隐匿的方式进行着。这种机制根植于政治与法律的天然分野。

政治注重结果，法律注重的是以合乎程序的要求来追求这种结果。司法过程要求将各种政治诉求以中性化的方式表达出来，虽然没有了政治决

① 黄宗智先生指出，中国的特色是说一套，做一套，合起来又是一套，由此形成了他所说的“表达与实践”之中的背离与抱合。参见黄宗智：《清代的法律、社会与文化：民法的表达与实践》，法律出版社 2013 年版。

断的那种强权支撑，却可以将每一次审判办成“铁案”。比如，在犯罪与惩罚的语境中，国家通过刑法打击的不是投机倒把这类具有时代色彩的越轨行为，而是人类普遍反对的杀人、盗窃、颠覆国家政权的行为，由此也使得国家的专断性惩罚与基础性惩罚高度一致，从一时一地的“地方性知识”变成“普遍/普适的规则”。[①] 法院制作的判决书之所以会采取政治无涉的方式书写，本质上乃是因为法律与政治之间的上述差别，法律规定的就只是那些抽离了地方性因素后的普遍规范，法院不能在每一起敏感案件中退回到政治之中。[②] 不管案件有多少领导人打招呼，不管当事人采取了什么样的抗议方式，也不管法官在进行调解时许诺了什么、批评了什么，在经过法律“裁剪”后的判决书中，一切都变成符合法律的标准化文本。[③] 因此，笔者认为并不需要改革中国的判决书写作风格，将法官在判案中的所有思考全部呈现出来，反之有选择地表达和隐瞒恰恰是国家治理的秘密所在，有利于维持中国司法脆弱的正当性。司法判决需要在“做”和“说”之间保持一定的差距，表达与实践之间的这种差距，为党的政治考量与法律的形式主义诉求之间的平衡提供了可能，这也构成了中国政法治理的重要秘密和技艺。

三、内容公开还是程序公正?

在大多数的难办案件中，法官之所以敢于进行这样的论证说理，除自信事实认定清楚、法律适用正确外，很重要的一个原因是存在审判委员会决定的“加持”。然而，审判委员会决定的正当性又出自何处？审判委员会由法院领导和具有多年审判经验的资深法官担任，他们在解决法律疑难、协调各种关系中的确具有更丰富的经验，但是，如果他们的讨论处在“黑箱”之中，在合议庭之外的审判委员会会议室中所作出的决定何以是可接受的？实际上，审判委员会的讨论本身不向外公开，并不代表着审判

---

① 强世功：《惩罚与法治：当代法治的兴起（1976—1981）》，法律出版社 2009 年版，第 6—7 页。

② 这也是“文化大革命”后采取法律手段而非政治手段平反的重要原因。参见强世功：《惩罚与法治：当代法治的兴起（1976—1981）》，法律出版社 2009 年版，第 73—82 页。

③ 强世功：《“法律不入之地”的民事调解——一起“依法收贷”案的再分析》，《比较法研究》1998 年第 3 期。

委员会的讨论是法外之地，是责任的真空地带或者研究的黑洞。只不过由于审判委员会决定在很多时候基于判断而非推理，因此对审判委员会的监督应该在内容公开之外寻找其他的途径。

为什么审判委员会可以说了算，不仅是因为《人民法院组织法》等法律的明文规定，更因为审判委员会代表了司法过程中的政治决策逻辑，指向意志形成；合议庭说理仅是在意志与案件事实之间的涵摄，指向意志的实施，并不具有前述正当性。判决书论证需要在法律规定和案件事实之间建立关联，进行一种类似于演绎逻辑的思维活动。审判委员会在讨论中虽然也需要诉诸法律规定，但是最终决定是按照民主集中制的原则以投票的方式做出来的，这是一种典型的民主政治的决策程序，而非法律运作的说理机制。[①] 两者的差异在某种程度上代表了政治过程与法律司法过程的核心区别，在古德诺所做的“政治与行政”的划分中，司法更多承担了行政的功能，[②] “政治过程本就是普遍意志的形成，而司法过程的性质应当是普遍意志的实施”[③]。然而，审判委员会的讨论和决议本身类似于司法过程中的政治过程；而一旦审判委员会披上了政治过程的外衣，其运作与正当性来源就会发生改变，进而对其的监督方向也会发生改变。

如果法院希望在司法过程中行使政治决定的职能，这就必然会改变其内在正当性基础。以美国联邦最高法院为例，由于它分享了司法主权、解决政治议题，因此也内在地改变了联邦最高法院的意象，使得它逐渐从一个依赖技艺理性的专业化机关变成了依赖政治决断的民意机关。在美国的“九人”组合中，[④] 拥有黑人大法官、女性大法官成为“政治正确”，因为这是代表理论的基本要求。[⑤] 一旦这种政治正当性建立起来之后，美国联邦最高法院就可以对总统选举结果、同性恋合法化、持枪权等问题作出决

① 关于审判委员会的议事规则，可参见公丕潜：《无需当事人的审判——基层法院审判委员会如何运作》，博士学位论文，吉林大学，2018 年。

② 参见［美］弗兰克·J. 古德诺：《政治与行政：一个对政府的研究》，王元译，复旦大学出版社 2011 年版。

③ 徐斌：《为什么大法官说了算》，中国政法大学出版社 2016 年版，第 45 页。

④ “九人”借助了图宾的书名，参见［美］杰弗里·图宾：《九人：美国最高法院风云》，何帆译，上海三联书店 2010 年版。

⑤ 参见徐斌：《自然的抑或政治的法——美国现代司法审查理论的变迁》，博士学位论文，北京大学，2013 年。

断，而不需要考虑直接的民众意见。回到中国司法过程的语境中，由于中国法院需要在司法过程中回答政治问题，所以就不能仅仅依靠合议庭的法律推理。人民法院审判委员会与合议庭的对话机制，以民主集中制的方式回答中国司法遇到的政治问题。

民主集中制是我国党和国家的重要组织原则，强调的是民主基础上的集中和集中指导下的民主相结合。在司法过程中也同样坚持民主集中制原则。侯猛教授从群众路线与专门机关的关系、分工与协调的关系、条块关系、权利观念和大局意识等方面来分析政法传统下的民主集中制原则。[①] 这几组关系中，最容易被人关注到的区别在于党与司法的关系问题，而党对司法工作的领导则是由司法之中的群众路线内在决定的。随着司法专业化的发展，尤其是裁判文书公开水平的提高，判决书的说理需要经受更多的法律检视，由此导致了判决说理越来越趋向于法律形式主义化，难以回应多元化的群众诉求，也趋向于更大的司法自主性，这也是当代中国法律现代化的重要趋势。[②] 审判委员会的工作机制及其对合议庭的决定地位，在下述两个方面弥补了纯法律推理的不足。

第一，相较于合议庭，审判委员会更加倾向于这种后果考量，更加注重实质后果，如在前面所讨论的案件中，审判委员会关心的是判决是否可以执行、当事人是否会信访（如 S-K 审判委员会：2011-14-3/2012-22-3 等）。第二，法律是统一性和普遍性的规则，难以照顾不同当事人的多样要求，如果严格按照多数决定的民主原则，“沉默的大多数”的意见很可能被忽视。在诉讼当中，有能力的一方更具有可能性去影响判决，商事案件中的企业一方当事人比起公民个人来说，更有能力通过法律之外的方式来影响法官，进而争取对自己有利的结果。[③] 正是在这样的背景下，借助党的领导，用这种集中来指导民主，才有可能防止形式民主导致的实质不平等，审判委员会的构成人员的政治性使得党的影响力能够更好地发挥作

---

① 侯猛：《政法传统中的民主集中制》，《法商研究》2011 年第 1 期。

② 参见［美］黄宗智：《过去和现在：中国民事法律实践的探索》，法律出版社 2009 年版。

③ Minxin Pei etc.，“A Survey of Commercial Litigation in Shanghai Courts”，in Randall Peerenboom（eds.），*Judicial Independence in China：Lessons for Global Rule of Law Promotion*，Cambridge University Press，2010，p. 233.

用。诚如在前文中讨论的“私营企业兼并国有企业”案件中，合议庭最初的意见侧重于合同的有效性本身，而审判委员会则关注下岗工人、国有资产保护等问题（S-K 审判委员会：2011-2）。无论是国有资产所有权，还是下岗工人权益保护，在法律逻辑中，都因为合同相对性理论被排除在外，正是在审判委员会的讨论中，才使得他们获得了“不在场的在场”，并进而最终区别于自由主义法治下的形式平等观。审判委员会关注的是实质正义层面的问题，他们的决定是依据投票作出来的，对这种行为的监督可能更需要通过完善议事规则来实现，健全民主集中制才是探讨如何监督审判委员会的“正确打开方式”。

在审判委员会内部，各个委员都可以平等地发表意见，投票中每个人都具有平等的投票权。学界对审判委员会在司法裁判中功能的认可和概括，需要建立在审判委员会内部的民主决策基础上，一方面审判委员会可以集思广益，集中全院的审判力量来解决复杂疑难问题，另一方面审判委员会在讨论中遵循平权表决原则，基本上能够尊重法官的司法技艺。[①] 但是在现实的运作中，审判委员会经常面临着行政化的侵蚀。比如，在审判委员会会议中，主持人（一般是院长）的发言定调对讨论的走向影响很大，而且最终的投票顺序也在一定程度上影响投票的结果。[②] 以 S 省 K 市中级人民法院为例，在审判委员会有分歧的案件中，绝大部分的最终决定都与会议主持者的观点一致。更具体的研究指出，在审判委员会的讨论中，不同的委员所扮演的角色并不相同，同样是审判委员会委员，作为主持人的院长、主管院长、专职委员、非院领导的参会委员等在会议中可能呈现出不同的“脸谱”。[③] 如果审判委员会运作本身趋向于行政化，民主集中制异化为“官僚化”之后，制度本身所期待的功能便无法发挥。因此，如何通过健全审判委员会议事规则，使得审判委员会在讨论与决定中更好

① 顾培东：《人民法院内部审判运行机制的构建》，《法学研究》2011 年第 4 期。

② 龙宗智、袁坚：《深化改革背景下对司法行政化的遏制》，《法学研究》2014 年第 1 期。苏力教授对基层法院审判委员会的研究，为这种复杂关系提供了一个印证，可参见苏力：《送法下乡：中国基层司法制度研究》，中国政法大学出版社 2000 年版，第 115—120 页。

③ 公丕潜：《无需当事人的审判——基层法院审判委员会如何运作》，博士学位论文，吉林大学，2018 年。

地避免“行政化”的危险，或许才是审判委员会制度改革的方向。[①]

在合议庭与审判委员会的分工中，合议庭大体上处理技术问题，可以归结为柯克所说的“技艺理性”范畴。审判委员会需要抉择和判断，也需要承担相应的责任，审判委员会投票的多数决定制就是一种民主机制，用以解决法律形式论证之外的问题。合议庭的法律过程是以法律之理服人，审判委员会的民主过程更多是利益选择和政治决定。由于审判委员会本身承担的很多职责更加接近于利益选择而非简单适用法律，所以对其的监督方式可能更应该依赖健全议事规则，而不仅仅是信息公开。2018 年新修订的《人民法院组织法》也对审判委员会的议事规则做出了更为细致的规定。比如，第 36 条规定审判委员会会议分为全体会议和专业委员会会议，并且明确了专业委员会会议只是审判委员会的会议形式之一，而不是审判委员会新的组织机构。

第五节　“法官如何思考”的中国图景

中国法官并不是不说理，只不过很多考量没有体现在判决书中。合议庭并不能解决所有的问题，在难办案件中，那些法律之外的考量是由法院的审判委员会处理的。合议庭和审判委员会构成了抽象的法官如何思考的两个主体，合议庭的判决书和审判委员会的讨论记录，共同构成了裁判说理的完整图景。审判委员会与合议庭的关系并不是简单的“决定—服从”，两者维持着一种互动，合议庭对争议点的归纳和呈现，很多时候决定了审判委员会讨论的方向和重点，而审判委员会在民主集中制指导下作出的决定，构成了合议庭推理和判决的依据，也使得合议庭得以排除了政治风险和不确定性。司法判决的逻辑不能全部展示给当事人或社会大众，判决书对某些问题的有意识“忽视”是司法回应政治问题的必要方式，这构成了审判委员会与合议庭“隐匿对话”的必要性。审判委员会的隐身以及判决书对敏感问题的“忽视”，是有意识的取舍，法院会以其他的方式将敏感

① 即便是关于审判委员会运作中的“行政化”倾向的表现、危害及其改革措施，可参见龙宗智、袁坚：《深化改革背景下对司法行政化的遏制》，《法学研究》2014 年第 1 期。

信息传递给当事人，由此保证“不充分说理”的司法判决能够得到当事人和社会的认可。同时，审判委员会的决定并非简单的技艺理性，更包含了政治权衡与利益选择，因而完善议事规则、健全民主集中制，或许比信息公开更重要。合议庭的判决书代表了法院对当事人和社会大众“说了什么”，而审判委员会的讨论则在很大程度上还原了法院“做了什么”，这也是所谓的“判决之理在判决书之外”的真实的、具体的含义。

本章在实证调研基础上力图揭示中国司法的政法逻辑，并不意味着要否定正统的法治理论，现实总是比理论丰富。政法话语与法治主义话语的交织更为真实，也才能更好地解释中国司法。[①] 还需要注意的是，2018 年新修订的《人民法院组织法》对审判委员会的条文从原来的 1 条（3 款）增加到 4 条（10 款），分别对审判委员会的组成、职能、议事规则、启动程序、决定效力、责任承担及公开机制等内容做了规定。其中，第 39 条第 3 款规定“审判委员会讨论案件的决定及其理由应当在裁判文书中公开”，但这一款后半段同时规定“法律规定不公开的除外”，虽然哪些属于不公开的范围尚未有明确的法律规定，但是本章所讨论的敏感案件中的很多问题，应该属于不公开的范畴。同样值得关注的是，新《人民法院组织法》第 37 条明确审判委员会只讨论重大、疑难、复杂案件的法律适用，而不是案件事实认定；第 39 条明确在审判委员会讨论的案件中，由合议庭对其汇报的事实负责，这是否会导致审判委员会角色的变化，未来政治、社会考量是否还能够进入到审判委员会的讨论？虽然这尚需要有更多的实证研究才能回答，但是基本上可以肯定的是，只要有司法责任制的存在，只要有法官难以处理的因素存在，合议庭就必然会有动力和方法通过解释将这些问题提交到审判委员会以规避错案的风险。[②] 总之，审判委员会与合议庭之间的“隐匿对话”机制在短期内不会被根本改变。

① 邵六益：《政法与法政：司法话语的变迁（1998—2008）》，博士学位论文，北京大学，2016 年。

② 就像顾培东教授发现的那样，尽管各级法院都出台规则规范裁判主体，但是几乎所有规则都有“兜底条款”，使得合议庭或者院、庭长有机会把案件提交到审判委员会。参见顾培东：《人民法院内部审判运行机制的构建》，《法学研究》2011 年第 4 期。

下　篇

作为研究领域的政法问题

第七章

行政诉讼重心转移的政法逻辑

学界通常认为行政诉讼是“民告官”的产物，而中国的行政诉讼的产生却有其特殊的政法背景。在20世纪80年代的经济转型过程中，行政诉讼提供了以司法权重新平衡地方政府与企业之间经营权的可能，通过对企业“经营自主权”的司法构建，地方政府对企业的控制被当作违法行为而受到遏制。当经济转型任务大体完成之后，民商事诉讼成为保障经济发展的最重要武器。但行政诉讼并未就此退出历史舞台，而是转到对公民权利的保护上来，公民个人成为行政诉讼原告的主要组成部分，扩大行政诉讼受案范围成为保障公民权的关键，也成为学术研究的重点。在近些年越来越多的学术研究中，行政诉讼的政治性被不断淡化，逐渐成为“民告官”的制度设计，背后的法治理念逐渐向西方自由主义范式靠拢，汇入法学界“去苏俄化”的研究潮流。我们需要正本清源，正视行政诉讼重心从经营权到公民权的位移，行政诉讼重心的这一转型，根植于中国政法环境的变化，也是改革开放40多年间法治话语变迁的一个缩影。

第一节 行政诉讼的“民告官”迷思

行政诉讼是近代以来政治正当性重构的继续与发展，“民告官”的制度设计将公权力的神圣性全部褪去，在公私平等的基础上确保公民对国家进行法律追究的可能。福利国家到来之后，行政权的膨胀使得它经常有“超越”立法机关授权范围之嫌，“传送带”模式难以解释行政行为的全部正当性，① 司法审查行政是重要的弥补方式，为权力的重新平衡提供了一种可能。② 在行政诉讼的诸多目的和功能中，保障公民、法人和其他组织的权利被视为行政诉讼的“根本目的”，尤其是在具有深厚“官本位”传统的中国，允许和支持“民告官”显得更具标志性意义。③ 龚祥瑞先生将《行政诉讼法》的颁布实施誉为“中国法制史上的一个新的里程碑，是旧传统死亡与新观念再生的分水岭”④。在应松年先生看来，“行政诉讼法是一部推进人权保护和法治发展的重要法律，行政诉讼是化解社会纠纷的一项有效制度，也是依法治国方略中不可或缺的一个方面”⑤。马怀德教授2018 年撰文指出，改革开放 40 年的法治发展历程中，颁布于 1989 年的《行政诉讼法》意义重大。⑥

然而，行政诉讼法的主要功能并非一直如此清晰，行政诉讼在司法实践中也并不总是能够很好地实现上述价值。长期以来，行政诉讼的功能难以得到很好的发挥——“立案难、胜诉难、执行难”，无法有力保障行政

① 关于行政法理论中的“传送带”模式，可参见［美］理查德·B. 斯图尔特：《美国行政法的重构》，沈岿译，商务印书馆 2011 年版，第 10 页。

② 杨伟东：《权力结构中的行政诉讼》，北京大学出版社 2008 年版，第 12—13 页。

③ 马怀德：《保护公民、法人和其他组织的权益应成为行政诉讼的根本目的》，《行政法学研究》2012 年第 2 期；马怀德：《行政诉讼法的时代价值——行政诉讼三十年：回首与前行》，《中国法律评论》2019 年第 2 期。

④ 龚祥瑞主编：《法治的理想与现实：〈中华人民共和国行政诉讼法〉实施现状与发展方向调查研究报告》，中国政法大学出版社 1993 年版，第 2 页。

⑤ 应松年：《在纪念〈行政诉讼法〉颁布 20 周年座谈会上的发言》，《行政法学研究》2009 年第 3 期。

⑥ 马怀德、孔祥稳：《改革开放四十年行政诉讼的成就与展望》，《中外法学》2018 年第 5 期。

相对人的权利，进而改革、完善行政诉讼制度，成为大多数研究者分享的共识。[①] 如果说时至今日，行政诉讼保障人权的功能都难以完全实现的话，在整体法治环境更差的30多年前肯定更为困难，决策者和实践者也不太可能对行政诉讼寄予那样的期待。那么，在30多年前，行政诉讼法到底是基于什么样的考虑被创设出来的？行政诉讼是否承担了权利保障之外的其他的功能？[②] 贺欣从政治控制机制的角度指出，行政诉讼为给改革时期的上级政府控制下级提供了一种全新的选择。[③] 裴文睿（*Randall Peerenboom*）进一步对行政诉讼的发展历程进行了阶段划分，他认为，在传统中国乃至"毛时代"，行政法的功能主要在于保证行政的效率，通过要求政府官员和民众守法来推行自上而下的治理；而现代行政法则是为了在管理效率与维护个人权利之间寻求平衡，并非仅仅出于保护个人权利的目的。[④] 贺欣与裴文睿都看到了行政诉讼诞生之初的时代背景，并未以"民告官"的理论想象去裁剪历史。然而，两者的研究都是从行政诉讼外部视角进入的，从行政诉讼内部视角来看，上述转型主要体现在行政诉讼主要案件类型的变迁上。

本章通过研究发现，中国行政诉讼的主要功能在设立之初并非是"民告官"。20世纪90年代，行政诉讼功能的一个重要方面在于通过审理侵犯企业经营自主权案件，以此增强企业活力，推动社会主义市场经济的建立和完善。在市场经济大体上建立起来之后，企业的自主经营、自负盈亏成为不证自明的通例，行政诉讼的上述功能褪去光环，逐渐展现出"民告官"的基本意象，公民个人而非企业成为行政相对人的主体。行政诉讼产生之初所承担的职能并非权利保护，"民告官"的理论设想在行政诉讼实现一次重心转移后才成为现实。勾勒并研究行政诉讼领域的这种变化，可以帮助我们对一部施行30多年的重要法律有一个全新的认识，在学术话语

---

① 江必新：《完善行政诉讼制度的若干思考》，《中国法学》2013年第1期；何海波：《困顿的行政诉讼》，《华东政法大学学报》2012年第2期。

② 汪庆华：《中国行政诉讼：多中心主义的司法》，《中外法学》2007年第5期。

③ 参见 He Xin，"Administrative Law as a Mechanism for Political Control in Contemporary China"，in Stephanie Blame，Michael W. Dowdle（eds.），*Building Constitutionalism in China*，Palgrave MacMillan，2009。

④ Randall Peerenboom，*China's Long March Toward Rule of Law*，Cambridge University Press，2002，p. 395.

之外丰富中国行政诉讼的图景。与此同时，“民告官”理念在表达与实践之间的分野，也展现出理解中国法治进程的政法视角与法政视角的交织，能够成为我们认识中国法治40多年的切入点，为我们观察法治话语变迁提供了一个窗口。

第二节　经济改革中的经营自主权

1982年《民事诉讼法（试行）》认可了司法实践中行政诉讼的存在，但当时并未启动专门的《行政诉讼法》立法工作。是年8月，五届全国人大常委会在讨论《海洋环境保护法》时，曾就是否可以对行政处罚不服向人民法院起诉产生过争议，最终在彭真等人的“力挺”下使得相关条款落地。[①] 到20世纪80年代末，决策层开始考虑制定专门的《行政诉讼法》。据江平先生回忆，将《行政诉讼法》的制定提上日程，主要是由于王汉斌、陶希晋等立法官员的推动，而非学术界的倡议。[②] 为什么决策层在这个时期主动提起了立法动议，试图通过行政诉讼的方式将行政权力关进“法律的笼子”？

一、经济转型中的经营自主权

行政诉讼的出现离不开当时的经济转型背景，行政诉讼与国家下放经营权给企业、发展经济的大局联系在一起。在计划经济条件下，各级政府直接掌握经济管理权，改革开放后这日渐成为企业的障碍，经济改革需要不断充实企业的自主权。邓小平曾提道：“当前最迫切的是扩大厂矿企业和生产队的自主权，使每一个工厂和生产队能够千方百计地发挥主动创造精神。”[③] 张志坚先生认为，从20世纪70年代末80年代初开始，中央已经开始推行多种形式的利润留成，以便扩大国有企业经营自主权。[④] 然而，

---

① 马怀德主编：《共和国六十年法学论争实录·行政法卷》，厦门大学出版社2009年版，第239页。

② 江平：《〈行政诉讼法〉的台前幕后》，《政府法制》2011年第16期。

③ 《邓小平文选》第2卷，人民出版社1994年版，第146页。

④ 参见张志坚：《见证——行政管理体制和劳动人事制度改革》下卷，国家行政学院出版社2012年版，第522页。

中央的决策在地方受到抵制，地方政府希望保留辖区企业的经营权，以维持自己的财政税收。尽管中央在央地关系中居于主导地位，但地方政府仍旧有各种办法来消极对待中央放权给企业的要求，科层化的制约难以打破。单纯依靠过去的行政系统内部的方式难以实现经济改革的目标，看似孱弱的法院恰好能够在"条块格局"下发挥一定的作用——通过引入司法权这一极，将可能侵犯企业经营自主权的纠纷纳入司法审查的范畴，打破地方权力天平的平衡，重新配置企业的经营权。

在审理这些"新颖"案件的过程中，"经营自主权"这个市场经济下新名词的含义逐渐清晰起来，借助司法判决从纸面走向真实世界。工矿和企业也在中央的支持下摆脱了地方政府的控制，获得更多经营自主权，从而盘活了市场，发展了经济。① 中央决定下放企业经营自主权的真实目的在于发展市场经济、促进生产，但在 1984 年颁布《中共中央关于经济体制改革的决定》（以下简称《决定》）时，市场经济还未完全确立，《决定》无法直接从市场经济的角度去论证改革的正当性，只能采取迂回的论述方式：

> 由于社会需求十分复杂而且经常处于变动之中，企业条件千差万别，企业之间的经济联系错综繁复，任何国家机构不可能完全了解和迅速适应这些情况。如果全民所有制的各种企业都由国家机构直接经营和管理，那就不可避免地会产生严重的主观主义和官僚主义，压抑企业的生机和活力。因此，在服从国家计划和管理的前提下，企业有权选择灵活多样的经营方式，有权安排自己的产供销活动，有权拥有和支配自留资金，有权依照规定自行任免、聘用和选举本企业的工作人员，有权自行决定用工办法和工资奖励方式，有权在国家允许的范围内确定本企业产品的价格，等等。②

---

① 卢超：《产权变迁、行政诉讼与科层监控——以"侵犯企业经营自主权"诉讼为切入》，《中外法学》2013 年第 4 期。

② 中共中央文献研究室编：《十二大以来重要文献选编》中册，人民出版社 1986 年版，第 565 页。

官僚主义和主观主义这两个“主义”，在中国共产党历史上一直是遭到批判的对象。《决定》给原先计划经济时代的企业管理方式扣上这两顶帽子，以便在政治上获得主动权，避免改革引起路线斗争的风险。但是，利益的重新分配会有阵痛，将企业的经营与控制权从地方政府手中收回，势必会影响地方政府的收入，如何让地方政府愿意放下手中的权力，《决定》没有明说，需要在实践中去寻找合适的方式，摸索合适的手段，行政诉讼为这种转型提供了一个突破口。尽管司法机关在权力体系中的地位并不很高，但是在条块框架下，地方法院具有一定的独立性，可以在中央的支持下发挥一定的作用，很多研究也从侧面证明了这一点。比如，有研究指出，在最高人民法院的支持下，地方法院能够在策略性服从地方政府的表面下推进行政诉讼的进程，反过来也提升了法院在地方政治中的地位。[①] 法院助力经济转型，主要是通过审理侵犯企业经营自主权案件来实现的，需要说明的是，侵犯企业经营自主权案件在数量上并不是最多的。

20 世纪 90 年代初，行政诉讼中数量最多的是涉及公安、土地的行政案件。比如，1993 年全国行政诉讼一审案件 27911 件，涉及公安 7018 件、土地 8063 件、城建 2038 件、林业 1971 件、工商 571 件。[②] 这种分布与很多其他研究展现的情形是一致的，龚祥瑞先生于 1991—1992 年进行的调研结果显示，在行政相对人打官司的对象中，土地（房产）机关、公安、工商、卫生、税务占比最高，分别为 28.4%、27.3%、17.0%、10.2%、5.7%。[③] 由于当时的统计口径并不明晰，我们难以精确地发现原告构成情况的数据。比如，在《中国法律年鉴》中，没有以行政诉讼的原告构成来进行分类的，但基本态势是清晰的。在 1996 年《行政处罚法》颁布实施之前，公民起诉行政机关的案件很少。张尚鷟先生指出：“在这个期间，起诉到法院的行政案件，多数是涉及国家经济行政管理的‘官告官’的经济行政案件，这期间，‘民告官’的行政案件，在广大公民法制观念淡薄，一般还不愿意到法院去‘打官司’的情况下，告到法院去的涉及政府在行

① 于晓虹：《策略性服从：我国法院如何推进行政诉讼》，《清华法学》2014 年第 4 期。

② 中国法律年鉴编辑部编：《中国法律年鉴（1993）》，中国法律年鉴社 1993 年版，第 1029 页。

③ 龚祥瑞主编：《法治的理想与现实：〈中华人民共和国行政诉讼法〉实施现状与发展方向调查研究报告》，中国政法大学出版社 1993 年版，第 327 页。

政管理活动中侵犯公民权利和利益的行政案件，是不多的。”[①]

李本教授（*Benjamin L. Liebman*）通过实证研究也发现，在最早的环境行政诉讼中，原告基本上都是企业。[②] 其实，在大量的涉及公安治安管理的行政案件中，也是为了通过司法权的介入，适度平衡公安机关在社会治理中的角色，最终改变新中国成立之初形成的“国家安危公安系于一半”的局面，[③] 这一变化在刑事诉讼中已经被更清晰地发现，刘忠教授指出，从公安为中心转向公检法的分工、配合与制约，不仅仅是观念变迁的产物，更意味着社会治理体系的转型与重塑。[④] 尽管侵犯企业经营自主权案件在数量上并不是最多的，却是最受重视的，我们可以从最高人民法院院长所做的工作报告中看出这一重要性。

最高人民法院的工作报告是其向最高国家权力机关所做的工作汇报，能够体现其工作中“最闪光”的部分，本身就是研究司法中心工作的重要文本。在 1992 年最高人民法院工作报告中，“企业”被提到了 14 次；在法律服务经济的部分，工作报告提到要“加强对侵犯企业生产、经营自主权和向企业乱收费、乱摊派、乱罚款等案件的审理，维护企业的合法权益”。1993 年最高人民法院工作报告提到“企业”16 次。1994 年最高人民法院工作报告提到“企业”17 次。1992 年《中国法律年鉴》在总结行政诉讼的中心工作时概括了三大任务：第一件就是“通过对侵犯企业生产经营决策权、产品销售权、投资决策权等行政案件的审理，制止行政机关侵犯企业经营自主权的行为，依法保障企业经营自主权落到实处，促进国有企业特别是大中型企业经营机制的转换”[⑤]。1993 年《中国法律年鉴》将“依法妥善审理有关企业转换经营机制案件”作为行政诉讼的中心任

① 张尚鷟：《试论我国的行政诉讼制度和行政诉讼法》，《中国法学》1989 年第 1 期。

② 访谈，2019 年 10 月 3 日下午。

③ 《乔石谈民主与法制》上册，人民出版社 2012 年版，第 174 页。

④ 刘忠：《从公安中心到分工、配合、制约——历史与社会叙事内的刑事诉讼结构》，《法学家》2017 年第 4 期。

⑤ 中国法律年鉴编辑部编：《中国法律年鉴（1993）》，中国法律年鉴社 1993 年版，第 84 页。

务。[①] 我们还将看到，当时诸如《人民法院报》《人民司法》这样的官方媒体也特别多地关注企业等行政相对人提起的行政诉讼。

无论是公安角色的调整，还是企业经营权的重新分配，其原初动力都来自国家转型带来的权力再平衡的需要。在行政诉讼刚出现的时候，其重要的功能是推动经济转型，以便实现企业经营权从地方政府向企业的转移。法院利用法律条文的赋权将政府限制在合适的位置上，以此帮助国家实现权力的重新平衡。在重塑政府与企业的关系时，行政诉讼找到了自己的定位，并与国家重大改革的步伐同步起来。但是，行政诉讼像普通法中的令状一样，仅仅是启动了司法对行政的审查程序，企业和地方政府在经营权重组中到底会以什么样的格局定型下来，还需要看司法的具体运作。[②] 也就是说，允许企业提起侵犯企业经营自主权的行政案件，只是保护了他们的“程序性权利”，其实体意义的内涵与外延还未确定。企业的经营自主权到底包括了哪些内容，如何确定某种行为是否侵犯了企业的经营自主权，这就需要由法院在具体的行政诉讼中确定。[③]

二、经营自主权的司法建构

1994 年，党的十四届四中全会对社会主义市场经济做出决议之后，企业成为自主经营、自负盈亏的市场主体，经营者的前途与企业业绩直接相关，经营者更有动力按照经济规律来经营，而不再愿意受到各种外在干预。原先被认为是行政机关对企业的正常指导——改变企业性质、更换企业的重要负责人、把关企业签订的合同、指导企业的销售与营销，都成了“侵犯”企业经营自主权的表现。1994 年 12 月 1 日，11 个高级人民法院和 8 个中级人民法院行政庭庭长会聚上海，召开了审理侵犯经营自主权案件座谈会。《关于审理侵犯企业经营自主权案件的若干问题》确认上述行

① 中国法律年鉴编辑部编：《中国法律年鉴（1994）》，中国法律年鉴社 1994 年版，第 100 页。

② 在普通法的框架下，令状本身不具有实体法上的意义，只不过是开启法院程序的一个环节而已。关于令状制度，参见屈文生：《令状制度研究》，博士学位论文，华东政法大学，2009 年。

③ 林鸿潮、栗燕杰：《经营自主权在我国的公法确认与保障——以改革开放三十年为中心的考察》，《云南行政学院学报》2009 年第 3 期。

政机关的“指导行为”为侵犯企业经营自主权的行为，并将之纳入行政诉讼的受案范围：第一，行政机关行使行政管理权，对企业或实行企业管理的事业单位实施了变更名称，改变经济性质、变更或撤销法定代表人（国有企业除外），强行联营、分立或合并，核定资产的使用权或所有权，变更、终止或解除合同，干预、限制企业的供销渠道等影响经营自主权的具体行政行为，当事人不服起诉的，法院应以侵犯经营自主权为由立案；第二，对行政机关的摊派行为、属于具体行政行为的指令性计划行为、强令企业上缴税后利润等行为，当事人既可以以违法要求履行义务为由起诉，也可以以侵犯经营自主权为由起诉。①

在公有制一统天下的时代，私营企业必须要戴上“集体企业”的面具才能参与市场活动——私营企业也会以税、费等形式与行政机关“分享”一部分的所得。这种共生关系是特殊环境下的产物，一旦国家决策层认识到了企业独立经营更有效率的时候，私营企业就不需要再依赖地方政府的特殊照顾，经营者也就不会再与地方政府“合作”了，曾经登记为集体企业的私营企业则开始追求自己的独立经营权。明确企业的真正性质也成为国家治理的目标之一，这也是当时的重点工作。对个体、私人企业的变更企业登记性质，既可以保证私营企业的经营自主权，也可以使国家的优惠政策聚焦国有企业，而不过分地扩展到事实上的私营企业。

国家工商行政管理局在 1987 年发布的《关于处理个体、合伙经营及私营企业领有集体企业〈营业执照〉问题的通知》（法办［1987］69 号）中做出 3 条规定，除第 3 条规定违法登记的法律责任外，前两条涉及的都是如何清理错误登记，重点是要让个体经营、合伙经营、私营企业不再以集体经营的面目出现。这样做有两个方面的意图：首先是为了保证企业的自主权，使其免受地方行政机关的干涉，其次也是为了保证国家税收的需要——因为对不同性质的企业的税率是不同的，国家对集体企业的税率更低。该《通知》要求司法机关在案件审理中，实事求是地认定企业性质，“司法机关在审理刑事案件或者经济纠纷案件涉及企业性质问题时，工商行政管理机关可以本着实事求是的精神，向司法机关介绍情况，建议是什

① 孟天：《用行政审判保护经营自主权》，《人民司法》1995 年第 1 期。

么所有制性质就按什么所有制性质对待”。国家行政管理部门在 1989 年清理企业权属的不当登记时也重申了这种立场。

行政诉讼为重塑央地关系、维护企业经营提供了一个平台，但法院构建“企业经营自主权”的工作才刚刚展开，还需要通过各种途径宣传推广。自 1985 年开始，《最高人民法院公报》开始刊登经典案例，“公报案例”成为宣传法治的重要载体。[①]“刘本元不服蒲江县乡镇企业管理局侵犯财产权、经营自主权处理决定行政纠纷案”在《最高人民法院公报》刊登后，又经 1995 年的《中国法律年鉴》转载，具有相当的代表性，从中我们既能够发现此类案件中的核心争议是什么，更可以洞悉法院是如何通过审理此类案件，使“经营自主权”从纸面走向生活的。[②]

该案的案情概括如下：四川蒲江县刘本元曾与人合伙经营糵碱厂，当时企业性质定位“集体（专业户联办）”，后来企业由刘本元独资经营，但是企业性质依旧被定为“集体”。此后，刘本元进一步扩大生产，又开设了印刷厂、饮料厂，两家企业后来都是由刘本元独资经营，但是工商部门营业执照上仍旧被定为“集体（企业）”。1989 年蒲江县工商行政管理部门根据国家工商行政管理部门的对个体、私营企业领有集体营业执照进行清理的规定，要求刘本元变更企业性质。当刘本元提出申请时，蒲江县乡镇企业管理局提出反对意见，干扰企业的正常经营，并擅自任免刘本元所经营的三家企业的领导职务，双方无法达成和解，所以刘本元向成都市中级人民法院提起行政诉讼。

在刘本元案件中，我们看到蒲江县工商行政管理部门与乡镇企业管理局的态度存在重大差别，这种差异给法院的司法介入提供了空间。工商行政管理部门是“条条管理”和“块块管理”相结合的，有动力去执行国家政策，工商行政管理部门很容易接受新政策，支持企业的独立经营。而乡镇企业管理局是“块块管理”，属于地方政府的组成部分，会更多地考虑

① 关于“公报案例”的指引作用，可参见陈越峰：《公报案例对下级法院同类案件判决的客观影响——以规划行政许可侵犯相邻权争议案件为考察对象》，《中国法学》2011 年第 5 期。

② “刘本元案”的详细案情与判决情况，可参见中国法律年鉴编辑部编：《中国法律年鉴（1995）》，中国法律年鉴社 1995 年版，第 914—915 页。

当地的经济利益——这也是一种政治大局。[①] 正因为乡镇企业管理局的违法行为也是在维护地方官员的生命线，所以蒲江县党委、县政府并没有出现在这个案件中，最终，刘本元案件的解决还是要依靠司法手段。

在案件审理过程中，法院并不关注政治上可能的冲突，而是将问题集中在法律问题上——何为“经营自主权”？通过对“经营自主权”这一法律术语的解释，两个政府部门之间的冲突被法律化处理。成都市中级人民法院的一审判决书援引当时的《行政诉讼法》第 54 条第 2 项第 1、4 目的规定——当具体行政行为主要证据不足、超越职权的时候，法院应当判处撤销或部分撤销该具体行政行为——认定了蒲江县乡镇企业管理局的行为违法，由此肯定了刘本元的经营自主权。二审的四川省高级人民法院明确认定乡镇企业管理局的行为侵犯了刘本元的经营自主权，“这一行为致使刘本元失去了对其财产的实际控制，又使其无法阻止企业的生产经营，侵犯了刘本元的财产所有权和私营企业经营自主权”。刘本元案件是当时宣传的重点，在经济改革的经营权重组过程中，通过法院的审理，使得代表中央改革精神的条块管理的工商部门，与代表地方利益的块块管理的乡镇企业管理部门之间博弈的天平发生倾斜——借助法院这样一个中立第三方的介入，使经营自主权落地生根。司法像一把剪刀，对纷繁复杂的社会事实进行裁剪，最终呈现出法律纠纷的模样，在判决书中，我们能看到的便是这种合法律化的努力。正是借助司法审判的去政治化处理，一方面使经营权争夺变成法律问题，另一方面也使行政诉讼发挥出其应有的作用。

三、国家大局之中的行政诉讼

在市场经济秩序尚未巩固的情况下，法院通过判决限制地方政府的权力，需要有更多的技巧，以便使这种行为看上去更容易被接受，解释法律成为了法院诉诸的重要手段。法院的解释具有很大的弹性，很多时候可以超越文意解释或者体系解释，给出一个更可能令人满意的结论。[②] 在审理

① “条块”管理为行动者提供了活动的空间。参见刘忠：《条条与块块关系下的法院院长产生》，《环球法律评论》2012 年第 1 期。

② 参见梁治平主编：《法律解释问题》，法律出版社 1998 年版。

侵犯企业经营自主权案件时，法院对条文的解释不仅仅是文意解释或者体系解释，更多会诉诸司法所要服务的大局。比如，创造现代企业制度的国家政策。这一解释立场在法院推理中体现得很明显。

1989年《行政诉讼法》第11条第1款第（3）项规定，行政相对人“认为行政机关侵犯法律规定的经营自主权”的纠纷属于行政诉讼案件的范围，对这里面的“法律”要做何种解释？是否限制在全国人大及其常委会所颁行的“法律”之中？当时我们的相关立法并不完备，对企业经营的很多规定是由国务院部委的行政规章来作出的；如果对“法律”做狭义解释，就会使得实践中的许多纠纷难以被法院审理。对经营自主权所依据的“法律”的界定，实际上会对经营自主权的范围作出实质改变。法院系统最终采取扩大解释。为何作出这个方向的解释，将企业经营自主权的范围予以扩大？上海市高级人民法院的观点很具代表性：

> 在司法实践中，如果将此处的“法律”做狭义解释，那么人民法院立案审理侵犯经营自主权行政案件就仅限于受企业法、中外合资经营企业法、中外合作经营企业法、外资企业法调整的全民所有制企业、“三资”企业提起的侵犯经营自主权行政案件，而把受国务院颁布的城镇集体所有制企业条例、乡村集体所有制企业条例和私营企业暂行条例等行政法规调整的众多的集体企业、私营企业诉行政机关侵犯其经营自主权的争议排除在司法保护之外，这是与当前深化改革、建立现代企业制度不相符的。①

选择狭义还是广义的“法律”定义，最终不是来自法律的内部逻辑，而是需要与时代精神结合起来：司法需要服务于国家推进经济改革的使命，服务于建立现代企业制度的时代诉求。通过这种服务大局的解释，法院在利用行政诉讼维护企业经营自主权时，不断扩大其审查范围。笔者无法对法院的这些技巧做一个全面的介绍，但可以确定的是，法院的策略性解释是根植于国家大局的，政策性考量要强于法律内部的逻辑性解释。也正因此，一旦国家大局发生转变，不再需要各种力量介入以保证企业的独

---

① 上海市高级人民法院行政庭：《审理侵犯经营自主权行政案件的几点做法》，《人民司法》1995年第1期。

立经营时，司法机关的任务就会发生改变；当完成了助力经济转型的任务之后，行政诉讼开始在培育公民权利意识的过程中发挥作用。也正是在后一个阶段，行政诉讼法研究中原先预设的“民告官”才真正走向社会，在司法实践中落地生根。

第三节　权利觉醒中的公民权

在经济转型任务大体完成之后，公民个人开始成为行政诉讼原告的主要构成部分。有研究分析了2009年、2010年中国56家法院的4127份行政一审裁判文书后，发现“公民作为原告的案件占79.5%”[①]，这足以说明行政诉讼也开始转到重点保护公民的权利上来。行政诉讼的“民告官”的本来含义被学术界一再阐发，学者不太愿意将行政诉讼当作推进国家大政方针的工具，而是按照公私对峙的视角来理解行政诉讼，“讨个说法”的秋菊逐渐成为行政法学界的“英雄”。在20世纪90年代，秋菊的“民告官”具有重要的象征意义，因此尽管有“秋菊的困惑”，但是“秋菊的官司输也好，赢也好，都还在其次。重要的是，影片向我们展示了改革时代觉醒之后的农民形象”[②]。在何海波教授的学术史式的著作中，以彩页印刷了多幅有纪念意义的照片，电影“秋菊打官司”列入其中，而巩俐扮演的“秋菊”与龚祥瑞、王名扬、张尚鷟、罗豪才、应松年等老教授一样，拥有一张特写。[③]

一、行政行为的“社会效力”

为了更好地培育公民与政府对峙的能力，理论界和实践界“合谋”式

---

① 林莉红主编：《行政法治的理想与现实：〈行政诉讼法〉实施状况实证研究报告》，北京大学出版社2014年版，第127—128页。当然，公民遭遇行政纠纷时并非一定会采取行政诉讼的方式，这并不意味着公民的法律意识淡薄，而是一种复杂的权衡后的理性选择：不同群体在纠纷面前，有着不同的选择偏好。参见程金华：《中国行政纠纷解决的制度选择——以公民需求为视角》，《中国社会科学》2009年第6期。

② 李彦生（河北省高级人民法院）：《喜看秋菊民告官》，《人民司法》1993年第2期。

③ 参见何海波编著：《法治的脚步声——中国行政法大事记（1978—2014）》，中国政法大学出版社2015年版。关于“秋菊”在中国法学中的地位，参见强世功：《批判法律理论的谱系——以〈秋菊打官司〉引发的法学思考为例》，《中外法学》2019年第2期。

地推动行政诉讼的范式转型，进一步地扩大法院审查、监督行政行为的范围。在行政诉讼的受案范围问题上，调整被告认定标准，扩大司法审查的范围，一直是学界主流看法。[①] 在具体的行政案件审判中，法院如何扩大其审查的范围，提升对公民的保护？上海市普陀区法院在审理“43 户居民诉普陀区规划土地局建筑工程执照案”中，借助行政行为“社会效力”理论，将行政诉讼原告范围扩展到非直接行政管理人，最高人民法院通过批复认可了这种解释。该案在行政诉讼历史上意义重大，在最高人民法院行政庭原审判长蔡小雪先生的口述著作中，就将其列为标志性的案件之一。[②]

有利害关系是行政相对人提起行政诉讼的实质条件。1989 年《行政诉讼法》第 2 条规定：“公民、法人或者其他组织认为行政机关和行政机关工作人员的具体行政行为侵犯其合法权益，有权依照本法向人民法院提起诉讼。”实际上，有利害关系是行政相对人主观上的认识，在实践中这一条由人民法院去判断，一般认为必须是行政管理的直接相对人才可以提起行政诉讼。那些不是行政行为直接针对的，但又认为其权益受到侵害的公民、法人或者其他组织，是否有权提起行政诉讼？上海市普陀区法院在“泰山二村 43 户居民集体状告普陀区规划土地管理局批准泰山二村第一居民委员会搭建自行车棚案”的判决中，利用行政行为“社会效力”理论，事实上扩大了行政诉讼原告范围，这种做法先是被上海市高级人民法院肯定，后来又被最高人民法院作为正面典型予以宣传。[③]

普陀区规划土地管理局批准泰山村第一居民委员会建造自行车车棚，二村部分居民认为建造行为违反了城市规划、绿化、电力保护等规定，且侵犯了自己的通风、采光、通行等合法权利，请求法院撤销这一批准行为。普陀区规划土地管理局的行为是对居民委员会做出的，43 户居民并不是这一行政行为的直接相对人，他们是不是适格的原告？当时的通说认为，行政诉讼的原告必须是（直接）行政管理相对人，普陀区人民法院审理的 43 户居民只是相邻人，不具备提起行政诉讼的资格。相邻人的权利保

① 王青斌：《行政诉讼被告认定标准的反思与重构》，《法商研究》2018 年第 5 期。

② 参见蔡小雪编：《行政诉讼 30 年：亲历者的口述》，法律出版社 2019 年版。

③ 本案的详细案情与争议焦点，可参见上海市高级人民法院行政庭：《规土局批照行为违法普陀区法院依法撤销》，《人民司法》1993 年第 5 期。

护首先应从行政复议入手；如果对行政复议不服的话，对行政复议结果可以提起行政诉讼——因为，此时43户居民已经是新的行政复议行为中的直接管理相对人了。[①] 然而，在该案的判决中，普陀区人民法院从保护合法权益的角度出发，作出了有利于原告权利保护的决定。

上海市高级人民法院行政庭在文章中认为，原告不必须是直接的管理相对人，“即使是针对他人作出的具体行政行为，在给他人设定权利和义务的同时，如公民、法人或其他组织认为该具体行政行为也给自己设定了权利或义务，侵犯了自己的合法权益，具备行政诉讼法第四十一条规定的其他条件的，也可据此提起行政诉讼”[②]。这样的解释在事实上将原告资格进行了扩张，较为有力地保护了公民的起诉权，后来的许多宣传也是从这个角度来阐释的。上海市高级人民法院的周虞法官从区分行政法律关系和行政诉讼法律关系的角度，主张将非行政管理相对人纳入行政诉讼原告范围：

> 把行政管理相对人与行政诉讼的原告等同起来是不妥当的。行政管理相对人是行政法学理论中的提法，而在现实生活中，与具体行政行为在法律上有利害关系的公民、法人或者其他组织，并不仅限于行政机关就特定的具体事项而作出具体行政行为的行政管理相对人。因为，具体行政行为具有社会效力，其他的公民、法人或者其他组织同样是要遵守和维护的。如果设立权利义务的具体行政行为与其他的公民、法人或者其他组织存在法律上的利害关系，或者是以损害其他公民、法人或者其他组织的合法权益而为行政管理相对人设定权利的，那么，在该具体行政行为所引起的行政法律关系中，合法权益受损害的就是非行政管理相对人。如果把行政诉讼的原告局限为行政管理相对人，就难以充分发挥行政诉讼保护公民、法人或者其他组织的合法权益，维护和监督行政机关依法行政的职能作用，是与行政诉讼法的立法宗

---

① 陈国生：《行政诉讼中原告的界定》，《人民司法》1993年第6期。

② 上海市高级人民法院行政庭：《规土局批照行为违法 普陀区法院依法撤销》，《人民司法》1993年第5期。

旨相悖的。[①]

在上述推理中，非行政管理相对人虽然不是行政法律关系的主体，但是处在该行政行为的“社会效力”范围之内，应该属于行政诉讼的适格原告。至于为什么要创设“社会效力”理论，推理中并未陈述。其实，上述理解同样不是基于法律内部的逻辑推演，而是诉诸行政诉讼的立法宗旨：对行政相对人的限制性解释，不符合行政诉讼法的立法宗旨。上海市高级人民法院在后来的定调表态中，肯定了积极扩权的立场：

> 普陀区人民法院受理的43户居民诉该区规划土地管理局一案，由于此案涉及相关人认为其合法权益受行政机关侵犯能够提起行政诉讼，法院内部对是否受理该案看法不一。经过反复研讨，大家观点趋于一致，认为不能把行政诉讼原告资格局限在具体行政行为直接指向的行政管理相对人范围内，而应把与具体行政行为有法律直接利害关系的其他公民、法人或其他组织认为侵害其合法权益的，都列入具备原告主体资格的范围。[②]

该案涉及行政诉讼受案原告资格问题，是司法保护公民权的前提与基础。胡建淼教授等人认为，审判实践中的原告资格认定时最常见的问题之一，便是确定相邻权人和公平竞争权人的资格问题。[③] 时至今日，在对行政诉讼原告资格的研究中，似乎还能看到这个案件讨论时的影子。比如，在近期的一项对行政诉讼原告资格的研究中，有学者认为应该超越“利害关系”的识别标准，将原告资格细分为行政相对人的原告资格、行政行为相关人的原告资格以及基于客观诉讼契机的特殊情形。其中，“行政行为相关人”的“相关”在某种程度上与行政行为社会效力的逻辑相通。[④]

在依法行政的大潮流下，普陀区人民法院的做法得到了提倡。最高人民法院机关刊物——《人民司法》发文将上海市法院系统积极贯彻《行政

---

① 周虞：《行政诉讼的原告应包括非行政管理相对人》，《人民司法》1993年第6期。

② 上海市高级人民法院：《认真贯彻行政诉讼法　开拓审判工作新领域》，《人民司法》1993年第10期。

③ 胡建淼、赵大光等：《中国大陆行政诉讼：制度、立法与案例》，浙江大学出版社2011年版，第67—68页。

④ 陈鹏：《行政诉讼原告资格的多层次构造》，《中外法学》2017年第5期。

诉讼法》的努力概括为“上海话题”，认为最引人注目的便是普陀区中级人民法院受理的43户居民集体状告普陀区规划土地管理局一案，“是只有行政管理相对人认为合法权益被侵犯才可以起诉，还是无论是不是行政管理相对人，只要认为自己的合法权益被侵犯就可以起诉？这绝不仅仅是一个诉权的问题，而是决定着行政审判发展方向的大问题”。[①] 将受行政诉讼保护的相对人的范围定在什么地方，不仅要看法条的文义，还要与“发展方向”结合起来。换句话说，对可以提起行政诉讼的行政相对人的范围做扩大解释，是符合历史潮流的，代表了“行政审判发展方向”。那么，行政诉讼的发展方向到底是什么？

二、行政诉讼与公众参与

在2000年前后，行政诉讼中的最大趋势是扩大司法审查的范围，以便更多的行政相对人能够参与诉讼，从而保障公民权利。最高人民法院颁布了《关于执行〈中华人民共和国行政诉讼法〉若干问题的解释》（法释［2000］8号），废止了1991年印发的《关于贯彻执行〈中华人民共和国行政诉讼法〉若干问题的意见（试行）》，不再将法院受理案件的范围限定在“具体行政行为”上，而是使用了“行政行为”的概念。对于新的司法解释存在两种不同的理解：一种观点是将之当作“恢复”而非扩大立法原意，[②] 另一种观点承认这是受案范围上的重大突破。[③] 尽管两种观点在受案范围如何扩大上有分歧——是基于立法本意，还是源于新的需要，但对扩大受案范围这一趋势本身达成了共识。

2000年以来，参与行政诉讼的行政相对人的构成发生了重要变化。更多的公民开始进入行政诉讼当中，2002年的《中国法律年鉴》确认了行政案件的诉讼主体进一步扩大的事实，“诉讼主体进一步扩大。如原告中出现了业主委员会、选举筹备工作小组、国际投资公司的内部股东等主体，

---

① 孟天：《上海话题》，《人民司法》1995年第10期。

② 江必新：《是恢复，不是扩大——谈《若干解释》对行政诉讼受案范围的规定》，《人民司法》2000年第7期。

③ 法院对《行政诉讼法》第11条的受案范围条款倾向于做扩大解释，而对第12条的不可受案范围的条款做限制解释。参见何海波：《行政诉讼受案范围：一页司法权的实践史（1990—2000）》，《北大法律评论》第4卷第2辑，法律出版社2002年版。

被告中出现了高等院校、人事部门、河道管理处等主体”①。在这些新类型的案件中，人民法院的主要使命在于通过确认权利来化解官民矛盾，“通过审判，依法保护公民、法人或者其他组织的人身权利、财产权利和其他社会权利，落实人民群众的宪法权利，增强人民群众的权利意识和法治意识；有力地促进依法行政，防止权力滥用；及时有效地化解行政争议，密切‘官民’关系，维护社会稳定”②。

从某种程度上我们可以说，当时我们经历着权利的觉醒，逐步迈向一个“权利的时代”③。培育公民意识、强调公众参与，不仅是为了服务和谐社会建构，也是在塑造全新的政治伦理，各种形式的公众参与可以与公权力形成良性互动，防止公权力的滥用。在从传统社会向现代社会的转型过程中，私权培育与公权限制是两个互相影响的过程。

目前我国正处于一个由传统社会向现代社会转型的过渡时期，社会结构发生着深刻的变化，公民的民主意识不断增强，大力推动公众参与，一方面需要我们在思想上充分成熟，从思想根源上克服对公众参与认识的种种障碍；另一方面需要我们充分发挥公权部门和有关方面专家学者的积极作用，引导公众积极有效地参与公共活动。④

行政法治正当性的转变与国家的正当性由下而上的构建是联系在一起的，公众参与不仅能够成为补足行政决定正当性的手段，也有可能重构政治权力的基础。论者意识到这套理论的巨大颠覆性，所以在论述公众参与的时候是有选择性的，只谈社会转型的需要，不谈政治转型，试图借助“概念治疗”化解论题的敏感性。国内公众参与的重要研究者王锡锌教授在其理论框架中，清楚地表明他的公众参与理论与过去那种借助集体行动、社会运动的方式推进政治改革的公众参与是有区别的，希冀以中性

① 中国法律年鉴编辑部编：《中国法律年鉴（2003）》，中国法律年鉴社 2003 年版，第 149 页。

② 中国法律年鉴编辑部编：《中国法律年鉴（2004）》，中国法律年鉴社 2004 年版，第 133 页。

③ 借用夏勇等人编著的一本书的说法，参见夏勇等编：《走向权利的时代：中国公民权利发展研究》，中国政法大学出版社 2000 年版。

④ 罗豪才：《积极而有序地推进公众参与（序）》，载王锡锌：《公众参与和行政过程——一个理念和制度分析的框架》，中国民主法制出版社 2007 年版，第 3 页。

化、非政治化的讨论方式来减少不必要的误解和阻挠。[①] 但是无论如何，当公民权利成为正当性来源之后，当公权力被塑造成暴虐之来源之后，传统的官民关系就会发生变化，法律成为公民据以限制权力的利器，行政诉讼第二阶段也便在这样的背景下到来。正是在以权利限制权力的宪制框架下，“民告官”才具有了超越个案的司法公正的意义，成为整个法治现代化的象征。

制度产生之后就有了自己的生命，不受诞生之时的逻辑的束缚，当行政诉讼完成了它助力经济转型的任务之后，并未就此退出历史舞台，而是在培育公民权利意识、维护公民个人权利方面发挥作用。1989 年《行政诉讼法》第 1 条将行政诉讼的目的确定为“保护公民、法人和其他组织的合法权益”。如果说前一阶段参与的当事人主要是法人或其他组织，那么后一阶段行政诉讼的主要参与人则转移到公民个人之上。最高人民法院 2005 年工作报告在涉及行政诉讼案件时明确指出，“关系公民人身权益和经济利益的行政案件上升幅度较大”。朱春华对全国 8 家人民法院 2009—2010 年的 3980 件行政裁判文书进行大数据分析后得出结论，在一审中公民作为原告的有 2601 件（65.4%），公民与法人共同作为原告的有 8 件（0.2%），公民与其他组织作为共同原告的有 1 件（0.0%），法人为原告的有 644 件（16.2%），其他组织为原告的有 716 件（18.0%），法人与其他组织为共同原告的有 6 件（0.1%），行政机关或其他国家机关为原告的有 4 件（0.1%）。[②] 2010 年以来，最高人民法院颁布的 20 批共 106 个“指导案例”中，有 20 多个行政诉讼案件，这些案件大多集中在公民权利的保护上。比如，具有一定社会影响的“田永诉北京科技大学拒绝颁发毕业证、学位证案”被追认为指导案例，还配套了另一个指导案例 39 号“何小强诉华中科技大学拒绝授予学位案”。在指导案例 88 号“张道文、陶仁等诉四川省简阳市人民政府侵犯客运人力三轮车经营权案”中，尽管也出现了“经营权”的关键词，但是该案是由公民个人提起的，已经不再围绕企业的经营

① 参见王锡锌：《公众参与和行政过程——一个理念和制度分析的框架》，中国民主法制出版社 2007 年版。

② 朱春华：《行政诉讼二审审判状况研究——基于对 8 家法院 3980 份裁判文书的统计分析》，《清华法学》2013 年第 4 期。

自主权展开。

第四节　行政诉讼转型的政法逻辑

政法体制是新中国法治的重要底色，学界对政法传统包括哪些内容还没有达成一致意见。比如，有学者认为政法体制包括两个方面的内容：一个是在“条块关系”中以块块为主的同级党委领导体制，另一个是在央地关系中的党内分级归口管理与中央集中统一领导。[①] 也有学者认为党与政法关系最终形成了“总揽全局、协调各方”的政法领导体制，具体表现为“领导立法、保证执法、支持司法、带头守法”[②]。尽管存在分歧，但是学界已经普遍接受了政法体制的现实，而且对政法体制的内涵也有了一些共识：政法体制要求法律不能沦为专业化的工具，还应该承担一定的政治责任。[③] 就这里所揭示的行政诉讼的两个阶段而言，司法对“经营自主权”的塑造和维护，有助于当时的经济结构转型；对公民权的保障，构建了依法行政的基石，则有助于推动现代法治的建立。尽管行政诉讼重心发生过一次位移，但是制度和话语变迁背后有着一种不变的逻辑——无论是助力经济转型，还是推动公民权的保护，都契合于当时的国家大局，司法承担了某种政治职能。

行政诉讼从来都不是一个独立的系统，而是根植于中国的政法体制，包含行政诉讼在内的司法工作需要适应不同的政法需求。虽然保护企业经营自主权不再是行政诉讼的重点，但是并不代表企业在司法活动中的地位降低，此时企业改革中面临新的问题，而司法也相应地以新的手段来回应这些问题。改革开放之初的企业管理体制改革，主要是为了赋予企业独立的经营权，将企业（尤其是国有企业、集体企业）从行政机关家长式的“呵护”中解放出来，“扩权让利”“两权分离”是重点，法院主要通过行政诉讼塑造和保护企业经营自主权。2000 年后，混合所有制改革成为重

① 侯猛：《当代中国政法体制的形成及意义》，《法学研究》2016 年第 6 期。

② 周尚君：《党管政法：党与政法关系的演进》，《法学研究》2017 年第 1 期。

③ 关于用政法的逻辑解读法治变迁的例子，可参见邵六益：《民法典编纂的政法叙事》，《地方立法研究》2020 年第 5 期。

心，在国有企业的股份制改革的过程中，难免会出现侵吞国有资产的情形。特别是在破产重组的浪潮中，很多原先的管理者利用手中掌握的经营权，将国有财产转变为自己的财产，出现了最高人民法院工作报告从20世纪90年代末开始经常提起的"国有资产流失"问题。此时，法院的中心工作就不再是一味地保护经营自主权，而是要"依照国家法律和政策，妥善处理破产与兼并的关系，促进企业优胜劣汰竞争机制的形成，对审理案件中发现的一些地方搞假破产、真逃债问题，坚决依法制止，防止国有资产流失"[①]。

国有资产流失的问题在20世纪90年代末进入人们视野，2000年之后成为法院工作的重要领域。当然，此时司法对经济转型的介入不再采取行政诉讼的方式，而是民商事审判。2003年最高人民法院工作报告指出："继续加强民事和行政审判工作。依法审理涉及国有企业改制和破产案件，防止国有资产流失。"[②] 2005年最高人民法院工作报告指出："依法审理企业重组改制和破产等案件，防止国有资产流失，切实保障职工的合法权益。"[③] 无论是保障企业经营自主权，还是防止国有资产流失，不同时期的法院中心工作最终汇入了司法为大局服务的抽象理念之中，同时丰富了"公共政策法院"的形象。[④] 法院从来没有放弃为经济改革保驾护航的使命，只不过不再通过行政诉讼来完成，而是借助民商事审判来保护国有资产，此时的行政诉讼更多成为公民争取个人权利的工具。

其实，将行政诉讼理解为"服务大局"的产物，并不是中国的特例。法国独特的行政诉讼系统并非简单地发源于对权利话语的厚爱，而是有着更为复杂的政治经济背景。深入人心的"三权分立"思想要求行政与司法分立，而当时的法国人将行政诉讼误认为是行政权范畴，得出法院不应该

---

① 任建新：《最高人民法院工作报告——1998年3月10日在第九届全国人民代表大会第一次会议上》，《人民日报》1998年3月24日。

② 肖扬：《最高人民法院工作报告——2003年3月11日在第十届全国人民代表大会第一次会议上》，《人民日报》2003年3月23日。

③ 肖扬：《最高人民法院工作报告——2005年3月9日在第十届全国人民代表大会第三次会议上》，新华社北京3月17日电。

④ 参见黄韬：《公共政策法院：中国金融法制变迁的司法维度》，法律出版社2013年版。

涉足行政诉讼的结论，因此才首创了独立的行政诉讼系统。[①] 这样看来，颇受国内学界好评的法国独立行政诉讼系统的产生更像是一场“美丽的误会”。更进一步地分析发现，在法国大革命前夕，资产阶级的诉求需要有政府的支持，但是代表封建国王利益的法院对这些改革处处掣肘，两者的冲突越来越严重。革命成功之后，国家用两部法律将行政诉讼的管辖权从普通法院手中彻底剥夺，而代之以一套独特的从属于行政系统的行政法院体系。[②] 独立的行政诉法系统提高了行政的效率，符合拿破仑资源整合、进行国家动员的政治目的，也有利于发展资本主义的时代要求。[③] 从某种意义上说，法国行政诉讼制度的产生与我们前面阐述的中国图景有着相似之处，同样产生于服务国家建设的大局之中。

无论是最高人民法院工作报告给我们显示的，还是从《人民司法》等文献中看到的，在以司法审判保证企业经营方式转型的过程中，司法工作及其变迁契合了不断变化的国家大局。正是为了服务企业转型的需要，行政诉讼在这场权力重构中实现了自己的价值，司法在服务大局中取得了原先无法想象的地位，如敢于对行政机关做出不利判决等，在这个意义上符合了司法工作中一直强调的“有为才有位”的要求。[④] 法院的中心任务要随着国家大局的变化而变化，这一点从第二次企业体制改革中也可以看出来：一旦在经济转轨过程中出现了侵吞国有资产的行为，法院就要抛弃它保护经营自主权的角色，重新拾起保护国有资产的武器，以维护社会主义政权的稳固。同样是以司法保障企业的经营方式转型，但其方向似乎发生了180°的大转弯，在这种变化背后，不变的是司法工作始终要为国家大局服务的政法逻辑。

总之，学界对行政诉讼存在两种理解进路：一种是将其看成实现党和国家任务的工具，这可以被概括为“政法逻辑”；另一种是将其看成以法

---

① 王名扬：《法国行政法》，北京大学出版社2007年版，第435—436页。

② 王名扬：《法国行政法》，北京大学出版社2007年版，第436—437页；刘育喆：《法国行政法院宪法地位的确立——兼评法国宪法委员会第119号（119DC）和第224号（224DC）两个决定》，《法学家》2004年第1期。

③ 余凌云：《法院如何发展行政法》，《中国社会科学》2008年第1期。

④ 喻中：《服务大局的司法：一个基于功能理论的解释》，《法学论坛》2012年第5期。

律限制行政权的利器，这可以被概括为“法政逻辑”。中国行政诉讼的表达与实践恰好落入两种话语逻辑之中，行政诉讼在中国的产生根植于政法体制，但是在越来越多的学术研究中，其政治性被不断淡化，行政诉讼成为“民告官”制度设计，背后的法治理念本身也逐渐向西方的自由主义范式靠拢，汇入法学界的“去苏俄化”潮流。[①] 在中国行政诉讼的发展历程中，公私对峙基础上的理解范式大致是在 2000 年之后才逐渐占据主导地位的。通过梳理文献，笔者发现在《行政诉讼法》颁行的 30 多年间，行政诉讼的重心发生过一次转变，而对行政诉讼的自由主义解释恰好是其重心转移到民权保障后塑造起来的。行政诉讼上的范式转换是更为宏大的法治理念、司法话语变迁的一个范例，对行政诉讼范式转型的研究，为更为广泛的法学知识转型命题提供了切入点。当然，本章试图复原行政诉讼诞生的政法叙事，并非认可某种线性变化，也不主张某种简单的“回归”，更不是要否认行政诉讼“民告官”的价值，而是提倡以谱系学的方法，历史地回到行政诉讼产生与变化的真实语境，唯此我们才有可能更为全面地理解制度变迁的逻辑，为构建中国特色的法治理论提供坚实的基础。

---

① 邵六益：《法学知识“去苏俄化”的表达与实质——以刑法学为分析重点》，《开放时代》2019 年第 3 期。

第八章

民法典编纂的政法叙事

法学界将民法典的编纂和实行视为权利理论的胜利，其实民法典还具有显著的公法功能。近代以来，大陆法系国家民法典借助个人主义的价值本位，试图将全体国民塑造成自治的独立公民，在此基础上确保社会契约建国的正当性，民法典在19世纪欧洲民族国家形成中发挥了事实上的宪法作用。新中国成立后没有很快制定民法典，民法学界将之归结为市场经济的付之阙如，其实更为深刻的原因在于政法体制。当时的国家治理逻辑建立在身份区分的基础之上。比如，在婚姻法和土地法等“事实民法”中推行区别化逻辑，这与民法典形式平等的基本假设存在一定的内在张力，加之经济制度的影响，前三次民法（典）编纂工作未能顺利完成。随着中国特色社会主义制度的日渐成熟，我们更有能力将民法典传统纳入新时代的政法体制，民法典制定是国家治理现代化的重要一步，有利于将叙事性的中国故事上升为规范性的中国经验。21世纪的时代性只是中国民法典无法选择的时间限定，社会主义性质才是其更为根本的精神品格，不同的法律传统在实验主义之下得以融合，形成了中国民法典的技术特征。

“我真正的光荣，并不是打了四十多次胜仗，滑铁卢一战就让所有战绩一笔勾销。但有一样东西是不会被人忘记的，它将永垂不朽，那就是我的《民法典》。”熟悉“宪法是根本大法”的我们或许会难以理解，为什么拿破仑不去提他主持制定的宪法典，却偏爱民法典。[①] 从立法学的角度来说，宪法的位阶最高，在此基础上才有其他的法律规则，落实到法学话语中体现为“宪法是母法”的说法；在中国的立法实践中则表现为“根据宪法，制定本法”的立法权法定原则，我国《民法典》第1条也有此规定。[②] 但是从制度生成的角度来说，宪法与民法的关系或许恰恰需要颠倒过来，涉及公民个人关系、商业与交往、家庭与继承等事项才是根本的——由它们形塑了更为稳固的、不可撼动的经济基础，宪法只不过是一些容易变化的“上层建筑”而已。拉德布鲁赫明言，宪法所承载的国家意志“实质上始终不过是同样的，始终是在私人所有权、契约自由、一夫一妻制和继承权基础上建立其私法秩序，而《魏玛宪法》恰恰正是重新庄严地确认了这四个私法的基本概念”[③]。

中国法学界对民法的宪制地位也有不少阐述，民法与宪法的关系在此前学术研究中已经被人们注意到，这一讨论有两波高潮。第一波是2006年围绕《物权法》（草案）引发的“违宪”争议展开，巩献田教授的质疑引起民法学界集中关注这一话题。[④] 赵万一教授认为，宪法与民法的关系不

① “拿破仑宪法”即法国1799年宪法，授予拿破仑巨大的权力，为其后来的称帝准备了条件；“拿破仑民法典”即法国1804年民法典。

② 中国民法学界对《民法典》是否规定“根据宪法，制定本法”有争议，参见龙卫球《民法依据的独特性——兼论民法与宪法的关系》，《国家检察官学院学报》2016年第6期。

③ ［德］拉德布鲁赫：《法学导论》，米健译，商务印书馆2013年版，第85页。

④ 巩献田：《一部违背宪法和背离社会主义基本原则的〈物权法（草案）〉——为〈宪法〉第12条和86年〈民法通则〉第73条的废除写的公开信》，《经济管理文摘》2006年第8期。

是简单的“母子”关系，民法也不仅仅是宪法的实施细则，宪法与民法更为准确的定位是，民法是私法领域的基本法律，宪法是公法领域的基本法律。[①] 2016年前后，围绕编纂民法典，学术界又开始集中讨论宪法与民法的关系，由此形成第二波讨论高潮，几乎所有论述都认可民法典标志着中国全面依法治国进入了新阶段，民法典的宪制意义再次被人们提及。[②] 民法典不仅仅是私法领域的基本法，编纂民法典牵涉根本性的国家构成问题，对这一命题的分析离不开对民法宪法功能的讨论。本章试图超越法律条文的束缚，从政法的逻辑切入，关注党领导依法治国的思想、理论及其在制度和实践中形成的“政法体制”，将民法典编纂与国家的治理政策转型联系起来。[③]

本章以民法典的宪法功能为切入点，首先以西方民法典制定为背景，讨论欧陆民法典的宪法功能，并提炼出民法典的个人主义的价值观。之后转入讨论我国民法典的制定，并从民法典编纂过程中概括出一对矛盾：民法典传统精神在于个人主义、形式平等、私权至上，这与社会主义政法体制的身份区分逻辑存在一定的张力，因而也在很大程度上导致了前三次民法典起草工作功败垂成。随后笔者试图论证，随着中国特色社会主义理论的日渐成熟，国家治理体系的现代化带来法治理论发生重大变化，法治话语的扩张使得民法典逻辑能够容于社会主义政法体制中。中国《民法典》的精神品格不仅在于时代性，更在于其社会主义性质的底色；从《民法典》的相关条款中我们也可以看出，《民法典》试图在多种法律传统之间寻求平衡，以此维持政法体制的稳定与延续，实现国家治理的现代化转型。

---

① 赵万一：《从民法与宪法关系的视角谈我国民法典制订的基本理念和制度架构》，《中国法学》2006年第1期。

② 民法学界和宪法学界都有不少讨论。比如，林来梵、龙卫球、王涌、张翔：《对话一：民法典编纂的宪法问题》，《交大法学》2016年第4期；韩大元：《民法典编纂要体现宪法精神》，《国家检察官学院学报》2016年第6期，同期还有秦前红教授、龙卫球教授、谢鸿飞教授的3篇相关论文。

③ 从政法的角度分析问题的范例，参见刘忠：《“党管政法”思想的组织史生成（1949—1958）》，《法学家》2013年第2期。关于政法体制的思想、理论资源及制度、实践变迁，参见邵六益：《政法与法政：司法话语的变迁（1998—2008）》，博士学位论文，北京大学，2016年。

第一节 民法典的宪法功能与价值本位

在拿破仑颁布宪法典、民法典以来的200多年间，法国宪法有过近十个版本，而与之形成鲜明对照的是，法国民法典非常稳定，延续200多年，至今人们依旧将这部伟大的法典与拿破仑的名字联系在一起。其实，宪法所确立的公法秩序仅仅是某种社会经济条件的反映而已，在这个意义上法国民法典恰恰代表了法兰西的民族精神，事实也证明了这一点：确认拿破仑皇帝地位的法国1799年宪法随着战事的失败而遭到废弃，法兰西人民并没有起身捍卫拿破仑的帝国宪法；但是借助拿破仑民法典翻身做主人的第三等级却不会轻易放弃自己的权利，维护民法典具有深厚的群众基础，此后任何一个当权者想要剥夺资产阶级的权利都会遭到反抗，“触犯一种因私法变化而存在的既得利益，要比抵触一项政治制度改革所带来的现实利益更为艰难”①。即便是通常认为的以宪法立国的美利坚合众国，宪法条文也需要借助社会运动打造其基础后才能落地，而“黑白平等”条款也正是因为缺乏社会经济基础而难以真正从纸面走向生活。②

一、民法典与现代国家的建构

无论是民法、刑法还是宪法，都是现代民族国家的附随物，在宪法划分国家内部权力与权利的关系之前，首先要将这个政治共同体构建起来，在以政治契约建立国家之前，需要借助真正意义上的社会契约来塑造共同体，“统一契约/社会契约 ”确定一群人的集合，“臣服契约/政治契约”确定政权的组织形式。③ 换句话说，政治共同体的塑造需要有一个社会同质性的前提，这既是政治共同体的社会基础，也是借助社会契约达致公意

---

① ［德］拉德布鲁赫：《法学导论》，米健译，商务印书馆2013年版，第85—86页。

② 王希：《原则与妥协：美国宪法的精神与实践（增订版）》，北京大学出版社2014年版，第456—478页。

③ 李猛：《自然社会：自然法与现代道德世界的形成》，生活·读书·新知三联书店2015年版，第431页。卢梭的名篇《社会契约论》前两卷是关于社会契约的，后两卷是关于政治契约的。

的隐匿前提。[①] 在近代政治哲学中的社会契约理论框架下，几乎所有的推理都是从自然状态开始，自然状态所假设的个人平等仅仅停留在想象之中，如果将思想实验中得出的结论往现实推广，必须要经历一场社会学层面的同质化塑造，这项任务在很大程度上是由民法典完成的。民法典构筑的人人平等、私有财产权、契约自由、意思自治等框架便是社会契约建国得以成为可能的保证，“民法对国家的建构功能是通过建构市民的人格而展开的”[②]，政治共同体是由同质化的“市民”构成的。民法典不仅能够促进资本主义的发展，还承担着一个更为重要和前提性的使命——借助统一法律来整合国家，承担起事实上的宪法功能。

例如，在法国民法典颁布之时，其内部的法律并未统一，民法典因其简洁清晰体系完整而获得了人民的认可和采用，取代了原先的习惯法或者古罗马法而成为统一适用的法律，进而奠定了国家政治整合的基础。尽管现代以来学界逐渐形成了以限制公权力、保障私权利为核心的现代宪法理念，但是我们不该忘记的是，在这种实定宪法概念出现之前，更为重要的宪法理念乃是作为构成意义上的宪法理念，即绝对的宪法概念。[③] 但是，民法典所具有的宪制性功能随着时代的发展而逐渐消退，当欧陆各国的资本主义制度已经确立、基本政治制度建立起来之后，就不再需要借助民法典来确立新秩序了。魏磊杰认为，在从“固有意义的宪法”朝向“立宪意义的宪法”转变的延长线上，民法典在晚近以来难逃衰落之命运。[④] 正是因为民法典作为宪制性法律的功能已经完成，加之现代宪法理念的确立，人们开始忽视民法的宪法功能，浸润于自由资本主义精神的民法典本身已经遭遇各种挑战。如果说 19 世纪欧洲大陆需要借助民法典确立自由主义宪

① 邵六益：《同质性：卢梭公意思想中的隐匿命题》，《中国延安干部学院学报》2019 年第 6 期。

② 王锡锌：《编者按：民法典与中国法治新征程》，《中外法学》2020 年第 4 期。

③ 施米特的“绝对宪法”本身依旧包含着丰富的含义，参见［德］卡尔·施米特：《宪法学说（修订译本）》，刘锋译，上海人民出版社 2016 年版。苏力教授在当代汉语法学界最早提出宪制涉及的就是国家的构成问题，并进一步以古代中国的经验进行了详细的论证。参见苏力：《何为宪制问题？——西方历史与古代中国》，《华东政法大学学报》2013 年第 5 期；苏力：《大国宪制：历史中国的制度构成》，北京大学出版社 2018 年版，第 3—8 页。

④ 魏磊杰：《欧陆民法与宪法关系之演变：基于立法史的考察》，《地方立法研究》2020 年第 1 期。

政的社会基础的话，在20世纪则需要借助宪法原则去协调民法典中的个人至上主义。

二、民法典的个人本位价值观

19世纪末20世纪初以来，自由资本主义时代所假设的形式平等已经不再具有不证自明的正当性，民法典所假设的形式平等背后隐藏的实质差异逐渐浮出水面，法律理论中抽象出来的“人”的概念正在被具体的差异性的对象所解构。为了应对劳动者、消费者、女性、儿童等群体的差异化的需求，在民法典之外发展出很多特别民法。特别民法没有遵从民法基本原则的自由、形式平等、意思自治原则的法律规范，突破了传统民法本身的技术中立的立场。其中，消费者法和劳动法对传统理论的挑战最大，因为它们“完全违反技术中立精神的立法”[①]。恰在此时，宪法可以将民法所秉持的自由主义、个人本位之外的价值灌输到民法之中，进而成为补充、发展民法的价值源泉，以保持其不会蜕变为脱离现实需要而崩裂的法条主义。早在20世纪20年代，拉德布鲁赫就已经意识到个人主义的衰落，“从个人经济力量的自由放任中可以自动产生最佳效益的学说，完全自私自利和共同福祉之间本身就先已存在和谐的学说，都已经呈现出了衰落”[②]。整合两种价值的核心在于改变个人主义的基本立场，“对传统民法典的宪法改造，最值得关注的方面，还不表现为对民法典中某些条文的修改，而是表现在对传统民法典的制度和理论所产生的深刻影响，以及因此而导致的欧洲国家民法理论的转型之上”[③]。

不过，新的社会思想还没有完全深入到私法理念之中去——即便民法典遭遇了各种时代挑战，作为“私权圣经”的民法典具有理论和制度惯性，并非那么容易就能够被改造或升级。比如，选在20世纪第一天实行的《德国民法典》体现的依旧是自由主义的时代精神，“德国民法典处于两个世代的交接点上：它的双足依然立足于自由市民的、罗马个人主义法律思

---

① 谢鸿飞：《民法典与特别民法关系的建构》，《中国社会科学》2013年第2期。

② ［德］拉德布鲁赫：《法学导论》，米健译，商务印书馆2013年版，第98页。

③ 薛军：《“民法—宪法”关系的演变与民法的转型——以欧洲近现代民法的发展轨迹为中心》，《中国法学》2010年第1期。

想的土壤之上，但是，它的双手却已经踌躇迟疑地、偶尔不时地向新的社会法律思想伸出”[①]。尽管在德国民法典已经向新的法律思想和时代理念示好，但正如拉德布鲁赫的精心隐喻所暗示的那样，“双脚离地”其实是不太可能的，民法典的基本精神在法国民法典时代已经绽放殆尽，个人主义的基本精神并未改变，依旧是民法典的价值基石。德国民法典的贡献更多在于体例的创新，而非超越个人主义的新的私法精神，它只是19世纪精神在20世纪的承载者而已。因此，尽管在德国民法典制定的将近100年前，德国学界围绕民法典编纂就已经展开了大论战，但随着德国统一大业的完成，在民法典编纂过程中真正的争议也只是集中在技术性问题上。

针对个人主义遭遇的难题，摆在民法理论面前的是两条路。以劳动法提出的挑战为例，要么维护民法典的纯粹性——这会使得在民法典之外适用特别法，解构了法典的逻辑；要么纳入劳动法以维持民法典的地位，这虽然完善了民法典的体系和内容，但是重构后的民法典内部价值会有冲突——民法基本原则与劳动法等是不同价值导向的，民法和劳动法对人的理解也是不同的。总而言之，民法典作为私法领域的基本法，不太可能放弃其个人主义的基本立场，被寄予厚望的、代表20世纪精神的《瑞士民法典》也是如此，只能在个人主义的框架下寻求技术性改进。[②] 民法典的这种先天品质也在一定程度上决定了它在中国的遭遇，在社会主义政法体制下，传统的民法逻辑自然会遇到挑战，因为社会主义的基本精神是超越个人主义的。正是这一价值观上的分歧，使得新中国前三次民法典编纂工作面临巨大的阻碍。

第二节　前三次民法典编纂为何失利

在此次民法典编纂之前，新中国经历了三次编纂民法（典）的探索，学界将前三次流产的原因归结为市场经济的付之阙如。梁慧星认为：“深层次、关键的原因是我国当时实行计划经济体制。在计划经济体制下，不

① ［德］拉德布鲁赫：《法学导论》，米健译，商务印书馆2013年版，第99页。

② 陈华彬：《瑞士民法典探析》，《法治研究》2014年第6期。

存在民法作为上层建筑赖以存在的经济社会条件”。王利明认为，“之前几次民法起草失败，最根本的还是经济方面的原因，因为在改革开放以前的计划经济时代，客观上不需要民法典”。孙宪忠认为，中国20世纪50年代以来的计划经济体制将社会生活，尤其是经济活动基本上都纳入了公共权力或行政权力的范围，使得编纂民法典缺乏条件。[①] 民法学界的判断是准确且深刻的。不过，任何国家的政治制度和宪法秩序都需要建立在一定的社会经济基础之上，因而我们可以追问，如果说新中国并没有一部叫做“民法（典）”的法律的话，那么，是什么界定了我们的社会经济基石，事实上承担了民法的功能？

一、确立私法秩序的事实民法

从比较法理论的角度来说，如果必需的法律制度在某个法律体系中没有出现的话，那么一定是由某种其他的法律制度来承担此种功能，这一“替代规律”要求我们在对比各国法律制度时注意，尽管不同的法律制度从表面上来看可能是不同的，但背后却可能蕴含着某种共同法。[②] 回到新中国成立之初，如果没有民法（典）的话，那么一定有其他的规范承担了事实上的民法功能。正如强世功教授所发现的那样，中国法治的一个重要特色便是利用路线、方针、政策等来弥补法律的不足，在打通规范与事实的过程中，将社会主义的治理经验纳入法治框架。[③] 新中国成立之初虽然没有制定民法，也没有制定宪法，但是在土地、婚姻等问题上很快出台了法律——土地问题关乎经济生产、婚姻问题关乎社会关系的重构。《婚姻法》（1950年）、《土地改革法》（1950年）、《工会法》（1950年）是新中国成立后最早颁布的三部法律，打牢了新政权的社会经济基础，进而稳定了政局。

在新民主主义革命的过程中，1947年的《土地法大纲》改变了抗日战

---

① 梁慧星、王利明、孙宪忠、徐国栋：《中国民法典编纂：历史重任与时代力举》，《中国法律评论》2015年第4期。

② ［法］勒内·罗迪埃：《比较法导论》，徐百康译，上海译文出版社1989年版，第55页。

③ 强世功：《中央治港方针的历史原意与规范意涵——重温邓小平关于“一国两制”方针的重要论述》，《港澳研究》2020年第2期。

争时期的减租减息政策，开始剥夺地主的土地分给农民耕种，“耕者有其田”政策获得了被解放人民的认可和支持，成为巩固政权的关键举措，维护自家分得的土地成为吸引被解放农民参加革命的重要动力。在新中国成立后没有制定私权保障的民法典，但是1950年6月30日公布施行的《土地改革法》事实上维护了绝大多数中国人的最重要的私人财产。土地之于农民而言生死攸关，这一点毋庸置疑，通过新中国成立初期的土改运动，革命理念与农民意识之间的互动不仅重建了乡土社会，也向基层延伸了国家政权的触角，借助新的组织网络夯实了新政权的社会基础。[①] 这些政策涉及的关键问题就是如何根据国民的政治身份来分配土地——借助与政治密切相关的经济利益分配方式，巩固了以工农为基础的社会主义政权，这其中贯彻着社会主义的差别化原则。新中国成立之初的“民法”通过身份划分来界定社会关系，进而通过身份改造来巩固社会主义经济基础。

《土地改革法》确认了“农民的土地所有制”（第1条），但是“家居乡村业经人民政府确定的汉奸、卖国贼、战争罪犯、罪大恶极的反革命分子及坚决破坏土地改革的犯罪分子，不得分给土地。其家属未参加犯罪行为，无其他职业维持生活，有劳动力并愿意从事农业生产者，应分给与农民同样的一份土地和其他生产资料”（第13条第8款）。也就是说，国民的政治身份与他们的经济状况紧密相关，反过来国家又根据政治身份来重新分配土地：在分配土地的时候对地主、富农、中农、贫农、雇农的政策是不同的。不仅如此，国家还通过土地的配置来鼓励和宣扬国家的主流价值观，如对军人家属的特殊照顾（第5条、第13条第3款）。当然，《土地改革法》的篇幅并不大，除此更重要的是在农村所实行的各种更为具体、细致的土地改革政策。在“三大改造”完成之前，党和政府出台了多份关于土地的政策文件，其中最重要、最细致的是政务院关于农民阶级身份划分的规定。比如，政务院1950年8月20日公布的《关于划分农村阶级成分的决定》[②] 和1951年3月7日公布的《关于划分农村阶级成分的补

① 张宏卿：《乡土意识与国家建构——以新中国成立初期江西瑞金土改为中心的考察》，《开放时代》2013年第4期。

② 中共中央文献研究室编：《建国以来重要文献选编》第1册，中央文献出版社1992年版，第382—407页。

充规定（草案）》[①]。1950—1952 年的土地改革在划分阶级成分方面有很多创新，得益于细致、具体的划分标准，精确限定了改革的方向，润滑了土地改革的进程，减少了社会震动，更好地整合了农村的各种社会力量。[②]

在计划经济时代，经济领域的争议减少了，但是民法中所要规范的人身关系不会减少，这主要借助婚姻家庭法来实现。1950 年《婚姻法》带有比较明显的政治性。比如，《婚姻法》第 1 条就表明了鲜明的政治改造意味，“废除包办强迫、男尊女卑、漠视子女利益的封建主义婚姻制度”。这句话指向明确，用以解决结婚时的父母包办、夫妻关系的男女不平等和亲子关系中的父权主义。尽管在婚姻法条文中没有直接表明对资本主义婚姻家庭关系的改造，但是在《婚姻法》第 3 章“夫妻间的权利和义务”中非常典型地体现出社会主义的基本原则。比如，第 9 条规定“夫妻双方均有选择职业、参加工作和参加社会活动的自由”，赋予了社会主义新型婚姻关系以物质基础。正如恩格斯所敏锐发现的那样，尽管男女之间的爱情取代了财产的联合成为无产阶级婚姻的基础，但是女性地位的真正保证乃是经济上的，“自从大工业迫使妇女从家庭进入劳动市场和工厂，而且往往把她们变为家庭的供养者以后，在无产者家庭中，除自专偶制以来就蔓延开来的对妻子的野蛮粗暴也许还遗留一些以外，男子统治的最后残余也已失去了任何基础”[③]。因此，尽管 1950 年《婚姻法》规定了男女平等理念，但是最重要的规定是将女性从家庭中解放出来，使其自由地投身到生产、工作之中，从而改变了新中国的社会基础，赋予了女性同等的经济权利，将广大女性真正带入了国家政权的视角。在革命时期，也正是因为妇女投身到解放区的农业生产之中，才奠定了女性权利的社会经济基础，“妇女能顶半边天”才可能出现，成为革命不可或缺的组成部分。[④] 在这个意义上，1950 年《婚姻法》“不仅是中国传统婚姻家庭制度的深刻革命，同时也是一

---

① 中共中央文献研究室编：《建国以来重要文献选编》第 2 册，中央文献出版社 1992 年版，第 102—120 页。

② 李良玉：《建国初期的土地改革运动》，《江苏大学学报（社会科学版）》2004 年第 1 期。

③ 《马克思恩格斯选集》第 4 卷，人民出版社 2012 年版，第 183 页。

④ 黄文治：《“娜拉走后怎样”：妇女解放、婚姻自由及阶级革命——以鄂豫皖苏区为中心的历史考察（1922—1932）》，《开放时代》2013 年第 4 期。

场涉及个人生活、社会秩序乃至国家制度安排的重大社会改革”①。

在当时的婚姻法司法实践中，政治性体现得更为明显。比如，在一起离婚案件中，法官将离婚的人的问题归结到资产阶级思想的影响：“出于资产阶级思想的离婚纠纷，实质上就是婚姻与家庭方面社会主义思想与资产阶级思想斗争的具体反映。因此，人民法院处理这类纠纷时，不应该单纯从当事人本身的家庭幸福来着想，应该充分考虑到判决以后对于抵制资产阶级思想、提倡共产主义道德风尚、巩固社会主义家庭、保护妇女及子女合法利益等方面所起的应有作用。”② 这一判决逻辑在当时并非少见，婚姻法的司法实践关注的不仅是对当事人的身份关系的调整，更是要在两种思想争斗中确立社会主义理想，一切要放在社会主义新人再造这样长远的目标和大局下来分析。

总之，新中国深受苏联法治思维的影响，革命不仅是新中国成立后前30年间的国家主题，也是法学的重要底色。在革命话语框架下，敌我之分没有常势，需要不断调整革命路线重组政治联盟，联合一部分人去打击另一部分人是中国革命的首要问题。比如，《共同纲领》第8条规定，所有“国民”都要尽到“保卫祖国、遵守法律、遵守劳动纪律、爱护公共财产、应征公役兵役和缴纳赋税的义务”，但是只有“人民”享有政治和社会权利（《共同纲领》第4条、第5条），而“反革命分子”的政治权利应该被剥夺，“一般反动分子、封建地主、官僚资本家”的政治权利在必要时候可以剥夺（《共同纲领》第7条）。在土地法和婚姻法的理论与实践中，我们也打破了形式平等这一私法理论的基本假设，社会主义法治所贯彻的差别化原则得到了很好的体现，试图通过人为的方式进行区分以更好地调动大多数人的支持。这与民法典的基本原则迥异，也决定了新中国在短期内难以采纳贯彻个人本位、形式平等的民法典。

二、民法典编纂中的价值冲突

民法学家们都意识到计划经济与民法典的天生“八字不合”，为什么

---

① 张成洁：《1950年〈婚姻法〉及其引发的社会变革》，《江苏大学学报（社会科学版）》2010年第5期。

② 魏焕华：《对离婚纠纷中资产阶级思想的几点认识》，《人民司法》1958年第12期。

计划经济就不需要民法典？这就需要我们关注民法典本身的基本逻辑。民法典是尊重私有产权、鼓励交易的私域基本法，民法及其支持的经济增长建立在这些基本原则之上，而这在计划经济时代是不需要的：一则因为私人财产基本上被消灭，二则因为交易过程是在国家指令下进行的。最为重要的是，新中国成立之初的治理并非按照个人主义进行，经济主体由于身份不同待遇不同，因此前三次民法典的制定工作都难以成功。即便在改革开放之后，这种差别化处理依旧存在，进而与民法典的形式平等原则难以兼容。20 世纪 80 年代，为了给经济活动提供法律保障，国家根据主体的不同制定了三部平行的合同法：1981 年的《经济合同法》、1985 年的《涉外经济合同法》和 1987 年的《技术合同法》，三部法律所针对的主体是有区别的。《经济合同法》将针对的主体限定在“法人、其他经济组织、个体工商户、农村承包经营户”（第 2 条），《涉外经济合同法》针对的主体是“中华人民共和国的企业或者其他经济组织同外国的企业和其他经济组织或者个人”（第 2 条），《技术合同法》虽然提到公民个人，但是其范围仅限于技术类合同（第 2 条）。

需要指出的是，虽然社会主义政法体制中贯穿着差别化原则，但是并未将这种区别化固定下来，而是希望借助社会主义改造将不同的阶级身份的人转变为同质性的社会主义劳动者。① 中国共产党对阶级身份的看法从来不是固定僵化的，而是持向前看的、发展的观点。比如，消灭民族资产阶级，恰恰是要将他们培养成社会主义的劳动者，实现阶级身份的转化。② 社会主义的区别化待遇其实并不以敌我划分为最终目标，而是希望借助阶级身份转化的技艺，将敌人转变为社会主义的劳动者，以便将他们都纳入社会主义劳动生产之中。比如，在农村改革中，对农民的改造以土地分配与农业劳动为关键，改革的目的不是在肉体上消灭地主等剥削阶级，而是将他们转变为劳动者，以实现《土地改革法》的宗旨——“解放农村生产力，发展农业生产，为新中国的工业化开辟道路”（第 1 条）。正是因为在婚姻法、土地法等法律规范以及国家政策的区分化原则之下，社

① 邵六益：《社会主义主人翁的政治塑造（1949—1956）》，《开放时代》2020 年第 5 期。

② 关于阶级对抗的“主体性转化”的原则和技艺，参见汪晖：《去政治化的政治：短 20 世纪的终结与 90 年代》，生活·读书·新知三联书店 2008 年版，第 31—33 页。

会主义的同质化建设得以完成，阶级斗争逻辑开始隐退，接下来才可以采取以平等为核心的法治化治理原则，继而在改革开放后的法治发展中，逐渐培养了形式平等的基本条件，从而也使得指向个人主义、形式平等的民法典基本具备了一定的社会经济条件。在这样的历史背景下，以民法典为代表的“民法帝国主义”开始强势进入我们的法学理论。[①]

正如前文所说，学习苏联是新中国成立后“法律革命”的关键举措，奠定了新中国成立之初的政法体制。[②] 2006年巩献田教授对《物权法（草案）》的质疑，在某种意义上便代表了这一理论对私法至上的回应。巩献田教授的发声遭到了民法学界集体反抗，有些回应还带有一些感情色彩。比如，易继明教授认为巩献田采取了“危言耸听”的语言表达了自己对改革中一些乱象的关切，以将财产集中在“国家”这一神圣但虚幻的概念上的方式，维护已经过时的计划体制的财产权理论和陈旧的政法理论。[③] 如果说十多年前，民法推崇私人财产遭遇挑战的话，在此次民法典编纂中，个人主义的法理已经占据主导地位，摒除苏联的影响似乎已经成为民法学界的共识。[④]“社会主义国家在发展经济方面或许有惊人的成就，但在消除生产资料的私人占有关系方面却不断妥协”[⑤]，随着近些年来知识界的整体转向，法学界已经将“去苏俄化”作为不证自明的基本主张。[⑥] 在此次民法典编纂过程中，民法学界甚至希望借助民法基本原则的确立，以推进更多目标的实现。比如，有学者认为“机关立法有一个天然的隐蔽的左倾思维在起作用”，因此民法典最好悄悄进入宪法秩序，神不知鬼不觉地承担

① 对于这种“民法帝国主义”的反思，参见谢鸿飞：《中国民法典的宪法功能——超越宪法施行法与民法帝国主义》，《国家检察官学院学报》2016年第6期。

② 公丕祥：《当代中国的法律革命》，法律出版社1999年版，第161—166页。

③ 易继明：《物权法草案“违宪”了吗？——质疑巩献田教授的〈公开信〉》，《私法》2007年第1期。

④ 杨立新：《编纂民法典必须肃清前苏联民法的影响》，《法制与社会发展》2016年第2期。

⑤ 汪晖：《世纪的诞生：中国革命与政治的逻辑》，生活·读书·新知三联书店2020年版，第419页。

⑥ 邵六益：《法学知识“去苏俄化”的表达与实质——以刑法学为分析重点》，《开放时代》2019年第3期。

起限制公权的功能。[①] 如何看待社会主义政法体制与民法典个人本位的关系？当前世界各国进入“解法典化”的时代，民法典的根本价值立场是什么？

第三节 国家治理转型中的民法典

民法典不能理解为对法治的拜物教式的崇拜，编纂民法典不仅是全面依法治国的重要组成部分，更是治理体系和治理能力现代化框架下的重要环节。“这场国家治理领域‘广泛而深刻的革命’，对于整个法律体系都带来了深远的影响，无论是公法还是私法，无论是国内法还是国际法。作为治理体系现代化和全面推进依法治国进程的一个重要内容，‘十八届四中全会决定’庄严宣告了‘编纂民法典’的目标，为我国的民事立法工作指明了方向”[②]。国家治理现代化要求在公法上理顺党法关系。比如，党的十九大之后重点推进的党政机构改革，借助党政合署等方式，使得党的执政经验和实践不再是一种潜规则式的存在，而成为真正的实在法。[③] 在私法层面上，需要借助法律的手段固化当前社会的经济基础，在私法自治理念的指导下，激发市场主体的经济活力，推动社会财富的创造与增长。党的十八届三中全会提出“市场在资源配置中起决定性作用”就是要在坚持四项基本原则的基础上，遵循经济发展规律，将改革开放以来宝贵的经济发展经验固定下来。如果说在新中国成立之初需要重塑社会主义关于劳动的叙事的话，[④] 新时代也需要重塑财产、劳动、权利的叙事，这种话语重构需要借助社会主义民法典去实现。

---

① 比如，王涌教授希望民法典像“特洛伊木马”一样渗透到法律体系之中，进而实现整个社会的私法塑造，“在民法和宪法关系比较模糊的时候，我们民法典的制定很可能就发挥了宪法的功能。但是今天一说之后，好多事都说得那么清楚，那么直白，这个事就会向相反的方向发展”，因为“我们民法典的制定是机关立法，机关立法有一个天然的隐蔽的左倾思维在起作用，所以，民法典制定有可能就变得左”。参见林来梵、龙卫球、王涌、张翔：《对话一：民法典编纂的宪法问题》，《交大法学》2016 年第 4 期。

② 石佳友：《治理体系的完善与民法典的时代精神》，《法学研究》2016 年第 1 期。

③ 参见邵六益：《党政合署改革的政法逻辑》，待刊稿。

④ 朱羽：《社会主义与“自然”》，北京大学出版社 2018 年版，第 159—180 页。

一、治理转型与法治话语的扩张

国家治理体系和治理能力现代化意味着对过去治理能力的更新换代。在中国共产党的传统治理中，法律只是其中一个环节，道路、路线、方针、政策都可以成为治理的依据，其中最基本的是党规党纪与国家法律的共同治理模式。然而，无论在学术话语还是在官方的表达中，党治国理政的经验与实践没有得到系统化的阐释，因而在形式理性法的现代法治话语中，中国的治理模式遭遇一定的质疑。长期以来，学术界为解决这种困境不懈努力，希望将党的角色予以学术化。比如，“不成文宪法”理论试图扩大宪法的范畴，纳入党的领导等实质宪法；制宪权范式试图找到超出宪法之上的政治权力，以便为政治与法律的张力解悖，将党的领导整合进“根本法”之中。[①] 这些理论探索所致力于协调的政治与法律关系，乃是要为中国的国家治理模式寻找合法性。

治理现代化不仅仅是一个中性的科学普适性概念，更是一个国情下的地方性知识，中国的治理现代化的实质是讲清楚中国治理的故事，即说清楚中国政治稳定、经济快速发展、人民生活改善的政治正当性，从一种叙述性的中国故事转变为一种规范性的中国模式。党的十八大否定了“老路”“邪路”，肯定了中国道路，这条道路的制度化需要以法律的形式来进行表述，以符合世界普遍认可的法治观念。对于传统西方法治中不存在的东西，如党的领导、人民当家作主和依法治国的有机统一，更是社会主义法治经验中需要处理的问题。中国共产党在顶层设计上已经逐渐形成了基本的制度共识，对于处理党法关系逐渐形成共识，对法治话语的使用也更为娴熟。比如，党的十八大以来，旗帜鲜明地强调党规党纪的重要性，打通了党规—国法二元机制，理顺并学术化了党在法治中的作用。[②]

党的十八届四中全会所说的法治已不再是西方式的以法院为中心的司法哲学和实践，更需关注政府的执法的问题，扩大了对法治的定义。更为

---

① 强世功：《中国宪法中的不成文宪法——理解中国宪法的新视角》，《开放时代》2009 年第 12 期；陈端洪：《制宪权与根本法》，中国法制出版社 2010 年版，第 283—286 页。

② 强世功：《“法治中国”的道路选择——从法律帝国到多元主义法治共和国》，《文化纵横》2014 年第 4 期。

准确地说，就是要形成以国家治理为中心的体系，即“在中国共产党领导下，坚持中国特色社会主义制度，贯彻中国特色社会主义法治理论，形成完备的法律规范体系、高效的法治实施体系、严密的法治监督体系、有力的法治保障体系，形成完善的党内法规体系，坚持依法治国、依法执政、依法行政共同推进，坚持法治国家、法治政府、法治社会一体建设，实现科学立法、严格执法、公正司法、全民守法，促进国家治理体系和治理能力现代化”①。从依法治国的总目标中我们可以发现，中国特色社会主义法律体系不完全是国家法律，适应社会主义法治国家的基本要素都需要被包含在我们的视域之中，立法、执法、司法、守法的立体框架将国家、政府、社会、公民都纳入法治体系之中，最终实现的是对国家治理体系和治理能力的现代化的问题。

推进中国特色社会主义法治理论的目的在于推进国家治理体系和治理能力的现代化，其内容也就涵盖了党的领导下的政治、经济、文化、社会和生态等各个方面的制度问题。如果我们希望以法律的方式来处理这些领域的基本问题，那么必然意味着法律概念的扩张，同时我们对法治的理解也就会发生变化。在这种扩张了的法治话语中，民法典天然带有的个人主义、私权至上精神也才具有了被整合进社会主义现代治理体系中的可能。在这个意义上，中国今天能够制定民法典，不意味着对社会主义的忽略或对西方个人主义法治的简单模仿，而是随着社会主义道路、制度和理论自信的建立，能够更为学术化地将民法典逻辑纳入中国社会主义法治理论范畴。

不少学者将民法典制定与中国社会的私权话语的兴起联系起来，“随着国家治理体系和治理能力的现代转型，以民法典编纂为驱动的新一轮制度创新拓宽了私权话语的未来空间。中国私权话语及其制度的不断强化和完善，成为推动国家治理迈向现代化的重要力量”②。这样的观点，从私权的逻辑来看，不无道理。但是，无论从立法意图还是法条文本来看，中国民法典所要维护的社会基础显然不仅仅是私权至上的，中国民法典编纂有

---

① 习近平：《关于〈中共中央关于全面推进依法治国若干重大问题的决定〉的说明》，《求是》2014 年第 21 期。

② 池通：《改革开放以来的民事立法与私权话语——以国家治理转型为阐释背景》，《湖北社会科学》2018 年第 6 期。

着改革开放40多年的市场经济的基础，可以跳出公有与私有的二元对立意识。中国民法典不应该是1804年法国民法典或者1900年德国民法典那样的观念化或概念化的，而是“一部具备更多融合性的、注重社会功能的实用型民法典。这部民法典不仅在价值上功能化、多元化，而且在形式上也要去除过多的逻辑束缚”①。实际上，改革开放后的法治探索也带有实验主义的色彩，根据实用主义和拿来主义的立场，引进了各国的不同经验，这些不同的传统和模式的混合，也为我国民法典提供了充足的养分，是今天民法典进行传统整合与知识重构的基础之一。

二、民法典的精神品格与技术特征

习近平总书记将《民法典》定位为“一部体现我国社会主义性质、符合人民利益和愿望、顺应时代发展要求的民法典”②。其中，“社会主义性质”排在首位。什么是社会主义性质？在《共产党宣言》起草之前，恩格斯曾以问答形式讨论过“共产主义原理”，他也认为无产阶级革命不可能在单独某个国家内发生，而在一切文明国家同时发生。③ 待到发表《共产党宣言》时，马克思、恩格斯已经意识到，“如果不就内容而就形式来说，无产阶级反对资产阶级的斗争首先是在一国范围内的斗争”④。那么，首先在哪个国家实现呢？社会主义需要有一定的经济基础，经济越发达的国家越有可能率先进行无产阶级革命，恩格斯在上述“问答”中也是重点关注英国、美国、法国、德国四个国家。但在现实中，无产阶级革命的成功实践恰恰是在落后的国家开始的，历史与理论之间的张力导致了全新的政法伦理。无论是俄国还是中国，社会主义探索都是建立在落后基础上的，因此需要有长期的作为过渡阶段的社会主义。列宁进一步将共产主义划分为“第一阶段”和“高级阶段”，前者便是我们常说的社会主义阶段。⑤ 在社

---

① 林来梵、龙卫球、王涌、张翔：《对话一：民法典编纂的宪法问题》，《交大法学》2016年第4期。

② 习近平：《充分认识颁布实施民法典重大意义　依法更好保障人民合法权益》，《求是》2020年第12期。

③ 《马克思恩格斯选集》第1卷，人民出版社2012年版，第306页。

④ 《马克思恩格斯选集》第1卷，人民出版社2012年版，第412页。

⑤ 列宁：《国家与革命》，人民出版社2015年版，第93—104页。

会主义建设的过程中，由国家计划集中掌握资源更具有赶超的优势，在计划经济的条件下，无论是生产、分配还是最终的消费，都依赖于国家的统一规定，个人没有发言权，由此改变了建立在私人财产、个人责任原则基础上的西方自由主义的政治法律逻辑。新中国所确立的社会主义制度本质上不太可能确认形式主义的平等原则，社会主义所确立的政治原则建立在敌我划分的基础之上，只有属于“自己人”范畴的人民才能够获得一系列的权利，而民法的基本理论中所蕴含的个人主义和形式主义很难直接嫁接到经典社会主义理论之上。

但是，即便是作为过渡阶段的社会主义，也不是革命之后立即实现的。列宁在 1921 年的俄共（布）第十次代表大会上正式宣布停止实行战时共产主义政策，改行新经济政策，在粮食税问题的讨论中，列宁承认落后的俄国无法直接从小生产向社会主义直接过渡，而是要利用国家资本主义作为中间环节以提高生产力。中国的社会主义建设中也意识到过渡的长期性，在此过程中市场经济的因素不可或缺。邓小平在改革开放之初就指出，区分社会主义与资本主义的关键不在于是否有市场经济，“社会主义也可以有市场经济”[①]。在社会主义初级阶段，市场经济必不可少，正是蓬勃发展的社会主义市场经济，为民法典编纂提供了动力、注入了活力。改革开放后，中国特色社会主义将政治上的社会主义与经济上的市场经济有机结合起来，社会主义并不否定劳动的价值、不否定基于私有财产上劳动创造财富的逻辑，这也是民法典的基本价值。但是我国民法典不会将个人财产、契约自由、私人自治所塑造的秩序当作完美的定型化的目标去追求。中国民法典区别于法国民法典、德国民法典的关键不在于时间维度，而在于中国民法典有意识地重塑了其价值体系——民法典不仅是“私权的圣经”，也是社会主义下各种价值的维护者的“宝书”，这是作为过渡阶段的社会主义的精神品格。从技术层面来说，社会主义立法需要经常对不同的价值进行整合，在立法中追求融贯。

中国宪法确认了公有制的主体地位，对社会主义公有财产采取倾向性的优位保护，这必然会影响民法典的编纂，我国民法典不可能仅仅是一部

① 《邓小平文选》第 2 卷，人民出版社 1994 年版，第 236 页。

“市民社会基本法”①。中国民法典带有社会主义的色彩，其精神实质超越了法国民法典或者德国民法典的自由资本主义框架，不同价值之间的张力与整合也体现了中国法治建设的一大特色，以实用主义的视角将多种传统糅合在一部法典之中。就像甘阳先生所说的那样，中国的社会主义理论与实践面临“通三统”的命题，传统的孔夫子儒家传统、新中国成立之后的社会主义传统以及改革开放后逐渐形成的自由主义传统共同在中国产生影响。② 黄宗智先生从历史社会法学的进路出发，借助对诉讼文档、司法数据的分析进一步指出，中国的正义体系中包含三大传统，第一是古代的“中华法系”传统，这特别体现在社区的调解体系中；第二是清末民国后从西方尤其是大陆法系移植的成文法理论，这是主导当今民法典制定的主要传统；第三是 20 世纪中国的革命传统。③ 相较而言，自由主义法律传统与社会主义革命传统的整合更为困难，因此需要在编纂民法典时采取更为娴熟的立法技术予以处理。以前文所说的 2006 年《物权法》（草案）时所引发的“违宪”争议为例，当时争议的核心在于，国有财产与私有财产地位是否平等？这在本质上涉及了社会主义传统与自由主义传统的整合难题，现行《民法典》如何解决这一问题？

立法者在第 206 条的制定中显然意识到了可能存在的质疑，因此采取了稳妥的思路，直接求助宪法，并以市场经济这一政策性规定，回应国有财产与私有财产的性质之别。《民法典》第 206 条规定：“国家坚持和完善公有制为主体、多种所有制经济共同发展，按劳分配为主体、多种分配方式并存，社会主义市场经济体制等社会主义基本经济制度。国家巩固和发展公有制经济，鼓励、支持和引导非公有制经济的发展。国家实行社会主义市场经济，保障一切市场主体的平等法律地位和发展权利。”前两款直接使用了《宪法》第 6 条、第 11 条关于社会主义经济制度和分配制度的规定，避免对敏感问题进行新判定，绕过《宪法》第 12 条中“社会主义的公共财产神圣不可侵犯”与第 14 条中“公民的合法的私有财产不受侵

---

① 林来梵：《民法典编纂的宪法学透析》，《法学研究》2016 年第 4 期。

② 甘阳：《通三统》，生活·读书·新知三联书店 2007 年版，第 3—5 页。

③ 黄宗智：《中国正义体系的三大传统与当前的民法典编纂》，《开放时代》2017 年第 6 期。

犯”的表述差异。在第三款中借助“社会主义市场经济”将两种价值进行整合，规定“国家实行社会主义市场经济，保障一切市场主体的平等法律地位和发展权利”，以此表明在社会主义初级阶段，中国民法典对国有财产和私人财产采取平等保护的原则，以实现发展生产力的根本要求。

第四节 民法典时代精神的再思考

中国法学界对民法典期许很高，“我国民法典应当反映21世纪的时代特征。如果说1804年法国民法典是19世纪风车水磨时代的民法典的代表，1900年德国民法典是20世纪工业社会的民法典的代表，我国的民法典则应当成为21世纪民法典的代表之作”[①]。传统上民法典是以财产主义作为基本原则的，中国民法典格外重视人文主义关怀，这最重要的体现便是人格权独立成编。具体来说，21世纪的特征在于信息社会和大数据时代、高科技时代和知识经济、经济全球化、资源环境恶化、风险社会，中国民法典都要对此有所回应。[②] 然而，这些特征有些似是而非。人文关怀谈不上是21世纪特有的精神，朗贝尔主导的1907年瑞士民法典编纂，就取消了总则编并将人法作为第一编，体现出其首先重视“人”然后才注重“物”的理念。1994年生效的魁北克民法典也开宗明义地宣告其与人权宪章的互动一致，相当于直接将人权条款纳入民法典之中。[③] 在某种意义上，中国民法典将之独立成编，或许更是一种姿态，而非一种实际的措施。在梁慧星教授看来，人格权的保护最终还是要借助其他编的规定去实现，人格权编中大部分的规定无法进入司法实践。[④] 而信息社会、大数据、知识经济、环境问题、风险社会乃是所有国家在21世纪都会遇到的问题，因此也难以成为中国民法典的标签。

如果说中国的民法典有自己的特殊之处的话，恰恰不在于其内嵌的时

① 王利明：《民法典的时代特征和编纂步骤》，《清华法学》2014年第6期。

② 王利明：《民法典的时代特征和编纂步骤》，《清华法学》2014年第6期。

③ 石佳友：《治理体系的完善与民法典的时代精神》，《法学研究》2016年第1期。

④ 梁慧星：《民法典编纂中的重大争论——兼评全国人大常委会法工委两个民法典人格权编草案》，《甘肃政法学院学报》2018年第3期。

间维度，毕竟其他国家在本世纪制定的民法典也可以称之为是21世纪民法典，甚至可以说，今后制定的民法典更能体现21世纪的性质，现在已经显现的信息社会和大数据时代、高科技时代和知识经济、经济全球化、资源环境恶化、风险社会等特征，只不过是21世纪前20年的现象而已。中国民法典的特殊性在于其国家性。我们是中国特色社会主义国家——这才是世界上大多数国家都在关心和关注的，也是我们需要特别说明的地方。在社会主义初级阶段，市场经济为传统社会主义提出了新的命题，这也是中国化马克思主义的理论创新所在，正如强世功教授所指出的："习近平时代面临的重大任务是建构与中国特色社会主义市场经济相适应的上层建筑。"[①] 在这个意义上，本章从政法法学的角度解读民法典的尝试，既是在试图提炼民法所确认的经济秩序背后的新宪制秩序，也为法学研究如何整合社会主义初级阶段各种价值提供了一个注脚。从长时段的角度来看，民法典需要注意自由主义传统与革命两大传统，由此回应"通三统"命题对中国法律体系提出的挑战。[②]

时至今天，《民法典》已经出台，这一任务从立法者转移到适法者和释法者——需要在司法实践中和学术研究中发掘社会主义进入民法议题的场域与方法。对于学术界而言，发掘和阐发中国民法典的社会主义底色是一项不可推卸的使命，这既是回应法律实践中难题的重要资源，也与当前的国家使命相连。仍以人格权问题为例，民法典对人格权的保护更多是一种形式平等的保护，而从社会主义的角度来说，保护弱者具有天然的正当性，对底层的关注不仅是中国立法的基本精神之一，也是中国特色社会主义的核心关怀，"中国始终秉持社会主义的基本价值观，在市场经济的条件下依然不遗余力地捍卫'经济平等'和'经济民主'这个价值，从而不断缩小阶层之间、城乡之间、地区之间和民族之间的经济差距"[③]。然而，中国的法律制度本身早就成为了对既得利益者更为有利的保护机制，"单

---

① 强世功：《哲学与历史——从党的十九大报告解读"习近平时代"》，《开放时代》2018年第1期。

② 邵六益：《创造性地理解和诠释中国自己的法治实践：从实际出发推动法学学术创新》，《人民日报（学术版）》2017年11月6日。

③ 强世功：《经济发展道路的中美分歧与中国方案》，《中央社会主义学院学报》2019年第6期。

纯依靠法治可能会面临许多障碍，如无力迅速有效解决社会冲突引发的危机，或因缺乏合宪性审查机制而不能及时纠正立法权、行政权运用不当的后果，或耽于完备而烦琐的程序而贻误民生所需之公共物品的开发和供给的时机”①。民法作为私权至上的最重要的武器，有滑向保护既有制度的危险。冯象先生冷峻地指出，现代法治已经蜕化为个别群体利益的代表，依法治国与人民的当家作主有可能产生抵牾。② 因此，中国民法典需要尊重个人创造，但不能成为固化法律及其背后利益格局的铁笼，这就需要在未来的《民法典》的适用与解释中，关注社会主义平等精神的应用。欧洲大陆民法典守护的资本主义经营机制以自由劳工、自由分工以及自由盈利为核心，而社会主义则源自对上述资本主义经济秩序的对抗，更重视自由价值之外的平等价值。③ 党的十九大指出，当前中国社会的主要矛盾已经转化为“人民日益增长的美好生活需要和不平衡不充分发展之间的矛盾”。民法典要更为关注社会平等，关注对难入法律之门的社会弱者的充分保护，这是社会主义民法典立法和实践的应有之意。至于民法典中社会主义的体现，本书将在下一章专门论述。

---

① 陈明明：《双重逻辑交互作用中的党治与法治》，《学术月刊》2019 年第 1 期。

② 冯象：《我是阿尔法：论法和人工智能》，中国政法大学出版社 2018 年版，第 84—87 页。

③ 刘小枫：《现代性社会理论绪论》，华东师范大学出版社 2018 年版，第 101—116 页。

第九章

民法典精神的政法解读

编纂《民法典》是中国法治进程中的一件大事。在民法学界的主流论述中，存在从19世纪民法典到21世纪民法典的演进，似乎中国民法典天然代表了21世纪。姑且不说21世纪的前20年是否完全释放了21世纪的全部可能，更为要害的是这一论述直接跨越了20世纪，忽视“20世纪中国”对民法典的塑造：不仅忽视了毛泽东时代的革命传统，也片面理解了邓小平时代的改革传统，更是对新时代缺乏理论自觉。如果说中国民法典具有世界意义和时代意义的话，恰恰是因为它超越了自由主义的19世纪原则，将20世纪中国的政治实践纳入其中，进而成为社会主义民法典的典型。只有放在共产党诞生100多年、新中国成立70多年的革命和建设语境中，才能释放中国民法典的全部意义。法学界在讨论民法典时应时刻谨记“先有共和国，后有民法典”“先有人民，后有公民”，只有在尊重这一基本常识的基础上，重视民法典的社会主义性质并在适用中加以坚持，才有可能发掘中国民法典对于世界的贡献。

2021年1月1日，《中华人民共和国民法典》正式生效，民法学研究真正进入了“民法典时代”。[①] 学术界对民法典的热烈讨论已经持续多年，2020年，民法典更是中国法学界最为现象级的热门话题，位列多家机构联合评选的2020年度“中国十大学术热点”，几乎所有的法学核心期刊都推出了“民法典专题”。民法典还以各种方式进入人们的日常生活，民法典进街道、进社区、进学校、进幼儿园、进医院、进企业都在有条不紊地推进，网络上也有不少民法典宣传片，兰州大学在民法典生效的前一天2020年12月31日成立了专门的“民法典研究院”。为什么民法典引发了如此广泛的讨论？这与《民法典》的重要性分不开。中国民法典是“一部体现我国社会主义性质、符合人民利益和愿望、顺应时代发展要求的民法典”[②]。这一定性非常精准，体现了中国民法典的社会主义性质、人民性和时代特征。学术界的研究更多是围绕上述判断的后两条展开，如对民法典将人格权独立成编意义的升华、对民法典21世纪时代特征的提炼等。其实，人格权的独立成编并非中国民法典的首创，而2019年制定的民法典也很难讲已经完全释放了21世纪的核心议题。笔者认为，中国《民法典》对世界的贡献不仅在于人格权的独立成编或似是而非的“21世纪性质”，更在于其社会主义性质。

《民法典》在第1条两次提到了“社会主义”：“为了保护民事主体的合法权益，调整民事关系，维护社会和经济秩序，适应中国特色社会主义发展要求，弘扬社会主义核心价值观，根据宪法，制定本法。”因此，民法学在研究《民法典》时不得不关注社会主义议题，如对民法典“社会主

① 王利明：《民法学：民法典时代的解释论图景》，《检察日报》2021年1月5日。

② 习近平：《充分认识颁布实施民法典重大意义　依法更好保障人民合法权益》，《求是》2020年第12期。

义核心价值观”条款的研究。研究者认识到《民法典》第1条体现了“社会主义核心价值观塑造民法典灵魂”，但后续讨论停留在德治与法治互动的层次上，“把社会主义核心价值观融入民法典，正是坚持依法治国和以德治国相结合的必然要求。以法治体现道德理念、强化法律对道德建设的促进作用，将推动社会主义核心价值观更加深入人心”①。对民法典社会主义性质的理解不应该流于字面，而应该关注社会主义的实质规定性。上一章从社会主义政法体制的角度撰文，对民法典编纂过程中的社会主义议题进行讨论，文章认为前几次编纂民法典不成功的重要原因是，新中国所确定的区分化政治逻辑与19世纪民法的个人本位之间存在内在张力。而此次民法典编纂能够成功乃是因为发展了的法治理念，借助知识整合的方式，将社会主义过渡阶段的不同法治传统纳入民法典，进而将社会主义视为中国民法典的精神品质与技术特征。在上一章单篇发表后的多次学术报告与交流中，不少学者对民法典的社会主义性质命题仍心存疑虑，最有代表性的质疑集中在以下两个层面：

第一，不少人认为民法典是私法，对包括“社会主义”“绿色”在内的公法原则应该谨慎回应。比如，环境法学界所主张的“绿色原则”入（民法）典就经历了曲折的历程。② 公私法之分是大陆法系的基本原理，但这一立场早已出现松动，公法的私法化和私法的公法化已是普遍现象。③ 而且我国民法学界的公私二分立场并不彻底，民法学界在反对公法原则影响私法的同时，将私法原则辐射公法领域视为理所当然，这种理解甚至是不自觉的。比如，有学者认为民法典规定“居住权”制度后，可以

① 张毅等：《人民美好生活的法治保障——写在〈中华人民共和国民法典〉诞生之际》，《人民日报》2020年5月31日。

② 在编纂《民法总则》过程中，大家对是否要确立“绿色原则”是存在争议的。据吕忠梅教授等人的阐述，在全国人大常委会的三次审议中，常委们对“绿色原则”的去留有分歧，学者中间也是如此。比如，有人认为绿色原则属于《环境保护法》的基本原则或基本原理，规定为民法原则的话，对如何贯彻、如何体现还存在疑问。2016年12月提请全国人大常委会审议的《民法总则草案》（三审稿）中删去了“绿色原则”。后来在各方要求下，2017年3月提请十二届全国人大五次会议正式审议通过的《民法总则》又恢复了。参见吕忠梅课题组：《“绿色原则”在民法典中的贯彻论纲》，《中国法学》2018年第1期。

③ ［德］拉德布鲁赫：《法学导论》，米健译，商务印书馆2013年版，第88页。

由政府在廉租房或公租房上为住户设置居住权，进而保障公民的基本生活要求。[①] 但只要分析民法典的相关条款就会发现，民法典第 14 章对“居住权”的设计，乃是限定在家庭成员或其他平等民事主体之间的，并不能指向政府机构所有的房屋。第二，有学者对笔者进一步追问，什么是社会主义？我国《民法典》的社会主义性质，与西方所说的任何民法都有的“一滴社会主义的油”有何区别？民法典作为私法基本法与社会主义能否共存？甚至有人质疑，在今天提社会主义还有何意义？这些质疑让笔者感到，有必要对民法典的社会主义性质命题做进一步研究。笔者认为不能简单地以质疑者忽视四项基本原则来回答，而是应该进行平等的学术讨论，以推进对相关问题的理论研究。

笔者经过研究后发现，民法学研究中还存在比较明显的 19 世纪想象，将民事主体形式平等、私有财产权神圣、契约自由、个人责任等作为基本假设，并在此基础上实现对私权的保护和对公权的限定。然而，中国民法典并非天然地、无缝对接到 19 世纪民法精神，而是建立在人民共和国的宪制基础之上的。在共和国的政治传统中，重视实质平等是毛泽东时代留给我们的宝贵遗产，同时，改革开放后的社会主义实践为不同价值的融通提供了技术手段，也为中国民法学提供了知识整合的可能。理解新时代民法典的重大意义，必须要尊重 20 世纪中国的革命与建设实践，认真对待毛泽东时代和邓小平时代的重要知识传统，如此才能回答民法典社会主义性质的命题。当然，需要在此声明，笔者并不否认民法典的私法性质，而是要致力于揭示民法典的特殊性“社会主义性质”——这正是中国民法典较之法、德民法典的特色所在，尝试为主流民法学的研究提供一个新视角。

第一节　民法研究中的 19 世纪想象

民法学界将我国民法典理解为个人民事权利的保障书。比如，中国民法研究会会长、中国人民大学法学院王利明教授多次强调“民法典是权利

① 杜丽萍：《居住权的设立和完善》，《山西省政法管理干部学院学报》2020 年第 4 期。

保障的宣言书"[①]。全国人大宪法和法律委员会委员、中国社会科学院学部委员孙宪忠研究员认为："民法典从第一条开始到最后一条，都是围绕着承认和保护民事权利、指引主体如何行使权利展开的。"[②] 权利保障体现了我国民法典的重要特征，符合经典的19世纪民法典的想象：借助民法典所确立的公民平等、私有财产权，能够起到一种秩序再造的功能，使得民法典承担起事实上的"宪法"功能，这也是大家对民法典寄予厚望的重要原因。1804年法国民法典将这种全新的资本主义法权理论和世界观逐步推广到全世界，但也正因此拿破仑才对自己的民法典充满自信，"我真正的光荣，并不是打了40多次胜仗，滑铁卢一战就让所有战绩一笔勾销。但有一样东西是不会被人忘记的，它将永垂不朽，那就是我的《民法典》"。尽管民法学者大多将中国民法典视为一部21世纪民法典，但是学界的基本假设依旧停留在19世纪的民法理念上。这种时间错位既体现在一些基本认识上，也体现在对"社会主义"议题的不充分研究上。

自由民主制建立在形式平等基础上，这种平等需要借助19世纪民法的基本原则去推动，需要自由竞争的经济秩序去保障。很多研究将民法典与市场经济进行绑定，对多年前"市场经济是法治经济"的命题做了一个不自觉的推论：没有市场经济就没有法治、没有民法典。民法学界诸多重量级学者都将前几次编纂民法典失败的重要原因归结为市场经济的付之阙如。有学者在2016年撰文提炼了制定民法典的几项必要条件，并逐个论述中国尚不具备这些条件。比如，中国缺乏平等主体，尤其是国企与私企不平等；中国的私有财产并不神圣；人作为最高价值的权利主体地位并未得到承认。[③] 将民法典与市场经济、自由主义的民主法治进行绑定后，很多民法研究者致力于完成民法典对市民社会的塑造，进而奠定自由民主制的宪制基础。

在民法典编纂之后，仍有研究指出民法典所应该秉持的主体平等、财产神圣、人权至上等理念与中国宪法的社会主义性质条款之间存在张力，

① 王利明：《民法典是权利保障的宣言书》，《光明日报》2020年5月24日。

② 孙宪忠：《民法典是国家治理现代化的重要提升》，《经济参考报》2020年7月7日。

③ 王志华：《论民法典的革命性——制定中国民法典的时代意义》，《中国政法大学学报》2016年第5期。

进而主张改变宪法规定以符合民法理念。该项研究认为，在民法的逻辑中应该平等保护所有财产，宪法规定了“社会主义的公共财产神圣不可侵犯”，却对私有财产没有这样的规定，由此带来公私财产在保护范围、保护条件、保护理念等多方面的不同；宪法对公私财产的不同保护妨碍了民法理念的贯彻，“宪法公私财产的区别保护等法律观念亦会对民法典中的物权制度与保护观念产生相应的影响，民法典对宪法中集体所有权制度的贯彻，不但使长期存在的相关问题继续存在，而且可能使其变得更为复杂”①。为了解决这一冲突，研究者认为不应该根据宪法精神去解释民法，而是应该以民法反向影响宪法的思路：为了彰显平等保护，应该期待“私有财产神圣不可侵犯”原则在我国宪法和民法典中共同确立，“如此，‘权利神圣观念’便得以在我国大地上更为提升与弘扬，也会对各个部门法的权利保护提供制度性激励；而更为重要的是，可促进人们对法治的信仰以及对社会发展的信心”②。秉持着19世纪的法治理论，民法典与市场经济、私权至上等紧密关联，两组概念互相支撑：没有市场经济就没有民法典。反过来，有了民法典就必须保证私权至上——如果宪法规定与此不符，那就改变宪法。

实际上，民法典不仅有19世纪的法国民法典、德国民法典的范本，还有将社会主义原则贯彻落实其中的20世纪苏俄民法典和苏联民法典。然而在有些民法学者看来，1922年苏俄民法典、1964年纯粹社会主义类型的苏联民法典都不是民法典应该有的样子，直到1994年俄罗斯联邦民法典“才真正地恢复了民法典私法的本来面目”③，因为民法典需要建立在政治上的自由主义基础上，进而20世纪90年代俄罗斯的自由化改革就成为了“真正的”民法典的制定基础，“俄罗斯现代自由主义理论认为，俄罗斯正处于从极权体制向民主制度过渡阶段，这一阶段的主要特征是强调对个人权利的保护。应该说，这是对整个苏维埃时期对个人权利、人格尊严以及人本身漠视的深刻反思。只有完成这一过渡，国家和社会进入民主阶段之

① 彭诚信：《宪法规范与理念在民法典中的体现》，《中国法律评论》2020年第3期。
② 彭诚信：《宪法规范与理念在民法典中的体现》，《中国法律评论》2020年第3期。
③ 王志华：《论民法典的革命性——制定中国民法典的时代意义》，《中国政法大学学报》2016年第5期。

后，才会在国家、社会与个人权利、利益方面寻求平衡”[①]。

上述观点显然是有问题的，所谓的“俄罗斯民主转型”能否成功是令人怀疑的，即便俄罗斯人民自己也在反思。对苏联的瓦解和俄罗斯的失败转型，我们党和国家、人民要时刻警惕并要避免，但是在这位民法教授看来，我们反思苏联解体恰恰犯了方向性错误——我们应该接受俄罗斯20世纪90年代后的这种“时代变革”，并认为正是因为我们没有经历俄罗斯式的剧变、人权保护工作做得不好，所以才被美国批评。作者甚至认为我们不应该把精力放在驳斥美国的无端指责上，而是应该思考如何开启俄罗斯式的“民主改革”：“俄罗斯的时代变革值得我们反思。但是，现阶段中国正在反思俄罗斯的是另一种东西：不是俄罗斯新时代如何开始，而是那个曾经追随的时代是如何结束的，并极力避免重蹈覆辙。从思想和理论上，中国尚未接受俄罗斯的新时代变革。因此，美国国会每年的人权报告关于中国部分，都成为中国官方需要费尽功夫去反驳的重要课题，而并不关注中国人权是否存在问题。”[②] 能够不顾事实地对俄罗斯的复杂转型如此肯定，学术上的原因很可能是接受了自由主义的政治叙事。[③] 无论是宪法还是民法，都不能够成为“自杀契约”，维持国家宪制秩序的稳定是第一要务。[④] 然而在接受了19世纪民法理念的学者看来，借助民法推动国家的政治改革似乎成为时代的必然选择。

民法学以19世纪的想象裁剪中国事实，导致了对中国制度的极度不自信，甚至连中国法定婚龄较高都成为民法学者自我反思的原因，“除了上述财产权利，在中国现行体制下非财产权利也表现得严重不足。如规定的婚龄，中国法规定差不多是最高的，男22岁，女20岁。多数国家比中国

---

① 王志华：《论民法典的革命性——制定中国民法典的时代意义》，《中国政法大学学报》2016年第5期。

② 王志华：《论民法典的革命性——制定中国民法典的时代意义》，《中国政法大学学报》2016年第5期。

③ 无独有偶，有研究发现，我国的刑法学界所主张的“去苏俄化”、教义学化背后也隐藏着自由主义的基本假定。参见邵六益：《法学知识“去苏俄化”的表达与实质——以刑法学为分析重点》，《开放时代》2019年第3期。

④ 参见［美］理查德·波斯纳：《并非自杀契约：国家紧急状态时期的宪法》，苏力译，北京大学出版社2010年版。

规定的都要小 2~4 岁。实践表明，提高婚龄与结婚早晚没有多少关系，与计划生育少生孩子则更少联系。而这样的规定则违反自然法则，当然也侵害到个人权利。我们随时都能感受到，我们生活在一个较少选择的社会。”① 每个国家的法定婚龄的确有着复杂的政治经济社会因素考量，但是在这位民法学者看来，却成为了对自然法则、个人权利的侵害。也正是因为中国的民法学研究带有的强烈的 19 世纪想象，使得大家在讨论民法典的“社会主义”相关议题时存在很多误区，相关研究陷入“道德化”或“去政治化”之中，解构了社会主义的真正含义。

第二节　民法典研究的社会主义视角

在 20 世纪 80 年代的民法研究中，我们对“社会主义”有着较为准确的理解和旗帜鲜明的肯定，如陶希晋在分析有中国特色的社会主义民法时认为，“社会主义原则”在财产问题上突出表现为保护社会主义财产所有权制度——国家所有权、劳动群众集体组织的财产所有权、公民个人所有权，但“其中最重要、最根本的首先是保护我国社会主义的公有制”②。而近些年来，部分学者对社会主义的理解趋向简单化，笔者经过研究发现，当前法学界在讨论民法典的社会主义议题时有些似是而非，更多从语词上去理解社会主义，落入两种研究误区：一种误区是对社会主义进行“道德化”的解读，将社会主义等同于某些美好“大词”；另一种误区是对社会主义进行“去政治化”重塑，将社会主义变成了中立性的表述。

一、似是而非的“社会主义”研究

对民法典中的“社会主义”议题进行道德化理解主要体现在民法学界的研究中。《民法典》第 1 条提出了“中国特色社会主义”“社会主义核心价值观”两个概念，民法学研究更多关注后者，但在相关解读中并未认真

---

① 王志华：《论民法典的革命性——制定中国民法典的时代意义》，《中国政法大学学报》2016 年第 5 期。

② 陶希晋：《论我国社会主义民法的指导原则》，《现代法学》1984 年第 1 期。

探究社会主义核心价值观中的“社会主义”内核，而是简单地将社会主义与一些常见的价值理念进行拼凑。比如，有研究认为以社会主义核心价值观指引民法典编纂体现了“德治润泽法治”，而至于什么是社会主义核心价值观，则附会地对 24 字的社会主义核心价值观进行阐释，将自由、平等、公正嫁接到民法典第 5 条、第 4 条、第 6 条的规定上。[①] 更有甚者，简单地对 24 字社会主义核心价值观进行组词配对，提出诸如“富强与民法制度”“民主与民法精神”“文明与民法文化”“和谐与民法理念”等组合去依次阐述 12 个关键词。[②] 社会主义核心价值观被简化为道德问题，这在婚姻家庭编的研究中体现得最明显。

婚姻法专家龙翼飞教授认为，国家编纂民法典应当高度重视社会主义核心价值观的融会贯通，“社会主义核心价值观是民法典婚姻家庭编的立法灵魂，社会主义法理思想是民法婚姻家庭编的立法思想基础”，如何贯通社会主义核心价值观与民法典？后续的论述很快滑向诸如优良家风、家庭美德等“大词”层面，“在编纂民法典婚姻家庭编时，应当将树立优良家风、弘扬家庭美德、重视家庭文明建设作为该编的重要的立法原则”[③]。与之相似，有学者认为社会主义核心价值观要求民法典家事财产法制发挥教育功能，以实现“让每一个生活在家庭中的人都感受到亲人的暖、道德的善，让每一个未成年人受到良好家教、家风的熏陶，树立正确的人生观、价值观”[④]。法律与道德的互动乃是法学导论阶段很常见的分析框架，且不说“亲人的暖”“道德的善”是否应该由民法来强制推行，关键在于民法典引入社会主义核心价值观主要目的并不是解决道德问题，而是希望借助“社会主义”的关键词，将中国民法典与 19 世纪的资本主义民法典予以区分。

① 谢天长、叶琛：《社会主义核心价值观与〈民法典〉编纂》，《福建论坛·人文社会科学版》2020 年第 9 期。

② 钟瑞栋：《社会主义核心价值观融入民法典编纂论纲》，《暨南学报（哲学社会科学版）》2019 年第 6 期。

③ 龙翼飞：《编纂民法典婚姻家庭编的法理思考与立法建议》，《法制与社会发展》2020 年第 2 期。

④ 马新彦：《民法典家事财产法制的教育功能——以社会主义核心价值观为价值理念的研究》，《当代法学》2020 年第 1 期。

宪法学者近年来对“社会主义议题”做出了非常有力的探索，如财产的社会义务、社会主义与中国的内外关系等，[①] 对民法典的公法性质、宪法精神等有更多的理论敏感度。张翔教授在讨论民法典的人格权问题时就自觉地关注到社会主义议题，将宪法学与民法学进行有意识地关联，这也与他一贯地注重宪法学与部门法对话的研究旨趣相一致。[②] 张翔教授指出：“最早主张在民法典中规定一般人格权的人是基尔克，他提出这种主张就是出于强调私法的社会功能，或者说是出于社会主义的立场。”[③] 在另外两位宪法学者的合作研究中，也援引了张翔教授的观点以阐述德国民法典中的“社会国”理念，他们认为社会主义是比社会国内涵更丰富、更高层级的价值体系，社会主义要实现的是惠及全民的福祉，不仅保护公民的权益，更要保护弱者和个人全面发展，还要保护国家制度社会平等以及更有序的社会环境，并以民法典第 86 条承担社会责任的规定、第 185 条保护英雄烈士权益的规定作为例证。[④] 龙卫球教授也对民法典规定的见义勇为减免责任、侵害烈士利益承担特殊责任规则高度重视，将其理解为社会主义的要求的体现。[⑤]

宪法学者在研究民法典时对社会主义的关注很有意义，不过仍有待深入，如果说基尔克“社会国”理论首开民法典的社会主义思考的话，那么，仍需要解释社会主义与“社会国”理论的显著差别。这些研究在讨论社会主义问题时，对基尔克的“社会国”理论、《魏玛宪法》、德国基本法着墨不少，却对马克思主义、阶级问题、革命问题很少提及。由于对社会主义本身阐释不足，使得社会主义原则被突兀地与民法典的私法逻辑混合在一起，龙卫球教授也因此才认为，我国《民法典》的两大基本立法思想——加强市场法律制度建设要求与适应中国特色社会主义发展要求之间

---

① 张翔：《财产权的社会义务》，《中国社会科学》2012 年第 9 期；常安：《中国宪法文本中的“内”与“外”》，《学术月刊》2020 年第 12 期。

② 张翔：《刑法体系的合宪性调控——以“李斯特鸿沟”为视角》，《法学研究》2016 年第 4 期。

③ 张翔：《民法人格权规范的宪法意涵》，《法制与社会发展》2020 年第 4 期。

④ 秦前红、周航：《〈民法典〉实施中的宪法问题》，《法学》2020 年第 11 期。

⑤ 龙卫球：《中国〈民法典〉的立法价值》，《探索与争鸣》2020 年第 5 期。

存在矛盾和张力。[①] 回答这一问题可以从宪法的丰富价值体系入手，韩大元教授认为，编纂民法典的“最核心问题”是去贯彻党的十八届四中全会《决议》提出的“所有立法要符合宪法精神”，宪法精神体系复杂，包含了很多价值，民法典中的宪法精神表现为“整个民法体系的基础是宪法所体现的人权保障与公权的约束”。[②] 对宪法精神的过滤性解读后，民法典所体现的宪法精神，就与18世纪末兴起、19世纪盛行的资本主义民主法治国的基本框架一致——保障私权，限制公权。[③] 在某种程度上我们也可以说，关注民法典社会主义性质的宪法学研究，也存在一定意义上的19世纪想象。通过将这一“地方性知识”的19世纪法治国理论上升为“普适性原理”，终结了政治辩论和继续讨论的可能，从而实现了“去政治化”的构建。[④] 改变民法典研究中的两大误区，就必须从19世纪的想象中解脱出来，将20世纪中国走向社会主义的历史过程揭示清楚，认真对待民法典的社会主义性质命题。

二、认真对待“社会主义性质”命题

中国民法典建立在社会主义政法逻辑之上，从阶级的视角去理解人民的构成，并借助区分化逻辑实现同质化的政治构建。[⑤] 从前几次民法典编纂失败，到2016年后成功编纂，关键不在于是否有市场经济——中国自1993年开始就已经逐步建立了社会主义市场经济，而在于我们对社会主义法治有了更为自信的认识，能够将社会主义关于阶级的理解与民法理论中关于私权的观点结合在一起，从而使得民法典能够在社会主义中国诞生。此处我们可以再回顾一下2006年巩献田教授对《物权法（草案）》的违

① 龙卫球：《中国〈民法典〉的立法价值》，《探索与争鸣》2020年第5期。

② 韩大元：《民法典编纂要体现宪法精神》，《国家检察官学院学报》2016年第6期。

③ 参见［德］卡尔·施米特：《宪法学说（修订译本）》，刘锋译，上海人民出版社2016年版，第179—181页。另外需要指出的是，施米特与纳粹并没有直接关系，尽管今天有人认为施米特是纳粹法学家，却不知道当年施米特是多么坚决地主张消灭纳粹政党。参见刘小枫：《被斩首的人民身体——人民主权政体的政治神学和史学问题》，载［德］恩内斯特·康托洛维茨：《国王的两个身体》，徐震宇译，华东师范大学出版社2018年版，第19页。

④ 关于“去政治化”的含义，可参见汪晖：《去政治化的政治：短20世纪的终结与90年代》，生活·读书·新知三联书店2008年版，第16—23页。

⑤ 邵六益：《民法典编纂的政法叙事》，《地方立法研究》2020年第5期。

宪质疑：《宪法》仅仅规定公有财产神圣不可侵犯，《物权法》如果规定私有财产亦神圣不可侵犯，是否违背了社会主义关于公私财产的不同定位?[①]《民法典》第206条直接援引《宪法》第6条、第11条关于社会主义经济制度和分配制度的规定，以此解决本来难以回应的公私之别。也就是说，民法典本身并没有对公私财产的差别化问题给出答案，而是采取技术性的思路——直接援引宪法条文——去回答这一难题。这就要求我们回过头去理解《宪法》关于“社会主义市场经济”的规定。[②]

在1992年2月的南方谈话中，邓小平对社会主义与市场经济的关系做了定性：“计划经济不等于社会主义，资本主义也有计划；市场经济不等于资本主义，社会主义也有市场。”[③] 1992年党的十二大正式提出了要建立社会主义市场经济体制，1993年宪法修改时加入社会主义市场经济的条款，将宪法第15条中的“国家在社会主义公有制基础上实行计划经济”修改为“国家实行社会主义市场经济”。“社会主义市场经济”的新提法包含了传统上不能兼容的“社会主义”和“市场经济”两种因素，也完成了中国宪法法律体系中两大传统的融合。在中国民法典的编纂和今后适用过程中，正需要这种知识整合的技术。宪法学者在讨论民法典时已意识到了不同价值之间可能存在冲突。比如，张翔教授对宪法的“社会主义原则”在民法中的表达进行了研究，发现《民法典》的社会主义因素与《宪法》中的市场经济、私有财产权、其他自由权的规定之间存在张力，进而认为《民法典》中并立的这些立场需要在实践操作中调和。[④]

这种包容各种不同传统的解释进路在思想上被甘阳称为“通三统”命题，在宪制实践中被阿克曼称为“代际综合”命题。在对我国批判法学的研究中，强世功教授洞察到古典礼法传统、社会主义政法传统和改革开放

---

① 巩献田：《一部违背宪法和背离社会主义基本原则的〈物权法（草案）〉——为〈宪法〉第12条和86年〈民法通则〉第73条的废除写的公开信》，《经济管理文摘》2006年第8期。

② 对“社会主义市场经济”的法教义学解读，可参见韩大元：《中国宪法上“社会主义市场经济”的规范结构》，《中国法学》2019年第2期。

③ 《邓小平文选》第3卷，人民出版社1993年版，第373页。

④ 张翔：《民法人格权规范的宪法意涵》，《法制与社会发展》2020年第4期。

以来形成的法治传统之间的综合。[①] 黄宗智先生认为中国包含三大法律传统，分别是古代的“中华法系”传统、清末民国后从西方尤其是大陆法系移植的成文法理论，以及20世纪中国的革命传统。民法典编纂侧重的是从西方引入的成文法理论，但是如果我们从长时段的角度来看，民法典编纂还需要注意古代和法与革命两大传统，唯此才能“不再是简单地对现代西方的‘继受’和仿效，才可能成为真正是‘中国特色’的正义和法律体系，为中国、为人类做出更重要的贡献”[②]。民法学界对自由主义传统非常熟悉，近些年来不断学习德国民法学说。比如，通过我国台湾地区而引入的精巧的“请求权基础”理论。[③] 也有很多学者对传统中国的儒家思想与民法典的关系进行研究。[④] 与此形成鲜明对比的是，大家对20世纪的社会主义的革命传统表现出较大的陌生感，更有学者主张对苏联社会主义民法进行彻底地清理。[⑤] 因此，知识传统整合的关键在于如何将20世纪的革命传统纳入民法典的讨论，研究民法典的社会主义性质恰好能够弥补上述不足。

第三节　社会主义在民法典中的体现

以民法确定社会同质性基础，进而在此基础上建立国家政权，这是近代社会契约理论在19世纪的实践，但这种建国理论并非唯一，更不符合20世纪中国通过革命手段成立新中国的历史经验。社会主义不仅是民法典体现的一种价值，更是共和国宪制基础，是民法典的基石性价值。“先有共和国，后有民法典”恰当地揭示了社会主义之于民法典的真正含义。谈论社会主义就必须要与20世纪中国革命联系起来，社会主义打造了国家认

---

① 参见强世功：《批评法律理论的场域——从〈秋菊打官司〉看批判法律理论的转向》，《学术月刊》2019年第10期；强世功：《中国法治道路与法治模式——全球视野与中国经验》，《行政管理改革》2019年第8期。

② 黄宗智：《中国正义体系的三大传统与当前的民法典编纂》，《开放时代》2017年第6期。

③ 在北京大学法学院的民法课程中，大约从十多年前开始，就已经将“请求权基础”概念作为分析民法思维的基石性概念。参见王泽鉴：《民法思维：请求权基础理论体系》，北京大学出版社2009年版。

④ 宋玲：《中国传统法的民族精神与现代转化》，《中共中央党校（国家行政学院）学报》，2020年第6期。

⑤ 杨立新：《编纂民法典必须肃清前苏联民法的影响》，《法制与社会发展》2016年第2期。

同的社会基础，将实质平等理念灌输到全体人民心中，成为毛泽东时代留给共和国的重要遗产，这一知识传统是其他国家和地区所不曾拥有的。① 正是因为这种基础性的差异，决定了我国民法典与19世纪民法典存在重要差别，中国民法典必然会突破19世纪民法原则的限定。下面笔者将力图论证，社会主义作为共和国的基本原则，为民法典奠定了宪制基础；同时将以人格权是否独立成编争议、离婚冷静期争议为例证明，我们对民法典相关问题的分析需要重新回到马克思主义阶级分析的立场上来。

一、社会主义奠定民法典的公法基础

民法典在19世纪的确起到重要的宪制功能，今天这种功能已大为减弱，西方也出现了“解法典化”的趋势，不断侵蚀和解构民法典的私法自治性。民法典衰落后，在法律体系中处于中心地位的是宪法，宪法通过设置一些限制性的原则，避免议会之中多数派对政治上少数的压制，同时也改变了被民法视为圭臬的形式平等原则。② 为什么可以背离形式平等的私法原则？关键在于社会现实的变化。人类社会已经不再如社会契约理论的思想实验中所设想的那般由原子化个人构成，而是存在各种差异，分歧的诉求背后隐藏着资本对个人的控制，民法精神的改变实际上是大转型时代社会自我保护运动的组成部分，③ 因此“基尔克为民法典的修改提出了大量技术性建议。这些建议旨在强化家庭、保护土地所有权和传统农村社会免受城镇资本主义的入侵，并提升自愿组建之协会的地位”④。法学界看到了人类社会的分化和大转型引发的变化，但是相关分析还未触及阶级概念。

在马克思主义看来，人类社会自原始社会后期就出现了阶级分化，这

---

① 甘阳：《通三统》，生活·读书·新知三联书店2007年版，第4页。

② 薛军：《“民法—宪法”关系的演变与民法的转型——以欧洲近现代民法的发展轨迹为中心》，《中国法学》2010年第1期。

③ 参见［英］卡尔·波兰尼：《大转型：我们时代的政治与经济起源》，冯钢、刘阳译，当代世界出版社2020年版；更多的还可参见王绍光：《波兰尼〈大转型〉与中国的大转型》，生活·读书·新知三联书店2012年版。

④ 魏磊杰：《欧陆民法与宪法关系之演变：基于立法史的考察》，《地方立法研究》2020年第1期。

种分化存在一条基本规律，那就是两个相互对立的阶级及其核心矛盾形成了社会的基本框架，一个阶级取代另一个阶级的统治是社会演进的实质所在，由此贡献了完全不同于社会契约论的国家理论。近代民法规定的形式平等带有非常强烈的时代特性，19 世纪民法只不过是资产阶级意志的体现，法律规定的政治权利、形式平等的真正实现，需要建立在社会层面共识和均富贵的基础之上。社会同质性是近代政治哲学的隐匿前提，在当今的国家构建中具体化为民族同质性或者阶级同质性，新中国成立以来的政治实践也遵循了打造无产阶级同质性的路线。[①]

在新民主主义革命过程中，中国共产党娴熟地使用社会主义作为统合的工具，驯化不同群体间彼此相异的诉求，将大家整合到一起，以此实现合众为一的政治塑造。比如，在我们比较熟悉的农村土地革命中，一方面需要解放农民，另一方面又要适时地限制农民的立场，确保农民“翻身”后农村的生产秩序；同样地对性别解放也采取相似的思路。一方面赋予女性各项新式自由，另一方面也要避免她们过度自由化而导致家庭关系不稳定、引起参战军人的反对。无论是对农民斗地主程度的限制，还是对妇女解放的控制，抑或是对少数民族的改造，都需要借助社会主义的教育和驯化。[②] 在新中国成立之后亦是如此，国家并未将纯粹的无产阶级化作为方向，而是借助社会主义的政治塑造，将单个工人的诉求、工人群体的集体主张纳入国家大局，进而短暂地接受民族资本家的剥削或者服从于更为严格的劳动纪律，都不会影响工人阶级主人翁地位的实现，反而成为社会主义主人翁承担光荣使命的体现。[③] 在民法典的语境下，社会主义政治塑造的关键便是为民法所需要照顾的各方利益寻找恰当的平衡点，在达到这一平衡的过程中时刻需要借助社会主义制度实践。中国民法典并非诞生于社

---

① 邵六益：《同质性：卢梭公意思想中的隐匿命题》，《中国延安干部学院学报》2019 年第 6 期。

② 相关的讨论可参见黄文治：《民众动员视野下的中共与富农——以鄂豫皖苏区为中心的考察（1927—1932 年）》，《开放时代》2010 年第 10 期；黄文治：《“娜拉走后怎样”：妇女解放、婚姻自由及阶级革命——以鄂豫皖苏区为中心的历史考察（1922—1932）》，《开放时代》2013 年第 4 期；殷之光：《政治实践中的“中华民族”观念——从立宪到革命中国的三种自治》，《开放时代》2016 年第 2 期；常安：《社会主义与统一多民族国家的国家建设（1947—1965）》，《开放时代》2020 年第 1 期。

③ 邵六益：《社会主义主人翁的政治塑造（1949—1956）》，《开放时代》2020 年第 5 期。

会契约理论的思想实验之中，人民共和国为其奠定了公法基础，“社会主义”不仅是一种定性，也是一个政治过程——将多元的个体转换为统一的人民，民法典所预设的形式平等的公民则是法律拟制的结果，在这个意义上，“先有人民，后有公民”正确揭示了社会主义的基石意义。

这种塑造过程直至今天也没有完全实现，还需要不断借助革命或改革的方式来追求更高的同质性前提。只要在中国的宪法和法治中依然存在革命性的地方，这种阶级同质性塑造的过程就不会终结。革命问题在新中国成立前30年是重要的国家主题，改革开放后我们也意识到“改革也是一场革命”，新时代的“伟大斗争”更是延续了这一主题。其实，任何国家的宪法都会内含革命议题，不可能任由政治秩序走向停滞，如美国《宪法》开头就规定了一个不可能完全实现的远大目标：“为建立一个更完善的联邦，梳理正义，确保国内安宁，提供共同防务，促进公共福利，并保障我们自己及后代得享自由之恩赐。”① 今天的美国依然处在一个政治未定型的阶段，美国人民依旧可以借助斗争的手段来追求“更完善的政体”（*a more perfect union*），这也是阿玛尔构思其大作的核心理念。② 阿克曼曾指出，美国《宪法》条文虽然未曾大改，但是已经在宪制实践中不断更新了活宪法，从而实现了“一部宪法，三个政体”的演进，而且直到今天也未曾耗尽“我们（美国）人民”的全部动力。③ 也正是在这个意义上，没有特朗普的“特朗普主义”才具有了宪制意义。④ 回到中国宪制过程来看，革命议题远未终结，在我国现行《宪法》中“革命”一词出现了7次。同质化追求依赖于中国特色社会主义的不断发展，从理论上来说需要借助社会主义作为政治塑造机制，不断打造共和国的阶级基础。不仅如此，社会主义为民法典提供了不同于个人主义的价值理念和规范体系，下面以中国民法典的人格权独立成编问题、婚姻家庭编争议为例，揭示民法典规定背

① 王希：《原则与妥协：美国宪法的精神与实践（增订版）》，北京大学出版社2014年版，第799页。

② 参见 Akhil Reed Amar, *America's Constitution: A Biography*, Random House Trade Paperback Edition, 2006。

③ 参见［美］布鲁斯·阿克曼：《我们人民：奠基》，汪庆华译，中国政法大学出版社2013年版。

④ 左亦鲁：《里根政体的衰败与美国重建的特朗普道路》，《文化纵横》2020年第5期。

后的阶级问题，具体阐述民法典的社会主义性质。

二、人格权争议与“公民 vs 人民”之别

民法典保护的民事主体包括“自然人、法人和非法人组织”，其对“人”的理解是同质化的，这也是私法的基本假设。自然人就是拥有中国国籍的生物学上的人，其权利始于出生且一律平等。其他民事主体的权利与义务建立在私有财产和责任自负的基础上，也是同质化的。比如，法人是可以独立享有民事权利和承担民事义务的组织，其参与民事活动的限度是“以其全部财产独立承担民事责任”（《民法典》第 60 条），在这一限度内其权利能力和行为能力是同等的。非法人组织参与民事活动的限度亦是以财产为限，“非法人组织的财产不足以清偿债务的，其出资人或者设立人承担无限责任。法律另有规定的，依照其规定”（《民法典》第 104 条）。然而，置于社会主义的政法语境之中，人恰恰是分为不同阶级的。在新中国成立之初的“事实民法”中就贯彻了这一区分化逻辑，无论是当时的《土地法》还是《婚姻法》，对人的理解都是分阶级的，并且根据阶级身份赋予不同的权利；也正是因为这种差异化逻辑与经典民法的不同——民法对人的理解是同质化的，导致前几次民法典编纂失利。此次民法典编纂成功并不意味着清除了阶级的概念，在民法典编纂后，许多问题的争论背后都隐藏着阶级视角。中国民法典则是建立在“人民至上”“以人民为中心”的指导思想之上的，人民与公民之间存在较为明显的差异：人民是政治概念，并非借助权利逻辑形成，这就必然带来对私法至上的侵蚀。“公民 vs 人民”视角给我们的最大启示在于，形式平等与实质平等之间存在差异，法律的形式平等之下很可能造就现实中的巨大贫富差异，而这一点在相关的讨论中并未被重视。在这个意义上，不仅在民法典编纂时需要谨记“先有人民，后有公民”，在分析民法典的社会主义性质时仍需牢记这一基本的政治常识。

人格权是否应该独立成编可能是民法典编纂过程中最大的学术争议。以王利明教授为代表的学者持支持观点，认为人格权独立成编是中国民法

典对世界的重大贡献，体现了我国对人权的重视。[①] 而以梁慧星教授为代表的学者认为人格权的独立成编意义不大，而且这种选择可能会重蹈乌克兰民法典的覆辙，使得国家陷入到社会动荡之中。[②] 当然，将人格权独立成编的主张与“颜色革命”进行关联缺乏相应的论证。在大多数人看来，人格权问题与颜色革命并无直接关系，王利明教授也撰写长文予以反驳。[③] 不过梁慧星教授的质疑提出了一个值得思考的问题，民法典视野中的民事主体，到底是法律上的公民，还是政治概念上的人民？梁慧星教授的担忧从学理上来说涉及社会主义的一些基本议题。在现实生活中，中国社会已经分化成不同的层级，而且越来越多的研究表明，不同群体维护民事权利的能力存在显著差异。[④] 习近平法治思想“坚持以人民为中心”，“人民”不仅仅是民法视野中的民事主体，更是政治性概念的人民，推进民法典的实施也需要从人民而非同质化的民事主体的角度切入。《人民日报》评论指出：“坚持以人民为中心，要确保民法典得到有效贯彻实施。民法典是新中国成立以来第一部以‘法典’命名的法律，是新时代我国社会主义法治建设的重大成果。实施好民法典是坚持以人民为中心、保障人民权益实现和发展的必然要求。要加强民法典重大意义的宣传教育，讲清楚民法典涉及经济社会生活方方面面，同人民群众生产生活密不可分，同各行各业发展息息相关。”[⑤]

人民的权益与公民的民事权利之间存在不小的区别，以独立一编来保护公民的人格权并不一定就能更好地保护人民的权益，落实到实践中并不会平等保护所有人，尤其是中国特色社会主义进入新时代后，我国社会主要矛盾已经转化为人民日益增长的美好生活需要和不平衡不充分的发展之间的矛盾，不同地区的不同群体的诉求存在较大的差异甚至张力。社会主

---

① 王利明：《论人格权独立成编的理由》，《法学评论》2017 年第 6 期。

② 梁慧星：《中国民法典中不能设置人格权编》，《中州学刊》2016 年第 2 期。

③ 王利明：《民法典编纂中的若干争论问题——对梁慧星教授若干意见的几点回应》，《上海政法学院学报》2020 年第 4 期。

④ 程金华、吴晓刚：《社会阶层与民事纠纷的解决——转型时期中国的社会分化与法治发展》，《社会学研究》2010 年第 2 期。

⑤ 《人民日报》评论员：《坚持以人民为中心推进全面依法治国——学习贯彻习近平总书记在中央全面依法治国工作会议上重要讲话系列评论之二》，《人民日报》2020 年 11 月 21 日。

要矛盾的变化必然会对我国的各项事业产生新的要求，习近平总书记指出："我国社会主要矛盾的变化是关系全局的历史性变化，对党和国家工作提出了许多新要求。"[①] 就民法典而言，在不平衡不充分发展背景下，民法作为私权至上的最重要的武器，必须要"坚持以人民为中心"来推进民法典实施，避免因为过度强调形式上的人格权，而滑向保护既有利益者，导致贫富分化的进一步扩大。[②] 即便是西方的非马克思主义研究者也意识到，形式化的法律过程其实是制造不平等的核心机制，即持有资产者借用法律的手段，编码资本、制造不平等，最终法治蜕变为"资本用法律统治"[③]。面对社会分化和法律精致化带来的问题，我们应该仔细厘定"党"与"国"、"政"与"法"的关系，"确认中国共产党是以社会主义的公平理念和实质主义的道德理念为主的组织，其历史使命是维护社会公平、人民福祉、和谐等崇高的价值，并要防止、纠正既得利益群体对其的侵蚀。而国家机器，包括其正式法律体系，乃主要是在其领导下的行政体系中通过形式化—规范化、程序化、专业化的制度体系来执行党的目标机构"[④]。

三、婚姻家庭编争议背后的阶级问题

在民法典引发的讨论中，婚姻家庭编很受人们关注。民法典并没有将个人主义作为婚姻家庭的基本原则，而是延续了对传统家庭观和社会主义家庭观的认可。婚姻关系包括缔结与解除两个部分，在结婚问题上国家更为关注婚姻缔结之后的社会意义和政治意义，更多尊重个人意愿。比如，《婚姻法》曾将"婚前患有医学上认为不应当结婚的疾病，婚后尚未治愈的"规定为婚姻无效的情形，而《民法典》将之归属于可撤销婚姻的范围，表明立法者认识到生育在当前婚姻中地位的下降，体现出对爱情与个人自治的尊重。但是，《民法典》在离婚问题上的规定则更多考虑对整个家庭的影响。维护婚姻家庭稳定和弱者的利益，一直是各级法院司法裁判

① 习近平：《决胜全面建成小康社会　夺取新时代中国特色社会主义伟大胜利——在中国共产党第十九次全国代表大会上的报告》，人民出版社 2017 年版，第 11 页。

② 冯象：《我是阿尔法：论法和人工智能》，中国政法大学出版社 2018 年版，第 84—87 页。

③ 参见 Katharina Pistor, *The Code of Capital: How the Law Creates Wealth and Inequality*, Princeton University Press, 2019。

④ 黄宗智：《中国正义体系的三大传统与当前的民法典编纂》，《开放时代》2017 年第 6 期。

时重要的司法政策，即使在《民法典》实施之前，各级法院在离婚案件裁判中，会仔细地识别出婚姻双方之外的老人、未成年人的利益。①

就《民法典》颁布后社会大众最为关注的离婚冷静期而言，《民法典》第1077条特意规定了登记离婚的“离婚冷静期”，不少研究从个人主义的角度对其进行正当性论证，认为这是对个人意志自由的补充。比如，有研究从个体意志的理性程度入手，认为由于婚姻的情绪性、长期性以及年轻人的冲动对离婚后果考虑不周，陷入离婚争议的人难以符合“经济人”的假设，所以需要借助国家公权力的适当干预，迫使当事人在离婚决策时更为冷静，避免他们的轻率和冲动——将离婚冷静期视为补足理性经济人的理性不足、最终实现个人利益的最大化的手段。但是论者很快又指出，离婚冷静期导致了“年轻群体和女性群体”的担忧，可能会破坏离婚自由、造成国家权力对婚姻关系的过分干涉。② 这种解释在民法学界较有影响，但论述中存在明显的内在冲突：一方面将离婚冷静期看作国家权力对个人意志的补足，另一方面又担忧离婚冷静期破坏了婚姻自由。这种矛盾理解很大程度上来自论者完全从个人的角度出发，并未注意到国家的意图，更未意识到背后的阶级议题。

分析离婚冷静期会损害谁的利益、预测不同人对离婚冷静期的态度，需要超越对民事主体的同质化理解，引入社会分化的视角：年轻人更有可能反对离婚冷静期，因为他们有更多选择权；女性更有可能反对离婚冷静期，因为她们在结婚后更容易处于劣势地位。更为核心的标准乃是财富实力，婚姻中的强者更有可能支持离婚冷静期，这一种基本常识被法学界看破不说破，在很大程度上是因为法律精英们更多是婚姻中的强者。离婚冷静期到底是“婚姻的守护者”还是“自由的绊脚石”，关键要看是要守护那得来不易作为后半生依靠的婚姻，还是要保障婚姻中强者的再婚自由。③ 解释这一难题必须要将阶级的观念带进来，《民法典》婚姻家庭编在很大程度上坚持了马克思主义婚姻家庭观，试图维护弱者在婚姻中的平等

① 常伊蕾：《离婚房产分割影响因素实证分析》，硕士学位论文，中央民族大学，2020年。

② 申晨：《民法典婚姻家庭编的回归与革新》，《比较法研究》2020年第5期。

③ 徐艳红：《“婚姻的守护者”还是“自由的绊脚石”》，《人民政协报》2020年12月24日。

选择权，抵制资本主义化对婚姻家庭的侵蚀。

在共产主义社会到来之前，人类社会的分阶级、分阶层是一种必然。[①] 在人类社会的多重关系中，只有爱情是最能打破各种社会壁垒的，苏力教授用他一贯的生活敏感度犀利地指出，“爱慕之心会无中生有，不请自来”，爱情在具有创造性的同时也对社会秩序具有破坏性，因此任何社会都对男女的自由恋爱进行控制，目的是制止跨越阶层的婚姻带来的混乱。[②] 中国古代事实上确立了阶级内婚制，婚姻从来不是个人的事情，婚姻与个人的爱情无关，甚至只要公婆反对就得离婚，《孔雀东南飞》的故事就说明了这一点。当然，费孝通也指出对情爱进行限制的社会功能，古代社会对婚姻爱情的抑制乃是为了将更多的注意力放在生产上，“相敬如宾”是传统社会自发但有效的社会规范。[③] 婚姻的礼法规范确立的“七出三不去”的基本原则背后就是国家意志，只要儿媳为公婆守孝三年，即便婚姻双方没有了感情也不得离婚。瞿同祖就发现，“曾持翁姑之丧便是三不去条件之一，不在七出之列，可见父母在子女婚姻上的重要性超过本人”[④]。古代婚姻法规范所要实现的乃是借助家族、家长之手，维持阶级内婚制的本质，最终实现地主阶级的封建统治。

恩格斯曾发现，在社会主义到来之前，婚姻从来就不是爱情的结果，而是贯彻着明显的阶级逻辑。在资本主义社会婚姻自由并非真正的为爱而结合的自由——婚姻自由始终被限定在资产阶级的范围之内，资产阶级所追求的婚姻自由和浪漫，实际上要服务于资产阶级增殖财富的目的，“在新教国家中，通例是允许资产阶级的儿子有或多或少的自由去从本阶级选择妻子；因此，一定程度的爱可能成为结婚的基础，而且，为了体面，也始终以此为前提，这一点符合新教伪善的精神”[⑤]。在新中国成立之前，婚姻选择权也是掌握在父母手中的，这从民国时期不少知识分子的悲剧性婚姻中可以看得出来。在中共成立之后的婚姻法律与政策中，借助马克思主

① 即便在社会主义阶段还存在基于每个人劳动能力的不同而带来的差异。参见列宁：《国家与革命》，人民出版社 2015 年版，第 93—97 页。

② 参见苏力：《大国宪制：历史中国的制度构成》，北京大学出版社 2018 年版。

③ 费孝通：《乡土中国　生育制度》，北京大学出版社 1998 年版，第 146—150 页。

④ 瞿同祖：《中国法律与中国社会》，中华书局 2003 年版，第 140 页。

⑤ 《马克思恩格斯选集》第 4 卷，人民出版社 2012 年版，第 81 页。

义的基本观念，推广了无产阶级的婚姻家庭观。新中国《婚姻法》贯彻了马克思主义的家庭观，将爱情与婚姻捆绑在一起，便是为了打破婚姻关系中一直存在的阶级之别。1950 年《婚姻法》作出了针对性的规定，其第 3 条规定“结婚须男女双方本人完全自愿，不许任何一方对他方加以强迫或任何第三者加以干涉”。1979 年《刑法》第 179 条中还规定了“破坏婚姻自由罪”。更为重要的是，新中国所实行的公有制和后来的社会主义改造，消除了社会上的阶级分化的基础，婚姻从财产的逻辑中解放出来。除在结婚中如此规定外，在离婚问题上也贯彻了明显的爱情至上原则，将爱情视为婚姻的基础，这一立场经历多次《婚姻法》修改而被《民法典》继承。《民法典》第 1079 条规定了男女双方离婚的条件，列举了多种情形，比如，重婚或有配偶者与他人同居，实施家庭暴力，有赌博、吸毒等恶习屡教不改的，但这些都是形式要件，离婚的实质要件是“感情确已破裂”。也就是说，无论是重婚、家暴还是吸毒，只要感情没有破裂，人民法院都不应判决离婚，而即便是第 1079 条第 3 款没有列举到的，只要某些行为会导致感情破裂，人民法院也应该判决离婚。

《民法典》婚姻家庭编在个人主义与社会主义的张力之间进行仔细的平衡，目的在于避免婚姻问题的阶级化。尽管如前文所说，我国婚姻法理论贯彻了社会主义的基本立场，但是婚姻关系在改革开放后正在逐渐的“经济化”，财产问题正在取得比爱情更为重要的地位。从 1950 年《婚姻法》到 1980 年《婚姻法》，再到《婚姻法》的三次司法解释，对夫妻财产的界定以及离婚时的财产分割规则逐渐成为重点。2011 年《婚姻法司法解释（三）》更是对房产问题作出不同于以前的规定。强世功教授认为，司法解释的这种变化体现了最高人民法院的司法能动性。[①] 赵晓力教授更是冷峻地告诫我们，最高人民法院的这一司法解释正在吹响婚姻关系中的“资本主义化的号角”，将原本温情脉脉的婚姻关系变为精心算计的合伙关系。[②] 通过解读《民法典》婚姻家庭编和最高人民法院于 2021 年年初颁布的司法解释可知，我国民法典虽身处在经济化的浪潮之中，但也在竭力以

① 强世功：《司法能动下的中国家庭——从最高法院关于〈婚姻法〉的司法解释谈起》，《文化纵横》2011 年第 1 期。

② 赵晓力：《中国家庭资本主义化的号角》，《文化纵横》2011 年第 1 期。

社会主义的婚姻家庭观抵制过度的资本主义化，这可以从民法典对待彩礼、事实婚姻的态度中看出。

彩礼是我国婚姻实践中的常见习俗，新中国成立后的历次《婚姻法》都没有明确认可，《民法典》延续这一立场。[①] 有研究者将彩礼与买卖婚姻联系起来，认为体现出对女性的贬低。[②] 也有学者认为彩礼在法律上起到了证约的功能。[③] 相对而言，社会学界对彩礼的研究更为深刻。[④] 在法学界，苏力教授从功能主义的角度对彩礼或传统包办婚姻中的财富问题进行了研究，他认为不能简单理解为买卖婚姻或以民法中的“赠予合同”去解释，彩礼具有信息传递功能、情感表达功能、婚姻维系功能和家庭财富的代际传递功能。[⑤] 当前，彩礼在中国民间婚俗中较为普遍，有民法学者认为中国民法典应该改变过去的不支持传统习俗的立场，对婚约、彩礼等进行规定，该项研究基于上述立场进一步主张《民法典》应该承认事实婚姻，以保护妇女、未成年子女等弱者的利益。[⑥] 实际上，立法者当然认识到婚约、彩礼和事实婚姻的存在，对这些现象的不予规定有着非常现实的考虑，这种考虑体现了社会主义原则。

越来越多的研究发现，现实生活中的彩礼婚俗正在演变为一种恶性循环——女性出嫁不要彩礼或彩礼要得少，反而被人认为是自身有问题。更为可怕的是，彩礼背后有着现实的阶层竞争问题，“高额彩礼的动力不仅来自于男女双方各自以高额彩礼为中心的竞争，而且来自婚姻配对中的阶层竞争。一般而言，本地婚姻市场中的上层是高额彩礼的定价者，同时，高额彩礼通过阶层竞争机制而扩散。婚姻竞争因而也表现为阶层竞争和阶

---

① 关于新中国对彩礼问题的看法，可参见金眉：《论彩礼返还的请求权基础重建》，《政法论坛》2019 年第 5 期。

② 李念风：《女性价值不能与出多少彩礼画等号》，《中国青年报》2020 年 11 月 25 日。

③ 刘云生：《彩礼在法律上最重要的功能是证约》，《深圳特区报》2021 年 1 月 12 日。

④ 北京大学社会学系王思凝等人做了很好的文献综述，参见王思凝、贾宇婧、田耕：《“议彩礼”：论农村彩礼形成机制中的道德嵌入性——基于甘肃 L 县的案例分析》，《社会》2020 年第 1 期。

⑤ 苏力：《法律与文学：以中国传统戏剧为材料》，生活·读书·新知三联书店 2017 年版，第 100—104 页。

⑥ 李拥军：《民法典时代的婚姻家庭立法的突破与局限》，《法制与社会发展》2020 年第 4 期。

层排斥，此即婚姻配对中的上层带动机制”[1]。有研究者担忧，高额彩礼现象势必导致阶级内婚制的死灰复燃。[2] 因此，《民法典》第 1042 条第 1 款规定“禁止包办、买卖婚姻和其他干涉婚姻自由的行为。禁止借婚姻索取财物”。同时，《最高人民法院关于适用〈中华人民共和国民法典〉婚姻家庭编的解释（一）》（法释［2020］22 号）第 5 条规定，对彩礼的认可需要符合严格的条件：以双方办理结婚登记并共同生活，且不导致给付人生活困难为要件。考虑到我国采取婚后的共同财产制，且婚姻双方有互相扶助的义务，符合上述三项要件的“合法”彩礼会重新成为家庭的共同财产，从而避免了彩礼成为《民法典》明确反对的“索取财物”。

《民法典》对事实婚姻的否认也有类似的考虑。我国的历次《婚姻法》中都未曾直接规定“事实婚姻”，2001 年的《婚姻法司法解释（一）》规定“事实婚姻”主要是为了解决历史问题。在 20 世纪 90 年代之前，国家治理能力弱，很多地方处在“法律不入之地”[3]，而且婚姻登记管理工作不规范，所以存在较多的“事实婚姻”。随着国家治理能力的提升，1994 年 2 月 1 日民政部发布了《婚姻登记管理条例》，结婚需要登记已经成为人们的常识，此后“事实婚姻”已经很少见，更多成为富人的“特权”。有社会学的研究发现，尽管工薪阶层和商人阶层的男性都会婚外包养，但是后者数量明显更多，而且工薪阶层的这种行为一般更为私密，也不符合“事实婚姻”的要件，因此“事实婚姻”更多是商人阶层的男性的特权。[4] 2001 年的《婚姻法司法解释（一）》决定以 1994 年 2 月 1 日的《婚姻登记管理条例》为限，此后的事实婚姻一律不予认定，这一规定为民法典的婚姻家庭编的司法解释所认可、延续。尽管彩礼、事实婚姻在现实中还存在，但是一旦被《民法典》确定下来的话，必然会带来更多问题，如彩礼应该定多少。更大的问题是，这势必会将阶层差异合法化，引发更为严重

---

① 李永萍：《北方农村高额彩礼的动力机制——基于“婚姻市场”的实践分析》，《青年研究》2018 年第 2 期。

② 张翼：《中国阶层内婚制的延续》，《中国人口科学》2003 年第 4 期。

③ 借用强世功教授的一个说法，参见强世功：《“法律不入之地”的民事调解——一起“依法收贷”案的再分析》，《比较法研究》1998 年第 3 期。

④ 肖索未：《婚外包养与男性气质的关系化建构》，《社会学评论》2013 年第 5 期。

的社会和政治问题。在这个意义上，只有坚持社会主义的基本立场，才能够理解中国《民法典》婚姻家庭编的基本精神和一些具体规定，也才能更好地指导未来的《民法典》适用。

需要说明的是，讨论社会主义性质并非为了一种智识上的挑战，而是具有直接的现实意义。2020 年给中国人民进行了多场社会主义教育，在新冠疫情面前，正是因为我们坚持“以人民为中心”的抗疫实践，才保护了 14 亿人民的生命健康；正是因为我们发挥了社会主义的优越性，才能做到一方有难八方支援——不管是驰援武汉还是驰援石家庄；[①] 正是因为有着强大的公立医院的支持，才使得医疗资源没有像有些国家那样沦为少数人的特权。在经历 2020 年的新冠肺炎疫情、2021 年年初的美国“民主”乱象后重回“分裂之家”，[②] 对中国道路的解释不仅具有中国意义，更具有世界意义，如此就应该具有当年美国联邦党人的豪情：从社会主义的角度思考民法典，正是这个更大的问题意识的组成部分——人类是否有能力选择一种不同于 19 世纪以来的自由民主制的政体，还是注定要在“历史终结”的魔咒中苦苦转型？多年来，这个问题从未像今天这般清晰地展现在我们面前，这要求中国学者具有适应中国崛起的学术信心和理论解释力。从具体问题来说，强调民法典的社会主义性质，有助于避免大企业借助私法至上、财产权神圣而成长为“资本怪兽”。当太平洋彼岸的资本巨头可以轻而易举地封杀在任总统的时候，中国正在展开一场从中央到地方的抑制资本无序扩张运动，两相对比之下也可以很好地说明中国民法典根植的社会主义土壤。

第四节　在民法研究中找回 20 世纪

我国民法典应当反映 21 世纪的时代特征。如果说 1804 年法国民法典是 19 世纪风车水磨时代的民法典的代表，1900 年德国民法典是 20 世纪工

---

① 章永乐：《驰援意大利是可能的吗？——从中欧抗疫经历看国家“规模优势”的生成》，《东方学刊》2020 年第 2 期。

② 吴双：《美国：重回“分裂之家”?》，《文化纵横》2020 年第 4 期。

业社会的民法典的代表，我国的民法典则应当成为21世纪民法典的代表之作。[①] 这一说法生动形象，不过需要指出的是，1804年法国民法典不仅仅代表着风车水磨的时代，否则无法解释它为何延续至今并成为大陆法系的基石之一，它与德国民法典一样都是资本主义工业时代的保护神。尽管1896年德国民法典选择在20世纪的第一天开始生效，但正如笔者此前发现的那样，德国民法典的贡献更多在于体例的创新，而非超越个人主义的新的私法精神，它只是19世纪精神在20世纪的承载者。[②] 在这个意义上我们可以说，在民法学界的主流论述中，存在从19世纪法国、德国民法典到21世纪中国民法典的演进。21世纪的时代特征是什么？王利明教授认为，"我国民法典应当彰显时代精神。21世纪是走向权利的世纪，是弘扬人格尊严和价值的世纪"[③]。更多的研究者将21世纪与科技进步关联起来。其实，权利是19世纪民法典的基本主题，中国民法典对人格权的关注难谓首创，早在朗贝尔主导的1907年瑞士民法典编纂中，就取消了总则编并将人法作为第一编。而21世纪前20年很难讲已经释放了本世纪的全部可能，或许2020"新冠元年"才真正开启了中国的21世纪"二十年代"。

更为重要的是，从19世纪民法典到21世纪民法典的演进中，缺失了重要的"20世纪"。一旦将"世纪"这样的长时段的概念引入讨论，我们就必须超越字面的理解，对时间背后的政治哲学意义予以发掘。时间从来不是均匀分布的，当我们尝试赋予"世纪"以主题时，必然遭遇作为纪年的"世纪"与作为时间的"世纪"的差异，由此产生诸如"漫长的20世纪"或"短20世纪"等相异的说法。[④]"世纪"不仅仅意味着时间的流逝与来到，正因为如此，"短20世纪"并不起于1900年，而可能是霍布斯鲍姆所说的1914年，也可能是汪晖所说的1905—1911年。同时，"世纪"概念不仅向后界定了未来，也会回溯性地向前重塑关于历史的概念，"对

① 王利明：《民法典的时代特征和编纂步骤》，《清华法学》2014年第6期。

② 邵六益：《民法典编纂的政法叙事》，《地方立法研究》2020年第5期。

③ 王利明：《民法典的时代特征和编纂步骤》，《清华法学》2014年第6期。

④ "漫长的20世纪"或"短20世纪"的说法，见于汪晖对阿瑞基和霍布斯鲍姆的援用。参见汪晖：《短二十世纪：中国革命与政治的逻辑》，牛津大学出版社2015年版；［美］杜赞奇：《中国漫长的二十世纪的历史和全球化》，《开放时代》2008年第2期。

于20世纪的历史叙述需要采用一种颠倒的方式加以理解：20世纪不是其前史的结果，而是其前史的创造者”[①]。在中国近代史的叙事中，对20世纪的理解不能以延续的角度从王朝纪年、皇帝纪年或者孔子纪年中去发展，20世纪中国的核心主题便是革命，不过近些年来这一主题正在被解构。殷之光教授发现，西方中心主义的霸权规训了现代时间观念，20世纪80年代以来的“现代化史观”取代了我们的“革命史范式”，[②] 从而也使得20世纪革命议题在很多讨论中缺席，也因此才会以19世纪的民法想象来裁剪、批判中国民法典的编纂工作。

对“20世纪中国”忽视的人，不仅忽视了毛泽东时代的革命传统，也片面理解了邓小平时代的改革传统，更是对新时代缺乏理论自觉。笔者愿意再强调一遍，如果说我国民法典具有时代意义和世界影响的话，恰恰是因为它超越了自由主义、个人本位的19世纪原则，将20世纪中国的政治实践纳入其中，成为社会主义民法典的典型。[③] 法学界在讨论民法典时应时刻谨记“先有共和国，后有民法典”“先有人民，后有公民”，只有放在中国共产党诞生100年、新中国成立70多年间的革命和建设语境中，才能释放我国民法典的全部意义。[④] 1949年意味着中华人民共和国的成立，而共和国的精神气质却是在新中国成立70多年中不断丰富起来的，新时代民法典不仅意味着自由主义私法秩序的确立，更代表着多种价值的整合，尤其是创造性地理解改革开放前30年的社会主义法治传统与后30年的自由主义法治传统的关系，既是理解中国民法典时代贡献的重要抓手，也是为

---

① 汪晖：《世纪的诞生：中国革命与政治的逻辑》，生活·读书·新知三联书店2020年版，第16页。

② 殷之光：《宰制万物——来自帝国与第三世界的两种现代时间观及全球秩序想象》，《东方学刊》2020年第4期。

③ 中国民法典应该取代苏联民法典，成为社会主义民法典的代表，外国观察者认为中国正在探索出一条社会主义法治的新模式。参见William Partlett，Eric C. Ip，“Is Socialist Law Really Dead?” *New York University Journal of International Law and Politics*，Vol. 48（Sep 2015），pp. 463 - 511。章永乐教授也提出“二十世纪宪法”的概念，参见章永乐：《发现“二十世纪之宪法”——以20世纪20年代前期为中心的考察》，《清华法学》2021年第3期。

④ 民法典系统整合了新中国成立70多年来人们长期实践形成的民事法律规范，汲取了中华民族5000年优秀法律文化，借鉴了人类法治文明建设的有益成果。习近平：《充分认识颁布实施民法典重大意义　依法更好保障人民合法权益》，《求是》2020年第12期。

世界治理贡献中国方案的重要探索。[①]

最后要强调的是，笔者不是要否认《民法典》的重大意义，更不是要抹杀这一代民法学人的知识贡献。法学界已经意识到“百年未有之大变局”的命题，试图在长时段里讨论法学问题；民法学人也将回答时代问题作为编纂民法典的重要使命。“我们编纂完成的这部民法典，正是因为回答了中国之问，才有资格被称为中国的民法典；也正是因为回答了时代之问，才有资格被称为21世纪的民法典。”[②] 王轶教授认为“两问”的关键是要回答十九大关于新时代的判断——新时代我国社会主要矛盾的变化是民法典需要回应的核心问题，对此王轶教授进一步给出回应“两问”的具体措施。比如，高度重视人格权益的确认和保障、首次确立绿色原则并将其具体化、积极回应新一轮科技革命和产业变革的挑战、全方面多角度回应民生关键问题。王轶教授提出了一个真问题，发人深省，但还可以继续深入论证。此时恰恰需要借助理论法学的贡献，为部门法学揭示出“20世纪”“社会主义”“共和国”的政治意义，从而将共和国的社会主义实践带入学术研究。这既可以填补民法研究的一个知识盲区，也能够焕发法学理论的新生命，避免了大而无当的“法理学死亡”之忧，从而实现了法学理论与部门法学的良性互动。毕竟，法学理论较之于部门法学的特征和优势绝不在于法教义学，而恰恰在于理论化的广度、深度和高度。

---

① 越来越多的研究将这段伟大的历史分为3个“30年”，分别代表了毛泽东时代、邓小平时代和新时代，“如果说毛泽东时代是共和国的第一个周期，邓小平时代是共和国的第二个周期，那么十八大以来的中国，是否正在步向一个新的周期?”参见陶庆梅、柯贵福：《探索中国发展的新周期》，《文化纵横》2018年第4期。

② 王轶：《民法典编纂与国家治理现代化》，《中国人民大学学报》2020年第4期。

结　语

政法研究的时代意义

苏联解体之后，社会主义理论话语失去了强大政治实体的支撑，“历史终结论”甚嚣尘上，传统社会主义国家要么沦为政治上的“他者”而备受指责，要么在政权更迭后完全西方化。自由主义话语从经济领域逐渐扩展到国家社会生活的各个方面，学术研究也参与了这种自由主义话语的传播。现代化范式取代革命范式成为主导的学术话语：中西之别演变为古今之争，线性史观抹平了“进步”过程中的反抗和不适，浸润于这种氛围之中的法学研究淡忘社会主义法治传统，法学知识的“去苏俄化”成为席卷法理学、民法学、刑法学等领域的学术风暴。无论是对党管政法的误解、对人民的形式化理解，还是对行政诉讼的“民告官”设想，抑或是对民法典的私人至上的想象，背后都贯彻着西方自18、19世纪以来所形成的学术假设，学术上的这种政治正确自20世纪80年代以来也成为中国学术界的主流叙事线索之一。不少研究者主张在政治现实面前悬置对政治维度的考虑，聚焦法律条文的规范意涵，这种“去政治化”进路的实质是将许多西方法治中的地方性知识当作自明普适真理全盘接受。比如，照搬美国为代表的三权分立之基本模式，试图构建司法审查之下的法律帝国。总之，在“历史终结”之后，全球化貌似会平滑地将我们带入一个平的世界，新的世界大同近在眼前。

庆幸的是，历史并未终结，世界并不是平的。美国缔造的全球秩序中存在中心与边缘的对抗，并非每一个法律上的主权国家都享有平等的权力，真实的世界则是少数大国的权力游戏，自由主义下均质的民族国家框架仅仅是一种想象。近年来西方社会乱象频发，美国遵循“美国优先”原则肆意“退群”、英国脱欧成功以及其内部的苏格兰独立运动等，不断撕破全球化的面纱。同时，在美国主导下的中东重建困难重重，乃至放弃国际义务一撤（军）了之，自由民主法治的可移植性、普适性大遭质疑。相反，中国作为苏东剧变后世界上社会主义国家的代表，凭借执政党的坚强领导和中国人民的勤劳努力，日益走近世界舞台中央，人民生活水平不断提高，成为世界上广大第三世界国家的学习榜样。

但是，中国始终遭到“他者”的质疑，西方在民主、人权、环保等议题上的话语霸权，带着东方主义的偏见给中国制造了“一党专政”、“集权国家”、“威权国家”、非民主、不人权等标签，这种新局势给学术界提出了新的问题：对中国道路进行学术上的描述和证成。回答这一时代之问，需要做两方面的工作：第一，坚持对中国的道路自信、理论自信、制度自信、文化自信，对党的领导形成的政法体制进行学术阐释，解读中国共产党领导下社会主义道路的正当性。第二，发掘民族国家范式之外的帝国视野，尊重真实的国际政治与实践，推动帝国与国际法研究范式的成熟。当前学术界有不少人正自觉投身于这一事业，本书所做的也就是这方面的工作。近些年来，以自由主义为底色的专业化法治并未兑现其承诺，反而引发了许多问题，因此需要重新理解研究范式，引入新的法治力量。政法研究的重新崛起，从某种意义上来说是时代给学术界提出的命题。

苏力教授在 2001 年的研究中指出，借助政治话语实现改革开放后的拨乱反正的历史任务已经完成了，因此政法法学即将迎来一个衰落期。在 2014 年的研究中，他发现政法法学“浴火重生”。为什么会出现这样的逻辑？政法法学的兴起，与一定的历史条件有关。在当前的法学研究格局中，法教义学和社科法学是较为成熟的研究进路，两种研究进路时常围绕共同问题展开讨论，正如本书在前面所说的那样，法教义学的价值无涉很多时候是以接受某种自由主义法治的政治正确为前提的，社科法学虽然在此基础上通过深描否弃了教义学的假设，理论构建性稍显不足。尽管最近几年来关于政法议题的讨论增多，但严肃的政法研究似乎是缺席的，至少没有成为学术界一种自觉。这种情形出现的原因是多方面的。一个成熟的学术范式，既需要有学者的主张和宣传，更需要有典范性的研究：对确定范围的主题进行某种规格化的研究。就此而言，政法研究尚不成熟，不同学者的关注点或研究方法差异很大，未能划定独立的研究范围，也未形成独特的研究风格或研究方法，本书对政法研究的理论、方法和议题的研究，也带有个人的色彩。比如，下篇对行政诉讼、民法典的研究，与笔者近年来所关注的问题有关。但本书所讨论的问题不是个人性的，而是开放性的，甚至是学术界广泛研究的，笔者加入这些问题的讨论，并不是为了标新立异，而是希望在与不同学派的比较中能够更好地体现特色，也能够更好地被读者记忆和学习。更重要的是，本书所使用的方法不是个人性的，而是可以为大家共享的。

法教义学自觉不自觉地带有一定的政治预设，社科法学在努力做到客观中立的同时消解了政治意识，重新找回政法法学的研究自觉，从研究方法上来说恰恰是一种重要的补充，从价值上来说则是对自由主义法治的一种纠偏，“中国法治建设的危险就在于西方资本主义法治传统一支独大，若缺乏礼法传统和社会主义政法传统的制约，就会变成一种不受约束的‘资本—官僚—法治’的混合怪兽”①。当然，本书对政法传统的研究和提倡，并非认可某种线性变化，也不主张某种简单的从自由主义法治传统向政法传统的回归，更不是要否认改革开放以来中国法治建设的成就、理论研究的进步，而是主张在法教义学和社科法学强盛的今天，更为全面地理解制度变迁的逻辑，为构建中国特色的法治理论提供坚实的基础。政法传统并非描述中国法治的唯一话语体系，以本书所提到的形式主义法治所带来的困境为例，除需要以政法体制来应对外，中国传统礼法也不可或缺，中国传统法律文化中对乡情、伦理的重视可以缓解法律条文的僵硬。

新时代的全面依法治国不可能完全按照某种西方模式来进行，只有根植于中国国情，寻找具有中国特色的法治构建之路，才是更值得探索的方向，也为社会主义政法体制孕育新的学术增长点。在此过程中，礼法传统、自由主义法治传统与政法传统的交织与融合，探索其实践价值，不断推动中国特色社会主义政法体制在新时代的转型与重构，可能是学术界将要关注的命题。“中国传统法律文化中对乡情、伦理的重视可以缓解法律条文的僵硬；而重视实质平等和社会发展权的社会主义法律传统对于保护社会、维持社会团结，顺利实现社会转型至关重要。”②

---

① 强世功：《批判法律理论的谱系——以〈秋菊打官司〉引发的法学思考为例》，《中外法学》2019 年第 2 期。

② 邵六益：《法治 40 年：传统的转型与重构》，《南风窗》2018 年第 22 期。

最后还要说明的一点是，本书的研究在某种意义上的确有确立标杆的野心，特别是本书上篇和中篇的构建政法研究的核心命题和方法论基础，带有一种普遍性的努力，因此在写作的结构和框架上比较规整，但这丝毫不是在束缚政法研究。政法的研究风格可以百花齐放。尤其是关于政法研究的论题，下篇所选取的三章乃是作者的研究偏好，政法研究进路可以应用的当然不限于这些领域，其实好的普遍性研究首先一定是个人的特殊性研究，不可能也不应该停留在泛泛的表态或“大词”上，这对于学术研究而言是一种共识。本书是笔者政法研究的第一波系统总结，不可能将所有的领域一网打尽，就在本书推出的过程中，笔者关于共同富裕的政法解读也已经刊出。就政法研究的前景而言，未来更重要的不是去争论政法研究的框架或方法这样泛泛的问题，而是选取具体的领域展开深入细致富有创见的研究。比如，革命与建设中的社会主义塑造、政法体制中的人民的多重含义，以及从政法法学的角度重新思考改革开放以来的法学学术史等命题，特别是从政法的角度去分析某些重大的具体问题，这也是笔者未来将要着力的方向。

附录
电影《我不是潘金莲》中的政法伦理

1992年，电影《秋菊打官司》在法学界引起了广泛、深入的讨论，这种热度至今不减，“秋菊”也成为社科法学研究范式中的“常客”。2016年，冯小刚再次执导一部与法律有关的电影《我不是潘金莲》上映，尽管票房不错，但其在法学界的影响可谓是雷声大雨点小，鲜有人关注。《秋菊打官司》以朴素的风格去说一个看上去很真实的故事，它让我们淡淡地想起了法律；“秋菊的困惑”有一个清晰的问题意识——在现代法治与“本土资源”相遭遇的“下乡”过程中，官员、村干部、老百姓该如何自处，法治该如何建立。《我不是潘金莲》自始至终都在有意地蹭法治的热点、有计划地针砭时弊，但主旨并不那么清晰，没有引出多少学术上的思考，整部影片给人的感觉就是李雪莲的困境是无解的。为什么会有如此大的差异？笔者无法对所有法律问题有所涉及，仅仅关注“李雪莲式”的困境到底应该如何解决。

电影《我不是潘金莲》改编自刘震云的同名小说，一方是女主角李雪莲，为了能在单位分房和生二胎，她与丈夫商量假离婚，不想丈夫假戏真做，李雪莲要求法院先判此前的离婚无效，给她复婚，然后再判离婚；另一方是各级官员，但法院院长、县长、市长都无法满足李雪莲的这个“无法律依据”的要求。李雪莲认（死）理，不断上访，最终在中央首长的压力下，省里撤了与此相关的各级官员。但是李雪莲又对前夫的一句“我看你是潘金莲”耿耿于怀，继续上访，新任的各级官员一改此前的推诿态度，“积极”地通过攀亲戚、送温暖、监视看护、帮忙找对象、进京接访等方式去平息李雪莲的缠访缠讼。政府部门投入大量资源处理李雪莲问题，结果并不令人满意，最终只能是李雪莲前夫的意外死亡才终结了上访，此时李雪莲只是因为认命而停止上访。

影片花了很多时间去细致地描述各级官员的处理措施，但是似乎又缺少了什么，我们可以从一个细节展开去发现这种有意无意的缺失。李雪莲连年上访无果后，在一次与牛的“交谈”后想通了，决定不再去上访，但是官员们却将此当作玩笑和戏弄。天赐的良机丧失，上访和官员围追堵截的死循环重新开启。的确，在正常人眼中，听了牛的话看似不可理喻，但是在李雪莲的生活中，这并不荒唐：影片中李雪莲真正的亲人很少，除了不愿为她杀人的弟弟外，关心她的人就只剩下各怀私心的屠户和厨师，家里除她之外唯一能“说话”的就是牛，对于这样一个孤独、执拗的农村妇女来说，她听了牛的话并不稀奇。

然而，法院院长、县长、市长都无法理解李雪莲的辛酸泪，而将她的话当作谎言和荒唐语。正是在这里我们发现电影的漏洞，实际上，对于一线的基层官员而言，一般都可以理解，李雪莲听从牛的话不上访，比写书面保证书是更可靠的。如果说电影所展现的官场百态很写实、很走心的话，那么此处更多是艺术处理了，故意将官员描绘得如此地“不接地气”，以便为后面的情节作铺垫。当然，小说也好，电影也罢，并非一定要写实。但我们要知道，电影所构建的看似逻辑严密的故事叙事在此处是断裂的：放在中国现实的基层政治中，大多数上访、无理上访、缠访缠讼在此时是可以终结的。在中国共产党所要求的官员伦理中，践行群众路线是基本的要求，官员对其直面的老百姓的事情可谓是了如指掌的。

也正是在这里，我们发现，尽管影片多次呈现了基层官员的“走心”拉拢，但这套运作中有意缺失了很多角色：李雪莲的父母、拐弯村村干部、李雪莲的大儿子（李雪莲后来所说，她当初假离婚也是为了生二胎，农村的计划生育政策一般是第一胎生儿子不许再生二胎，由此推断她的第一个孩子是儿子）。正是这些未被影片关注的“不在场者”，才是经典群众路线实践和维稳工作中的关键。为了保护未成年人的身心健康，的确可能不让孩子出现，但是在劝说李雪莲和前夫时，完全应该搬出他们共同的儿子，这几乎是任何一个有常识的中国人都知道的事情。可偏偏影片中的官员都不会，王公道七拐八弯地认李雪莲为“大表姐”，却不知道大表姐与前表姐夫有个共同的儿子。这是很荒唐的，我们无法认为这是基层官员的真实写照。当然，电影需要艺术加工，可以省略，可以夸张，可以写实，也可以魔幻，但是如果我们要将电影反映的现象直接拿来分析现实、针砭时弊的话，则一定要区分出艺术表达与现实之间的差别。

为什么大部分人对这部电影中明显不合逻辑的地方视而不见？除当下中国社会中常见的对官员的不信任外，更多的是因为官员的形象发生了改变。过去我们认可的官员需要与群众打成一片，了解群众的真实需要：既需要了解李雪莲离婚的真实原因，也需要知道李雪莲大儿子的生活状况、学习状况，非此不是一名合格的党员干部。这时的干部要承担实质主义的政治责任：只要结果让群众不满意，官员就要负责。但是随着法治的兴起，官员的这种“俯下身”的工作方法已经逐渐丧失了存在的空间。本来丰富多彩的生活世界被法律构建出的线条明晰的系统世界所俘获，这些由法律关系构建的法律网络，既是束缚官员的外在条件，也成了官员确保自身官位的护身符。程序主义、形式主义的法律责任开始取代政治责任，成为约束官员的核心。影片中很多官员被撤职了，但是当初审理案件的一线法官王公道没有受到牵连，10 年间从普通法官升任法院院长，足以表明他的仕途是相当顺利的，这也表明中央首长压力下带来的政治追责并没有超越法律的框架。

基层的很多问题不是法律就能解决的，毕竟法律是一种抽象化的裁剪，无法与现实世界无缝对接。党员干部不能以法律没有规定而驳回群众的诉求，而是一定要想办法把问题解决。至少这种超越法律的政治要求对于党员干部来说必然如此，所以王公道在做法官时可以据法裁判，即便当事人上访也不受影响，因为他在法律上没有责任，而不直接裁判的荀院长却被撤职。当王公道做了院长后，就需要开始对此事负政治责任。在这个意义上，我们的党员干部不仅要担负起推进法治建设的职责，更要守护好传统的结果主义、实质主义的政治伦理。

承担政治责任的党员干部深谙基层的生活逻辑，但现实是，再也没有《秋菊打官司》中自掏腰包买点心做和事佬的“李公安”了。当然《我不是潘金莲》中的王公道院长可能也是自掏腰包买年货慰问李雪莲，不过他的目的在于收买，而非化解矛盾：官员的政治伦理虽未完全消失，但已经走样，这也就决定了这些慰问不能打动李雪莲，她知道牛不让她告状是心疼她、怕她告不赢，官员不让她告状则是为了让她继续含冤。只有真正走入群众的心间才能获得老百姓的信任，如何实现这种心连心？只有时刻记住，要为老百姓解决问题、化解纠纷、谋幸福，而不是摆平问题、推卸责任，这也是中国共产党人不应该忘记的初心；也只有这样，才有可能解决下一个“李雪莲式”的问题。遗憾的是，这一政法实践中常见的技艺，在绝大多数的研究中被忽视了，这可能是近年来法学研究中的一个通病，即法治程度越来越高，但法治背后的价值，特别是社会主义价值在不断后退乃至消融。所幸的是，这一现象在政治上正在被纠正，也被不少人从学术视角进行反思，笔者希望加入这一正本清源的共同事业中。

参考文献

著作类

《列宁全集》第 23 卷，人民出版社 1990 年版。

《邓小平文选》第 2 卷，人民出版社 1994 年版。

苏力：《送法下乡：中国基层司法制度研究》，中国政法大学出版社 2000 年版。

强世功：《法制与治理——国家转型中的法律》，中国政法大学出版社 2003 年版。

许崇德：《中华人民共和国宪法史》，福建人民出版社 2003 年版。

苏力：《也许正在发生：转型中国的法学》，法律出版社 2004 年版。

甘阳：《通三统》，生活·读书·新知三联书店 2007 年版。

强世功：《立法者的法理学》，生活·读书·新知三联书店 2007 年版。

［美］杜赞奇：《文化、权力与国家：1900—1942 年的华北农村》，王福明译，江苏人民出版社 2008 年版。

［美］塞缪尔·P. 亨廷顿：《变化社会中的政治秩序》，王冠华、刘为译，沈宗美校，上海人民出版社 2008 年版。

汪晖：《去政治化的政治：短 20 世纪的终结与 90 年代》，生活·读书·新知三联书店 2008 年版。

强世功：《惩罚与法治——当代法治的兴起（1976—1981）》，法律出版社 2009 年版。

蔡翔：《革命/叙述：中国社会主义文学—文化想象（1949—1966）》，北京大学出版社 2010 年版。

陈端洪：《制宪权与根本法》，中国法制出版社 2010 年版。

［法］米歇尔·福柯：《安全、领土与人口》，钱翰、陈晓径译，上海人民出版社 2010 年版。

刘树德：《政治刑法学》，中国法制出版社 2011 年版。

［美］弗兰克·J. 古德诺：《政治与行政：一个对政府的研究》，王元译，复旦大学出版社 2011 年版。

［美］汉娜·阿伦特：《论革命》，陈周旺译，译林出版社 2011 年版。

［美］理查德·B. 斯图尔特：《美国行政法的重构》，沈岿译，商务印书馆 2011 年版。

《马克思恩格斯选集》第 1、4 卷，人民出版社 2012 年版。

陈兴良：《刑法的知识转型（学术史）》，中国人民大学出版社 2012 年版。

冯象：《政法笔记（增订版）》，北京大学出版社 2012 年版。

林端、侯猛、尤陈俊：《司法、政治与社会：中国大陆的经验研究》，中国台湾翰芦图书出版有限公司 2012 年版。

［德］拉德布鲁赫：《法学导论》，米健译，商务印书馆 2013 年版。

［美］布鲁斯·阿克曼：《我们人民：奠基》，汪庆华译，中国政法大学出版社 2013 年版。

黄宗智：《过去和现在：中国民事法律实践的探索》，法律出版社 2009 年版。

［美］李怀印：《重构近代中国：中国历史写作中的想象与真实》，岁有生、王传奇译，中华书局 2013 年版。

凌斌：《法治的中国道路》，北京大学出版社 2013 年版。

张旭东：《全球化与文化政治：90 年代中国与 20 世纪的终结》，朱羽等译，北京大学出版社 2013 年版。

苏力：《法治及其本土资源》，北京大学出版社 2014 年版。

［美］米尔伊安·R. 达玛什卡：《司法和国家权力的多种面孔（修订版）》，郑戈译，中国政法大学出版社 2015 年版。

列宁：《国家与革命》，人民出版社 2015 年版。

汪晖：《现代中国思想的兴起》，生活·读书·新知三联书店 2015 年版。

张旭东：《文化政治与中国道路》，上海人民出版社 2015 年版。

［美］西达·斯考切波：《国家与社会革命：对法国、俄国和中国的比较分析》，何俊志、王学东译，上海人民出版社 2015 年版。

［德］卡尔·施米特：《宪法学说（修订译本）》，刘锋译，上海人民出版社 2016 年版。

［美］络德睦：《法律东方主义：中国、美国与现代法》，魏磊杰译，中国政法大学出版社 2016 年版。

章永乐：《旧邦新造：1911—1917》，北京大学出版社 2011 年版。

侯猛主编：《法学研究的格局流变》，法律出版社 2017 年版。

周雪光：《中国国家治理的制度逻辑：一个组织学研究》，生活·读书·新知三联书店 2017 年版。

列宁：《怎么办?》，人民出版社 2018 年版。

刘小枫：《现代性社会理论绪论》，华东师范大学出版社 2018 年版。

刘小枫：《现代性与现代中国》，华东师范大学出版社 2018 年版。

朱羽：《社会主义与“自然”》，北京大学出版社 2018 年版。

习近平：《论坚持党对一切工作的领导》，中央文献出版社 2019 年版。

赵晓力：《代表制研究》，当代世界出版社 2019 年版。

［德］鲁道夫·斯门德：《宪法与实在宪法》，曾韬译，商务印书馆 2020 年版。

［英］卡尔·波兰尼：《大转型：我们时代的政治与经济起源》，冯钢、刘阳译，当代世界出版社 2020 年版。

汪晖：《世纪的诞生：中国革命与政治的逻辑》，生活·读书·新知三联书店 2020 年版。

习近平：《论坚持全面依法治国》，中央文献出版社 2020 年版。

《习近平谈治国理政》第 3 卷，外文出版社 2020 年版。

强世功：《文明终结与世界帝国：美国建构的全球法秩序》，三联书店（香港）有限公司 2021 年版。

田雷：《继往以为序章：中国宪法的制度展开》，广西师范大学出版社 2021 年版。

英文著作

Stanley B. Lubman, *Bird in a Cage: Legal Reform in China after Mao*, Stanford University Press, 1999.

Eduard B. Vermeer and Ingrid d'Hooghe (eds.), *China's Legal Reform and Their Political Limits*, Curzon Press, 2002.

Randall Peerenboom, *China's Long March Toward Rule of Law*, Cambridge University Press, 2002.

Akhil Reed Amar, *America's Constitution: A Biography*, Random House Trade Paperback Edition, 2006.

Stephanie Blame, Michael W. Dowdle (eds.), *Building Constitutionalism in China*, Palgrave MacMillan, 2009.

Randall Peerenboom (eds.), *Judicial Independence in China: Lessons for Global Rule of Law Promotion*, Cambridge University Press, 2010.

Akhil Reed Amar, *America's Unwritten Constitution: The Precedents and Principles We Live by*, Basic Books, 2012.

Stanley B. Lubman (eds.), *The Evolution of Law Reform in China: An uncertain Path*, Edward Elgar Publishing, Inc, 2012.

Bruce Ackerman, *We The People (Volume 3): The Civil Rights Revolution*, The Belknap Press of Harvard University Press, 2014.

Su Li, Zhang Yongle and Daniel A. Bell (eds.), *The Constitution of Ancient China*, Princeton University Press, 2018.

Deborah Boucoyannis, *Kings as Judges: Power, Justice, and the Origins of Parliaments*, Cambridge University Press, 2021.

论文类

苏力：《基层法院审判委员会制度的考察及思考》，《北大法律评论》第1卷第2辑，法律出版社1998年版。

强世功：《权力的组织网络与法律的治理化——马锡五审判方式与中国法律的新传统》，《北大法律评论》第3卷第2辑，北京大学出版社2001

年版。

何海波：《行政诉讼受案范围：一页司法权的实践史（1990—2000）》，《北大法律评论》第4卷第2辑，法律出版社2002年版。

苏力：《判决书的背后》，《法学研究》2001年第3期。

苏力：《也许正在发生——中国当代法学发展的一个概览》，《比较法研究》2001年第3期。

陈明明：《在革命与现代化之间》，《复旦政治学评论》2002年第1辑。

李斯特：《人民司法群众路线的谱系》，《法律和社会科学》第1卷，法律出版社2006年版。

苏力：《中国司法中的政党》，载苏力主编：《法律和社会科学》第1卷，法律出版社2006年版。

甘阳：《中国道路：三十年与六十年》，《读书》2007年第6期。

刘星：《走向什么司法模型？——“宋鱼水经验”的理论分析》，载苏力主编：《法律和社会科学》2007年第2辑。

汪庆华：《中国行政诉讼：多中心主义的司法》，《中外法学》2007年第5期。

王绍光等：《共和国六十年：回顾与展望》，《开放时代》2008年第1期。

王胜俊：《始终坚持“三个至上”实现人民法院工作指导思想的与时俱进》，《人民法院报》2008年9月10日。

高铭暄：《对主张以三阶层犯罪成立体系取代我国通行犯罪构成理论者的回应》，《刑法论丛》2009年第3期。

马克昌：《简评三阶层犯罪论体系》，《刑法论丛》2009年第3期。

强世功：《中国宪法中的不成文宪法——理解中国宪法的新视角》，《开放时代》2009年第12期。

程金华、吴晓刚：《社会阶层与民事纠纷的解决——转型时期中国的社会分化与法治发展》，《社会学研究》2010年第2期。

薛军：《“民法—宪法”关系的演变与民法的转型——以欧洲近现代民法的发展轨迹为中心》，《中国法学》2010年第1期。

陈洪杰：《从程序正义到摆平‘正义’：法官的多重角色分析》，《法制与社会发展》2011 年第 2 期。

欧树军：《必须发现人民：共和国六十年来对人民的想象、界定与分类》，《学海》2012 年第 4 期。

王启梁：《法律世界观紊乱时代的司法、民意和政治——以李昌奎案为中心》，《法学家》2012 年第 3 期。

周雪光：《运动型治理机制：中国国家治理的制度逻辑再思考》，《开放时代》2012 年第 9 期。

刘忠：《“党管政法”思想的组织史生成（1949—1958）》，《法学家》2013 年第 2 期。

凌斌：《当代中国法治实践中的“法民关系”》，《中国社会科学》2013 年第 1 期。

强世功：《中国法律社会学的困境与出路》，《文化纵横》2013 年第 5 期。

汪晖：《“后政党政治”与中国的未来选择》，《文化纵横》2013 年第 1 期。

中共中央党史研究室：《正确看待改革开放前后两个历史时期——学习习近平总书记关于“两个不能否定”的重要论述》，《人民日报》2013 年 11 月 1 日。

陈颀：《“为人民服务”的政治哲学》，载强世功主编：《政治与法律评论》第 4 辑，法律出版社 2014 年版。

侯猛：《社科法学的传统与挑战》，《法商研究》2014 年第 5 期。

邵六益：《法治的时间维度与政治维度——评凌斌教授〈法治的中国道路〉》，载强世功主编：《政治与法律评论》第 5 辑，法律出版社 2014 年版。

苏力：《中国法学研究格局的流变》，《法商研究》2014 年第 5 期。

汪晖：《代表性断裂与“后政党政治”》，《开放时代》2014 年第 2 期。

王利明：《民法典的时代特征和编纂步骤》，《清华法学》2014 年第 6 期。

习近平：《关于〈中共中央关于全面推进依法治国若干重大问题的决定〉的说明》，《求是》2014 年第 21 期。

于晓虹：《策略性服从：我国法院如何推进行政诉讼》，《清华法学》2014 年第 4 期。

梁慧星、王利明、孙宪忠、徐国栋：《中国民法典编纂：历史重任与时代力举》，《中国法律评论》2015 年第 4 期。

邵六益：《社科法学的知识反思——以研究方法为核心》，《法商研究》2015 年第 2 期。

邵六益：《政法与法政：司法话语的变迁（1998—2008）》，博士学位论文，北京大学，2016 年。

黄宗智：《中国正义体系中的“政”与“法”》，《开放时代》2016 年第 6 期。

林来梵、龙卫球、王涌、张翔：《对话一：民法典编纂的宪法问题》，《交大法学》2016 年第 4 期。

王理万：《立法官僚化：理解中国立法过程的新视角》，《中国法律评论》2016 年第 2 期。

陈柏峰：《党政体制如何塑造基层执法》，《法学研究》2017 年第 4 期。

陈兴良、周光权、付立庆、车浩：《对话：刑法阶层理论的中国司法前景》，《中国应用法学》2017 年第 4 期。

黄宗智：《中国正义体系的三大传统与当前的民法典编纂》，《开放时代》2017 年第 6 期。

刘忠：《从公安中心到分工、配合、制约——历史与社会叙事内的刑事诉讼结构》，《法学家》2017 年第 4 期。

刘磊：《中国法治四十年——社会主义与法治的变奏》，《文化纵横》2018 年第 3 期。

刘小枫：《被斩首的人民身体——人民主权政体的政治神学和史学问题》，载［德］恩内斯特·康托洛维茨：《国王的两个身体》，徐震宇译，华东师范大学出版社 2018 年版。

强世功：《哲学与历史——从党的十九大报告解读“习近平时代”》，《开放时代》2018 年第 1 期。

陈明明：《双重逻辑交互作用中的党治与法治》，《学术月刊》2019 年第 1 期。

强世功：《批判法律理论的谱系——以〈秋菊打官司〉引发的法学思考为例》，《中外法学》2019 年第 2 期。

强世功：《批判法律理论的场域——从〈秋菊打官司〉看批判法律理论的转向》，《学术月刊》2019 年第 10 期。

邵六益：《法学知识“去苏俄化”的表达与实质——以刑法学为分析重点》，《开放时代》2019 年第 3 期。

邵六益：《审委会与合议庭：司法判决中的隐匿对话》，《中外法学》2019 年第 3 期。

侯猛：《新中国政法话语的流变》，《学术月刊》2020 年第 2 期。

黄文艺：《中国政法体制的规范性原理》，《法学研究》2020 年第 4 期。

邵六益：《民法典编纂的政法叙事》，《地方立法研究》2020 年第 5 期。

邵六益：《中国民法典的社会主义性质研究》，《毛泽东邓小平理论研究》2020 年第 12 期。

魏磊杰：《欧陆民法与宪法关系之演变：基于立法史的考察》，《地方立法研究》2020 年第 1 期。

习近平：《充分认识颁布实施民法典重大意义　依法更好保障人民合法权益》，《求是》2020 年第 12 期。

殷之光：《宰制万物——来自帝国与第三世界的两种现代时间观及全球秩序想象》，《东方学刊》2020 年第 4 期。

张翔：《民法人格权规范的宪法意涵》，《法制与社会发展》2020 年第 4 期。

邵六益：《行政诉讼的重心转移及其政法逻辑》，《中国延安干部学院学报》2021 年第 3 期。

邵六益：《政法体制的政治历史解读》，《东方学刊》2021 年第 2 期。

邵六益：《我国司法理论中“人民”的多重意涵》，《法商研究》2021 年第 3 期。

章永乐：《发现“二十世纪之宪法”——以 20 世纪 20 年代前期为中心的考察》，《清华法学》2021 年第 3 期。

英文论文

Minxin Pei, "Citizens v. Mandarins: Administrative Litigation in China", *The China Quarterly*, No. 152 (Dec 1997).

Benjamin L. Liebman, "China's Court: Restricted Reform", *The China Quarterly*, Vol. 191 (Sep 2007).

Larry Catá Backer, "A Constitution Court for China within the Chinese Communist Party: Scientific Development and Institutional Role of the CCP", *Consortium for Peace & Ethics Working Paper*, 2008-1.

Benjamin L. Liebman, "Assessing China's Legal Reform", *Columbia Journal of Asian Law*, Vol. 23, No. 1 (Fall 2009).

He Xin, "Administrative Law as a Mechanism for Political Control in Contemporary China", in Stephanie Blame, Michael W. Dowdle (eds.), *Building Constitutionalism in China*, Palgrave MacMillan, 2009.

Minxin Pei etc., "A Survey of Commercial Litigation in Shanghai Courts", in Randall Peerenboom (eds.), *Judicial Independence in China: Lessons for Global Rule of Law Promotion*, Cambridge University Press, 2010.

Benjamin L. Liebman, "A Return to Populist Legality? Historical Legacies and Legal Reform", in Sebastian Heilmann and Elizabeth J. Perry (eds.), *Mao's Invisible Hand: The Political Foundations of Adaptive Governance in China*, Harvard University Asia Center, 2011.

Carl F. Minzner, "China's Turn Against Law", *The American Journal of Comparative Law*, Vol. 59, 2011.

Benjamin L. Liebman, "Professionals and Populists: The Paradoxes of China's Legal Reform", in Timothy B. Weston and Lionel M. Jensen (eds.), *China: In and Beyond the Headlines*, Rowman & Littlefield Publishers, Inc, 2012.

Xin He, "Black Hole of Responsibility: The Adjudication Committee's Role in a Chinese Court", *Law and Society Review*, Volume 46, Issue 4, 2012.

Xin He, "A Tale of Two Chinese Courts: Economic Development and Contract Enforcement", *Journal of Law and Society*, Vol. 39, No. 3 (Sep 2012).

Taisu Zhang, "The Pragmatic Court: Reinterpreting the Supreme People's Court of China", *Columbia Journal of Asian Law*, Vol. 25, No. 1 , 2012.

William Partlett, Eric C. Ip, "Is Socialist Law Really Dead?" *New York University Journal of International Law and Politics*, Vol. 48, 2015.

Xin He, "The Party's Leadership as a Living Constitution in China", in Tom Ginsburg and Alberto Simpser (eds.), *Constitutions in Authoritarian Regimes*, Cambridge University Press, 2013.

后　记

本书是在我的博士论文《政法与法政：司法话语的变迁（1998—2008）》的基础上修改而来的，特别感谢我的导师强世功教授。读博伊始，强老师建议我从社会学的角度重述中国法律史，并给出了婚姻家庭制度、土地制度或最高人民法院三个建议方向。我在硕士期间曾师从张骐教授学习比较法，写作了案例指导制度的硕士论文，根据硕士期间的研究基础，我决定研究最高人民法院。随着阅读和思考的推进，我的写作思路多次改变，后来兴趣点转到政法传统的演变上来。博士三年级时，我在哥伦比亚大学访学，在这期间写完博士论文的初稿。在此要感谢李本教授的邀请和国家留学基金委、北京大学法学院“靖江学者”项目的资助，使我能够在纽约生活学习一年，进行论文初稿的写作。2015 年秋天回国后，在强老师的《法学经典选读》课程前半段中，我讲授了博士论文中的若干成型章节，讲完后强老师现场点评、提出细致的修改意见。这是非常高强度的训练。论文要做的修改特别多，不少章节删掉重写。我基本上是讲完一次课后，接下来的 5 天看新的材料，然后用一天来写第二次课的讲稿，在重写第三章行政诉讼问题的时候，输入法记录一天敲了 25000 多字。在那个高压但有收获的秋冬季节，我完成了博士论文的第二稿。尽管自己并不满意，但顺利通过了匿名评审和论文答辩。感谢答辩委员会的苏力教授、张骐教授、高鸿钧教授、舒国滢教授、车浩教授的宝贵意见。博士论文答辩通过后，强老师跟我聊过多次博士论文的修改与出版的事情，他一直认为学术著作才是奠定学术地位的代表作。但毕业之初，博士论文出版并没有立即提上日程，而是采取了逐章打磨和单篇发表的方式来推进修改进程。直到这几年自己政法主题的论文部分发表后，出版著作的条件才逐渐成熟。

强老师不仅是我学术研究上的导师，还是我教学实践中的师父。尽管在北京大学的时候给强老师做过多次的助教，也经常旁听强老师的授课，但是自己上课时才发现不局限于某本教材，不使用 PPT 流畅地讲完两三节课，是一个很大的挑战。强老师提醒我，一名大学老师必须要有自己的一两门拿手的课程，这是基本功。我还记得他在出租车上给我推荐拉德布鲁赫《法学导论》的情景。正是在强老师的榜样作用下，我的授课摆脱了 PPT 的束缚。在给学生上课的过程中，我总是想方设法将自己的研究与授课结合起来，努力做到以教学为本的同时面向学术。特别是近几年法学教育“内卷”严重，中央民族大学法律硕士的生源有了非常大的提高，在给他们上课的时候能有更多的高质量互动，真正实现了教学相长。

能够投身强老师门下学习，是人生的一大幸事。如果不这样，我也许会做学术，也会发表不少文章，但估计不会有什么真正的贡献。在成家之前，强老师和师母是我在北京的亲人和长辈，他们教我如何修身、如何健体、如何悟道、如何做事、如何做人，我总是可以从师母那里学到如何去培养和积攒正能量、去应对遇到的各种问题，这是我的福气。同时也要感谢师门的徐斌师兄、李柯师兄、孙璐璐师姐、袁阳阳师姐、曹宇师姐、孔元、刘天骄、叶蕤、孙竞超、吴双、王凯、张佳俊、吴敝余、任希鹏、朵悦、仲启群、刘辰、彭飞、李玥等给予的各种形式的帮助。

在求学期间，除了进行比较法和法律社会学的研究，我还参加了黄宗智教授“社会、经济与法律：历史与理论”研修班（2012 年秋季）、赵旭东教授的政治社会学课程（2012 年秋季），并参加了强老师和章永乐老师的师门读书会、郑寰师兄组织的北大跨学院的“革命”读书小组，以及赖骏楠师兄在清华组织的韦伯读书会，这些在博士论文和本书中都有一丝丝痕迹。毕业之后，每个人都有写博士论文时形成的舒适区，大部分人也就停留在自己读博士期间的阅读水平和研究高度上、去做内卷化的重复性写作。在这方面我很幸运，因为对自己博士期间的写作并不太满意，也得益于上述较为丰富的学术储备，我一直处在学习和摸索之中。

除强老师外，车浩、陈柏峰、陈明、陈颀、陈首、陈心想、陈越峰、董彦斌、范涛、方明、封丽霞、甘霆浩、顾培东、郭绍敏、何海波、何勤华、侯猛、侯学宾、黄文艺、黄宗智、江湖、李洪雷、李启成、李强、林鸿潮、林凌、凌斌、刘典、刘昕杰、刘忠、鲁鹏宇、欧树军、彭錞、屈文生、宋华琳、苏力、田雷、王锡锌、王鑫、王志强、魏新、萧武、阎天、于明、张群、张翔、章永乐、赵旭东、郑寰、郑磊、周尚君等师友以各种各样的方式鼓励和支持我，当然这个名单还可以列很长很长。学术研究需要有一个良性的朋友圈，感谢王理万、刘磊、阎天、孙海波、邹兵建、胡帮达、步超、陈明辉、刘敏、宋维彬、高涛、代辉、吴义龙、翟晗、吕康宁、傅正、谢晶、周游、殷秋实、郑玉双、陈洪杰、李广德、郭志东、曹文娇、叶开儒、丁轶、陈洪杰等学友，他们以自己优秀的成果鞭策着我。2020 年邹兵建、徐然、李波、王复春、郭栋磊、方军对我刑法知识“去苏俄化”文章的讨论，使得我“出圈”进入刑法领域。本书的一些文字源于博士论文初稿，感谢博士期间室友高涛，感谢纽约哥大访问学者群的朋友们的帮助，特别是赵心泽、康家昕、李洁、孔元、林鸿潮、童新、赵京慰、沈岚、沈灏等师友。

我还要特别感谢侯猛教授、章永乐教授、常安教授、张翔教授。侯猛老师在我博士期间就不断地跟我“划清界限”，明言我不是社科法学的进路，提醒我需要早日想清楚自己的研究路数，并且告诉我，学者在学术界会以自己最有特色的研究而被人铭记，我不能在政法法学和社科法学中左右逢源。正是在侯老师的引导下，我改变了最初希望以模仿历史社会学法学的进路来修改博士论文的想法，转到了公法与政治理论的角度。章永乐老师的“半渡读书会”是我参加的最为规律的学术活动，这维持了我对新知识的新鲜感和热情，2018 年秋季学期我去北大旁听了他一个学期的课程，收获很大。他还引荐我加入了经略大家庭，结识了新朋友，拓展了知识领域。我跟常安老师认识很早，在经略这个共同体中熟悉起来，就我来说，幸运的是，在他发表那两篇非常有分量的社会主义民族理论研究之际，我正在苦苦寻求自己的学术转型，希望为自己的政法研究找到理论内核。仔细阅读他的文章后，我将自己阅读过的马克思、恩格斯、列宁、毛泽东、阿克曼、施米特等人的著作和一些历史文献组织起来了，自己还模仿常老师的研究成果写作了两篇自己比较满意的文章。张翔老师是我久仰大名的宪法学前辈，在常安老师的引荐下认识后，我经常向张老师请教，正是在张老师的邀请下我参加了第十七、十八届宪法学基本范畴会议并做主题报告，这是又一次的有益跨界。宪法学是我未来想要深耕的领域，自己读博时候从强老师那里学习的政治哲学，可能要在宪法学领域开出学术之花。

研究政法问题是一件吃力不讨好的苦差事，这几年尤其如此。因此，感谢林凌、萧武、曹咏鑫、来庆立、王博、王虹霞、强世功、吴重庆、殷俊、刘朝华、周慧、皮莉莉、王锡锌、章永乐、步超、张海波、陈颀、杨建军、何柏生等人对我的文字的肯定，使得本书的大部分章节得以发表；即便如此，本书还有些内容是第一次面世。本书在出版过程中一波三折，吕德文、刘海光、顾族宸、项玮、张群、郭峰、萧武、郭栋磊、王理万、李晓菁、曹义恒、李晨、熊林林、许琳、周弘博、宋北虎、钟韵、王希等师友都曾提供过帮助。由衷地感谢东方出版社姚恋女士、朱兆瑞编辑、李志刚编辑的勇气和眼界，出版这样一部书稿，需要付出比一般著作多得多的精力。不过在这个需要理论的时代，政法议题是一个亟须挖掘的真问题，这些作品的生命力将是持久的，对于作者、编辑和出版社而言，相信这一切的努力都是值得的。

最后，我要感谢我的家人！感谢父母的养育、教育和无条件的信任和支持，在父母身边的时候我是最放松的，我可以永远是个孩子。从大学时代开始我就远离家乡在外求学、工作、生活，感谢妹妹妹夫对父母的照顾，特别感谢可爱、懂事的妍妍和沫沫给外公外婆带来的天伦之乐。感谢岳父岳母对我们小家庭的支持，特别感谢我的太太寇凌烟女士，她理解了我因为做理论研究养成的单调无趣的生活方式，接受了我从事学术研究而带来的收入之微薄。对于这个时代的文科学者而言，伴侣的理解和支持是最大的幸福。在书稿的修订期间，儿子正以令人惊喜的速度成长，这给了我莫大的动力，我期待本书可以在他抓周时派上用场。